Principles of Psychotherapy:
Promoting Evidence-Based Psychodynamic Practice, 3rd ed.

심리치료의 원리

Principles of Psychotherapy:
Promoting Evidence-Based Psychodynamic Practice, 3rd ed.

심리치료의 원리

근거-기반 정신역동적 접근

Irving B. Weiner · Robert F. Bornstein 지음
박중규 · 양재원 · 정승아 옮김

사회평론아카데미

역자 서문

심리치료를 다루는 책은 매우 많다. 주요 접근법에 따라 기초부터 고급 수준까지 이미 모자람이 없어 보일 지경이다. 그런데도 이렇게 이 책을 소개하려는 이유는 독자가 '직접 읽어 봐야만 알게 된다'고 확신한다.

이 책은 초판이 출간된 이후 약 40년 동안 임상 현장의 전문가와 수련생에게 유용한 정보를 제공해 왔다. 정신역동적 접근 중심으로 서술되었지만, 현대 심리치료의 일반 및 특정 요인에 관한 논의와 근거 기반 실무의 지침을 철저히 반영하고 있다. 정신역동적 접근은 여러모로 비판의 여지가 많지만, 전이와 역전이, 저항, 작업동맹, 면담 기법 등 치료자와 내담자 또는 환자 사이에서 발생하는 심리치료적 상호작용에 관한 이해에 여전히 일익을 담당한다고 할 수 있다. 이 책은 그 어느 책에서보다 간명하고도 멋지게 이러한 주제들을 설명한다. 더욱이 개념적인 설명을 넘어 실제 사례에서 나온 발췌록과 축어록을 포함하고 있기에, 그 어떤 치료 접근법을 사용하는 전문가라 하더라도 치료의 각 단계에서 어떻게 말하고 행동해야 하는 것인지 등, 임상 현장에서 활용할 수 있는 다양한 아이디어를 얻을 수 있을 것이다.

심리치료를 실시할 때 부지불식간에 발생하는 일이란 없어야 하며 인간에 대한 깊은 이해를 바탕으로 전략과 전술을 수립하여 실시해야 함을 강조하는 이 책은 치료자들이 유념해야 할 사항들을 빠짐없이 다루고 있다. 물론 독자의 입장에 따라 저자의 설명 방식에 전적으로 동의하지 못할 만한 부분도 있을 수 있겠으나, 이는 다양한 시각이라는 열린 마음으로 따져 보고 취사선택하면 될 일이라고 생각한다.

심리치료라는 용어를 모르는 사람은 없겠지만, 전공자라 할지라도 심리치료 분야의 폭과 깊이를 알면 알수록 망망대해 속에서 방향을 잃은 듯한 느낌을 갖기 쉽다. 이 책은 역자들이 교육과 수련, 현장 경험 속에서 그간 품어온 많은 의문들을 풀어 준 실무 지침서이며, 심리치료를 온고지신의 관점에서 다시금 바라보게 하는 흥미진진한 안내서이다. 우리가 심리치료의 방식으로서 일상적인 치료(TAU: Treatment-As-Usual)를 개념화한다면, 이 책은 상당 부분 일반적인 심리치료에 관한 개념과 실시 방식을 설명하고 있다고 할 수 있다. 임상 현장의 심리전문가(또는 수련생)로서 반드시 알아야 하는 내용들을 상세히 설명하고 있기에, 두 번 세 번 반복해서 음미할 필요가 있을 것이다.

1990년대 이후로 정신건강 분야의 심리학은 근거-기반 실무를 강조하고 있으며, 이는 전통적인 이론을 넘어 과학적이고 경험적인 연구 성과를 중시한다. 이러한 추세는 특히 심리학의 선진국이라 할 수 있는 영미권을 중심으로 더욱 뚜렷한데, 이제는 심리치료라는 용어마저 '심리개입'(미국심리학회) 또는 '대화치료'(영국의 국립건강서비스: NHS)라고 대체하여 부르기도 한다. 이 책이 전통적인 역동적 관점에서 심리치료를 설명하지만, 이번 3판에서는 최근의 근거 기반 연구 성과도 상세히 다루고 있기에, 용어의 문제는 전체 내용을 이해하는 데에 거의 영향을 미치지 않는다고 할 수 있다.

역자진의 교육 및 수련, 직업 경력 수준은 비슷하지만, 각자의 주 연구 분야에 있어서는 다소 차이가 있다. 하지만 심리치료의 기본 사항을 자세히 다룬 이 책을 소개하고자 하는 데는 의기투합할 수 있었는데, "그만큼 좋다!"고 동의했기 때문이다. 원서의 내용은 물론, 원문에 담긴 말맛까지도 가급적 온전히 번역하려 했으나, 원문의 수사적 · 현학적 표현을 그대로 담아내지 못한 아쉬움이 있다. 그럼에도 전체 내용에서 개념과 관련된 용어는 가장 흔히 사용되는 경우와 한국심리학회의 용어집을 기준으로 명확히 제시하고자 노력하였다. 좀 더 넓은 이해를 도모할 수 있게 해 주는 또 하나의 심리치료 지침서를 소개했다는 보람으로 번역 작업에 임하였다. 많은 독자들이 이 책의 진가를 만끽할 수 있기를 바란다.

1장에서 6장까지는 박중규가, 7장에서 9장까지는 양재원이, 10장에서 12장까지는 정승아가 담당하였으며, 우리 3명은 공동으로 전체적인 번역의 일관성을 유지하려고 노력하였다. 이 책이 한국에 소개될 수 있게 함께 힘써 준 사회평론아카데미 관계자들에게 고마운 마음을 전한다.

2025년 8월

대표 역자 박중규

저자 서문

심리치료는 한편으로는 예술로, 또 한편으로는 과학으로 설명되어 왔다. 이를 예술로 보는 사람들은 임상가의 치료기술 연마에 있어 수련과 경험이 절대적으로 중요하다고 강조한다. 반면, 과학으로 보는 사람들은 경험적 자료라는 확고한 근거가 없다면 가장 효과적이고 선택 가능한 최선의 치료기법이 무엇인지에 대해 확신할 수 없다고 강조한다. 이 책은 심리치료를 예술이나 과학 중 어느 하나로 보지 않으며, 양자 모두라는 입장을 견지한다. 효과적인 심리치료는 과학에 기초한 예술이다.

이전 판과 마찬가지로 심리치료의 실시 원리를 제시하는 이번 개정판은 임상 장면의 전문가를 위한 실시 매뉴얼이라 할 수 있다. 심리치료의 초기 평가 면담에서 종결에 이르기까지 상세한 지침을 제공하며, 이러한 지침은 여러 상황 예시를 통해 치료자가 고려해야 하는 말과 행동이 무엇인지, 특정 개입이 어떤 이유로 가장 효과적일 수 있는지 설명한다.

심리치료 실시 원리와 관련하여 이 책에서는 핵심적인 두 가지 특징을 고려하고 있다. 즉, 심리치료는 '개념-기반' 및 '근거-기반'이어야 한다. 심리치료의 개념-기반 측면에서 이 책은 치료자가 환자와 함께 작업할 때 무엇을 해야 하는지를 정의하는 치료 전략, 하려는 것을 언제, 어떻게 해야 하는지에 관한 치료 전술, 치료자가 특정 시기에 특정 방식으로 왜 개입해야 하는지의 결정을 이끄는 개념적 원리에 주목한다. 치료 목표의 설정과 달성을 위한 전략과 전술을 찾으려는 개념적 체제 속에서 심리치료를 실시하면, 임상가는 환자의 행동에 개입하는 적절하고도 효과적인 방법을 식별하는 역량을 높일 수 있다.

심리치료가 가져야만 하는 근거-기반의 측면과 관련하여 이 책은 전문가의 실무에서 널리 인정된 세 가지의 근간이 되는 기준과 유사한 구분을 채택하고 있다. 첫째, 각 장에서 원리의 제시는 어디서든 그러한 자료가 가용한 경우 관련된 경험적 자료에 근거한다. 둘째, 적절한 학술 연구가 아직 존재하지 않는 경우, 문헌으로 보고된 '임상적 전문지식'을 권고사항으로 지지한다. 셋째, 이 책은 철두철미하게 '환자의 욕구, 선호 및 가치'에 주목하는 사례 공식화에 근거한 개입방안에 관심을 두고 있다.

이 책은 근거-기반 실무에 초점을 두고 있을 뿐만 아니라, 논의된 여러 개념과 원리를 보여 주는 사례연구를 포함하고 있다. 이 사례연구는 두 부분으로 구성되어 있다. 앞부분에서는 우울증과 대인관계의 어려움을 호소하는 28세 여성 A씨의 배경 정보와 병력, 임상 평가, 치료 계획을 살펴보고, 뒷부분에서는 A씨와 함께 매주 2회씩 심리치료를 실시한 과정을 설명하며 종결 직전에 진행된 그녀의 221번째 회기의 축어록이 주석과 함께 제시된다.

이 책은 2판 발간 이후 12년간 보고된 상당한 양의 심리치료 연구 성과 및 그와 관련된 최신 문헌을 포함하여 개정하였다. 이 책에 인용된 667개의 참고문헌 중 약 절반인 332개가 2판이 발간된 1997년 이후 발표된 것이다. 3판의 풍부한 참고문헌 중 주목할 만한 것은 비교적 최근에 발표된, 상당량의 정신역동지향 심리치료의 영향력과 효과성에 관한 성과들이다.

근거-기반 실무가 연구 발견과 임상 경험 간의 균형을 맞춘다고는 하지만, 임상심리학 전체 모습의 일부로서 적절한 임상적 실무를 정의하려는 논쟁에서 과학자와 실무전문가의 간극(scientist-practitioner gap)이 여전함을 인정할 수밖에 없다. 이러한 상황은 이 책의 1975년 초판과 1998년 재판 출간 때와 거의 비슷하다. 21세기 들어 통합정신이 증가하면서 실무전문가와 연구자 간의 간극이 메워지기 시작했다지만, 대부분은 아직도 갈 길이 멀다는 데 동의할 것이다. 따라서 이 서문에서 이러한 쟁점에 대한 이전 판본의 몇 가지 논의를 다시 언급할 필요가 있어 보인다.

심리치료 연구자와 실무전문가 간 논쟁의 역사를 살펴보면, 연구자들은 실무전문가들이 경험적 발견의 시사점을 포착하지 못하거나 무시하며, 실무에서 전승되는 그들만의 헌신을 상호 강화하면서 반대 자료를 경멸하는 내집단(in-group)의 가치 수호에만 전념한다고 비난한다. 반면, 실무전문가들은 연구자들이 실생활의 임상적 상호작용의 복잡성을 인식하지 못한 채, 심리치료 과정에서 일어나는 상호교류와 전환을 정확하게 정확히 반영하지 못하고 방법론적 열정에만 치우친 외눈박이 연구를 설계한다고 비난한다.

양측의 비난 모두 부분적으로는 정당하다. 모든 분야에서 지식의 활용은 이론과 연구의 진보에 비해 뒤처지는 경향이 있으며, 이는 심리치료도 마찬가지다. 또한 세련된 심리치료 연구자들도 임상적인 상호작용의 복잡성을 의미 있는 조작적 정의 및 측정 전략으로 번안하는 작업에서 미결된 난제들이 있음을 기꺼이 인정한다. 하지만 실무전문가와 연구자 양측의 약점이 그들의 심리치료에 대한 실질적인 기여와 노력의 상보성을 보지 못하게 해서도 안 될 것이다. 학술 연구에 대한 가설은 임상 실무에서 나와야 하며, 연구 발견의 유용성은 환자에게 이익을 주는 임상 실무의 성공 여부에 의해 결정되어야 한다. 연구의 주제가 되지도 못하고 연구의 영향을 받지도 않는 임상 실무는 지식의 추구 및 신뢰성 높은 서비스 제공이라는 관점에서 양측 모두에게 해로울 수 있다.

한편, 임상가가 환자에게 이익이 될 것이라는 합리적인 확실성을 가지고 수행한 절차에 대해서도 명확한 문헌이 없다는 이유로 제한하면 안 될 것이다. 불확실성이 생각과 행동을 막아서는 안 되기 때문에, 축적된 임상적 지혜에 대해서 정당한 몫이 인정되어야만 한다. 어떤 사례에 적용할 수 있는 입증된 절차가 없다면, 심리치료자는 경험 많은 임상가에게서 어떤 기법이 도움이 되었는지에 대한 조언을 얻고 개념적 공식화(conceptual formulation)를 구하는 방식으로 치료지침을 변경해야 한다.

효과적으로 교육되고 학습되고 실행되려면, 심리치료는 성격 기능과 행동 변화의 본질에 관한 이론적 관점에 근거해야만 한다. 이 책은 심리치료 과정에 대한 주제의 선택과 논의를 위해 정신역동적 관점의 맥락을 따른다. 단, 특정 이론적 관점에 충성하라는 명령이 무엇이든, 심리치료자는 일정 부분 절충주의를 채택함으로써 더 나은 결과를 얻을 수 있다. 효과적인 심리치료의 구성성분을 이해하려는 중요한 공헌들은 여러 이론적 맥락에서 나왔고, 성격 및 심리치료 이론에서 유도된 가설들은 연구 성과를 통해 지지받아 왔다.

따라서 이 책의 각 장에는 주로 정신역동적 관점이 반영되어 있지만, 다음과 같이 다른 접근방식의 중심 원리 또한 강조되고 있다.

- 심리치료는 그 안에서 진행되는 의사소통의 본질에 의해 정의되는 일종의 대인관계 과정이다.
- 따뜻함, 존중, 신뢰, 진솔성이 느껴지는 환경을 만들어 내는 치료자의 역량은 치료 성과와 상당 부분 관련된다.
- 심리치료는 본질적으로 학습 상황이며, 이를 통해 사람들이 얻는 이익은 자신의 행동을 이해하고 통제하는 것을 얼마나 광범위하게 배우는지에 달려 있다.
- 심리치료의 목표에는 자기이해 및 자기통제 능력을 강화하고 긍정적인 행동 변화를 이끌어 내는 것이 포함된다.
- 긍정적인 행동 변화는 정서적 고통의 경감뿐만 아니라, 보다 생산적이고 만족스러운 업무 및 대인관계의 증진을 위한 충분한 잠재력의 발전이라는 두 가지 측면으로 측정될 수 있다.

심리치료에서 변화의 주요 성분으로서 일반 요인과 특정 요인이 모두 포함된다는 사실은 널리 알려져 있다. 그러한 변화를 조성하는 일반 요인은 환자에게 제공되는 자기표현의 기회 및 그에 의해 길러지는 솔직한 자기 관찰과 변화기대, 치료자 노력에 순응하는 태도 등을 주로 지칭한다. 특정 요인은 치료 목표를 향한 진전을 고취하기 위해 치료자가 사용하는 전문기법적 절차를 말한다. 그러므로 좋은 작업동맹과 건전한 치료자의 기법은 효과적인 심리치료에서 상호작용하는 구성성분이 된다. 서툰 기법적 절차는 개방적이고 신뢰할 수 있는 환자-치료자 관계로부터 쌓을 수도 있었던 이익을 제한하게 할 것이며, 역으로 가장 세련된 기법과 절차도 그를 받아들이도록 하는 치료 환경의 분위기가 없다면 거의 소용이 없을 것이다. 이러한 이유로 심리치료의 일반적(관계) 및 특정적(기법) 양상들은 이 책의 내용에서 시종일관 서로 얽혀 있다.

이 책은 총 4부로 구성되어 있다. 1부의 1장에서는 심리치료의 본질 및 목표를 고찰한다. 2장과 3장에서는 각각 환자의 특성과 치료자의 특성을 다루며, 이러한 특성들이 치료의 과정 및 성과와 어떠한 관련이 있는지 자세히 살펴본다. 4장은 이 책의 나머지 장에서 자세히 설명되는 심리치료 과정과 연관된 이론 및 연구에 관한 전반적인 개요와 고려사항을 제공한다.

2부는 심리치료의 초기 단계에 관한 것으로 치료를 찾는 사람에 대한 평가와 판정(5장), 심리치료에서 치료계약의 역할과 이를 수립하기 위한 절차(6장), 치료 과정에서 환자의 참여를 최대화하는 심리치료 면담의 실시 방법(7장)을 다룬다. 2부는 A씨에 관한 전반적이고 상세한 평가를 설명하는 사례 I로 마무리한다.

3부는 심리치료의 중기 단계로 진입하여, 해석을 통한 이해의 의사소통 방법을 자세히 다루며(8장), 의사소통의 방해(저항)를 인식하고 최소화하는 방법(9장), 치료관계 자체에 의하여 치료과정에 가해진 영향력, 특히 전이를 식별하고 활용하는 방법(10장), 역전이(11장)의 역동을 설명한다.

4부에서는 심리치료의 종결 단계를 다루는데 어떻게 적절한 시점을 정할 수 있겠는지 그리고 그 과정을 이끄는 방안은 무엇인지에 주목한다(12장). 4부는 A씨와의 심리치료를 설명하는 사례 II로 끝난다.

서문을 마치면서, Irving B. Weiner는 심리치료 분야의 주요 멘토였던 Edward Bordin과 Paul Dewald의 은혜에 깊은 감사의 말씀을 드린다. 인간의 조건에 대한 그들의 현명한 가르침과 날카로운 이해가 이 책의 행간에 반영되었기를 간절히 바란다. Robert F. Bornstein은 여러 세대 동안 학생들에게 지혜와 공감, 이해로써 심대한 영향력을 미친 멘토이자 친구인 Joseph Masling에게 깊은 감사를 전한다.

Irving B. Weiner

Robert F. Bornstein

차례

1부

심리치료 입문

1 심리치료의 본질 및 목표

심리치료는 치료자가 환자에게 당신을 이해하고, 존중하며, 돕고 싶다고 의사소통하는 일종의 대인관계 과정이다. 심리적 문제를 가진 사람을 위한 다른 치료 절차에도 훈련된 전문가의 이해 및 존중, 도움 제공이 포함되겠지만, 심리치료는 치료자가 환자의 어려움에 관한 이해를 의사소통하고 환자가 이러한 이해를 공유하도록 돕기 위해 의도적으로 노력한다는 특징을 갖는다. 약물치료나, 행동수정, 환경 조작 등 다른 정신건강 치료법도 환자에게 자신의 문제가 이해되고 있음을 암묵적으로 내포하고 있을 수 있지만, 이러한 암묵적인 의사소통은 각 방법의 부차적인 측면일 뿐이며, 주로 심리치료적 효과를 촉진하려는 것이다. 이에 비해, 심리치료에서는 심리치료에서는 한 인간에 관한 이해를 의사소통하는 것이 명시적이며, 이 방법의 핵심적 특징을 이루고 있다.[1]

방법 간의 차이에도 불구하고, 정서적으로 고통받는 사람들을 치료하기 위한 심리치료 및 현행의 다른 방법들이 상호 배타적인 것만은 아니다. 정교

....

1 심리치료를 정의하고 이를 더 광범위한 범주의 심리치료적일 수 있는 것과 구분하는 접근방식은 Reisman(1971)의 『심리치료의 통합을 향하여(Towards the Integration of Psychotherapy)』를 통해 자세히 알 수 있다. Reisman의 신중한 종합적 논의는 심리치료의 핵심적 본질을 탁월하게 설명한다. Zeig와 Munion(1990)이 지적했듯이, 심리치료의 본질에 대해서는 다양한 관점이 존재한다. 여기서 제공되는 구체적인 정의는 사람에 관한 이해의 의사소통에 초점을 두며 Castonguay(2000), Garfield(1995, Chapter 1), Marmor(1990), Strupp와 Butler(1990)가 제안한 정의와 공통점이 많다.

하게 사용된 신체적, 행동적, 환경적 치료는 일반적으로 환자에게 자신의 어려움이 어디에 있는지, 그리고 치료 절차가 어떤 방식으로 도움이 될 것 같은지에 대해 명시적으로 설명하는 과정을 포함한다. 치료자가 이러한 이해를 환자에게 의사소통하여 환자를 적극적인 담당자로 참여시킨다면, 그들은 심리치료를 제공하는 것이다. 대조적으로 치료자들이 사람에 관한 이해를 의사소통하는 데서 벗어나 환자가 무엇을 해야하는 지를 말하거나 몸의 화학적 상태를 바꾸거나 환경의 변화 쪽으로 그들의 초점을 전환한다면, (물론 이러한 절차들도 또한 심리치료적일 수는 있겠지만), 그들은 심리치료가 아닌 다른 치료 절차에 관여하고 있는 것이다.

심리적 문제를 가진 사람들을 치료하는 실제 실무에서는 심리치료와 다른 심리치료적인 방법의 모든 측면이 흔히 결합되며, 이러한 추세는 최근 수년간 상당히 가속화되고 있다(Hartston, 2008; Livesley, 2005; Riba & Balon, 2005 참조). 그렇다면 특정 치료 형식을 심리치료로 분류하는 것이 합리적인 것인지 어떻게 알 수 있을까? 일반적으로 치료자가 명시적으로 이해를 의사소통하는데 그들의 노력을 집중할수록, 그들의 작업은 심리치료라고 부르는 것이 더 적절할 수 있다. 반면 이러한 의사소통에 초점을 덜 둘수록 그들은 작업은 다른 무엇인가로 불려야만 더 적절할 것이다.

심리치료를 사람에 대한 이해 및 존중, 돕겠다는 열의를 의사소통하는 것으로 정의하면, 심리치료자로서 훈련받지 않은 사람도 심리치료를 할 수 있는 것이냐는 의문이 생길 수 있다. 예컨대, 문제를 의논하는 두 친구 사이에서도 심리치료와 유사한 특별한 종류의 의사소통이 일어날 수 있는 것일까? 심리치료가 특정한 종류의 행동들로 구성되는 것이라면, 이러한 행동들을 훈련된 심리치료자가 수행할 때는 심리치료가 되지만, 다른 사람이 수행할 때는 아니라고 주장하는 것은 비논리적일 것이다. 더 나아가 이러한 주장은 다른 사람에 의하여 동일한 행동이 이루어졌는데도 그것은 동일하지 않다고 말하는 것과 같다. 그러므로 심리치료가 특별한 종류의 메시지를 의사소통하기 위해 미리 정해진 일군의 행동을 가르치고 배우는 것이라면, 그러한 행동은 모든 대인관계 상황에서 생길 수도 있음을 염두에 두어야만 한다.

그러나 심리치료가 의도치 않게 일어날 수 있다고 말하는 것과 그렇게 되기 쉽다고 말하는 것은 엄연히 다른 이야기이다. 두 사람 사이에서 심리치료가 이루어질 가능성은 그중 한 사람이 훈련되고 지식을 갖춘 치료자로서 도움을 주기 위해 계획된 개입 절차를 따르고 있을 때 현저히 높아질 것이다.[2] 훈련된 전문가가 곤란을 겪는 환자와 함께 작업하기로 동의할 때, 다른 대인관계에 비해 전문직업적 관계에서 심리치료가 실시될 가능성이 더 높은 이유는 다음과 같다.

1. **치료자의 수련 및 경험** 아무리 공감 능력과 지적 능력을 갖추었다 할지라도 비전문적인 사람보다는 수련받은 치료자가 타인의 심리적 어려움을 좀 더 온전히 이해할 수 있다(Kemp & Mallinckrodt, 1996). 또한 치료자는 수련과정에서 다양한 훈련을 거치며 자신이 이해한 것을 타인도 이해하여 수용하도록 의사소통하게 만드는 방법과 특정 기법을 습득한다. 선천적으로 직관적인 사람은 타인의 생각과 감정에 관해 예리한 민감성을 가질 수 있겠지만, 그들은 흔히 훈련된 치료자에 비해 숙련도와 일관성을 가지고 그러한 민감성을 이해의 의사소통으로 전환하지는 못한다. 전문직업적 치료자는 전형적으로 중요한 치료 쟁점에 초점을 두고 환자와 함께하는 약속된 치료 회기 내에 집중하는 데 반해, 전문적 훈련을 받지 않았지만 우호적인 성격의 사람들은 주변인들과의 관계에서 비공식적인 대화, 조언 등을 통해 상담

....

2 S. Freud(1926/1959c)는 그의 유명한 에세이 『(의사가 아닌) 일반 전문가 분석에 관한 질문(The Question of Lay Analysis)』에서 이러한 가능성을 예상하고 그 의미를 논의했다. 결론적으로, 광범위한 훈련과 임상 슈퍼비전이 심리치료를 효과적으로 수행하기 위한 전제 조건이지만, 이러한 훈련이 본질적으로 의학적일 필요는 없으며 실제로 그렇지 않아야만 한다고 했다. 이는 Freud가 지칭한 '(의사가 아닌) 일반 전문가 분석'을 수행하는 심리학자들과 다른 비의료 전문가에 대한 그의 옹호를 설명해 준다.

자와 유사한 역할을 하기도 한다(Gomes Schwartz & Schwartz, 1978).

2. 주된 초점을 환자에게 맞추기 우리가 맺고 있는 대부분의 대인관계에는 최소한이라도 상호적인 경향이 있지만, 이런 면에서 전문직업적 심리치료 관계는 상호적이지 않다. 심리치료에서는 언제나 환자의 사적인 이해 및 욕구, 복지가 최우선이다. 치료자는 보답을 받고자 자신의 사적인 이해에 대한 배려를 요구하지 않는다. 친구나 지인과 달리 치료자는 자신의 문제나 선입견을 관계 속에 끼워 넣지 않고, 보통 자기 입장을 변호하거나 보복하려는 비판과 분노로 대응하지도 않으며, 타인과 동료가 되면 얼마나 즐거울지를 판단하여 관계의 지속 여부를 결정하지도 않는다.

전문직 심리치료자가 치료과정에서 아무런 선입견이나 문제가 없다거나, 환자에게 어떠한 감정도 갖지 않는다거나, 치료에 대한 열의가 높아지거나 낮아지는 경험을 하지 않는다는 말이 아니다. 그보다는 치료자의 수련은 치료에 대한 전념을 방해하는 이러한 반응을 막도록 만들어 준다는 뜻이다. 훈련된 치료자들은 시종일관 환자를 위한 이해와 도움을 제공하는 데 초점을 맞추며, 치료가 촉진될 것이라고 믿을 때만 자신의 감정과 경험을 그 상황 속의 일부로 포함시킨다(Hilsenroth, 2007; Schlesinger, 2005 참조). 이에 비해, 서로 개인적 문제를 이해하고 돕겠다고 하는 친구나 지인들은 전문직업적 치료자보다 자기의 생각과 경험에 관하여 말할 가능성이 더 높고 공감적 이해를 표현할 가능성은 낮다(Reisman, 1986).

3. 만남에 대한 공식적 계약 전문직업적 심리치료 관계에는 다른 대인관계에는 거의 없는 일정한 공식적 계약 및 제한 사항이 있다. 치료자와 환자는 정기적으로 지정된 시간에 만나며 환자의 이익에 도움이 되는 한 만남을 계속하기로 동의한다. 이러한 만남의 시간은 가능하면 중단 없이 계속되며, 환자와 치료자는 미리 정한 시간 외에는 (우연한 만남은 예외) 그리고 환자

의 정서적 어려움이 아닌 사안에 대해서는 서로 소통하지 않는다. 즉, 심리치료는 치료자로 하여금 문제를 가진 환자에게 도움이 되겠다는 마음뿐이라는 계약서에 도장을 찍게 하는데, 이는 다른 유형의 대인관계에서는 거의 지켜지지 못한다.

요약하면, 전문직 심리치료자의 수련과 경험, 관계의 비상호성, 치료진행을 위한 공식적 계약은 치료자가 환자에게 이해와 존중, 도움을 제공하고자 하는 의지를 효과적이고 일관되게 전달할 가능성을 극대화한다. 반면, 전문직업적 심리치료가 아닌 대인관계 상황에서는 인간 행동의 의미를 이해하고 의사소통하는 데 요구되는 훈련이 결여되어 있고, 정의된 문제에 관하여 작업한다는 공식적 협약이 없다. 게다가 양측 모두의 상호 만족과 존중, 도움을 추구하는 양상이 결부되어, 한쪽이 다른 쪽에게 일관되게 심리치료를 제공할 가능성이 최소화된다.

심리치료의 접근법

심리치료는 부분적으로 심리치료적 효과를 보일 수 있는 보다 넓은 범주의 치료 방법들과 구별되어야 하지만, 심리치료 자체에도 여러 방식이 존재한다.

첫째, 심리치료는 두 사람 사이에서 혹은 특정 상황에서, 어느 한 사람이 다른 사람에게 이해, 존중, 도움의 의사소통을 하는 관계로 국한되지 않는다. 한 명의 치료자가 여러 내담자와 함께하며 가족치료나 집단치료를 진행하기도 하고, 여러 명의 공동 치료자가 가족치료나 집단치료를 진행하기도 한다. 이렇듯 치료의 다양한 관계는 성인뿐만 아니라 아동 및 청소년도 포함하며, 상담기관, 병원, 요양원, 학교, 교정시설 등의 다양한 장면에서 이루어진다.

둘째, 인간행동을 가장 잘 이해하고, 이를 가장 효과적으로 의사소통할 수 있는 유일하고도 획일화된 접근방식은 존재하지 않는다. 심리치료에는 정상 및 비정상 행동을 개념화하는 다양한 방법에 따라 여러 학파가 있으며, ① 정신분석 및 정신역동 치료, ② 행동 및 인지행동 치료, ③ 인본주의 및 경험적 치료 등 크게 세 가지로 구분된다. 이와 더불어 수많은 절충적이고 통합적인 접근방식들이 다양한 방법에서 파생된 기법적 절차를 활용하거나 다양한 이론의 개념을 결합하는 총괄적인 공식화(overarching formulation)를 채택한다.[3]

이 분야를 특징짓는 수많은 이론과 방법을 개관할 때, 심리치료자 지망생은 연구 문헌에서 광범위하게 재현되고 철저하게 검증된 두 가지 사항을 명심하는 것이 필요하다. 첫째, 주요 심리치료 중 어떤 학파나 방법, 양식이 다른 것보다 전반적으로 더 좋은 결과를 산출한다는 증거는 거의 없다는 것이다. 환자마다 성격 유형 및 선호도, 심리적 마음가짐의 기능 수준이 다르기 때문에 특정 유형의 심리치료에 더 잘 반응할 수 있다. 즉, 일부 환자는 특정 증상의 기능 때문에 어떤 기법적 절차가 갖는 특별한 이익을 얻을 수 있다. 예를 들어, 인지행동적 기법은 공포증 치료에 특히 효과적인 것으로 입증되어 왔고, 정신역동적 개입은 성격장애에 대한 치료법으로 선택되어 왔다(Bornstein, 2006; Mystkowski, Craske, Echiverri, & Labus, 2006 참조). 하지만 환자나 문제의 유형을 포괄해 볼 때, 일반적으로 사용되는 심리치료의 주

....

3 심리치료에 대한 절충적 접근법과 통합적 접근법의 구별은 미묘하지만, 대부분의 임상가들은 절충주의가 다른 치료 모델의 개입방안을 결합하여 다른 문제 영역을 표적으로 다루며, 반면 통합은 다른 모델의 요소들을 혼합하여 질적으로 다른 새로운 심리치료 접근법이 형성되는 것이라고 여긴다. 치료 접근법(Beitman, Soth, & Bumby, 2005; Gold & Striker, 2006; Messer, 1992; Wachtel, 2008a 참조), 심리치료 접근 방식에 대한 설명과 비교 검토는 Freedheim(1992, 4-8장, 17-20장), Holmes와 Bateman(2002), Lambert(2004, 9-11장), Mahoney(1995), Messer와 Warren(1995), Schneider, Bugental, 그리고 Pierson(2001), Sloan(2006), Striker와 Widiger(2003), Wachtel과 Messer(1997), Wallerstein(1995) 등을 참조하기 바란다.

요 접근법 간의 성과는 대체로 동등하다고 밝혀졌다(Lambert & Ogles, 2004; Norcross, Beutler, & Levant, 2006; Shapiro & Shapiro, 1982; Smith, Glass, & Miller, 1980).

둘째, 심리치료의 주요 접근법(예: 정신분석, 인지행동, 인본주의 등)은 모두 이익이 되며, 치료를 받지 않거나 위약 처치를 받는 것보다 심리적 문제를 가진 사람들에게 실질적으로 도움이 된다는 상당한 증거가 있다. 물론 모든 사람이 도움을 받는 것은 아니며 약 10% 정도는 치료 도중 더 악화되기도 한다. 그러나 연구결과 심리치료를 받은 평균적인 사람들은 받지 않은 통제군의 80% 보다 더 양호한 결과를 보였으며, 환자들은 심리치료의 성과를 장기간 유지하는 경향이 있었다(Lambert, 2007; Lambert & Bergin, 1992; Lambert & Ogles, 2004; Lipsey & Wilson, 1993; Seligman, 1995). 심리치료의 일반적인 효과성은 성인뿐만 아니라 아동과 청소년에게서도 충분히 입증되었으며(Brems, 2004; Martin, DG, 2002; Weisz & Hawley, 1998), 심리치료 연구의 종합적 개관에 소개된 Lambert(1991)의 결론에 이의를 제기할 근거는 거의 없다. "치료가 갖는 효과성은 이미 많은 연구를 통해 입증되었기 때문에 더 이상 이를 문제 삼는 심리치료 연구자는 없다."(p. 2).

다양한 심리치료 방법이 전반적으로 동등한 효과를 발휘한다는 점을 고려하면, 치료자는 특정 심리치료 방법이 다른 방법보다 본질적으로 우월하다거나 진리에 도달할 수 있는 유일한 길이라는 식의 편협한 주장을 경계해야 한다. Sigmund Freud(1904/1953e)는 자기만의 방법을 고수했지만, 다음과 같이 말함으로써 심리치료에서의 통합정신(ecumenical spirit)을 예견한 듯하다. "심리치료를 실시하는 방식과 수단은 여러 가지이다. 환자를 회복할 수 있게하는 모든 방법은 다 바람직하다."(p. 259). 결국, 다양한 심리치료 접근방식이 유사한 결과를 낸다는 연구 결과가 축적됨에 따라, 최근 수십 년간 서로 다른 학파 간에서 점점 더 적극적인 아이디어 교류가 이루어졌고, 학제간 협력이 증진되었으며, 여러 이론을 아우르는 초이론적 개념화와 학술연

구의 중요한 새로운 노선이 출현하였다.[4]

서문에서 지적한 대로, 이 책은 주로 정신역동적 관점에서 심리치료를 다루지만 다른 접근에서도 적용 가능한 원리들을 강조한다. 적어도 부분적으로나마 환자가 자기자각을 확장하도록 돕고 이 같은 최종 목표를 위해 환자-치료자 관계를 활용하려는 의도를 가진 모든 형태의 치료법들이 이 책의 정신역동적 원리와 관련되어 있을 수 있다. 이러한 면에서 다양한 심리치료 학파는 만들어 내려는 치료의 일반적인 분위기와 목적의식, 치료관계의 고취 등 여러 면에서 상당히 유사성이 많다. 또한, 합당하게 도움이 되는 분위기와 적절하게 채택된 기법적인 절차 두 측면 모두가 심리치료에서 긍정적 변화 증진에 중요한 일익을 담당한다는 광범위한 합의가 존재한다.[5] 그러므로 이 책에서 제시한 심리치료의 원리들은 치료목표를 달성하기 위한 긍정적인 치료관계와 구체적인 개입방법을 결합하는 방식에 관심을 둔다.

심리치료의 목표

심리치료의 목표를 서술하기는 쉽지만, 이를 이루기란 언제나 어렵다. 이러한 목표에는 ① 환자의 정서적 고통을 경감시키기, ② 그의 생활 속 문제에 관한 해결책을 찾도록 지원하기, ③ 생산적인 일과 보상이 되는 대인관계에서의 잠재력 실현을 방해하는 성격 특성 및 행동 패턴을 수정하도록 돕기 등이 포함된다. 이와 유사한 용어로써, Strupp(1996b)은 심리치료를 "고통의 경감과 개인적 성장을 위하여 전문직업적 관계를 이용하는 것"이라고

....

4 이러한 심리치료의 통합 이론의 역사적 발전과 시사점은 Castonguay, Reid, Halperin, 그리고 Goldfried(2003); Gold와 Stricker(2006); Lampropoulos(2000); Norcross와 Goldfried(2005); O'Leary와 Murphy(2006)에 의해 개관되었다.

5 심리치료의 여러 다른 접근법을 관통하는 공통성과 차별성은 Beitman(1992), Castonguay와 Beutler(2006), Garfield(1995, Chapter 6), Greencavage와 Norcross(1990), Ryle(2001), Weinberger(1993), Weiner(1991) 등 여러 저자에 의해 광범위하게 논의되었다.

설명했다(p. 1017). 환자가 고통의 경감과 개인적 성장이라는 목표에 도달하게 할 수 있는 방식은 다양한데, 여기에는 심리치료 이외의 치료 절차도 포함되며, 개인의 정서적 상태를 개선하고 자기충족(self-fulfillment) 기회를 넓혀주는 우연한 인생 경험도 중요한 역할을 한다. 앞서 설명했듯이, 심리치료의 특성은 증상 완화 및 긍정적인 성격과 행동의 변화를 이끌어 내기 위해 환자로 하여금 자기 자신을 더 잘 이해하게끔 만드는 목표를 추구한다는 것이다.

때로 심리치료의 방법과 목표가 혼동되어, 심리치료는 사람들이 자신을 이해하게 하는 데에만 초점을 둘 뿐, 삶의 요구에 얼마나 잘 대응하는지에는 거의 주목하지 않는다는 오해가 생기곤 한다. 효과적인 치료자와의 의사소통에 의한 증진된 자기이해는 성공적인 심리치료 진행의 '수단'일 뿐 치료의 '목표' 자체는 아니다. 심리치료에서 통찰은 적응의 증진이라는 최종목표를 위한 수단일 뿐이며, 증상의 경감 또는 긍정적인 행동 변화가 없는 통찰을 만족스러운 치료 성과로 여겨서는 안 된다(Bohart, 2007). 만일 자기이해가 증진되었는데도 적응 양상이 개선되지 않는다면, ① 성취된 통찰이 환자의 문제와 관련이 없는 것일 수도 있고, ② 행동 변화에 대한 어떤 저항이 식별 및 이해가 덜 된 채로 남아 있을 수 있다는 것이다. 어떤 경우이든, 좀 더 예리한 치료의 필요성을 지적하는 것이며, 이 경우 환자는 다른 치료자나 다른 형식의 치료를 찾을 필요가 있다.

심리치료의 목표에 대해서는 12장에서 더 자세히 논의하며, 적절한 종결 시점에 도달했는지를 구별하는 방법도 다룬다. 1부 2~4장에서는 심리치료의 세 가지 핵심적인 구성 요소, 즉 도움을 받으러 오는 환자, 도움을 제공하려는 치료자, 그리고 이 두 사람이 참여하는 치료과정에 대해 보다 자세히 검토한다.

2 환자

치료자는 내원하는 모든 환자가 심리치료에 대해 이미 알고 있고 치료 작업을 할 준비가 되어 있으며 누구나 좋은 결과를 얻을 수 있다고 미리 단언해서는 안 된다. 치료자가 모든 예비 환자를 대상으로 심리치료를 시작하기 전에 반드시 탐색하여 결정해야 할 중요한 사항들은 환자가 무슨 이유로 어떻게 왔고 어떠한 선입견을 지녔는지, 치료에 관한 희망과 두려움은 무엇인지, 그들이 심리치료를 통해서 이익을 얻게 될 가능성을 시사하는 어떤 개인적 특성을 가졌는지 등이다.

사람들이 심리치료를 찾아오는 방식

심리치료를 찾는 사람들은 주로 의사로부터 의뢰되는 경우이며, 흔히 의사와 심리치료자가 모두 소속되어 있는 건강관리기관(managed care organization)으로 오게 된다.[1] 그 밖에 스스로 찾아오기도 하고, 자신이 속한 기

....

1 역자주 미국의 건강관리기관(보건행정체계)은 한국과 달리 공공사회보험(예: 건강보험)보다 민간보험(예: 실손보험)이 주도적이다. 한국에서도 환자/내담자는 심리치료를 받기 위해 의료기관 및 비의료기관(예: 심리상담센터 등)을 찾아오며, 비용은 자비, 건강보험 급여, 사회적 바우처, 공공 복지기관 및 근무기관 내외의 복지 혜택 등으로 부담한다.

관이나 지역사회의 담당 기관[2]에 의해 의뢰되기도 한다. 의사로부터 의뢰된 환자 중 일부는 특별히 의사에게 심리적인 문제에 대한 도움을 요청했거나 의사가 심인성 요소를 가진다고 여기는 신체적인 불편감이나 기타 문제를 호소한 경우이다. 스스로 찾아온 환자들은 심리치료를 받겠다는 결정을 혼자서 내리기도 하지만, 배우자나 성직자, 친구 등과 같이 가까운 누군가와 문제나 걱정을 의논한 후 결론을 내리는 것이 일반적이다(Vogel et al., 2006 참조. 심리치료를 시작하려는 사람의 결정 과정에 포함된 전형적인 단계에 대한 논의).

심리치료를 자주 의뢰하는 지역사회의 기관 및 단체는 가족센터나 복지관 및 사회서비스, 학교, 법원, 사업체 등이다. 기관과 단체의 의뢰는 종종 자발적인 근거가 부족한 채로 심리치료를 받도록 하기도 한다. 심리치료에 관해 널리 퍼져 있는 일반 대중의 인식과 수용으로 인해, 법정 판결 시 집행유예나 감형, 정학 및 퇴학과 복학의 허용, 공공 부조의 수령 여부. 부적절한 품행 사건 이후 직업이나 직책의 유지 등의 문제에서 심리치료자와의 만남은 일반적인 조건의 하나로 여겨진다.

의사가 의뢰했거나 스스로 찾아온 환자들은 담당 기관에서 의뢰된 경우에 비해 비자발적인 등록을 하는 경우가 훨씬 적지만, 그렇다고 전혀 없는 것은 아니다. 예를 들어, 결혼생활의 지속을 조건으로 배우자가 심리치료를 받아야 한다고 주장했을 수 있고, 담당의사가 자신의 지위와 권위를 이용하여 환자가 심리치료를 받도록 압박했을 수도 있다. 이러한 유형의 비자발적인 심리치료를 등록했다고 해서 성공적인 치료 자체가 불가능한 것은 아니지만, 환자들이 자발적으로 왔는지 아니면 강제적으로 왔는지는 심리치료에 대한 반응에 영향을 미칠 수 있다. 강제적으로 치료를 시작했다고 느끼는 환자들은 치료에 대해 더 강한 양가감정을 가지기도 하며, 때로는 치료자에

....

2 **역자주** 대행 기관은 건강관리기관의 의뢰를 받아 서비스 제공자와 이용자를 연결해 주는 역할을 한다. 사설 또는 공공의 각 기관은 자체적으로 심리치료 서비스를 운영하기도 하고 외부 전문가에게 의뢰하기도 한다.

게 화내기 쉽다고 가정할 수 있다. 이 같은 이유로, 5장에서 자세히 설명하는 것처럼, 환자들이 심리치료를 받기로 결정한 조건과 상황은 항상 초기평가 과정에 포함되어야만 한다.

사람들이 심리치료를 찾아오는 이유

사람들은 여러 가지 이유로 심리치료를 찾아온다. 어떤 사람은 고통스러운 증상, 예컨대 불안이나 우울, 공포증, 강박, 명료한 사고의 어려움 등을 겪기 때문에 온다. 일부는 업무의 곤란이나 학업 실패, 부부 불화, 사회적 고립 등의 일상생활 문제를 겪는다. 어떤 이들은 일반적으로 그들의 삶에 불만을 느끼거나 자신이 되고 싶은 사람이 되지 못한 것에 대해 실망감을 경험하고 있다. 이렇듯 자발적으로 심리치료를 찾는 일반적인 이유는 1장에서 밝힌 심리치료의 주요 목표인 증상의 경감이나 문제해결, 삶에 대한 만족의 향상과 매우 유사하다.

이러한 공통된 관심사를 가진 경우라도, 예비 환자들은 각자 심리적 고통의 정도가 상당히 다르며, 일부는 앞서 언급한 문제점 이외의 다른 이유로 오기도 한다. 간혹 심리치료에 대한 호기심으로 찾는 사람들도 있다. 혹은 심리치료를 지위의 상징으로 생각하거나 이미 만족할 만한 자기의 삶을 더 좋게 만들 수 있다고 생각해 방문하기도 한다. 치료자가 되려는 수련생들도 종종 환자의 관점에서 심리치료를 직접 경험하도록 격려받거나 의무사항으로서 심리치료를 찾아온다. 한편, 심리치료가 실제로는 거의 문제가 없는 사람들을 위한 자기탐닉적 사치라는 일부 주장은 전혀 근거가 없다. Kessler 등(2005)과 Olfson 등(2002)의 연구는 심리치료를 받는 사람들이 일반 인구에 비해 높은 비율로 더 많은 건강 문제, 더 높은 수준의 불안과 우울, 더 높은 업무 곤란 등을 경험한다는 것을 보여 준다.

역설적이게도, 어떤 사람들은 생산적인 작업에 참여하고 싶어서가 아니라 심리치료를 원하지 않기 때문에 온다. 이들은 필요한 문제에 도움을 받기 위해서가 아니라 면죄부를 받기 위해 치료자를 찾는다. 다시 말해, 이들은 자신에게는 중요한 심리적 문제가 없다거나 문제는 타인이나 환경적 상황에 의한 일어난 것이라는 자신의 믿음을 전문가에게 확인받기 위해서 방문하는 것이다. 도움이 필요 없다는 말을 듣고 싶어 하는 예비 환자들은 대부분 심리치료 수강 명령을 받은 사람들이다. 치료자가 발급한 증빙서를 통해 무결점을 내세우는 그들은 보호관찰관 또는 학교 관계자, 배우자에게 "나는 이제 다 나았다." 또는 "봐라, 내 문제가 아니라, 너의 문제다."라고 말하고 싶어 한다.

비자발적인 환자를 만날 경우, 때로는 치료가 필요하지 않음을 분명히 하는 것이 심리치료자의 가장 적절한 대응일 수 있다. 그러나 처음에는 치료 동기가 없던 경우 또는 심리적 문제를 전혀 깨닫지 못한 경우라도 이들에게 도움을 제공할 수 있으며, 때로는 제공해야만 하기도 한다(Connor, 1996, 참조. 비자발적인 환자와의 내원 심리치료에 대한 조언). 방향이 어떻든 효과적인 진행을 위해서 치료자는 먼저 환자가 왜 자신을 만나러 왔는지 확실히 알아야만 한다. 이 주제는 그들이 오게 된 '방식'과 더불어 5장에서 논의되는 초기 평가과정의 일부이다.

심리치료에 관한 선입견

심리치료에 대해 잘 알지 못한 채 치료실을 방문하는 환자 중에는 심리치료를 통해 무엇을 얻을 수 있는지에 대한 정보가 부족한 경우도 많고 부정확한 선입견을 가지고 있는 경우도 많다. 특히 자발적인 환자가 심리치료를 받았던 친구나 배우자에게서 정보를 얻지 못했다면, 대체로 심리치료에 대해 잘 모르는 채로 방문하게 된다. 한편, 자발적으로 방문한 환자가 심리치료에 대한 정보를 접했다 하더라도 편견이나 선입견을 가지고 있는 경우는 상당히 많다. 텔레비전, 잡지, 책, 인터넷 등에서 심리치료를 쉽게 접할 수 있게 되면서 환자와 치료자 사이에 일어나는 일에 대해 연극적으로 또는 문학적으로 각색된 내용을 접하기 때문이다(Orchowski et al., 2006; Vogel et al., 2006).

의사 및 담당자, 소속기관에 의해 의뢰된 사람들은 심리치료의 필요성에 대한 논의를 통해 준비하고 올 가능성이 높은 편이다. 그러나 이러한 방식으로 의뢰된 환자들이라 하더라도 자발적으로 방문한 환자들보다 반드시 심리치료에 대해 더 잘 알고 있는 것은 아니다. 각 기관의 의뢰 담당자가 심리치료에 대해 의구심이 있거나 정확히 알지 못하는 경우라면, 의뢰를 준비하는 과정에서 잠재적인 환자에게 유용한 정보를 제공하지 못했을 수 있다. 게다가 의뢰 담당자가 환자들에게 심리치료를 받도록 격려하면서 치료과정이 고통 없이, 빠르게, 대단히 효과적으로 이루어진다는 식으로 오해를 불러일으키기도 한다.

사람들이 가진 심리치료에 대한 선입견은 대개 치료가 무엇으로 구성될 것인지 그리고 무엇을 얻을 수 있는 것인지에 대한 기대를 포함한다. 어떤 환자들은 자기 자신에 대해 이야기를 나눈다고 생각하지만, 또 어떤 환자들은 약물치료나 최면치료, 더 나은 삶을 이루는 방법에 대한 조언, 자신의 심리적인 성격 양상에 관한 상세한 분석의 제공 등을 기대한다. 어떤 환자들은 심리치료가 정해진 기간 동안 어느 정도 규칙적으로 방문해야 한다고 생각하지만, 또 어떤 환자들은 몇 번만 방문해도 그들의 욕구를 충족하기에 충분할 것이라고 여긴다. 그 외에도 어떤 환자들은 고통스러운 증상을 줄이기 위해서, 혹은 자신을 더 잘 이해하기 위해서 도움받기를 기대하며 심리치료를 찾는다.

어떤 환자들은 심리치료를 시작할 때 처음 만난 치료자와 전체 과정을 함께하게 될 것으로 예상한다. 하지만 또 어떤 환자들은 그 만남을 치료의 필요성을 파악하고 적절한 치료자를 배치하기 위한 전반적인 평가과정으로 생각한다. 어떤 환자들은 심리치료나 특정 치료자에 대한 아무런 기대 없이 시작하기도 하고, 또 어떤 환자들은 첫 번째 만남을 자신을 의뢰한 의사 또는 기관의 이익을 위한 진단적인 자문 정도로 보기도 한다. 심리치료의 성공은 환자가 무엇을 기대하는가와 치료자가 그러한 기대를 어떻게 다루려고 계획하는가의 일치도에 상당 부분 의존하기에, 환자가 심리치료를 찾아온 이유와 방식을 비롯하여 그의 견해와 입장은 치료 시작 전에 철저히 조사될 필요가 있다(5장 참조).

심리치료의 시작과 관련된 희망과 두려움

사람들이 심리치료를 받을 때 복잡한 감정 없이 시작하는 경우는 거의 없다. 동기가 높은 환자도 심리치료를 받는 것에 대해 말 못할 거리낌을 갖기도 하고, 비자발적인 환자도 도움을 받을 가능성에 관심을 보이기도 한다. 이러한 양가적인 태도는 심리치료의 초기 단계에서는 거의 표현되지 않으며, 나타나더라도 자발적이지 않은 경우가 대부분이다. 동기가 높은 환자들은 자신과 함께 작업하는 치료자의 관심이 줄어들까 두려워서 자신의 의구심에 관하여 이야기하기를 주저할 수 있으며, 비자발적인 환자들은 심리치료를 통해 이익을 얻을 가능성이 있음을 알게 된 만족감을 다른 사람들에게 알리지 않으려고 저항하기도 한다.

심리치료자와의 만남에서 환자 대부분이 바라는 것은 가능한 한 빠르게 더 좋아졌다고 느끼는 것이다. 이는 사람들이 심리치료를 받는 기본적인 이유와 일치한다. '더 좋아진 느낌'은 어떤 이에게는 특정 증상의 경감을 의미하고, 다른 이에게는 특정 문제의 해결을 의미하며, 또 누군가에게는 더 큰 만족감과 삶의 목표 달성을 의미한다. '더 좋아진 느낌'이 무엇을 의미하든, 이는 자발적으로 찾아온 환자이든 자신의 증상이나 문제를 부인하는 사람이든 모두가 바라는 것이다. 주변 사람들의 눈에 비자발적인 환자가 심리적 도움이 필요해 보인다는 사실은, 그가 처한 삶의 상황이 어려움을 일으키고 있다는 일종의 추정적 증거로 간주될 수 있다. 심리치료가 생활 여건을 개선하는 수단은 아니지만, 심리치료가 도움이 될 것이라고 희망하고 기대하는 비자발적 환자들도 있다.

더 빨리 좋아지기 위해 심리치료를 시작하는 환자들 중 대다수는 신속하고 고통 없는 개선을 희망한다. 심지어 만족스러운 결과를 얻으려면 보통 몇 달 또는 몇 년의 노력이 필요하다는 점을 알고 있는 사람들도 처음 몇 번의 회기에서 눈에 띄는 변화가 나타나지 않으면 실망감을 느끼기도 한다. 게다가 심리치료를 통해 모든 정서적 문제를 완벽하고도 영구적으로 해결할 수 있다는 희망을 품고 심리치료를 시작한다. 환자들이 이러한 희망을 표현하든 하지 않든, 치료자는 그들이 어떠한 희망을 가질 가능성이 높은지를 잘 알고 있어야만 치료의 목표와 성과에 대한 논의를 더 잘 준비할 수 있다.

치료자와의 면담에서 환자의 두려움은 희망보다는 덜 명확해 보일 수 있지만, 어떤 식으로든 환자가 염려하고 있다는 것은 거의 확실하다. 일부 환자들은 자기가 미친 것으로 여겨지고 병원에 입원하게 될까 봐 두려워한다. 어떤 이들은 전혀 모르는 사람에게 자신의 가장 깊은 비밀을 드러냄으로써 당황하게 되고 부끄러울까 봐 두려워한다. 또 어떤 이들은 자신이나 과거에 관하여 모르는 것이 더 나았을 끔찍한 것을 알게 될까 봐 두려워한다. 어떤 사람들은 심리치료를 받는 것이 자율성을 약화시키고, 창의성을 방해하거나, 바람직하지 않은 방식으로 자신의 삶을 바꿀 것이라고 우려한다. 심리치료를 지위의 상징으로 여기는 사람들 외에, 대다수는 '정신적' 환자가 된다는 사회적 낙인을 걱정한다.[3]

치료자와의 첫 만남을 위해 자발적으로 방문한 환자들도 자신의 상태가

....

3 Kushner와 Sher(1991)는 치료의 두려움에 관하여, 심리치료를 받는 것에 대한 환자의 우려는 정신건강 관련 전문직에게 충분히 인식되지 못하고 있으며, 이는 생각보다 더 많이 심리적 도움을 구하는 사람에게 장벽이 된다고 역설했다. Rabinowitz와 Cochran(2001), Shay(1996)는 특히 남성은 개인적인 생각과 감정의 친밀한 공유가 기대되는 심리치료와 같은 상황에 대해 문화적으로 결정된 일종의 혐오감을 가질 수 있다고 했다.

미쳤거나, 나쁘거나, 지나치게 의존적인 것이 아닐까 하는 우려 탓에 곤경에 처할 수 있다. 이들은 한편으로는 자기가 일을 수행할 수 있을 만큼 온전한 정신상태이고, 유능하며, 가치 있는 사람임을 증명하고자 최선을 다하려고 한다. 다른 한편으로는 자신의 정서적 문제들을 충분히 드러내서 치료자가 도움의 필요성을 인식하고 반응하도록 하려고 노력하기도 한다. 잠재적인 환자의 현재 상태와 욕구에 관한 정확한 평가는 환자들이 첫 방문에서 자신을 어떻게 나타낼지에 영향을 미치는 갈등적인 동기들을 파악해내는 치료자의 민감성에 의해 좌우된다.

치료 성과에 영향을 미치는 환자의 특성

심리치료가 발전하던 초기에는 치료에 적합한 환자를 선택하고 '좋은 후보자'를 선정하는 기준을 개발하는 데에 상당한 관심이 있었다. 심리치료를 받아들일 만한 환자를 찾는다는 것은 전형적으로 치료의 실패가 환자 탓이라는 전제를 포함하는 것이다. 반면 현대의 임상가들은 대부분 사람이 어떤 유형이든 심리치료를 통해 도움을 받을 수 있으며, 효과가 입증된 다양한 치료방안이 있음을 인식하고 있다. 그렇기에 치료자는 환자들의 개인적인 특성에 기반하여 심리치료에 적합한 환자를 고르기보다는 환자의 욕구와 역량에 부합하는 치료기법을 선택하는 데에 초점을 두어야만 한다(Lakey et al., 2008; Peebles-Kleiger et al., 2006 참조). 치료자의 유능성이나 관심이 환자에게 적합한 치료적 접근방식과 맞지 않는다면, 적절한 치료를 수행할 준비가 된 동료에게 의뢰해야만 한다. 다시 말해서, 치료자는 도움을 구하는 사람을 특정 치료자의 선호도나 형식적인 틀에 맞추지 말아야 한다. 그보다는 환자가 더 광범위한 치료기법들과 이를 적용할 자격을 갖춘 치료자를 구할 수 있도록 해야만 한다.

한편, Clarkin와 Levy(2004), Stricker(1995a, 1995b)는 임상 및 학술 연구

결과를 요약하면서, ① 심리치료에서의 실패는 특정 접근방법에 국한되어 나타나지는 않으며, ② 어떤 치료에서 성과가 저조한 환자는 대체로 다른 치료방법에서도 마찬가지라고 보고했다. 이러한 발견이 말하듯이, 환자가 치료상황에서 보이는 개인적 특성은 심리치료의 성과에 실질적으로 영향을 미친다. 심리치료 문헌을 살펴보면 많은 연구자가 환자의 심리치료에 대한 접근 및 참여 방식과 성격 유형이 다양한 개입기법에 대한 성과 반응으로서 변화 여부 및 방식을 결정하는 데 가장 강력한 요인이라고 주장한다. 그다음으로 중요하게 제시되는 것은 환자가 치료자와 형성하는 관계의 질과 각각의 치료에서 채택된 기법적 절차이다.[4]

심리치료 관계의 본질은 부분적으로 치료자의 입장에 따라 정해지지만, 주로 채택하는 기법의 대부분은 치료자가 전적으로 정하게 된다. 치료자가 치료 회기에서 어떻게 행동해야 하는지에 대한 측면들은 다음 3장에서 상세히 다룬다. 심리치료에서 나타나는 변화와 관련된 환자의 특성에 대한 논의를 매듭짓기 위해, 다음에서는 일반적으로 성과와 관련된 특성, 경우에 따라 관련된 특성, 성과와 거의 관련이 없는 특성 등을 구분하여 설명하고자 한다.

일반적으로 성과와 관련된 환자의 특성

심리치료의 성과가 높을 것으로 기대되는 환자의 특성으로는 다음의 4가지가 제시되고 있다.

1. **상당히 온전한 성격 통합성을 지닌 반면 높은 수준의 주관적 고통을 호소하는 환자** 임상 관찰 및 연구에 따르면, 심리치료에서 개선 가능성이 가장 높은 환자들은 애초부터 적절한 성격 기능을 가진 것으로 보고되었다(Piper

....

4 심리치료의 성과에 환자의 기여가 결정적으로 중요하다는 점은 Blatt와 Zuroff(2005), Clarkin과 Levy(2004), Lambert(1991), Miller, Duncan, 그리고 Hubble(1997, 3장)에 상세히 설명되어 있다.

et al., 2002). 심리적 건강과 충분한 자아강도는 심리치료를 통한 개선을 예언할 수 있지만, 애초부터 심각했던 장해는 긍정적인 성과를 기대하기 어렵게 한다. 한정된 성격 자원이 성공적인 심리치료를 반드시 배제하는 것은 아니지만, 이런 경우 좋은 결과를 얻으려면 치료의 질과 치료자의 기술이 더 높게 요구된다. 중대한 성격병리의 존재(예: 뚜렷한 자기애성 또는 경계성 특질 등)는 성공적인 치료 예후와 연관성이 매우 빈약하였다(Benjamin & Karpiak, 2002; Lenzenweger & Clarkin, 2005; Paris, 1998).

전반적으로는 환자가 심리적으로 건강한 편인데 당면한 자기 삶의 사건과 관련하여 정서적 고통을 경험하는 경우에는 심리치료를 통해 가장 많은 이익을 얻는다. 제한적이기는 하나, 심리치료를 시작할 때 기분이 불편하고 불안할수록 환자는 치료를 계속할 가능성이 높고, 보다 빨리 반응하며, 이익을 얻을 가능성이 높다.[5]

심리치료에서의 긍정적 성과에 부합하는 성격 기능에 대한 논의는 자칫 심리치료의 필요성이 가장 적은 환자가 치료 작업을 가장 잘 해낸다거나 심리치료의 이상적인 후보자는 심리적 문제가 아예 없는 사람을 말한다는 식으로 오인될 소지가 있다. 만일 이러한 잘못 알려진 인상이 신빙성을 얻게 된다면, 이는 고통받는 사람들을 위한 필수적이며 그만한 가치가 있는 치료

....

5 Kopta, Howard, Lowry, 그리고 Beutler(1994), Safer와 Keuler(2002), Wallerstein(1986)은 전반적으로 성격 기능이 잘 통합되어 있지만 급성적인 고통을 겪는 심리치료 환자들의 예후가 긍정적이라는 시사점과 관련된 경험적 증거를 제시하고 검토했다. 로르샤흐 잉크반점 검사를 이용한 연구들은 두 가지 예후 관련 환자 특성에 대한 가치 있는 확인 사항을 제공했다. 많은 연구에서 기본적으로 자아강도의 척도인 로르샤흐 예후평정척도(Rorschach Prognostic Rating Scale)의 높은 점수는 심리치료에서 이익을 얻는 것에 대한 강력한 예측변인이었다(Handler & Clemence, 2005; Meyer & Handler, 1997). 급성적 고통과 관련하여, 로르샤흐 프로토콜에서 표현된 심리적 고통 수준이 낮았던 환자들은 처음부터 심리적 동요를 나타내는 검사지표를 더 많이 보고한 경우에 비해 치료가 더 어려웠고 조기종료의 가능성도 더 높은 것으로 밝혀졌다(Colson et al., 1994; Hilsenroth et al., 1995). 비슷한 맥락에서, 심리치료를 시작하는 시점에 환자들이 보인 MMPI-2의 불안과 우울, 내용척도로서 호소한 불안과 우울의 정도는 개선의 수준과 직접적인 관계가 있음이 밝혀졌다(Butcher, 2006; Chisholm et al., 1997).

형식이면서 합법적인 건강 관련 비용으로 인정받는 심리치료의 위상을 위태롭게 할 수 있을 것이다. 이런 식의 불합리한 생각은 외과수술을 받은 환자의 경우를 유추해 볼 때 황당하다는 것이 명확해진다. 일반적인 건강 상태가 좋은 사람들은 합병증 없이 회복될 가능성이 높으며, 상태가 좋지 않은 사람은 더 느리게 회복되며 회복될 가능성도 더 낮다. 심리치료를 받는 환자도 마찬가지다. 가장 이득을 보는 사람들은 삶에 문제가 있지만 적어도 일부 영역에서는 계속 적정하게 기능할 수 있기에 치료를 원하고 필요로 하는 경우이다. 더욱이, 심리치료는 대부분 환자의 삶에 긍정적인 변화를 가져올 수 있으며, 심지어 만성화되고 재발의 경과를 거치며 입원이 요구되는 심각한 정신질환을 가진 이들에게도 그렇다는 광범위한 증거가 있다(Chatziandreou et al., 2005; Coursey et al., 1995; Scott & Dixon, 1995).

2. 심리치료를 받으려는 동기가 있고, 자신의 감정이나 행동이 바뀌기를 희망하며, 치료가 이러한 변화에 도움이 되리라 기대하는 환자 환자들이 심리치료에 참여하는 태도와 기대가 긍정적일수록 이익을 얻을 가능성이 높다는 상당한 증거가 축적되어 있다. 따라서 대부분의 경험 많은 임상가는 이러한 희망이 유지되게끔 환자에게 도움받을 것이라는 기대를 불어넣고 치료과정에서 성공 경험을 제공하는 것을 치료자의 중요한 임무로 여긴다. 단, 치료자가 본격적인 치료를 시작하기 전이라도, 간절하게 치료를 원하고 적극적으로 참여할 준비가 된 환자는 동기가 빈약한 환자보다 긍정적인 성과를 얻을 가능성이 높다고 말할 수 있다.[6]

초기의 강한 동기와 높은 희망, 긍정적인 기대는 심리치료에서 환자가 이

....

6 심리치료에서 긍정적인 변화를 가져오는 기대의 역할을 다룬 고전적인 연구는 1961년 Frank에 의해 출간되었다. 이 책의 제3판(Frank & Frank, 1991)을 참고할 수 있다. 환자의 태도와 기대가 갖는 치료적 중요성에 관한 최근 자료는 Bleyen, Vertommen, Vander Steene, 그리고 Van Audenhove(2001), Seligman(1995), Weinberger(1995), Whiston과 Sexton(1993)이다.

익을 얻을 가능성을 상승시키지만, 이런 요소들이 이후의 치료과정에서 좋은 성과를 얻기 위해 반드시 필요한 것은 아니다. 비자발적이거나 염세적, 회의적인 환자의 경우라도 만일 치료자가 그를 치료과정에 끌어들이고 열의를 갖게끔 하는 데 충분히 숙련되어 있다면, 그러한 환자들 역시 심리치료를 통해 이익을 얻을 수 있다(Connor, 1996; Tryon & Winograd, 2002 참조). 다만 치료자가 변화를 위한 주요 장애물을 극복할 필요가 없다면 치료를 시작하기가 더 쉽기 때문에 이미 동기가 높고 희망적이며 낙관적인 환자들은 그렇지 않은 환자들보다 평균적으로 개선 전망이 좋은 것이다.

3. 호감이 가고 매력적인 환자 적개심을 보이고 부정적인 태도로 불쾌감과 불신을 드러내는 환자들은 치료자의 작업을 어렵게 할 수 있고 때때로 불쾌하게 할 수 있다. 매력적이지 못한 환자에 대한 부정적 반응이 치료 행위에 영향을 미치는 것을 막기 위해 치료자도 노력하겠지만, 치료자라 하더라도 분노나 짜증을 삼가며 그러한 감정을 완벽히 감출 수는 없다. 그러한 부정적 반응은 치료자의 효과성을 감소시킬 가능성이 있고, 또한 환자도 이를 뻔히 알게 된다. 치료자가 환자에게 불쾌감을 느끼면, 부정적인 반응을 유발한 환자는 후속 결과로서 심리치료의 성과가 저조할 위험성이 있다(Arnkoff et al., 1993; Binder & Strupp, 1997; Clarkin & Levy, 2004). 이와는 반대로, 3장에서 설명하듯이, 치료자 입장에서 환자가 매력 있고 가치 있는 인간적인 존재라고 느낄수록, 치료관계에서 더 도움이 되고자 하는 관심과 존중이 더 크게 나타날 수 있다. 치료자가 환자에게 느끼는 매력은 치료자의 효과적인 작업을 촉진하고 긍정적인 시각을 높인다는 점에서 더 좋은 성과를 예측할 수 있는 것이다.

4. '심리적 마음가짐(mindedness)'을 가지고 있으며 자신의 경험을 표현하고 성찰(자기반영)하는 능력이 있는 환자 심리치료에서 개선과 관련된 가장 명

확한 환자의 특성은 아마도 자신의 경험을 표현하고 성찰하는 능력일 것이다. 환자에 대한 치료자의 이해는 환자가 치료자에게 의사소통할 수 있는 것이 무엇인지로부터 시작된다. 환자가 자신을 더욱 충실히 표현할수록 치료자는 더 많은 정보를 가지고 작업할 수 있게 된다. 심리치료에서 진전은 치료자가 말한 것을 환자가 자신만의 자기관찰 관점에 비추어 곰곰이 따져볼 수 있느냐에 달려 있다. 치료자와의 대화를 충실히 성찰할 수 있는 만큼 환자는 목표 달성을 위해 치료자의 논평을 더 잘 활용할 수 있다.[7]

환자가 자신의 경험을 얼마나 잘 표현하고 성찰할 수 있는지 그리고 동시에 그의 적극성 수준과 동기화된 협력은 심리치료 참여의 질적 수준을 규정하며, 이러한 환자의 참여는 심리치료 성과를 위한 가장 중요한 단일 결정 요인을 대표할 수 있다고 믿을 만한 이유가 있다(Piper et al., 2002; Valbak, 2004). 심리치료에서 가장 이익을 얻었던 환자들은 치료 절차에 높은 희망을 갖고 협력하며, 치료자와 개방적으로 의사소통하고, 환자 역할의 다양한 측면들을 기꺼이 받아들인 환자들이었다. 애초부터 심리치료를 꺼리거나 참여에 소극적인 환자에게 동기와 소속감을 불어넣어야만 하는 경우라면, 치료자의 기술은 특히 중요하다. 이는 환자가 자신의 역할을 받아들일 것인지 또한 얼마나 효과적으로 받아들일 것인지에 영향을 미친다. 이러한 기술에 기여하는 치료자의 자질에 대해서는 3장에서 논의한다. 이 책의 다음 장들에서는 치료자가 환자의 욕구를 충족시키기 위하여 좋은 작업 관계를 수립하고 유지하며 활용하는 기법적 숙련도(proficiencies)에 대해 다루고 있다.

....

7 사람들이 자신을 관찰하고, 경험을 반성하고, 자각하는 능력은 '심리적 마음가짐'의 핵심 특징 중 하나이다. 연구자들은 심리적 마음가짐을 측정했을 때 낮은 점수가 심리치료에서 조기 중단을 예측하는 반면, 높은 점수는 성공적인 치료와 관련이 있을 가능성이 높다는 것을 발견했다(Frost, 2004; Joyce & McCallum, 2004; McCallum & Piper, 1997; Valbak, 2004).

경우에 따라 성과와 관련된 환자의 특성

다음으로 추가되는 환자의 세 가지 특성은 심리치료에서의 개선을 예측하는 데 도움이 되기는 하지만, 이는 앞서 논의한 네 가지 일반적인 특성보다는 비중이 약하다. 첫째, 이전의 삶의 상황에서 유능성(competence)을 발휘했던 사람은 심리치료를 통해 이익을 얻을 가능성이 상대적으로 큰 경향이 있다. 여기서 말하는 유능성은 온전한 성격 통합성과 유사한 측면도 있지만 구별되는 특징이 있다. 유능성은 자신의 삶에서 구체적으로 성취했던 것과 관련된다. 자신의 재능과 기회를 활용해 학문적, 직업적, 사회적 성취를 이룬 사람들, 즉 유능성을 발휘한 경험이 있는 사람들이 심리치료에서 더 좋은 성과를 낼 가능성이 높다. 이와 관련하여 Dewald(1971)는 다음과 같이 설명했다.

> 어떤 사람이 목표지향적인 방식으로 지속적인 노력을 더 많이 했을수록, 또한 다양한 도전에 성공한 경험이 많을수록, 그는 치료과정 동안 노력을 유지할 가능성이 높고 그래서 궁극적으로 성공의 지표를 달성할 가능성도 높다. (p. 116)

둘째, 평균 혹은 그 이상의 지능과 지적 기술을 가진 사람들은 덜 지적인 사람보다 심리치료를 통해 더 많은 이익을 얻는 경향이 있다. 특히 심리치료는 언어적 의사소통 및 생각의 교환을 중심으로 진행된다는 점에서, 언어 및 개념 형성의 유창성을 가진 경우에 심리치료에서 진전을 이룰 가능성이 높다(Clarkin & Levy, 2004; Goldenberg et al., 2006). 하지만 이러한 특성은 개별 사례에서 예후를 추정할 때 매우 조심스럽게 적용되어야만 한다. 비록 지능과 심리치료의 진전 사이에 약간의 긍정적인 관계가 있을 수 있지만, 높은 수준의 지능은 효과적인 심리치료의 진전을 위한 선행요건이 아니며 긍정적인 변화에 대한 보증도 되지 못한다.

셋째, 경우에 따라 환자의 인종 및 민족적 배경이 치료 경과에 영향을 미칠 수 있다. 최근 몇 년 동안, 인종 및 소수 민족 집단 구성원들의 심리적 문제에 대한 관심이 높아지고 있다. 즉, ① 아프리카계 및 히스패닉계, 아시아계 미국인 환자로서 특히 모국어가 영어가 아닌 사람들은 백인계 주류 인구와 뚜렷이 다른 요구와 태도를 가지고 심리치료에 올 수 있다. ② 이러한 환자들의 치료적 성공을 위한 새로운 이론과 방법이 요구된다. ③ 좋은 성과를 위해서는 내원한 환자와 동일한 민족 집단 출신의 치료자가 필요하다. 인종 및 소수 민족에 관한 문제는 충분히 이해될 만함에도 불구하고, 대부분의 연구는 이러한 특성이 치료의 성공을 절대적으로 가로막는 장애물은 아니라고 보고하고 있다. 소수 집단 구성원들이 심리치료를 찾도록 이끄는 경우의 어려움과 그들이 심리치료에 대해 갖는 태도는 문화 전반에 기반하기보다는 각 개인에 따라 다르며, 그들이 겪는 어려움은 주류 집단의 구성원들이 겪는 어려움과 크게 다르지 않다. 더욱이 현재의 이론과 방법은, 개별 환자의 요구를 충족시키기 위해 적절하게 맞춰진다면, 주류 집단 구성원만큼 소수 집단 구성원들에게도 적용될 수 있다(Aponte & Wohl, 2000; Karlsson, 2005; Tseng, 2003).[8]

이로 인해 인종이나 민족성이 심리치료 시행의 적합성과 관련이 있는지 여부에 대해 알려진 것은 별로 없다. 일부 발견은 특정 환자들이 현저하게 다른 문화적 배경을 가진 치료자가 제공한 심리치료에 참여하고 이익을 얻는 데 어려움을 겪을 수 있음을 시사하기도 한다(Markowitz et al., 2000). 이런 어려움은 특히 문제가 환자가 겪은 편견이나 차별 경험에 집중되어 있을 때 발생할 가능성이 높은데, 그렇다고 환자와 치료자 간의 문화적 배경 차이가

....

8 심리치료의 성과에서 인종적 특성과 민족성의 중요성과 관련된 개념과 연구는 Aponte와 Wohl(2000), Comas-Díaz와 Greene(1994), García와 Zea(1997), Markowitz 등(2000), Mays와 Albee(1992), Perez Foster, Moskowitz, 그리고 Javier(1996), Sue 등(2007), Tseng(2003), Zayas, Torres, Malcolm, 그리고 DesRosiers(1996)에 의해 제시되었다.

도움이 될 만한 심리치료를 방해하지는 않는다. 치료자가 그들을 이해하고, 그들의 문화적 배경을 인정하며, 그들을 가치 있는 사람으로 여기는 한, 인종과 민족성은 환자들이 심리치료를 통해 이익을 얻을 가능성에 그다지 영향을 미치지는 않을 것이다.[9]

일반적으로 성과와 관련이 없는 환자의 특성

연령, 성별, 혼인 여부, 사회경제적 지위 등의 인구학적 특성은 대부분 심리치료의 이익 및 성과와 거의 관련이 없다. 이 중 연령과 사회경제적 지위는 각각 심리치료 성과의 예측요인으로 제안되기도 했기에 추가적인 설명을 제시한다.

연령과 관련하여, 젊은 환자들이 나이 든 환자들보다 심리치료를 통해 더 많은 이익을 얻는 경향이 다소 있다. 아마도 젊은이들은 자신만의 방식에 덜 얽매이며, 고착된 소속 관계 및 불가역적인 결정이 상대적으로 적은 데 비해 자신의 관점을 재고하거나 우선순위를 재정립하거나 새로운 방향으로 자신을 위치시키는 데에는 더 자유롭기 때문일 것이다. 그러나 연령과 관련된 모든 사항을 따져 볼 때, 심리치료에서 연령별 환자 반응을 예측하려는 시도들이 있었지만 이를 뒷받침할 만한 연구결과는 거의 없으며(Clarkin & Levy, 2004), 70대 이상 노인을 대상으로 한 효과적인 심리치료에 관한 문헌자료도 광범위하게 서술되어 있다.[10]

사회경제적 지위와 관련하여, 예전 전통적 통념에 의하면 중상위 계층에게만 심리치료가 적합하며, 하위 계층은 세련됨, 내성 능력, 심리적 마음

....

9 소수 집단 사람들도 심리치료를 하게 되면 평균적으로 다른 사람들처럼 이익을 얻을 가능성이 높지만, Arnow 등(2007)(이전 각주에서 언급된 많은 저자 포함)이 검토한 연구는 소수 집단 구성원들이 일반적으로 주류 집단 환자들보다 조기에 중도 탈락하고 심리치료에 더 적은 시간을 가능성이 높음을 나타낸다.

10 노인 심리치료에 대한 대표적인 논의는 Duffy(1999), Qualls와 Knight(2006), Ter와 Logsdon(1992), Yon과 Scogin(2007), Zarit와 Knight(1996)를 참조하라.

가짐, 언어 역량 등이 부족하여 심리치료 참여가 부적합하다고 간주되었다. 그 결과, 중상위 계층이 심리치료에 의뢰될 가능성이 더 높았고, 비교적 가난한 사람보다 심리치료에 더 잘 참여할 것으로 기대되었다(Garb, 1997; Lott, 2002 참조). 그러나 이러한 시각과 달리, 과거와 현재의 연구를 개관해 보면 사회경제적 지위와 치료 성과 사이에는 체계적인 관련성이 존재하지 않는다고 결론지을 수 있다(Smith, 2005). 소수 집단 구성원들과 마찬가지로, 낮은 사회경제적 지위는 조기 중단 및 더 짧은 치료 기간과 관련이 있다. 그러나 소수 문화권의 환자들과 마찬가지로, 하위 계층 및 경제적으로 어려운 환자들도 경제적으로나 교육적으로나 더 나은 환자들만큼이나 이익을 얻으며, 미국에서는 소득수준과 심리치료의 이용 간에는 아무런 관련성이 없다고 보고되었다(Jones et al., 1997; Olfson et al., 2002).

다시 한번 말하지만, 치료자의 변명이 무엇이든, 환자들이 생활하는 맥락을 민감하게 파악하고 그들의 욕구를 충족시켜 치료작업에 건설적으로 참여하도록 만드는 책임은 치료자에게 있다. 환자의 인구통계학적 특성이 무엇이든 간에, 치료자는 긍정적인 성과를 향해 나아갈 가능성을 높이는 일련의 조건을 제공할 수 있으며, 그렇게 해야만 한다. 이런 의미에서, 이 장에서 논의된 많은 환자 변인들은 치료자가 확립할 수 있는 치료 동맹의 본질들과 상호 작용한다. 3장에서는 이러한 결과에 기여하는 치료자의 특성을 설명한다.

3 치료자

심리치료자는 다양한 학문적 배경을 지니며, 각기 다른 수련 과정을 나타낸다. 전문직 심리치료자 대다수는 임상심리학[1] 및 상담심리학, 정신의학, 임상사회복지학 출신이며, 그 외 상당수의 부부 및 가족 치료사, 정신건강상담사, 임상 정신간호사, 목회 상담사 등도 심리치료 제공자로서 훈련을 받는다. 여러 다른 전문직군의 사람들이 어떻게 심리치료자가 되며, 그들이 받는 수련의 본질, 이러한 계통의 작업에 헌신하게 된 그들 삶에서의 영향력 등은 Goldfried(2000)를 비롯하여 Murphy와 Halgin(1995), Norcross와 Farber(2005), Orlinksy(2005) 등에 의해 검토되었기에 여기서는 다루지 않는다. 그러나 누가 심리치료를 하느냐는 일반적인 물음에 관하여 정신건강 전문직군과 일반 대중 모두 "심리치료는 적절하게 훈련받은 사람만이 제공할 수 있도록 해야 한다"는 점을 인식하는 것이 중요하다.

심리치료 제공자는 훈련된 심리치료자이어야만 한다는 발언은 쓸데없는 말이 아니다. 인간행동 분야에서 '자칭 달인'이 넘쳐나며, 자기만의 고유한 경험을 통해 타인의 문제를 이해하고 치료하기 위하여 스스로 준비했다

....

1 **역자주** 미국의 경우, 심리학자는 기본적으로 심리학 분야의 박사학위와 1년 이상의 수련을 해야 한다. 우리나라의 경우, 한국심리학회의 임상심리전문가 및 상담심리사 1급, 보건복지부의 정신건강임상심리사 1급 등은 심리학 분야의 석사학위 이상의 교육과 3,000시간(2~3년 이상) 이상의 수련을 해야 한다.

는 사람들이 끊이질 않는다. 더욱이, 심리치료에 관하여 듣거나 읽어보면, 이는 믿을 수 없을 만큼 단순하게 보일 수도 있다. 치료자는 환자가 하는 말을 그저 듣고 그에 대한 인상을 들려주면, 환자들은 마술처럼 좋아진다는 것이다. 너무나 빈번하게, 타인을 돕는 것에 관심 있는 좋은 의도를 가진 사람들도 자신이 심리치료를 한다고 믿고 싶어 하며, 타인을 착취하려는 사기꾼들도 자신을 유능한 치료자라고 여긴다. 이러한 환상과 사기행위는 서비스 제공자의 자격을 면밀하게 검토하지 않은 채 심리적 도움을 구하는 예비 환자들의 안녕을 위태롭게 만든다.

심리치료는 사람들에게 도움이 되거나 또는 아무런 변화를 주지 않고 끝나는 무해한 절차가 아니다. 심리치료는 환자에게 유익할 뿐만 아니라 해로울 수도 있음을 시사하는 충분한 증거들이 있으며, 이는 치료자가 어떤 방식과 태도로 치료를 실시하는가에 따라 치료의 성과는 달라질 수 있다.[2] 심리치료 훈련을 받지 않은 사람이 요행히도 좋은 치료 성과에 핵심적인 일부 조건을 충족시키는 식으로 면담을 수행하는 경우가 있을 수 있다. 그러나 1장에서 언급한 바와 같이, 훈련되지 않은 사람들은 훈련된 전문가에 비해 심리치료가 갖는 힘겹지만 유익한 기능을 일관되고 양호하게 수행하지는 못한다. 대부분의 경우, 자격정보도 알 수 없는 사람과의 대화를 통해 이익을 얻을 수 있는 사람은 지식을 갖춘 치료자와 작업했을 때 좀 더 지속적이고 많은 이익을 얻을 수 있으리라고 기대하는 것이 합리적일 것이다.[3]

....

2 심리치료의 잠재력이 환자에게 이익이 될 뿐만 아니라 해가 될 수도 있다는 연구는 Lilienfeld(2007), Mercer(2003)에서 논의된다. 심리치료의 성공과 실패에 대한 보다 광범위한 분석은 Lambert와 Ogles(2004), Mash와 Hunsley(1993), Strupp, Hadley, 그리고 Gomes-Schwartz(1977) 등의 연구를 추천한다.

3 이러한 논평에도 불구하고, 많은 연구들에서 훌륭한 대인관계 기술을 소유한 비전문가들도 어떤 상황 및 일부 환자의 경우에 훈련된 전문가만큼 치료자의 역할을 하여 도움이 될 수 있음을 증명하고 있는 것처럼 보인다. 이런 우연적 결과는 심리치료자 수련의 중요성을 폄훼하려는 사람들에게 용기를 북돋는 것일 수 있다. 그러나 자신이 무엇을 하고 있는지, 왜 하고 있는지에 대한 형식을 갖춘 개념 없이 치료자로 활동하는 미훈련된 사람들이 제공하는 이익이란 심리치료 과정에 대한 이해나 일

좋은 치료자의 핵심적 특성

심리치료에 '좋은 환자'를 식별하려 애썼던 것처럼, '좋은 치료자'를 정의하려는 수많은 시도가 있었다. 1947년 미국심리학회의 임상심리학 수련위원회의 보고서에서는 심리치료자가 갖춰야 할 15가지 이상의 특성을 제시했다(Shakow, 1947). 이후, Holt와 Luborsky(1958)는 이 목록을 바람직한 25가지 자질로 확장했고, 심리치료에 관한 대부분의 문헌에서는 최소한이라도 좋은 치료자의 핵심적 특성들을 거론한다(예: Dewan et al., 2004). 이러한 요약이 흥미롭기는 하지만, 이렇게 열거된 훌륭한 치료자의 특성들이 어떤 치료 장면에서 어떤 식으로 긍정적 성과에 기여하는지는 다루지 못하고 있다. '좋은 환자'라는 개념이 특정 환자의 요구에 맞는 적절한 치료를 찾는 것과 연관되듯이, 좋은 치료자는 함께 작업하는 환자에게 도움이 된다고 입증되는 사람일 것이다('치료-촉진적 치료자의 특성과 행동'에 관한 자세한 설명은 Wachtel, 2008b를 참조하라).

심리치료는 일종의 대인관계 과정이기 때문에, 좋은 치료자의 핵심적 특성은 긍정적 성과를 형성하도록 돕는 대인관계 기술을 보유하고 환자와의 만남에서 이러한 기술을 효과적으로 발휘하는 것이다(Moyers et al., 2005; Norcross, 2002; Vocisano et al., 2004 참조). 언급할 필요도 없겠지만, 풍부한 대인관계 기술을 가졌다는 것만으로는 임상 장면에서 이를 발휘할 수 있는 역량이 보장된다고 할 수 없다. 성격 과정을 깊이 이해하는 데 천부적인 직관적 재능을 가진 사람(이를테면, 위대한 소설가, 극작가, 정치인)일지라도 임상적 책임성이 부과되는 고통받는 사람과의 치료관계 맥락에서 그러한 민감성을

....

정한 방식의 활용, 미래 심리치료자 지망생을 위한 교육적 기여라는 측면에서는 기여하는 것이 없다. 심리치료 분야의 전문적 경험은 치료자가 치료과정에서 다양한 특정 측면들을 얼마나 적정하게 활용할 수 있는가의 차원에서 큰 차이를 만들 수 있다(이러한 저작에 대한 개관은 Beutler et al., 2004; Binder, 2004; Kemp & Mallinkrodt, 1996; Westerman & Foote, 1995를 참조하라).

효과적으로 활용하지는 못할 것이다. 이 장에서는 효과적인 심리치료자에게 요구되는 자질들을 자세히 설명하고자 한다. 먼저 심리치료자에게 필요한 대인관계 기술들을 다루고, 이후 이러한 기술들을 효과적으로 발휘하는 능력에 영향을 미치는 요인들을 살펴본다.

필수적인 대인관계 기술을 보유하기

성공적인 치료자는 환자가 안전과 보호, 이해, 수용을 느낄 수 있는 환경을 만들어 낸다. 환자의 관점에서 이러한 환경적 분위기는 Orlinsky, Ronnestad, 그리고 Willutzki(2004)가 '치료자의 긍정확인(affirmation)'으로, Weiner와 Bordin(1983)가 '치료자로부터의 주의집중(attention)'이라고 칭한 대인관계 상호작용을 제공한다. 효과적인 심리치료에서 환자들은 자신의 말을 경청하고, 위신을 존중하며, 도움을 주려는 전문가와 정기적으로 만나는 기회를 가짐으로써 치료자의 긍정확인과 주의집중을 경험한다. 이러한 긍정적이고 치료적인 환경적 분위기는 심리치료에서 개선되는 데 기여하며, 치료자가 보유하고 발휘하는 일정한 대인관계 기술에 의해 크게 좌우되는 것으로 알려져 있다. 2장에서 언급한 환자의 긍정적인 기대와 같이, 이와 같은 유익한 치료자의 자질은 거의 모든 형식의 심리치료에서 긍정적 성과를 형성하도록 돕는 공통요인으로 받아들여지고 있다.[4]

효과적인 심리치료자에게 필수적인 대인관계 기술은 흔히 세 가지로 나뉘어 설명된다. 이들은 치료자의 따뜻함(온정성), 진솔성, 공감으로 서로 깊게

4 치료자가 제공하는 수용적이고 치료적인 환경적 분위기가 예후와 관련하여 공통적으로 중요하다는 점에 관한 전반적인 논평과 자료는 Bedics 등(2005), Greencavage와 Norcross(1990), Lambert와 Ogles(2004), Strupp(1989), Wachtel(2008b) 등의 문헌을 참조하기 바란다. 심리치료 문헌들에서는 Strupp(1989)의 "치료자의 첫 번째이자 가장 중요한 과제는 수용적이고 공감적인 맥락을 만들어 내는 것"(p. 718)이라는 주장에 널리 동의하고 있다.

연결되어 있다. 이러한 개념의 의미에 관한 논의는 심리치료자가 치료 진행에 도움이 되는 환경을 만들어 내려면 스스로 어떠한 품행을 갖춰야 하는지에 대한 몇 가지 구체적인 지시사항을 제공한다.[5]

따뜻함

치료자의 따뜻함은 환자에게 편안하고, 안전하며, 자신의 진가를 인정받는다고 느낄 수 있는 분위기를 제공하는 수단이다. 따뜻한 치료자들은, 환자의 개인적 특성이나 생활방식, 개인력에 관하여 어떠한 부정적 태도 없이, 그들을 인간으로서 소중한 가치가 있다고 평가한다. 치료자는 환자의 진술과 행위가 무엇이든 이는 그들의 일부이며 이해될 가치가 있다고 무조건적으로 수용한다. 심지어 아동학대 용의자 같은 법률적 신고 의무가 있는 경우 또는 윤리적 고려사항이 환자-치료자 특권보다 우선하는 경우에도 동일하다. 따뜻한 치료자들은 환자의 행위에 관하여 자신만의 판단을 내리지 않으며, 환자의 결정에 관한 책임을 떠맡지도 않는다. 대신, 그들은 항상 환자가 자율적 인간으로서 존엄성을 지킬 수 있도록 받아들이며, 비통제적이고 비소유적인 입장을 취한다(Bedics et al., 2005; Loneck et al., 2002 참조). 환자를 판단하거나 지배하지 않고 소중하게 가치평가하며 수용함으로써, 치료자는 심리치료에서 환자가 요구하는 안정감 그리고 치료 참여의 거리낌을 극복하게 하는 따뜻함을 보여 줄 수 있다.

치료자가 보여 주는 따뜻함의 표현은 그것이 아닌 것을 명료화함으로써 예시될 수 있다. 치료자는 환자가 잘 지내고 있는지 따뜻함을 통해서 의사소

....

5 행동 변화를 돕는 치료자 관심의 중요한 역할에 대해서는 내담자 중심 치료의 맥락에서 Carl Rogers(1951, 1957)가 처음 설명했고, 그의 공식화에 따라 치료자의 따뜻함과 진솔성, 공감이라는 개념의 선구적 연구가 탄생했다. 이러한 공식화는 심리치료 과정에 대한 이해를 풍부하게 하고 중요한 연구 발견을 생산하면서 수십 년간 이어지고 있다. Loneck 등(2002), Meissner(1996), Norcross(2002), Rogers(1974) 등을 참조하기 바란다.

통하지만, 따뜻함은 동정(sympathy)과 같지는 않다. 환자가 생활 속에서 겪은 슬픔에 반응하는 경우, 치료자는 "아, 끔찍합니다!" 또는 "그런 말을 듣게 되어 저 역시도 유감입니다." 등의 일상적인 방식으로 이야기하지 말아야 한다. 이러한 동정의 표현은 배려하는 마음을 담고 있지만, 이는 그 상황에 대하여 소유적 방식으로 치료자의 평가("끔찍합니다.")와 반응("유감입니다.")를 제시하는 것이기 때문에 치료자의 따뜻함을 충분히 전달하지 못한다. 불행에 대한 배려뿐만 아니라 존중을 보여 주는 좀 더 따뜻한 반응은 다음과 같은 진술일 수 있다.

- 명백히 매우 파괴적인 경험에 대해,
  "그것은 당신에게 끔찍이도 마음 아픈 일이었군요."
- 덜 뚜렷하게 충격적인 사건에 대해,
  "그것은 당신에게 마음 아픈 일이었던 것 같습니다."

이러한 반응은 따뜻함을 전하는 배려를 보여 주는 동시에 치료자가 아닌 환자의 감정에 초점을 맞추는 비소유적인 치료관계를 강조하는 것이다.

또한 따뜻함이 치료자들이 치료 상황을 가능한 한 불안하지 않게 만드는 선의의 수동적 인물이 되어야만 함을 의미하는 것도 아니다. 치료자의 과업은 환자들이 자신을 더 잘 이해할 수 있도록 돕는 것이며, 이러한 자기자각의 확장을 추구하는 탐색 과정은 고통 없이 이루어질 수 없다. 따뜻한 치료자들은 환자의 전인성과 위신을 위협하는 것은 피하지만, 적절한 때라면 환자의 생각과 감정, 행동의 합리성이나 권고 가능성에 대하여 도전하기를 움츠리지 말아야 한다. 배려를 제공하는 치료자가 된다는 것은 환자의 심리적인 어려움을 초래하는 행동과 태도에 대해 이해하려고 노력할 뿐만 아니라 기꺼이 직면할 수도 있어야 한다는 것이다. 환자에게 직면하여 도전하는 노력을 좀처럼 하지 않는 치료자는 따뜻하지도 않고 수용적이지도 않으며 심지어 냉담하고 배려를 제공하지 않는 것일 수 있다.

그러므로 따뜻한 치료자는 도움이 되려고 노력할 때 필요한 경우 환자의 진술과 행동에 대해 평가하고 도전한다. 물론 치료자는 환자를 한 인간으로서 폄하하지 않는다. 환자에게 "그 일을 한 것은 바보 같은 짓이었네요."라고 말하는 것(알맞은 순간 적당하게 표현되었다면, 이는 정말로 따뜻하고 건설적인 관찰이 될 수 있다.)과 "당신은 분명 바보군요."라고 말하는 것은 상당한 차이가 있다(후자는 따뜻함을 전혀 담지 못한 개인적 공격이며, 매우 비일상적인 상황에서만 치료적일 것이다). 달리 말하자면, 조건 없이 환자를 수용한다는 개념은 Rcgers(1951, 1957)가 언급한 '무조건적인 긍정적 존중'이며, 그 의미는 치료자는 환자가 한 남자 또는 여자로서의 인권을 가짐을 인정한다는 것이다. 단, 이는 환자가 생각하고 말하며 행동한 모든 것을 무비판적으로 수용하라는 뜻은 아니다.

끝으로, 따뜻함이 소유적이지 않아야만 하겠지만, 비인격적이어서도 안 된다. 예를 들어, 어떤 치료자가 "여기에 제가 당신께서 하기를 바라는 일이 있습니다."라고 말하는 것은 배려를 포함하고 있으나 소유적인데, 이러한 언급은 환자에게 행위의 자율적인 경로를 결정하는 책임을 빼앗는 것이기 때문이다. 비록 지시적 관리가 필요한, 심각하게 혼돈되어 있거나 거의 능력이 없는 사람에 대한 심리치료의 목표에는 도움이 될 수도 있겠지만, 보통 이런 말로써는 효과적인 심리치료를 구성하는 것이 거의 불가능하다. 따뜻함을 전달하기에 앞서, 치료자들은 치료 상황 속에 자신을 소속시키고 그에 맞는 적합한 인칭 대명사를 사용해야만 한다. 예를 들면, "제가 보기에는 당신이 할 수 있었던 만큼 그 일을 잘 처리하지는 못한 것 같습니다." 또는 "저는 당신의 마음속에 말하고 싶지 않은 무언가가 있을 수 있다고 생각합니다."라고 말할 수 있다. 이런 식으로 치료자는 환자가 원하는 선택적 특권을 침해하지 않으면서도 도움이 되려고 노력하면서 자기만의 관찰 기술과 개인적인 인상을 사용하고 있음을 표현할 수 있다. 인칭 대명사를 적절하게 사용하지 않고 비인격적인 표현에만 얽매이는 치료자는 객관성을 전달할 수는 있겠지만, 이 경우 환자는 종종 거리감을 느끼고 자신에게 무관심하다고 여길 수 있다.[6]

진솔성

심리치료에서 최대 이익을 얻으려면, 환자들은 자신의 생각과 감정, 경험을 개방적이고, 진실되며, 방어적이지 않은 식으로 풀어낼 수 있어야만 한다. 환자의 솔직함은 치료자의 따뜻함에 의해 촉진되며, 이는 치료 상황에서의 신뢰와 안정감을 증진시킨다. 하지만 안전하다는 느낌 이상으로 치료자가 개방적이고 진실한 방식으로 자신과 관계를 맺는다고 보지 못한다면, 환자들 역시 개방적이고 진실하기란 어렵다는 것을 알아차리게 된다. 바로 이런 이유로 꾸미지 않은 솔직함에 기반을 두고 환자와 직접적이고 인간적으로 만나면서 관계를 맺는 치료자의 진솔성이 중요하다(Elliott et al., 2004 참조).

치료자에게 진솔성(genuineness)은 있는 그대로 자기 자신이 되는 것을 의미한다. 즉, 자신이 의미한 대로만 말하며 편안하고 자연스럽게 느끼는 대로 행동하는 진실한 사람이 된다는 것이다. Sigmund Freud(1915/1958, p. 164)는 "정신분석적 치료는 진실을 기반으로 한다."고 단언했으며, 거짓말을 한 것이 드러난다면 치료자는 환자가 비밀을 완전히 털어놓도록 하는 데 불가결한 신뢰 수준을 다시는 결코 회복할 수 없다고 경고했다. 진실하기 위한 방법으로써, 치료자들은 자신의 의견이 불확실하거나 확신이 없을 때는 확정적으로 말하려고 시도하지 않아야 한다. 능숙한 연극배우 같은 치료자가 아니라면, 환자들은 치료자의 말과 생각 사이의 괴리를 쉽게 알아차릴 수 있고 그러면 치료자를 신뢰하지 못할 진솔성이 결여된 사람으로 여길 수 있다.

....

6 치료자의 자질과 인격적 특성으로서의 따뜻함의 본질에 대한 고전적 공헌에 관해서는 Raush와 Bordin(1957)을 독자에게 추천한다.

환자들은 또한 치료자들이 자신에게 언제 부자연스러운 방식으로 행동하는지 즉각적으로 알아차린다. 평소 신중한 편인 치료자가 자신의 환자에게 추가적으로 따뜻함이 필요하다고 판단하여 억지로 미소를 짓는다면 이는 진솔하지 못한 것이다. 대부분의 환자들이 바로 알아볼 수 있는 이 같은 억지웃음은 진솔한 따뜻함이 아닌 불성실성을 보여 주는 웅변적인 증언이라 할 수 있다. 이와 비슷하게, 치료자들이 편안하게 구사할 수 없는 환자의 사투리로 대화함으로써 의사소통을 개선하려고 시도할 때도 진솔성이 없어 보일 수 있다. 평소 자신에게 익숙한 말이 아닌 불경스러운 욕설이나 은어, 사투리, 현학적인 단어, 전문 용어 등을 사용하기 위해 의식적으로 노력하는 경우, 허위와 가식으로 의사소통하는 것이며, 공연예술 분야에서 훈련받지 않은 한 어색해하고 허둥거리게 될 것이다.

하지만, 진솔성이 치료자의 모든 감정을 표현하고 개인적인 우려를 모두 공개하는 것을 의미하는 것은 아니다. 진솔성의 의미는 치료자가 표현하는 어떤 감정이나 우려도 그의 내적 경험과 일치하고 성실하다는 것이다. 게다가 치료자의 개방적인 태도와 자기공개가 치료를 촉진하기도 하지만, 너무 빠른 친밀감은 과장된 거리만큼 진실하지 못할 수 있다. 치료자가 전문가의 외양 뒤에 숨고 비인격적인 입장에만 머무른다면, 환자들이 이러한 치료자에게 진정한 인간미를 찾기란 어려울 것이다. 또한, 첫 회기부터 자기의 개인적 생활을 설명하면서 시작하거나 가장 내밀한 우려나 해결되지 못한 갈등을 표현하는 치료자 역시 환자들은 진솔하지 못하다고 여길 것이다. 매우 개방적인 태도와 희망을 품고 치료자에게 다가올 것 같은 환자들 역시 서로 깊은 개인적 경험을 나누기 전에 어느 정도 서로를 알아갈 시간이 필요하다는 것을 일반적으로 알고 있다. 치료자의 미숙한 자기공개는 부자연스럽고 불성실하다는 인상을 줄 수 있다.

공감

공감은 타인의 관점을 취하고 그들의 욕구와 감정을 이해할 수 있는 능력을 말한다. 심리치료에서 공감적 이해는 환자의 말과 행동의 의미에 관한 치료자의 특별한 민감성으로 이루어져 있다. 공감적인 치료자들은 환자의 생각과 감정을 정확하게 지각하며 또한 환자의 즉각적인 의식적 경험과 의식적 자각 외부에 있을 수 있는 (무의식적) 경험 두 가지 모두가 무엇을 의미하는지 인식할 수 있다. Theodore Reik(1948)는 치료자의 민감성에 대한 대표적인 저서인 『제3의 귀로 경청하기(Listening with the Third Ear)』에서 공감의 핵심을 잘 설명했다.[7]

공감은 환자가 자기자각을 넓히고 스스로를 더 잘 이해할 수 있도록 돕는 정확한 이해의 의사소통을 촉진함으로써 심리치료 관계의 작업에 기여한다(Hatcher et al., 2005; Marci et al., 2007 참조). 공감은 여러 이유로 좌초될 수 있는데, 환자의 생각과 감정에 대한 오해석, 경청 실패, 판단 및 조언하기에 몰두하기, 환자가 하는 말의 기저 의미보다 내용에 대한 지나친 집중 등이다. 이러한 오류들은 치료자가 환자와 공감하고 자기자각을 증대시키는 데 도움 줄 기회를 놓쳤음을 나타낸다.

효과적으로 공감하는 사람이 되려면, 치료자는 환자를 이해할 뿐만 아니라 이해한 것을 환자가 받아들일 수 있는 방식으로 의사소통해야만 한다. 치료자의 따뜻함이나 진솔성에 대한 논의와 마찬가지로, 치료자가 인식하는 것과 이를 명료하고도 도움이 되는 식으로 표현할 수 있는 것 간에는 간극이 있다. 심리적으로 민감한 사람일지라도 환자와 좋은 작업 관계를 만들어 내고 그에게서 얻은 이해를 그와 공유하는 기법을 배우지 않았다면 좋은

7 심리치료에서 공감의 역할은 Bohart, Elliott, Greenberg, 그리고 Watson(2002)이 상세히 검토했다. 이 분야의 연구에서는 상대적으로 유능하지 못한 치료자들이 더 유능한 동료들보다 더 낮은 수준의 공감적 이해를 보이고, 더 유능한 치료자의 환자들에 비해 상대적으로 유능하지 못한 치료자의 환자들이 자신의 치료자에 의해 덜 이해받는다고 느끼기 쉬움을 보여 준다.

치료자가 될 수 없다.

연구 발견에 의하면, 유능한 치료자는 친절하고, 관심이 있으며, 자연스럽고, 이해심이 많은 사람으로 보인다. 덜 유능한 치료자는 덜 친근하고, 덜 보살피며, 다분히 편협되고, 잘 인식하지 못하는 것으로 보인다. 따라서 심리치료에서 치료자의 비소유적인 따뜻함과 진솔성, 공감의 표현은 긍정적인 성과에 기여하겠지만, 치료자의 냉담함과 분리, 인위성, 둔감성의 표현은 환자가 해낼 수 있었을 법한 진전도 제한하게 될 것이다. 더하자면, 환자의 개선을 위한 치료자의 따뜻함과 진솔성, 공감의 긍정적 영향력은 여러 상이한 유형의 심리치료 및 환자, 그리고 개인 및 집단 심리치료 모두에서 중요한 사실로 인정된다.[8]

대인관계 기술을 보여 주기

심리치료의 성과를 높이기 위해 요구되는 치료자의 대인관계 기술 역량은 ① 환자에게 따뜻함과 진솔성, 공감을 소통하는 방법에 관한, 수련과 경험을 통한 학습 수준, ② 환자의 요구에 반응하는 능력을 방해하는 신경증적 어려움으로부터의 자유로움의 수준, ③ 어떤 환자와의 상호작용을 통해 해당 환자의 긍정적 변화를 증진시킨 경험의 수준 등 세 가지 요인에 달려 있다.

수련 및 경험

Luborsky와 동료들의 연구(Andrusyna et al., 2006; Luborsky et al., 1999;

....

8 이와 관련된 경험적 발견은 Beutler 등(2004), Bohart 등(2002), Lambert와 Ogles(2004), Orlinsky 등(2004)에 의해 검토되었다. 치료자의 효과성은 대인관계 기술에 매우 의존하기 때문에, Binder(2004), Stein와 Lambert(1995)는 대인관계 기술을 바탕으로 심리치료 전문적 수련프로그램에 학생을 선발하고, 그들이 받는 수련에 대인관계 기술을 증진시키는 방법을 포함하는 것에 더 많은 관심을 기울여야만 한다고 주장한다.

Luborsky et al., 1997)에 의하면, 작업하는 환자의 특정 유형과 담당 사례들의 문제와 특성의 범위에 따라 얼마나 성공적일지는 치료자들 사이에 상당한 차이가 있다. 연구에 의하면, 이러한 효과성의 차이는 일반적으로 치료자 간의 기술의 차이, 특히 관계를 촉진하는 개인적 자질을 보여 주고 환자-치료자 관계를 관리하는 능력의 차이에서 비롯된다고 여겨진다(Binder, 2004; Orlinsky et al., 2004; Strupp, 1996a).

이 장은 심리치료가 훈련된 사람에 의해서 실시되어야만 함을 강조하면서 시작되었다. 따뜻하고 진솔하며 공감하는 사람이 되는 것은 효과적인 치료자가 되기 위한 좋은 기초이지만, 이것이 충분한 효과를 거두려면 치료자에게는 성격 과정의 본질에 대한 철저한 교육과 심리치료 기법에 관한 광범위한 수련이 요구된다. 성격역동에 대한 견고한 이해와 잘 훈련된 기법적 기술의 준비목록(레퍼토리)이 있어야만 치료자는 실제로 해야 할 일이 무엇인지 알 수 있고 결정할 수 있다. 즉, 공감적 이해와 따뜻함을 언제 표현해야 하는지, 이를 어떤 환자에게 어느 시간에 얼마나 많이 표현해야만 하는지, 어떠한 말과 몸짓으로써 표현해야만 하는지 알 수 있는 것이다.

이와는 대조적으로, 유감스럽게도 근절되지 않는 미신은 전문가가 되려는 준비과정으로서 교육 및 수련이 효과적인 심리치료를 수행하는 데 거의 또는 전혀 역할을 하지 못한다는 주장이다. Christensen와 Jacobson(1994)은 "전적으로는 아니지만, 많은 조건에서 준전문직군(paraprofessionals) 및 제한된 경험을 가진 직군이 전문직으로서 훈련된 심리치료자만큼 또는 오히려 더 잘하기도 한다."고 단정했다(p. 10). 그러나, Beutler(1997)와 Seligman(1996)이 자세히 설명했듯이, 이러한 단정의 근거들은 크게 두 가지 측면에서 현상을 오도하는 여러 연구로 구성된 것이었다. 첫째, 이러한 연구들은 '경험'을 시간의 경과와 같다고 보았으며, 그 결과 치료자들이 해당 기간 동안 어떠한 종류의 경험이나 수련을 거쳤는지 충분히 주목하지 않은 채 경과된 시간이 많거나 적음에 따라 경험을 규정했다. 둘째, 이러한 연구들은 주로 치료 매뉴얼의 구체적인 지침에 따라 단기적 치료가 실시된 상황에서 성과를 측정했으며, 비교적 문제의 수가 적고 상대적으로 기능을 잘하는 환자들에게 제공되었던 것들이었다.

수련과 경험의 가치에 관한 일부 진영의 지속적인 부정론(negativism)에도 불구하고, 실제 임상수련에 관한 대표적인 대단위 연구들은 전문적인 수련과 경험이 심리치료의 좋은 성과와 긍정적으로 연결된다는 충분한 증거를 산출하고 있다.[9] 비중이 큰 증거에서 지적하는 것은 충분하게 자격을 갖춘 임상가가 환자를 전반적으로 평가한 후 치료 매뉴얼에 따른 단기 치료가 추천되는 간단한 사례의 경우라면, 전문직으로서 상대적으로 준비가 덜 된 치료자도 자격을 갖춘 임상가만큼 만족할 만한 이익을 제공할 수 있다는 것이다. 그러나 현실적인 임상 실무에서 이러한 예는 매우 드물다. 대부분의 심리치료자들이 상대해야 하는 환자는 실질적으로 고통을 겪고 있으며 역기능적이고, 이들은 다양하고도 복잡한 문제를 갖고 있다. 이들에게는 치료계획에 앞서 상세한 평가가 먼저 실시되어야만 하고, 그들의 치료적 요구는 매뉴얼의 범위를 넘어서곤 한다. 바로 이러한 경우 치료자의 경험과 수련은 차이를 만들고 환자의 발전에 관한 중요한 예측 요인이 된다.

치료자가 치료에 유익한 인간적 자질을 발휘할 수 있도록 돕는 수련 및 관련 경험에 관한 구체적 방식 또한 연구에서 확인되어 왔다. 예를 들어, 더 많은 수련과 경험을 쌓을수록 다음과 같은 양상을 보인다. 치료자는 변화하는 환경적 요구에 대응하여 기술들을 유연하게 적용할 수 있다(Spruill et al., 2004). 환자-치료자 관계를 촉진하는 복합적 치료 절차의 적용에 능숙해진다(Holloway & Neufeldt, 1995). 환자에게 나중에 후회할 말을 하지 않을 수 있는 능력을 갖춘다(Brody & Farber, 1996). 대인관계 기술에 대하여 환자들

....

9 Binder(2004), Spruill 등(2004), Stein와 Lambert(1995)는 치료자들이 치료의 진전에 공헌하도록 돕는 것에 대한 좋은 수련과 적절한 경험의 중요성을 자세히 설명한다.

로부터 높은 평가를 받는다(Mallinckrodt & Nelson, 1991). 자신의 기술 수준을 높게 평가한다(Levenson et al., 1995). 이와 유사하게, 다양한 민족 및 인종적 배경을 가진 환자들과 함께 일하는 데 있어 문화적 다양성에 관한 구체적인 훈련은 치료자의 민감성을 증가시키고, 대인관계 기술을 발휘할 수 있는 능력을 향상시키며, 그들이 유능하다고 느끼는 데 기여한다고 밝혀졌다(Gushue & Constantine, 2007; Sue et al., 2007; Yutrzenka, 1995).

신경증적 어려움으로부터의 자유

심리치료를 효과적으로 실시하려면 치료자는 신경증적 어려움으로부터 자유로워야만 하는데, 여기서 신경증적 어려움은 환자의 욕구에 개방적이고 유연하게 반응하는 치료자의 능력을 방해하는 심리적 쟁점과 갈등으로 정의할 수 있다. 신경증적 어려움으로부터 자유롭기 위해서 치료자는 무엇보다도 자신의 성격역동, 특히 무엇이 자신을 화나게 또는 불안하게 하는 경향이 있는지, 자신의 삶 속에서 중요한 인물들에 대해 어떻게 느끼는지, 다양한 상황에서 왜 그런 식으로 행동하는지에 대해 빠짐없이 자각하고 있어야만 한다. 높은 수준의 자기자각이 있을 때만 치료자는 환자의 행동이 갖는 함의와 자신만의 고유한 반응이라는 양 측면을 적절하게 변별해 낼 수 있다.

자기자각이 결여된 치료자는 관찰한 것을 자신만의 참조체제 속에서 해석하는 경향이 있으며, 이는 환자가 자기 자신에 대해 더 잘 이해하도록 돕는 데 심각하게 불리한 약점이 될 수 있다. 치료자는 회기 동안에 자신의 개인적 생각과 감정을 곰곰이 따져 봄으로써 치료 과정에서 무슨 일이 일어나고 있는지 귀중한 정보를 수집할 수 있는데(11장에서 설명되듯이), 이는 자신의 반응이 꼭 환자의 말이나 행동 때문만은 아닐 수도 있음을 치료자가 인식하는(즉, 자기자각이 있는) 경우에만 그렇다.

기저의 태도나 미해결된 갈등이 객관성을 흐리지 않도록 막는 것과 더불어 치료자로서 심리치료 관계를 부적절한 개인적 욕구를 충족시키기 위해 이용하는 것도 절대 금지된다. 물론, 심리치료자도 자신의 업무에서 적절하게 일부 욕구의 만족을 기대할 수 있다. 예컨대 도움을 주는 사람이 된다는 것이나 인간 행동에 대해 더 많이 배우고, 성실성에 대해 존중받고, 치료작업에 대한 치료비를 받는 것 등이다. 반면, 치료자가 환자를 지배하거나 평가절하함으로써 자신의 자존감을 북돋워야겠다고 느낀다거나, 잔인한 행동을 이끄는 가학적 욕구 또는 환심을 사려는 의존적 욕구를 가진 경우, 유혹적 행위를 하게 하는 성적 욕구가 있는 경우, 진전이 느린 환자의 조기 종결 또는 퇴원을 초래하는 실패에 대한 두려움이 있는 경우, 치료자의 행동은 환자의 욕구를 최우선으로 두는 것을 막는 부적절한 개인적 관심과 갈등에 좌우된다.[10]

효과적인 심리치료자가 되기 위한 성격 요건에 대한 논의가 치료자는 그 어떠한 문제나 신경증적 증상, 별난 행동으로부터 자유로운 심리적 적응의 모범이어야만 유능성을 인정받을 수 있어야 한다는 것을 의미하지는 않는다. 그보다는, 치료자들이 성격 면에서 괴짜 같다거나 생활 속에서 적응하는 데 어려움을 겪더라도, 이러한 신경증적 요소들이 ① 심리치료 상황에서 환자의 욕구에 대한 객관성과 헌신을 방해하지 않으며, ② 환자의 욕구를 파악하고 다루는 능력에 발생할 수 있는 방해 요소들을 즉각 인식하고 대응할 수 있도록 자기자각과 자기통제가 충분해야 한다는 말이다(11장 참고).

....

10 신경증적으로 밝혀진 치료자 행동의 예들은 빈약한 심리치료 실무의 전문직업적 측면보다는 심리적 측면을 설명하기 위해 주로 제시된다. 심리치료자가 경험하는 스트레스와 그의 사적인 문제, 그리고 그들이 계속해서 효과적으로 기능하도록 돕는 스트레스 감소 요인에 대한 추가 정보는 Coster와 Schwebel(1997), Knapp와 VandeCreek(2006), VandeCreek과 Knapp(2001)에서 제공된다. 그렇지만, 이러한 잘못된 실무행위가 무능성 기준에 해당하거나 더 나아가 환자에 대한 학대나 관리부실, 성애적 착취까지 확대될 경우, 정신건강 전문가의 윤리 기준을 위반하게 된다. 모든 심리치료자는 자신이 책임져야 할 법적 및 전문직업적 행동 강령(예: 심리학회가 공포한 윤리 원리 및 행동 강령)을 명심하고 있어야만 한다. 심리치료에서의 윤리적 쟁점에 관한 종합적인 논의는 Clarkson(2000), Dewald와 Clark(2001), Knapp, Gottlieb, Berman, 그리고 Handelsman(2007), Knapp와 VandeCreek(2006), Koocher(1995), Loewenthal(2004), Pope와 Vasquez(2007)에 제시된다.

치료자가 작업에서 효과적으로 기능하는 데 필요한 객관성 및 헌신, 자기자각, 자기통제를 충분히 습득하기 위해서 자기를 대상으로 하는 심리치료를 받아야 한다는 오랜 전통이 내려오고도 있다. 정신분석 및 심리치료 분야의 대학원 박사과정 후 수련프로그램은 일반적으로 치료 경험을 요구한다. 현황조사에 의하면, 심리치료에 관심이 있는 심리학자 대다수가 증상의 경감이 아닌 개인적 풍요로움(enrichment)을 목표로 개인 치료를 받은 것으로 나타났다(Dearing et al., 2005; Geller et al., 2005; Holzman et al., 1996; Norcross, 2005). 하지만, 이러한 개인적인 치료가 필수라는 미인증된 일부 주장은 효과적인 치료자가 되려는 목표와 그렇게 되기 위한 수단을 혼동하는 것일 수 있다. 치료자의 목표는 작업할 때 신경증적 방해로부터 자유로워지는 것이다. 신경증적 어려움으로 인하여 낮은 효과성을 경험하는 치료자에게 개인적인 심리치료는 업무에서 유능성을 갖추기 위한 필수적인 수단이 될 수 있다. 이에 비해, 환자의 욕구를 적절히 이해하고 충족시키기 위하여 개인적인 역량과 경험을 이미 갖추고 있는 치료자에게 개인적인 심리치료는 교육적 경험 외에는 별 관련이 없을 수 있다. 일반적으로 본다면, 연구 발견들에서는 환자들이 심리치료에서 얼마나 성과가 있었는지와 그들의 치료자가 개인적인 치료를 받았는지 여부 간에 어떠한 일관적인 연관성도 입증하지 못했다(Geleer et al., 2005).

치료자-환자 상호작용

수련과 경험, 개인적 적응 수준이 어떠하든, 치료자가 모든 환자와 동등한 수준으로 작업하는 경우는 거의 없다. 치료자는 특정 유형 환자의 어려움에 더욱 민감하며 다른 경우보다 특정 유형의 이들을 돕는 데 좀 더 관심을 가지게 되는 경향이 있다. 더불어, 치료자는 그의 경험에 따라 어떤 유형의 치료기법을 가장 익숙하게 구사할 수 있는지를 배우며, 전형적으로 어떤 유형의 환자 및 문제를 가장 효과적으로 치료할 수 있는지도 인식하게 된다.

치료자가 자신의 임상적 기능에 관해 이 같은 판단을 내리는 것이 어려울 때라도, 치료자는 최적의 심리치료 성과는 관심과 이해, 존중의 요소를 가장 잘 의사소통하는 치료자-환자 배합(matching)을 요구한다는 점을 명심해야 한다. 이런 의미에서 치료자의 대인관계 기술은 특정 환자와의 상호작용의 성질뿐만 아니라 치료자의 내재적 특성과 이수한 훈련에 의해 영향받는 두 부분으로 구성된 (2차 관계적) 변인이다.

사실상, 치료에 유익한 치료자의 자질 대부분과 심리치료의 긍정적 성과와 관련된 대다수 환자의 특성은 상호작용하는 변인들이다(Crown, 2008; Lakey et al., 2008 참조). 2장에서 지적했듯이, 환자가 심리치료에서 적극적이고 동기부여된 참여자가 되고 치료의 이익을 기대할지 여부는 부분적으로 치료자가 환자에게 희망을 고취하고 참여를 유도하는 능력에 달려 있다. 마찬가지로, 특정 환자들과 함께 작업할 때 치료자가 얼마나 훌륭하게 비소유적인 따뜻함과 진솔성, 공감을 의사소통하느냐는 치료 회기 중에 환자가 어떻게 행동하느냐뿐만 아니라 부분적으로는 환자가 심리치료 속으로 가지고 온 기본적인 성격 특성들에 의지하기도 한다.

마지막으로 다른 예를 보면, 일부 심리치료자들은 특정 연령군(어린이, 청소년, 청년, 노인)과 좀 더 효과적으로 일한다. 일부는 평균적으로 여성 환자보다 남성 환자에게 더 나은 결과를 얻거나 그 반대의 경우도 있다. 어떤 치료자는 화내고, 공격적이며, 흥분하는 식으로 반응하는 환자들과 건설적으로 일하는 재능을 가지고 있다. 몇몇 치료자들은 사회적 위축과 회피 문제를 가진 소극적이고 소심한 환자들을 돕는 특별한 재능을 가지고 있다. 이러한 상호작용의 차이점들이 치료자는 특별한 재능이나 재주가 없는 환자를 치료할 수 없다거나 치료하지 말아야 함을 의미하지는 않는다. 그보다는 내원한 환자에게 순조롭게 좋은 치료자가 될 수 있는 경우와 효과적인 치료 수행을 위해 각별히 경각심을 갖고 많은 노력을 쏟아야만 하는 경우, 또는 이런 유형의 환자나 문제에 도움이 될 수 있을 만큼 잘 준비된 동료에게 의뢰해야만 하는 경우 등, 치료자가 자기 자신에 대해 그리고 자기가 보유한 기술에 대해 충분히 숙지하고 있어야 한다는 점을 지적하는 것이다.

치료의 진전에 기여하는 촉진적인 치료자-환자 배합이 이익이 된다는 이 같은 관찰에도 불구하고, 배합의 근거가 되는 구체적인 기준의 타당화는 아직 성공하지 못했다. 성별이나 연령, 인지 양식에 따른 환자-치료자 배합 시도들은 그렇지 않은 경우와 비교할 때, 치료 결과에서 어떠한 개선도 산출하지 못하고 있다. 이 쟁점에 관한 연구에서 일반적인 원리에 가장 근접되게 도출된 것은 환자와 치료자가 서로 가치관이 너무 비슷하거나 다른 것에 비해, 가치관의 초기 유사성이 중등도 수준일 때 좀 더 나은 성과와 관련되어 있다는 제안이다.[11] 대부분의 치료자가 다른 이들보다 특정 환자들과 더 효과적으로 작업할 수 있을 것이라는 구체적인 근거들을 확장시킬 자료가 없는 상황이기에, 치료자-환자 배합의 중요성에 대해서는 이것이 치료자와 환자가 얼마나 효과적으로 의사소통할 수 있을지에 영향을 미친다는 정도만을 이야기할 수 있을 뿐이다.

환자-치료자 관계의 질적 수준이 치료 성과와 관련하여 얼마나 중요한지 그리고 유리한 관계를 조성하는 데 숙련되는 것이 치료자에게 얼마나 핵심적인지에 관해서는 여전히 논의되어야 할 사항이 많이 남아 있다. 그중 다양한 유형의 심리치료에서 이익의 잠재적인 원천으로서 여러 요인 중 가장 폭넓게 공통적으로 인정되는 것은 “작업동맹”의 발달에 관한 것이다(Baldwin et al., 2007; Dinger et al., 2008; Greencavage & Norcross, 1990; Horvath & Bedi, 2002). 작업동맹은 정신분석의 맥락에서 Greenson(1965b)에 의해 주창되었고, 이후 Bordin(1979, 1994)에 의해 일반적으로 심리치료에 적용할 수 있는 개념으로 정교화되었다. 이는 다음의 요소로써 구성된다. ① 치료 목표

....

11 환자-치료자 배합에 관한 검토와 연구 발견은 Clarkin과 Levy(2004), Kelly와 Strupp(1992) 및 Vaughan과 Roose(2000)에서 제시되었다.

에 대한 환자와 치료자 상호 간의 이해와 합의, ② 이러한 목표 달성에 필요한 치료 과업을 위한 공유된 헌신, ③ 심리치료 과정 동안 불가피하게 발생하는 다양한 긴장의 해소를 위해 협력하게 하는 충분히 강한 유대(Hintikka et al., 2006; Kirsh & Tate, 2006 참조).

작업동맹은 상호작용 과정으로 구성되어 있는데, 이는 환자 및 치료자의 심리치료 관계에 대한 참여의 질에 영향을 주며 치료 성과와 실질적인 관계가 있다. 거의 예외 없이, 작업동맹이 강할수록 환자들은 심리치료를 계속 받으며, 치료를 자신에게 적용하고, 치료에서 이익을 얻을 가능성이 더 높다.[12] 효과적인 치료관계를 조성하는 치료자의 기술에 대하여, 작업동맹이론에서는 치료자가 훌륭한 개인적 자질을 가지고 있더라도 이를 선택하여 활용하는 데 익숙하지 못하다면 유용하지 않다는 점을 강조한다. 심리치료 실무 전문가와 연구자 모두 성공적인 치료동맹은 기법적 절차에 대한 치료자의 선택과 적용의 숙련도에 달렸다고 동의한다. 더 나아가 그들은, 결론적으로, 심리치료자의 기술이란 따뜻함과 진솔성, 공감을 의사소통하는 구체적인 기법에 대한 숙련도와 유익한 도움이 되는 개인적 자질의 통합으로 이루어진다고 동의한다(Bennett-Levy, 2006; Horvath & Bedi, 2002; Strupp, 1995 참조).

앞으로의 내용

1장에서 정의했듯이, 심리치료는 이해, 존중, 도움이 되고자 하는 바람으로 구성된 의사소통이다. 2장에서는 이러한 치료에서 이익을 얻을 가능성이 가장 높은 환자는 치료를 받기 위해 동기부여가 되어 있고, 상당히 온전

....

12 Horvath와 Bedi(2002)는 작업동맹 개념과 이와 관련된 다양한 심리치료 유형에 대한 종합적인 개관을 제시한다. 치료효능에 대한 강력한 작업동맹의 기여를 문헌으로 보고한 연구 발견들은 Baldwin 등(2007), Dinger 등(2008), Hintikka 등(2006), Kirsh와 Tate(2006), Weinberber(1995)에서 논의된다.

하게 성격통합이 되어 있으나 높은 수준의 고통을 느끼며, 성찰과 자기표현에서 좋은 능력을 지닌 호감이 가는 사람들이라는 점에 주목했다. 3장에서는 필수적인 대인관계 기술을 가지고 치료 중에 이를 효율적으로 발휘하는 효과적인 치료자에 대해 정의했다. 이후, 특정 환자 사례에 대한 심리치료의 효과성은 ① 환자의 요구가 다른 치료 형태에 비해 심리치료와 잘 맞는지, ② 환자와 치료자 간의 관계가 그들이 강한 작업동맹을 형성하는 데 도움을 줄 수 있는지, ③ 치료자가 자신의 이해와 따뜻함을 환자에게 어떻게, 언제, 어느 정도까지 표현해야 하는지에 대하여 얼마나 숙련되어 있는지에 달려 있음을 살펴보았다.

치료자가 특정 환자와 의사소통하기 위해 노력해야 하는 것은 무엇일지, 언제 의사소통해야 하는지, 어떤 말을 사용해야 할 것인지를 판단하는 숙련도가 치료자의 기법적 기술을 이루고 있다. 4장에서는 심리치료에 관한 이론과 연구, 치료 과정을 간략히 개관하며, 이 책의 나머지 장에서는 심리치료의 초기 및 중기, 종결 단계에서 치료 면담의 실시를 위한 기본 원리와 정교화된 기법에 초점을 맞춘다. 심리치료를 위한 일부 접근법은 치료자의 개인적 자질에는 거의 관심을 기울이지 않고 주로 기법적 기술에만 집중한다. 다른 접근법들은 심리치료에서 변화의 주요 요인으로 치료자의 인간적인 관심과 따뜻함을 강조하고 기법의 중요성은 최소화한다. 그러나 이 장에서 강조하는 것처럼, 대부분의 심리치료 실무전문가들과 연구자들은 효과적인 심리치료가 대인관계와 기법적 기술 양자 간의 균형 잡힌 조합을 요구한다고 결론짓는다.

환자와의 인간적인 관계를 만족스럽게 조성할 수 있는 치료자의 역량이 있어야만 기법적인 완전한 숙달이 유용할 수 있으며, 이러한 관계는 치료자가 전달하려는 메시지가 아무리 고통스럽더라도 환자가 이를 경청하고 이해하며 신뢰하도록 이끈다. 이러한 관계가 없다면, 아무리 빼어난 통찰로 정교하게 표현된 문구조차도 '소귀에 경 읽기'[13]가 될 수 있다. 마찬가지로, 치료자의 대인관계 기술은 견고한 작업동맹에 기초하여 자기이해를 만들어낼 수 있는 성격역동과 치료기법에 대한 충분한 지식을 가지고 있을 때만 환자에게 최대한의 이익이 제공되도록 전환될 수 있다. 좋은 치료자란 좋은 친구 또는 좋은 기술자만이 아니다. 그들은 개인적 자질 및 전문직군의 수련을 통해 정제되고 추출된 조합으로서 그러한 두 가지 측면을 겸비하고 있는 사람이다.

....

13 역자 주 'fall on deaf ears'는 '귀먹은 사람의 귀에 떨어지다'라는 관용구로, 전혀 수용되지 않는다는 의미이다. 이를 우리 속담으로 의역했다.

4 심리치료의 이론, 연구 및 실무

심리치료자로서 효과적으로 기능하려면, 임상가는 일관성 있는 성격 이론과 치료과정에 대해 전반적으로 이해하고 작업해야 한다. 계획된 개입은 그렇지 않은 경우보다 항상 더 나은 생산적인 결과를 약속한다. 환자를 파악하는 공식화의 원리에 따라 치료 중 해야 할 일의 순서를 결정할 수 있다면, 치료자는 자신의 임무를 더욱 잘 수행할 수 있게 된다. 이 책에서 제시되는 심리치료의 원리는 정신역동적 이론 및 관련 연구 발견, 심층발견적(uncovering)[1] 치료와 지지적 치료의 구분, 치료 회기 실시과정에서의 전략과 전술의 상보적 역할에서 도출된 것이다.

역동적 성격 이론

역동적 성격 이론은 인간 행동을 이해하는 다양한 정신분석적 접근법에서 가장 분명하게 나타난다(Boesky, 2008; Bornstein, 2003 참조).[2] 개념적으로

....

1 **역자주** 심층발견적 심리치료는 정신분석 및 정신역동 접근법을 말한다. 심층적 또는 통찰 지향, 분석 지향 등의 용어를 포괄하며, uncovering은 '밝혀내기' 또는 '드러내기', '발굴하기'로도 번역된다. 본서에서는 해당 용어에 대해 '심층발견적', '심층탐색적', '탐색적', '통찰지향적' 등의 번역어를 문맥에 따라 혼용하였다.

2 역동적 성격 이론의 개관에 대해서는 Barron, Eagle, 그리고 Wolitzky(1992), Bornstein(2003), Cooper(2006), Westen과 Gabbard(1999)를 추천한다.

심리치료의 공식화와 적용에 특히 관련된 역동적 성격 이론의 3요소는 무의식 및 갈등과 방어, 경험하는 자기(self)와 관찰하는 자기의 구분이다.

무의식

무의식의 개념은 사람들이 충분히 자각하지 못하는 생각과 동기, 감정을 갖고 있다는 사실을 일컫는 것이다(Bornstein, 2004; Bornstein & Masling, 1998a; Erdelyi, 2006; Gabbard, 2007). 의식적 자각 밖에 존재하는 생각과 동기, 감정은 한 사람의 행동에 흔히 강력한 영향을 미치며, 사람들은 자신이 왜 그렇게 행동하는지 그 이유를 전혀 모를 수 있다.[3] 예를 들어, 한 남자가 직장에서 승진을 코앞에 두었는데 업무에서 게으름을 피우고 어리둥절해하며 의기소침해질 수 있는데, 이는 그가 전혀 알지 못하고 있는 기저의 우려(아버지보다 더 성공적인 사람이 되면 어쩌나) 때문에 영향받은 것일 수 있다.

주로 무의식의 영향력에 의해 결정된 행동이 언제나 자기패배적인 것만은 아니다. 어느 여성이 사랑하는 아버지와 자신의 남편이 매우 닮았음을 깨닫지 못한 채 결혼했다 하더라도 이는 결코 후회 없을 훌륭한 선택일 수 있다. 하지만, 일반적인 법칙상, 어떤 사람의 행동이 본인이 인식하지 못하고 진가를 인정하지도 못하는 영향력에 의해 결정된다면 그 사람은 그만큼 심리적 문제와 부적응의 어려움을 겪기 쉬울 것이다. 정확히 말하자면, 이는 무의식적 영향력이 정서적 동요와 자기패배적 행동의 잠재적 근원일 수 있음을 의식적으로 생각해 보기를 사용할 수 없기 때문이라 할 수 있다. 감정을 정리하고 대안적 관점들의 경중을 따져 보는 것은 사람들이 자신의 욕구에 일치되는 행위의 경로를 결정하며 현실적인 제약에 맞춰 행동을 조율하는 수단이 된다. 이러한 의사결정에 참여하면서 중요한 감정과 태도를 충분

3 무의식적 정신과정의 성격과 함의에 대한 현대적 견해는 Bargh(2007), Bornstein(2004), Bornstein과 Masling(1998a), Erdelyi(2006), Hassin, Uleman, 그리고 Bargh(2005), Meissner(2005), Rydell, McConnell, Mackie, 그리고 Strain(2006), Zajonc(2001)에서 자세히 설명된다.

히 의식하지 못할 때, 사람들은 자신이 처한 상황에 적절치 못하거나 스스로 충분히 만족하지 못하는 방식으로 행동하게 된다. 예컨대, 성교에 대한 무의식적 두려움에 의해 동기화된 여성은 의식적으로는 결혼생활에서 육체적 친밀감이 부족하여 좌절감을 느끼고 남편의 애정을 잃을까 봐 걱정하면서도 남편과의 성관계를 피할 수 있다.

무의식적 재료의 중요성은 행동의 내용을 현시적(manifest) 또는 잠재적(latent)인 것으로 구분함으로써 개념화될 수 있다. 현시적 내용은 쉽게 관찰되는 반면, 잠재적 내용은 행동의 기저에 있는 의미로 구성된다. 현시적 행동과 잠재적 행동의 구분은 흔히 심리치료 내에서 명확해지며, 이는 환자의 동기에 관한 유용한 정보를 제공한다. 예를 들어, 치료자가 불가피한 사유로 지각하여 상담을 늦게 시작할 수밖에 없었는데, 다음 주에 환자가 늦게 와서는 교통체증으로 인해 그랬다고 설명하는 경우를 생각해 볼 수 있다. 환자는 아마도 실제로 교통체증에 걸렸고 늦게 된 어떠한 다른 이유도 의식적으로 자각하지 못할 수 있다. 그러나 환자가 지각한 행동의 잠재적 내용은 치료자를 향한 분노와 지난번에 기다리면서 존중받지 못했던 일에 대해 보복하고 싶은 무의식적 소망일 수 있다. 무의식 속에서 "불가피한 사유" 따위의 말은 필요 없다. 그 대신, 무의식의 관점에서 보면, 환자 내면의 목소리는 "당신이 정말 나를 소중히 여긴다면, 어떤 이유로도 지체되도록 하지 않았을 것이고, 그랬다면 제시간에 왔을 겁니다."라고 치료자에게 말하는 것일 수 있다. 환자의 해명이 불합리하며 치료자의 진솔한 관심과 헌신이 반영되지 않았다는 사실은 무의식적 영향이 어떻게 사람들을 잘못된 방향으로 이끌 수 있는지 일례를 보여 준다. 물론 이런 잠재적 내용이 환자의 지각 행동을 암시하는 것이라면, 보통 신중한 탐색을 통해 이를 입증할 수 있는 증거를 찾을 수 있다. 이 환자의 경우, 실제로는 교통체증이 평소보다 심하지 않았지만 '어떤 이유'에서인지 평소보다 10분 늦게 가까스로 출발했던 것으로 밝혀질 수 있다.

예시에서 알 수 있듯이, 심리치료가 진행되는 방식의 하나는 무의식을 의식화하는 것이다. 환자의 행동에서 무의식적 결정 요인(또는 잠재적 내용)을 파악하고 이런 중요한 기저의 영향력을 식별하도록 도움으로써, 치료자는 환자의 자기자각을 확장시킨다. 확장된 자기자각은 사람들이 자신의 기저에 있는 중요한 욕구와 태도, 갈등, 관심을 의식적인 통제하에 둘 수 있도록 한다. 그럼으로써 무의식적 영향 요인이 무엇이며 어떠한 영향력을 갖는지에 관해 미처 생각하지 못했을 때보다 더욱 건설적으로 그것을 평가하고 다루는 것이 가능해진다.

갈등과 방어

역동적 성격 이론에서 갈등과 방어는 자기충족(self-fulfillment)의 추구보다는 불안에 대한 회피 욕구에 의해 동기화되는 행동의 측면들을 일컫는다(Cramer, 2006; Lerner, 2005; Perry, 2001 참조). 정신역동적 모델은 사람들이 수용 가능하거나 적절하다고 여기는 것과는 상반되는 무의식적 소망을 가질 수 있으며 그러한 갈등이 불안을 유발한다고 전제한다. 따라서 다른 남성에게 성적 매력을 느끼지만 동성애를 수용할 수 없다고 생각하는 남성은 탈의실과 같이 다른 남성과 아주 가까이 있는 상황에 놓였을 때 매우 불안해질 수 있다. 어머니를 무의식적으로 미워하지만 어머니를 사랑하는 것이 여성의 도덕적 의무라고 여기는 딸은 어머니와 함께 있을 때 불편하다고 느낄 수 있다.

불안은 고통스러운 정동이기 때문에, 사람들은 주관적으로 느끼는 고통의 경험을 막는 방식으로 행동함으로써 이를 방어하려는 경향이 있다. 앞서 제시한 예를 보면, 동성애에 대한 강한 혐오감을 가진 잠재적인 동성애 남성은 가능한 많은 여성에게 자신의 성적 기량을 뽐내거나 난잡해지고 힘과 용감성, '남자 중의 남자'가 될 수 있는 능력을 과시하는 과잉 남성성의 인물이 됨으로써, 자신의 남성성에 대한 불안을 방어하고 있을 수 있다. 어머니에 대한 기저의 적대감을 가지고 있는 여성은 최대한 어머니를 피하거나 (멀리 이사함) 어머니에게 친절하고 어머니를 사랑하기 위해 스스로 굽힘으로써

(반동형성) 정서적 불편감을 최소화할 수 있다.

때로 이러한 방어 실행방식이 새로운 심각한 갈등을 만들어 내지 않으면서 갈등에서 비롯된 불안을 완화하는 데 성공하기도 한다. 그러나, 다른 경우 이러한 방어 실행방식이 증상 또는 부적응 행동을 구성하고 그 자체로 불안을 유발하거나 또 다른 적응적 문제를 일으킬 수도 있다. 성적으로 난잡한 남성은 한 여성하고만 함께하면서 만족할 수 없기에 혼란스러울 수 있으며, 어머니에 대한 적개심을 억누르며 사랑하는 모습을 보이려는 반동형성에 의지하는 여성은 어머니와 오래 함께 있을 때마다 두통을 겪을 수 있다.

위의 두 사람 모두 갈등의 기원이 무의식적이기 때문에 자신이 왜 그렇게 행동하고 증상을 경험하게 되었는지 알 수 없겠지만, 그래도 좀 더 편안해지고 싶을 것이다. 치료자의 과제는 환자들이 자신의 행동의 방어적 속성을 인식하고 기저의 중요한 갈등을 탐색하도록 돕는 것이다. 그렇게 함으로써 심리치료는 환자가 의식적 자각 밖에서 떠오른 관심들을 알아내고 해결하며 이후 자신의 행동을 의식적으로 통제하기 위한 잠재력을 키움으로써 삶을 더 나아지게 하는 데 일정 부분 기여한다.[4]

경험하는 자기와 관찰하는 자기

역동적 성격 이론에서 사람은 뚜렷이 구분되는 두 가지 역량을 가진다고 본다. 이는 자기[5]를 경험하기와 자기를 관찰하기(Levenson, 2004 참조)이다. 모든 사람이 두 유형의 활동을 하지만, 개인마다 이 둘에 대한 선호도가 다르다. 어떤 사람들은 주로 경험자(experiencers)이다. 이들은 이유가 무엇일

....

4 성격 특성을 형성하고 적응하는 데 어려움을 겪게 하는 갈등과 방어의 역할은 정신분석의 창시 이후 심리치료의 역동적 접근에서 주요 주제로 다루어졌다. Sigmund Freud는 방어기제를 '정신분석의 전체 구조가 놓여 있는 초석'이라고 했다. 현대적 관점에서의 갈등과 방어, 치료기법에 대한 영향에 대해서는 Busch(1995), Cramer(2000, 2006), Gray(1994), Lerner(2005), Perry(2001), Perry와 Hoglend(1998), Pine(1990)을 참조하라.

5 **역자주** 원문에서 self는 자기로, ego는 자아로 번역했다.

지 많이 생각하지 않으며, 하고자 하는 것을 하고 느껴지는 것을 느낀다. 다른 이들은 주로 관찰자(observers)이다. 그들은 자기의 생각과 행동에 내포된 의미를 자세히 따지며, 이러한 활동을 생각이나 행위로써 자발적으로 표현하지 않는 편이다. 자기경험하기와 자기관찰하기는 연속선상에 있고, 만일 어느 쪽이든 극단으로 치우치면 적응을 잘하는 데 도움이 되지 않는다. 경험자는 충동적이고 제대로 계획되지 않은 행동을 하기 쉽다. 관찰자는 지나친 자기평가와 자기의식, 행위나 반응의 마비 등의 영향을 받는다.

심리치료자는 환자 성격의 양 측면이 모두 잘 작동하도록 도와야 하며, 필요할 경우 이러한 자아의 상보적인 두 측면을 전환하는 능력도 길러줄 수 있어야만 한다. 자신을 관찰만 하는 환자는 자신의 경험에 관하여 많은 성찰을 하지만, 새롭거나 다른 식으로 자신에 대해 경험할 수도 있는 단서가 될 만한 자발적인 생각과 감정을 보고하지 못한다. 자신을 경험만 하는 환자는 생각과 감정 차원에서 새로운 재료를 많이 만들 수 있지만, 치료자와 함께 자기 경험의 의미를 성찰하고 탐색하는 것에는 동참하지 못한다.

심리치료에서 성과를 보이려면 환자가 '경험하는 자기'와 '관찰하는 자기'를 유연하게 분리할 수 있어야 하는데, 이는 원래 Sterba(1934)가 "자아분리(ego split)"라고 설명한 성격 기능의 일면이다. 환자는 자기의식이 최소화된 상태로 자발적으로 생각하고 느끼는 동시에 자신의 모든 행동을 이해가 필요한 현상으로 간주하여 거리를 두고 자세히 볼 수 있어야 한다. 심리치료는 여러 면에서 일종의 학습 과정이며, 이러한 의미에서 환자의 발전은 자신에 관하여 더 잘 알게 되는 것과 밀접하게 연관된다. 자기 자신을 경험하기는 이러한 학습을 촉진하지만, 학습이 생기려면 경험하기는 반드시 관찰 및 내성(introspection) 간에서 균형이 맞춰져야만 한다.[6]

....

6 관찰하는 자아의 개념에 관한 논의에서 Bass(2007), Gray(1994), Michal, Kaufhold, Overbeck, 그리고 Grabhorn(2006)은 환자의 내성하기와 자기관찰 기술의 증진을 돕는 다양한 기법을 자세히 설명한다.

정신역동적 관점의 통합

성격과 행동에 관한 정신역동적 공식화는 세 가지 핵심 요소로 구성되어 있다. ① 정신적 결정론은 사람이 생각하고 느끼고 행동하는 방식이 우연이 아니라, 특정한 정신적 및 환경적인 사건의 산물이라고 주장한다. ② 역동적 무의식은 사람이 생각하며 느끼고 행동하는 방식이 스스로 완전히 자각하지 못한 정신적 사건에 의해 영향받고 있음을 강조한다. ③ 발달적 관점은 성격 특성의 형성과정에서 중요한 역할을 담당하는 생애 초기 경험을 강조한다(Bornstein, 2003 참조). 이러한 핵심 요소들을 공유함에도, 성격과 행동에 관한 정신역동적 이론들은 시간이 흐름에 따라 추동 이론에서 시작하여 자아 심리학, 대상관계 이론, 자기 심리학으로 차별화된 강조점을 가지고 진화했다.

추동 이론 정신역동적 공식화에서 최초의 강조점은 Freud의 추동 이론이다. 여기서 성격형성의 핵심 요소는 부적절하거나 수용 불가능한 것으로 경험되는 소망과 충동의 출현이다. 추동 이론의 관점에서, 성격의 발달은 추동에 의한(drive-induced) 갈등과 그것이 어떻게 해소되었는지를 중심으로 전개된다(S. Freud, 1905/1953d, 1915/1957a).

자아 심리학 고전적인 추동 이론은 Anna Freud(1936/1946)에 의해 수정되었는데, 그녀는 불안에 대항하는 방어에서 추동에 의한 갈등보다 자아(ego)의 기능을 더 강조하는 입장을 취했다. 이후 자아 심리학은 Hartmann(1939/1958)에 의해 확장되어 개인의 방어 유형뿐만 아니라 기본적 대처역량에 주의를 기울이는 것이 포함되었다. Hartmann은 갈등으로부터 자유로운 자아 작용의 영역(예; 현실검증)의 개념을 소개했는데, 이러한 자아는 한 사람의 충동 생활(imulse life)과는 독립적으로 생겨나며, 자아강도는 사람이 환경에 얼마나 잘 적응하는지를 결정한다고 했다(Hartmann et al., 1946 참조).

대상관계 이론 자아 심리학은 이후 Fairbairn(1954) 및 Kernberg(1976)와 같은 대상관계 이론가들에 의해 더욱 풍성해졌다. 이들은 성격 기능 형성의 핵심을 한 인간의 삶 속에서(원래 경험한 것과 기억 속에서 재구성된 것으로서) 중요한 다른 사람과 관계 맺는 것으로 간주한다. 대상관계 관점에서, 사람이 현재 진행되는 경험을 인식하는 방식은 그의 삶의 초기 시기부터 비롯된 다른 사람에 대한 내재화된 표상에 의해 결정되고, 적응 곤란은 보통 이러한 표상 속의 왜곡을 추적함으로써 밝힐 수 있다고 한다(Ogden, 2002).

자기 심리학 가장 최근에 강조된 성격 기능에 대한 네 번째 정신역동적 이론은 Kohut(1971, 1977)에 의해 공식화된 자기 심리학(self psychology)이다. 이는 사람이 자신에 대해 어떻게 지각하고 느끼는지, 자신의 삶에서 일어난 일들을 스스로 주관한다고 여기는 정도, 한 인간으로서의 가치감과 진정성, 자신과 타인의 관계에서 경험한 경계 등이 결정적인 영향력을 가진다고 강조한다(Silverstein, 2007).

정신역동적 성격 이론들의 이 같은 강조사항 중 가장 생산적인 것이 무엇인지는 논쟁의 주제가 되어 왔다. 때로는 이 중 어느 하나 또는 다른 강조사항이 전반적인 진실을 포착한다는 유감스러운 결론도 있었다. 반면, 추동과 자아, 대상, 자기에 관하여 Pine(1990)이 지적한 것과 같이, 각 관점은 인간 행동의 고유한 측면을 나타내고 중요한 정보를 제공할 수 있다. Pine이 제안했듯이, "모든 행동은 추동 만족, 자아 기능, 대상관계, 자기경험이라는 네 가지 기능적 관점과 관계된 것으로서 설명될 수 있다."(p. 41).

정보 제공이라는 유용성 외에도, 추동 및 자아, 대상관계, 자기경험의 관점은 심리치료를 실시하는 데 또 다른 의미가 있다. 특히 어떤 주제가 가장 중요하게 논의될 것인지 그리고 어떤 개입이 가장 도움이 된다고 입증될 것인지와 관련되어 있다. 네 가지 모두 만족스럽게 시행되고 있는 심리치료 과정으로서 일정한 지위를 점하고 있으며, 각 관점에 근거한 전략들은 각기 다른 환자를 대상으로 각기 다른 시점에 효과적인 반응을 이끄는 데 불가결하다. 이에 따르면 치료자의 개입이 가장 적절하고도 이익이 될 가능성이 높은 경우는 다음과 같다. 개인의 욕구(추동)를 다루어야 하는 경우, 회기 진행 방식에서 환자의 방어 작용(자아)에 주의를 기울여야 하는 경우, 치료 회기에서 조명되어야 할 내용이 내적 표상이나 대인관계 태도로 나타나는 경우(대상관계), 삶의 문제를 해결하는 열쇠로서 한 인간의 자기개념에 초점을 맞춰야 하는 경우(자아)이다.

따라서 Pine(1990)은 이 네 가지 심리학 모두를 개입의 지침으로 삼을 것을 권장하며, 시간과 장소에 따라 각 이론이 특히 적절한 치료적 개입이 되는 경우를 예시했다. Pine의 접근방식에 따라, 이 책에서 제시하는 심리치료의 원리는 이 네 가지 관점을 모두 고려한다. 이 책에서 예시된 개입은 욕구, 방어, 대인관계 지각, 자기지각과 관련하여 변화하는 관심의 초점을 반영한다.

심리치료 연구

여러 이론적 관점으로부터 효과적인 심리치료가 비롯된다는 사실이 이론적 모델들로부터 파생된 모든 개입방안이 동등하게 유용하다는 것을 의미한다고 받아들여서는 안 된다. 바람직한 개입방안에 대한 치료자의 선택은 이론적 체계뿐만 아니라 그 개입의 효과를 지지하는 경험적인 근거에 기반해야만 한다.

심리치료의 근거-기반 실무

미국심리학회(APA)는 심리치료와 심리평가에서 근거-기반 실무(EBP) 정책을 승인해 왔고, 이 책에서 제시한 정신역동적 심리치료도 이 정책을 따르고 있다. APA에서 정의한 바와 같이, 치료의 근거-기반 실무는 정보의 세 가지 출처를 고려한다. ① 어떤 방법의 효능성과 효과성을 고려한 최선의 가용한 연구, ② 적용을 위한 임상적 경험과 연구를 통합하는 실무전문가의 전문성, ③ 치료에 참여하는 환자의 개인적 선호와 욕구(APA Presidential Task Force on Evidence-Based Practice, 2006; Goodheart et al., 2006;)

정신역동적 심리치료의 효과성은 아래에서 논의된다. 치료 실시에 초점을 두는 7장부터 12장에서는 권고되는 가용한 절차들과 연관된 추가적인 연구 결과들을 다룬다. 관련 연구가 없는 경우, 제안된 실무 지침은 누적된 임상적 지혜로부터 논리적으로 추론된 원리에 기초한다. 경험적으로 입증된 방법 이외의 비어 있는 간극을 채우기 위해서 실무전문가의 전문성에 의지하는 것은 심리학의 오랜 전통이다. 이미 반세기 이전에, Meehl(1957)은 "언제 우리는 공식 대신 머리를 사용해야 하는가?"라는 논문에서 실무(practice)에 대한 이러한 관점을 지지했다. 그의 대답은 "공식이 존재하지 않을 때" 우리는 머리를 쓴다는 것이었다(p. 269: Kelinmuntz, 1990 참조).

환자의 욕구 및 선호도와 관련하여, 사람들이 심리치료를 받는 방식 및 그때의 희망과 두려움, 치료에서 이익을 얻을 수 있을지에 대한 전망과 관련된 개인적 특성은 이 책의 1장과 2장의 주요 관심사였다. 5장과 6장에서는 잠재적인 환자에 대해 심리치료 관점에서 평가하고 그들의 역량과 믿음, 상황에 일치하는 치료계약을 준비하기 위한 자세한 지침을 제공한다.

정신역동적 심리치료의 효과성

지난 수십 년 동안, 여러 경험적 연구들이 정신역동적 심리치료의 효과성을 평가해 왔다. 이러한 연구들은 심리치료의 성과와 과정이라는 두 가지 유형으로 이루어져왔다. 심리치료 성과 연구는 심리치료 효과성의 유무에 관한 것이다. 과정 연구는 심리치료의 수행방식, 즉 어떤 특정 기술과 개입이 효과성에 기여하는지에 대한 문제를 다룬다.

많은 연구에서 역동적 치료는 환자의 기능에 대한 유의미하고 측정 가능한 개선을 반영함으로써 효과성이 있음을 증명한다. 정신역동적 심리치료의 긍정적 성과는 평가의 주체가 치료자이든 환자이든 발견되고 있으며, 환자가 얻은 이익은 입원 또는 내원하는 치료환경에서 성인과 마찬가지로 청소년을 대상으로도 보고되었다(Barber, 2007; Blatt & Ford, 1994; Borckardt et al., 2008; Bornstein & Masling, 1998b; Elkin, 1999; Fraser & Solovey, 2007). 역동적 치료는 심각한 장애를 가진 정신증 환자(Gottdiener, 2006), 성격장애가 있는 환자(Gregory et al., 2008; Levy et al., 2006), 가벼운 우울 또는 공포증과 같은 덜 심각한 장애가 있는 사람(Andrusyna et al., 2006; Nnadmai & Jones, 1998)에게 긍정적인 효과가 있었다.

Blatt와 Zuroff(2005)는 미국 국립정신건강연구원(NIMH)의 대규모 우울치료 공동연구(TDCRP)[7]의 데이터를 분석하여 역동적 심리치료가 현재 증상의 심각도를 감소시키고, 향후 증상 발현의 취약성을 억제하며, 환자의 적응과 대처능력을 향상시킨다는 유의미한 긍정적 효과를 발견했다. 게다가 이러한 결과는 치료 종결 직후 얻어질 뿐만 아니라 이후로도 장기간 유지되었다. 따라서, 정신역동적 치료의 효과성과 관련된 경험적 증거의 비중은 명확하다. 이는 효과가 있다.

역동적 심리치료가 효과가 있는지는 더 이상 쟁점이 아니다. 그렇지만, 어떻게 효과를 내는 것인지는 또 다른 문제이다. 환자-치료자의 상호작용 연구는 실제 환경에서 이뤄지고, 조작적 정의에 따른 실험적 통제의 엄격한 기준을 충족시킬 수 없기에, 어떤 개입방안들이 정신역동적 심리치료의 효과성에 가장 영향을 미치는지 결정하기는 어렵다. 그러나, 몇 가지 변인들은 특히 유망해 보이며, 심리치료 과정 연구를 통해 긍정적인 성과들이 다음과 같은 치료자의 개입방안들과 연합되어 있음이 입증되었다.

....

7 Treatment of Depression Collaborative Research Project

- 환자들의 정서적 경험을 촉진하고 정동의 언어화를 격려한다(Diener et al., 2007)
- 치료자의 경험보다는 환자의 매 순간 경험에 초점을 둔다(Hilsenroth, 2007; Meissner, 2000).
- 환자가 내성과 자기관찰에 참여하고 자기진술의 횟수를 늘리도록 격려한다(Beitman & Soth, 2006; Friedman et al., 2005).
- 전이 해석 비율이 높아지며(Levy et al.,2006), 특히 환자가 치료동맹이 강해진다고 인식하는 해석들이 포함되어 있다(Andrusyna et al., 2006; Hammond & Nichols, 2008).
- 각 환자의 문화적 배경에 민감하며 그들의 경험과 공명하는 언어를 사용한다(Draguns, 2007).[8]

심리치료의 실무

앞 절에서 설명된 심리치료 과정 연구들은 각 치료에서 다른 문제를 가진 다른 환자에게 다른 치료 시점에서 다른 개입방안이 효과적일 수 있음을 분명하게 보여 준다. 따라서 심리치료의 근거-기반 실무는 치료자가 관련 연구 성과에 친숙해야 할 뿐만 아니라 이러한 발견들을 어떻게 적용할 것인지 정보에 입각하여 선택할 것을 요구한다(Borckardt et al., 2008; Stewart & Chambless, 2007 참조). 좋은 임상적 판단을 하고 적절히 계획된 치료를 제공하는 것을 돕기 위해, 다음 절에서는 심층발견적 및 지지적 심리치료를 구분하고, 치료 회기의 구성에서 전략과 전술의 상호보완성을 설명하며, 심리치료의 진행과정을 특징짓는 시간에 따른 단계들에 대하여 검토한다.

....

8 Blagys와 Hilsenroth(2000); Borckardt 등(2008); Bornstein과 Masling(1998b); Fonagt(2006); Hofmann과 Weinberger(2007); Stewart와 Chambless(2008); Wallerstein(2006) 등에서 심리치료 연구 문헌에 대한 자세한 내용을 제공한다.

심층발견적 및 지지적 심리치료

심리치료는 환자가 말한 내용에 응대하는 치료자의 지향점과 환자 행동의 무의식적 결정 요인에 초점을 두는 정도에 따라 대비되는 두 가지 접근방식으로 나눌 수 있다(Bloch, 2006; Scaturo, 2002 참조). 심층발견적(uncovering) 심리치료는 통찰-지향적, 표현적, 탐색적 심리치료라고도 불리며, 그 목표는 환자가 무의식적 갈등과 관심을 인식하고 표현하도록 함으로써 성격의 일정 부분을 재조직화하거나 재구성하도록 돕는 것이다. 지지적(supportive) 또는 억제적(suppressive) 심리치료의 목표는 환자가 현실의 문제를 보다 효과적으로 다루도록 돕는 것이며, 무의식적 갈등과 관심사를 깊이 파지는 않는다. 성공적인 지지적 심리치료의 과정에서 성격의 변화가 일부 동반되어 나타날 수 있으나, 그 같은 성과는 지지적 접근의 주된 목표 측면에서 본다면 부차적인 것이다. 심층발견적 심리치료는 이전에는 무의식적이던 많은 사고와 감정을 환자의 자각 속으로 가져오게 하며, 반면 지지적 심리치료는 환자가 이미 희미하게나마 알아차리고 있는 생각과 기분에 대한 이해와 통제를 높여 주는 데 초점을 둔다.

이러한 목표와 초점의 차이에도 불구하고, 두 방식의 심리치료는 전반적으로 많은 특징을 공유한다. 이 두 가지 심리치료의 궁극적인 목표는 환자의 자기자각을 증대시켜 좀 더 편안하고 만족스러운 삶을 영위할 수 있도록 하는 것이다. 게다가, 이 두 치료는 모두 환자의 말과 행동에 관한 치료자의 해석적 논평을 통해 진행된다. 이러한 해석은 과거의 경험과 현재의 행동 간의 연관성을 짚어 낼 수 있고(생성 원인적 해석[9]), 환자 삶 속의 다양한 현행 사건 간의 관계를 알아차릴 수 있도록 하며(지금-여기 해석), 진행 중인 치료 과정의 양상을 다룰 수도 있다(저항 및 전이 해석). 두 가지 방식을 구별하는 기준으로, 심층발견적 심리치료에서 해석은 흔히 환자가 이야기하는 내용뿐

....

9 역자주 genetic interpretation은 유전적 해석으로도 번역된다.

만 아니라 그의 성격유형을 포함한다. 이에 비해 지지적 심리치료에서 해석은 환자의 성격유형에 관한 도전 작업은 하지 않으며 주로 이야기하는 내용에만 초점을 둔다.[10]

이러한 구분의 함의를 제대로 이해하려면, 환자의 관점에서 볼 때 치료자가 말하는 모든 해석적 논평이 일종의 도전임을 인식할 필요가 있다. 9장에서 자세히 설명되듯이, 해석은 환자에게 자신의 경험을 바라보는 새롭거나 다른 일종의 방식을 제시하며, 따라서 환자의 현재 관점이 어떻든 잘못이라는 의미를 내포할 수 있다. 심층발견적 심리치료에서 이러한 해석적 도전은 환자들이 표현하는 생각과 감정뿐만 아니라 문제 상황에서 그들이 선호하는 대처유형과 그들의 성격유형을 규정하는 특징적인 방어 가동방식에 관한 것들이다. 지지적 심리치료에서는 환자의 성격유형을 있는 그대로 받아들이고, 그러한 유형 안에서 표현되는 생각과 감정에 해석을 집중한다.

환자의 성격유형을 바꾸려 하거나 수용하려는 이러한 구분을 설명하기 위해, 강박적인 한 남성의 경우를 생각해 보자. 그는 스스로 정하기 어려운 결정의 장단점을 괴로우리만치 자세히 설명하고 있다. 심층발견적 심리치료의 경우, 치료자는 이 환자가 그 순간 결정에서 한 발짝 물러서게 하여, 지엽적인 것에 너무 몰두함으로써 합리적이고 수용 가능한 해결책에 도달할 수 없게 만드는 그의 의사결정 유형을 검토하도록 격려할 수 있다. 이러한 개입을 통해 이 남자가 자신의 경험을 다룰 때 그렇게까지 조심하게 된 이유와 기본적으로 강박적인 성격유형을 초래한 갈등의 해결방안에 관해 탐색할 수 있다. 이후 이 환자의 특성적인 반추의 양상이 감소된다면, 그는 결정을 내릴 때 예전보다 훨씬 덜 동요되게 될 것이다.

....

10 많은 저자들이 심층발견적 및 지지적 심리치료의 유사점과 차이점 및 치료 과정의 다양한 단계에서 나타나는 이러한 서로 다른 접근법의 기법적 함의를 상세하게 설명해 왔다. Castonguay와 Hill(2007); Connors(2006); Crits-Christoph, Gibbons, 그리고 Crits-Christoph(2004); Dewald(1971); Oremland(1991)의 논의를 추천한다.

이에 반해 지지적 심리치료의 경우라면, 치료자는 남자의 강박적인 성격유형의 맥락 안에서 그가 결정을 못 내리는 것을 돕기 위해 작업할 것이다. 예를 들어, 치료자는 일종의 순서에 따른 절차를 정할 수 있는데, 의사결정과 관련된 다양한 장단점을 검토하고 그에 대한 상대적 비중을 할당하는 것이다. 그럼으로써 환자는 더 중요하거나 덜 중요한 고려 사항을 구별하는 역량을 키울 수 있게 되고, 이후 자신에게 가용한 선택들을 재평가하여 타당하고 만족스러운 결정에 도달할 수 있을 것이다.

심리치료 실시의 실무 차원에서, 심층발견적 접근법과 지지적 접근법을 구분할 때 다음 세 가지 중요한 측면을 고려해야만 한다. 첫째, 심층발견적 및 지지적 심리치료는 이분법이 아닌 연속선상에 있다. 실제로 실시되는 심리치료는 매우 집중적인 심층발견적 치료관계(예컨대 정신분석)부터 전적으로 지지적인 관계(예컨대 로저스 또는 내담자 중심 치료)에 이르는 범위를 포함한다. 양극단 사이에는 제한적이거나 중등도 수준의 통찰적 접근법들이 분포할 것이다(Castonguay et al., 2003; Scaturo, 2005 참조). 특정한 치료 접근방식이 심층발견적인지 또는 지지적인지는 행동의 무의식적 결정 요인을 정밀하게 조사하는 정도와 환자의 방어 유형을 해석하는 정도에 따라 달라진다. 달리 말하자면, 치료자들은 심층발견적 또는 지지적 차원에서 환자의 심리치료를 위해 해야만 한다고 믿는 것에 따라 환자의 행동과 성격유형을 얼마나 광범위하게 해석할 것인지 결정해야만 한다. 환자를 안내하는 이러한 판단이 없다면, 치료자들은 다양한 깊이의 접근법을 무작위로 끼워 맞추려다 오류를 범할 수 있다. 또한 환자의 욕구를 거의 충족시키지 못하는 혼란스러운 심리치료를 실시하게 될 수도 있다.

둘째, 심층발견적 접근과 지지적 접근은 상호 배타적이지 않다. 효과적인 심리치료에는 보통 환자에게 통찰과 지지를 제공하려는 노력이 결합되어 있다. 심리치료가 환자의 요구와 가장 밀접하게 진행되려면, 치료자는 환자가 가진 성격의 어떤 측면에 심층발견적이고 어떤 측면에는 지지적이어야만 할 것인지에 대한 감각을 갖고 작업해야 한다. Schlesinger(1969)는 이런 식의 계획 수립을 "심리치료를 위한 처방"이라 불렀다.[11]

상호 배타적이지 않다는 것 외에도, 심층발견적 및 지지적 방법들을 조합하는 각각의 처방들은 심리치료 과정에서 시시각각 바뀌어야 할 수 있다. 예를 들어, 심층발견적 심리치료가 주로 실시되는 중에 지지적 기법의 사용이 요구되는 상황이 발생할 수 있다. 삶의 위기나 상황적 어려움에 직면한 환자들은 일시적으로 너무 불안하거나 우울해져서 고통스러운 경험에서 벗어나서 객관적으로 자신을 바라볼 수 없다. 다시 말해, 스트레스를 받을 때에는, 경험하는 자기에 사로잡히게 되고 온 힘이 빠질 수 있는데, 그러면 관찰하는 자기에게 주의나 에너지가 거의 공급되지 못할 수 있다. 만약 이런 일이 일어난다면, 치료자는 일시적으로 심층발견적 초점을 중단하고 그 대신 환자가 어려움을 겪는 동안 그를 지지하는 데 집중해야 할 것이다.

회기 중 환자가 스트레스가 많은 기간 또는 위기의 순간에 처하여 치료자에게 지지해 주고 안심시켜 주기를 요구할 수 있다. 예를 들어, 고통스러운 기억이나 불안한 충동을 탐색하는 과정에서 환자가 너무 동요되어 더 이상의 심층발견적 접근이 도움이 되기보다 해가 되는 순간이 있을 수 있다. 이러한 상황이라면, 치료자들은 탐색을 중단하고, 진행 중인 논의에서 표면적이고 명백한 양상에 대해서만 논평하는 것이 권장된다. 이런 식으로 환자가 평정을 되찾고 방어를 회복하는 데 도움을 제공하는 것은 지지적 접근이라 할 수 있다. 이때 치료자는 "당신이 이에 대하여 이야기하기 어렵다는 걸 압니다."라고 자기가 알게 된 바를 전달할 수 있는데, 이를 통해 환자가 얼마나 괴로

....

11 '심리치료를 위한 처방'이라는 견해는 실무 지침으로 이어지고 있으며, 차별화된 치료 선택에 관한 상당한 문헌에 반영되어 있다. 대표적인 저술로는 Bedi(2001); Beutler & Clarkin(1990); Gregory & Remen(2008); Gurman & Messer(2003); Roth & Fonagy(2004) 등이 있다. McWilliams(1994, 2004)의 기념비적인 공헌에서, 환자의 성격 특성에 대한 정신역동적 개념화가 환자의 개별적 요구에 부응하는 방식으로 치료자가 개입 방식을 선택하고 초점을 맞추는 데 어떻게 도움이 될 수 있는지 상세히 설명한다.

운지 치료자가 인식하고 있으며 배려하고 있음을 알려 안심시켜 줄 수 있다.

다른 예를 보자면, 주로 심층발견적 접근법으로 치료를 받는 환자들이 치료 때문에 생긴 불안을 견딜 수 없어 하거나 치료 회기 동안 자기 자신을 경험하기와 관찰하기 사이에서 생산적인 균형을 유지하지 못하는 듯한 표식을 보일 수 있다. 이러한 양상의 전개는 보통 환자가 심층발견적 심리치료에 참여하여 이익을 얻을 수 있겠다고 역량을 잘못 판단했음을 의미한다. 이런 경우 치료자는 치료 진행을 주로 심층발견적 접근에서 지지적 접근으로 전환해야만 할 수도 있다.

이와는 대조적으로, 애초에 역량이 과소평가되었거나 또는 도움을 찾던 위기 상황을 해결하는 데 이미 도움을 받은 환자들에게는 심리치료를 위한 처방이 주로 지지적인 것에서 심층발견적인 것으로 바뀔 수도 있다. 그러나, 치료자들은 심리치료를 지지적인 것에서 심층발견적인 것으로 전환하는 것이 그 반대보다 더 어려울 수 있다고 예상해야 한다. 심층발견적 심리치료는 주로 탐구하는 접근이고, 반면 지지적 심리치료는 주로 제공하는 접근이다. 치료자가 덜 탐구하고 더 많이 제공하는 것은 환자가 받아들이기 쉽지만, 치료자가 이전보다 덜 제공해 주는 것은 환자에게 흔히 박탈과 거부로 경험될 것이다.

이러한 이유로, 처음에는 환자를 지지적으로 치료해 왔는데 이후 심층발견적 접근을 시작해야만 한다고 결정했다면 대개 다른 치료자에게 환자를 의뢰하는 것이 더 낫다. 이렇게 의뢰된 환자라도 새로운 심층발견적 접근의 치료자에 대해 예전 치료자보다 주는 데 관심이 없어 보인다고 흔히 불평할 수 있기에, 의뢰를 통해 문제를 모두 해결하지는 못할 수 있다. 그렇더라도 대체로 심층발견적 치료자가 지지적 치료자와 다른 사람일 때, 심리치료에서 지지적인 것에서 심층발견적인 것으로의 전환은 상대적으로 쉽게 이루어질 수 있다.

심층발견적 접근법과 지지적 접근법을 구분하는 세 번째 요구사항은 각각에 부여되는 가치에 관한 것이다. 임상가들은 때때로 많은 성격 강점을 가진 환자들을 위한 철저하고도 효과적인 접근법으로서 심층발견적 심리치료를 극찬하고, 지지적 심리치료는 심층발견적 심리치료를 견딜 수 없는 사람을 위한 덜 강력하고 덜 바람직한 대안이라고 폄하하는 오류에 빠지기도 한다. 연구에 따르면, 변화의 정도에서 심층발견적 접근법과 지지적 접근법의 차이는 흔히 예상하는 것보다 적으며, 특정 유형의 변화가 심층발견적 또는 지지적 접근법 중 어느 하나에만 연관된 것도 아니었다(Craighead et al., 2005; Kirschenbaum & Jourdan, 2005; Wallerstein, 2006). 더군다나 달리 보자면, 효과적인 심리치료는 치료의 명칭이 아니라 환자의 욕구를 얼마나 잘 충족시키느냐에 따라 정의되어야만 한다. 각각의 환자에게 맞는 가장 좋고 바람직한 접근법이 있다. 일부 환자의 치료 욕구는 주로 심층발견적 접근법으로 가장 잘 충족되는 반면, 다른 환자의 경우에는 주로 지지적 접근법이 더 환영받고 도움이 될 가능성이 있다. 일부 환자는 개인 치료로 가장 많은 이익을 얻는 경향이 있지만, 다른 환자는 집단 또는 가족치료 접근법이 더 도움이 될 수 있다. 그 외, 행동적 또는 정서적 문제가 있는 일부 환자의 경우 정신역동적 심리치료 이외의 심리치료 형식이 그들의 욕구와 기호에 더 적합할 수도 있다(Iacoviello et al., 2007 참조).

심리치료의 전략과 전술

심리치료를 효과적으로 수행하기 위해서는 치료자들이 전략과 전술이라는 감각을 동시에 가지고 작업해야 한다. 전략(strategy)은 치료자가 특정 시간에 달성하고자 하는 목표로 구성되며, 전술(tactics)은 치료자가 이러한 목표를 달성하기 위해 사용하는 구체적인 방법으로 구성된다. 심리치료의 과정 중에, 전략은 환자들이 좀 더 자유롭게 말할 수 있도록 도와주거나, 부적응 행동의 특성과 기원을 환자들이 인식하도록 도와주거나, 그들의 사고와 감정의 대안적인 방식에 대한 인식을 넓히는 것과 같은 일반적인 목표들을 포함한다. 한 회기 또는 면담의 일부가 진행되는 동안에, 전략은 환자들이 가진 열등감 이면에 기저하는 감정을 인식하도록 돕거나, 치료자에 대한 분노를 경험하고 있음을 깨닫는 것과 같은 보다 구체적인 목표를 포함할 수도 있다. 전술에는 현재 전략을 구현하기 위한 수단으로 질문과 주장, 해석적 논평, 얼굴 표정 및 몸짓(제스처)을 포함하여 치료자가 말하고 행동하는 모든 것이 포함된다.

전략과 전술에 대한 감각을 분명하게 갖는다는 것은 심리치료 과정의 모든 지점에서 치료자들이 무엇을 어떻게 성취하려고 하는지 정확히 알고 있다는 것을 의미한다. 전술 없는 전략은 심리치료가 무엇이어야만 한다는 추상적 개념이며 무엇이 되도록 만드는 데 불가결한 치료자의 조작방안이 없다는 것이다. 반면 전략 없는 전술은 자기이해를 조성하는 체계적 과정 없이 환자의 정신세계 이곳저곳을 떠도는 기법적 연습이 될 뿐이다. 치료자의 입장에서 환자가 특정 목표를 달성하기를 원하지만 그를 도울 수 없다면, 목표를 달성할 수 없을 것이기에 비효과적인 심리치료(전술 없는 전략)가 된다. 치료자들이 맞는 말을 하지만 그 이유가 명확하지 못한 경우(전략이 빈약한 전술) 또는 전혀 이유가 없는 경우(전략이 없는 전술, "나는 그저 그 말을 해야 할 것 같았다."라고 말하는 경우)는 치료 성과 면에서 가망이 없는데, 이런 말을 하는 치료자들은 다른 상황 및 시기에도 전략과 전술을 겸비한 적당한 말을 할 가능성이 거의 없기 때문이다.[12]

심리치료의 진행 과정

심리치료의 실제 과정은 환자마다 매우 다르지만, 모든 심리치료 관계에는 일반적으로 시간 순서를 따르는 진행 과정이 있다. 심리치료가 어떻게 진행될지 예상할 수 있다면, 치료자는 특정 환자와의 작업 중 어디쯤에 있는

....

12 심리치료의 수행에서 전략과 전술의 상호보완적인 역할은 Dewald(1996)에서 더 자세히 논의된다.

지 알 수 있으며 그에 따라 전략을 세울 수 있다.

심리치료는 도움을 받으러 온 환자가 치료자와 함께 적절한 치료법을 결정하는 데 참여하는 것으로부터 시작된다. 치료관계의 초기 시작 단계는 ① 환자의 문제점을 전반적으로 평가하고 변화의 초점이 되어야 할 부분을 결정하기, ② 심리치료를 위한 환자의 욕구, 동기, 강점, 역량 등을 상세 평가하기, ③ 심리치료가 요청되는 경우, 계약을 체결하기 등으로 이루어진다. 심리치료 계약은 만남이 어떻게 진행될지, 치료관계에서 각자의 역할이 무엇일지, 그리고 구체적인 목표가 무엇인지에 대해 환자와 치료자가 명시적으로 합의하는 것이다.

평가와 치료계약의 합의 이후에 심리치료는 중기 단계로 진입한다. 중기 단계는 보통 심리치료에서 가장 긴 단계로, 이는 치료자가 그의 작업의 주요 부분을 실행하는 기간이다. 이 중기 단계에서 치료자의 주요 과제는 환자가 말할 수 있도록 돕고, 경청하여 환자가 자신에 대해 드러낼 수 있는 것에 관한 이해에 도달하고, 이러한 이해 속에서 환자가 이를 공유하게끔 돕는 해석적 논평을 하는 것이다.

심리치료의 중기 단계에서 치료자는 경청과 이해, 의사소통의 노력에 반하는 장애물을 만나게 될 수도 있다. 이러한 방해, 또는 저항은 환자의 입장에서 치료에 참여하는 것에 대한 역설적 거리낌(paradoxical reluctance)으로 구성된다. 저항이 발생하면, 분명히 간절하게 자신에 대해 더 많이 알게 되고 행동의 변화를 원했던 환자들이 자유롭게 말하지 못하거나 않으려고 한다.

저항은 여러 근원에서 발생할 수 있는데, 환자가 되는 것이나 자신의 일부 측면을 바꾸는 것에 대해 기저에 깔려 있는 유보적 태도(치료에 대한 저항), 도전에 응대하지 않는 식으로 굳어진 성격유형(인격 저항), 논의되는 특정 주제에 대한 불편감(내용에 대한 저항), 표현하지 않으려는 치료자에 대한 감정(전이 저항)이 해당된다. 이러한 형태의 모든 저항은 환자와 치료자의 의사소통을 방해하기에, 중기 단계에서 지속적인 치료를 진전시키기 위해서 치료자는 이러한 저항을 돌파하거나 우회하여 계속 나아갈 수 있는 방법을 찾아내야만 한다. 반면, 동시에 이러한 저항은 환자의 성격유형과 기저의 태도, 불안의 근원에 대하여 유용한 정보를 제공할 수 있다(Stuart & Robertson, 2003 참조).

전이는 환자가 치료자에게 경험하는 감정과 태도로 구성되며, 이는 환자-치료자 사이의 의사소통에서 잠재된 형식의 방해물로서 특별히 언급할 가치가 있다. 심리치료는 환자가 치료자에게 긍정적 감정을 가지지 않는 한 만족스럽게 진행되는 경우가 거의 없는데, 왜냐하면 그러한 긍정적 존중은 환자의 자유로운 대화와 자신의 행동에 대한 해석을 수용하려는 의지를 지지해 주기 때문이다. 하지만, 치료자에 대한 긍정적 감정은, 만약 그것이 너무 강해진다면, 환자가 치료자의 도움과 이해보다 치료자의 인정과 애정을 얻으려는 동기를 갖게 할 수 있다. 이런 경우, 환자는 치료자를 기쁘게 한다고 생각하는 것만을 주로 보고하고 치료자가 승인하지 않을 것으로 예상되는 것은 무엇이든 감추려고 할 것이기에 결과적으로 의사소통이 점차 와해될 수 있다.

치료가 계속되면서, 환자는 치료자에게 부정적 감정을 가질 수 있는데, 이에는 두 가지 주요한 이유가 있다. ① 치료자는 궁극적으로 환자가 받고 싶어 하는 애정과 승인을 표현하지 않음으로써 그들을 좌절시킬 수 있다. ② 환자의 삶 속에서 중요한 인물에 대한 부정적인 감정이 치료 과정에서 자극되어 치료자에게로 향해지거나 전이되는 경향이 생길 수 있다. 부정적 전이는 일반적으로 환자가 치료자에게 화내거나 불만족스러워하고, 따라서 치료 절차에 협력하지 않으려 함으로써 의사소통 과정을 방해한다. 그러나, 저항과 마찬가지로, 긍정적이건 부정적이건, 전이 반응은 환자의 적응 곤란과 관련된 (주로 무의식적인) 내적인 삶(inner life)과 기질적 성향에 대하여 많은 것을 드러내 주기 때문에 치료자가 반드시 주의를 기울여야 하는 중요한 부분이다(Schaeffer, 2007 참조).

심리치료의 중기 단계를 복잡하게 만들 수 있고, 심리적 이해의 의사소통을 방해하는 다른 근원은 환자의 태도가 아닌 치료자의 태도에서 비롯될 수 있다. 모든 치료자는 어떤 때는 환자가 말하거나 행동한 것에 대한 반응으로, 때로는 치료자 자신의 마음 체제(상태)(frame of mind)에 영향을 끼치는 자기 삶 속에서 일어난 과거 또는 현재 사건의 결과로, 자신의 환자에 대해 긍정적이거나 부정적인 감정이 요동치는 경험을 한다. 치료자는 환자에 대한 지각을 왜곡하거나 잘못된 치료 전략을 채택하는 것을 방지하기 위해 이 같은 역전이 반응을 인식하고 통제할 필요가 있다(Gellner, 2006 참조). 동시에, 치료자가 자신의 반응을 촉발했을 수 있는 환자 행동의 잠재된 특징에 연결된 단서를 자기 속에서 찾을 수 있는 충분한 지식을 가지고 있다면, 그는 역전이 반응을 생산적으로 활용할 수 있다(Schaeffer, 2007).

해석, 저항, 전이, 역전이는 심리치료 중기 단계의 주요 주제이다. 심리적 이해를 의사소통하는 작업이 계획되거나 가능한 만큼 달성되었을 때, 즉 치료의 목표가 실현되었을 때 심리치료는 최종적인 종결 단계에 진입하게 된다. 종결은 환자와 함께 치료 과정을 검토하고, 여러 미결사항을 처리하며, 그들의 성격 기능과 노력하는 삶이라는 면에서 그들의 미래가 어떠할지를 숙고하는 것으로 구성된다.

위에서 살펴본 심리치료 과정에 관한 개관에서는 이 형식의 심리적 치료에서 다루어야 하는 기본적 배경을 지적했다. 이어지는 장들에서는 심리치료의 단계로서 초기, 중기, 말기에 관하여 좀 더 상세히 따져 볼 것이다. 특히 각 단계에서 요구되는 전략 및 전술 측면에 특히 주의를 기울인다.

2부

심리치료의 초기 단계

5 평가와 판정

심리치료의 초기 단계는 평가[1]와 판정의 시행 기간으로 시작된다. 이때 치료자는 환자에 대해 알게 되고 심리치료를 시작하는 것이 바람직한지 판단한다. 평가와 판정이 완료되면, 환자와 치료자는 함께 작업하기로 합의하고 제반사항을 정하는 치료계약 체결로 나아갈 수 있다. 심리치료를 시작하기 위하여 최종적으로 중요한 측면은 환자가 자유롭게 이야기하고 치료과정에 참여하도록 이끄는 적절한 면담을 시행하는 것이다. 이 장에서는 예비 심리치료 환자에 대한 평가와 판정을 다루며, 6장은 치료계약, 7장은 면담의 실시에 대해 살펴본다.

환자에 대한 평가

예비 심리치료 환자에 대한 평가는 4단계의 순서로 진행된다. ① 현재 문제 확인하기, ② 이러한 문제의 배경을 탐색하기, ③ 한 인간으로서 환자

....

1 역자주 이 책에서 평가(evaluation)는 자료 수집을 강조하고 사정/판정(assessment)은 평가를 바탕으로 하는 판단을 강조하는 용어로 쓰인다. 물론, 두 용어는 교차적으로 사용되며 모두 평가로 번역될 수도 있다. 미국심리학회의 용어 정의에 따르면, assessment(종합평가)는 환자 이해를 위한 자료 수집 및 의사결정, 전문지식을 포함하는 전체 과정으로 정의된다. 이 과정 중 evaluation(항목평가)은 일부 요소 또는 최종 결과물의 가치를 따지는 것으로 구분한다. psychological assessment는 주로 심리평가로 번역되고 있다.

를 이해하기, ④ 적당한 작업 공식화(working formulation)[2]에 도달하기.

현재 문제 확인하기

예비 환자에 대한 평가의 첫 번째 단계는 도움을 구하는 문제(때로는 현재 문제 또는 현재 호소라고 부른다)를 확인하는 것이다. 대다수가 첫 번째 방문 약속을 잡게 된 이유를 자발적으로 설명하기 때문에, 이 작업은 보통 쉽게 진행된다. 사람들은 도움을 요청하게 된 구체적인 증상을 제시하면서 첫 면담을 시작한다("제가 여기 온 이유는 특히 주변에 사람들이 많을 때면 거의 언제나 불안해지기 때문입니다."). 어떤 사람들은 모호한 증상이나 대인관계의 어려움을 호소한다("저는 최근 긴장과 신경과민을 느끼고 있으며, 아무 이유 없이 남편과 아이들에게 소리를 지릅니다."). 때로 어떤 이들은 증상이나 문제를 전혀 언급하지 않는 대신 자신의 인생이 어떤지에 대해 전반적인 불만을 표현한다("나는 단지 일이나 사는 게 행복하지 않을 뿐인데, 과연 여기서 이야기하면 변화하는 데 도움을 받을 수 있을까요?").

이러한 현재 호소는 초기 평가 면담에서 치료자가 어떤 화제를 꺼내야 할지 알게 해 주는 좋은 단서들을 제공한다. 그러나, 종종 환자가 자신의 어려움과 고민에 대한 단서를 거의 제공하지 않는 진술을 하면서 시작할 수 있다. 그런 경우 치료자는 아래처럼 추가 정보를 요구해야 한다.

환자: 스미스 선생님이 당신을 보러 가야만 한다고 했습니다.

치료자: 무슨 일 때문에 그러셨을까요?

환자: 어디서부터 시작해야 할지 모르겠어요.

치료자: 이야기하고 싶은 것부터 시작하실 수 있습니다.

환자: 그 말은 저의 어린 시절 이야기를 다 듣고 싶다는 건가요?

....

2 역자 주 working은 '잘 작동하는' 또는 '작동 중인'의 뜻이나, 번역 용어의 간편성을 위해 '작업'으로 번역한다. 유사한 용어로는 작업동맹(working alliance)과 작업가설(working hypothesis)이 있다.

치료자: 글쎄요… 무슨 일로 저를 찾아오게 된 것인지부터 시작하실 수 있겠습니다.

환자 대부분이 면담에 오게 된 문제를 최소한 모호하게라도 설명하지만, 일부 환자는 전혀 단서를 제시하지 않은 채 조용히 앉아서 치료자가 시작하기만을 기다린다. 이런 상황이라면, 치료자는 환자에게 주요 관심사에 대해 직접 물어봐야 한다. 반면, 이러한 권고에 동의하지 않고 처음부터 침묵하는 환자에게는 침묵으로 대응해야 한다는 제안도 흔하다. 시작 시점에서 환자의 침묵에 대해 치료자도 침묵으로 대해야 한다는 입장의 세 가지 논거는 다음과 같다. ① 치료자가 환자와의 관계에서 지시적 입장을 취하는 것을 피할 수 있다. ② 환자가 자신에 대해 얼마나 기꺼이, 그리고 얼마나 잘 말할 수 있는지 평가할 수 있다. ③ 환자가 대인관계 상황에서 불안을 얼마나 잘 견딜 수 있는지를 측정하는 유용한 수단이 된다. 그러나 4장의 심리치료의 전략과 전술에서 논의한 내용을 되짚어 본다면, 첫 면담의 시작부터 치료자의 침묵이 길어지는 것은 부정확한 전략에 기초한 전술적 오류의 대표적인 예라고 할 수 있다.

치료자의 침묵이 딱 맞는 시점에서 채택될 때면 효과적인 치료적 전술이 될 수 있겠지만(Gale & Sanchez, 2005), 환자의 불안을 견디는 힘(불안 내인력)을 시험하거나 환자의 대화 능력의 평가, 치료자의 비소유적 태도(non-possessiveness)를 보여 주기 등은 초기 면담의 시작 시점에서 올바른 전략이 아니다. 이들 모두가 중요한 전략이긴 하지만, 이러한 전략이 딱 맞는 적절한 순간은 나중에나 온다. 초기 면담이 시작될 때, 최우선적인 전략은 환자의 문제가 무엇인지 알아내는 것이어야만 한다. 이 전략은 적당한 전술을 명확히 지시한다. 만약 환자가 당신에게 말하지 않는다면, 치료자는 질문해야 한다.

치료자는 환자의 첫마디 말에 어떤 역동적 함의가 있을지 따져 보면서 치료를 시작해야 한다는 제안에 종종 마주칠 수 있는데, 이에 대해서도 비판적으로 검토할 필요가 있다. 이를 통해 초기 면담에서 보다 유리한 기법이 무엇일지 분명히 알 수 있다. 만일 그러한 주장에 따른다면, 환자가 "나는 어디서부터 시작해야 할지 모르겠습니다."라고 했을 때 치료자의 반응은 "무슨 일을 시작하는 것이 당신에게는 어렵군요."가 되어야 할 것이다. 하지만, 첫 면담이 막 시작될 때 이런 식의 해석적 전술은 시의적절하지 않은데, 그 이유는 부분적으로는 현재 환자의 어려움을 확인하는 전략을 지연시키고 생산적인 작업동맹을 수립하는 전략을 방해할 수 있기 때문이다. 이렇게 환자에게 직면시키기는 첫 만남에서는 너무 이르며, 대체로 역동적 해석은 치료의 중기 단계까지 유보하는 것이 좋다.

생산적인 작업동맹의 수립과 관련하여 좀 더 이야기하자면, 초기 면담에서 환자의 성격역동에 관해 즉각적으로 해석적 초점을 맞추는 것은 삼중의 위험성을 가진다. 첫째, 치료자는 시작 시점에서는 환자에 대한 지식이 제한적이기 때문에 부정확한 해석을 할 수 있다. 8장에서 자세히 설명되듯이, 잘못된 해석은 전반적으로 불이익을 초래한다. 초기 면담에서 이러한 실수는 환자가 치료자의 이해 능력과 여유로운 대화 능력에 대하여 의문을 제기하는 이유가 될 수 있다. 둘째, 해석은 도전이기 때문에 해석적 논평을 일찍 접하게 된 환자는 치료자를 즉흥적이고 성급하게 반응한다고 여길 수 있고, 이후 기회가 있을 때마다 계속 쏘아붙일 거라고 볼 수 있다. 셋째, 시작하자마자 해석을 제시하면 환자가 공식적으로 심리치료에 참여하겠다는 합의를 하기도 전에 치료자가 치료 작업을 도맡는 식이 되어버리며, 이는 치료자의 입장이 우월하고 지배적임을 나타내는 식일 수 있다. 요약하면, 때 이른 해석적 초점은 ① 치료자의 민감성에 대한 환자의 의심을 야기하고, ② 치료관계에서 안정감의 발달을 저해하며, ③ 따뜻함과 존중을 의사소통하려는 치료자의 노력을 약화시키는 등, 바람직하지 못한 영향을 초래할 수 있다.

초기 면담을 시작할 때 추가적으로 주의해야 할 점은 치료자가 환자를 만나기 이전에 보통 그의 현재 문제에 관하여 어느 정도 이미 알고 있다는 것인데, 이는 환자의 의뢰자 대부분이 이러한 정보를 제공하기 때문에 그렇다. 이런 경우, 첫 만남이라 하더라도 치료자는 환자에게 "무엇 때문에 여기 오셨는지 말해 주실 수 있습니까?"라는 식으로 뻔한 질문을 하면 안 된다. 대신 "브라운 선생님께서 당신이 걱정하는 몇 가지 문제가 있다고 제게 말씀하셨습니다."와 같이 정확히 어떤 상황인지 이야기해야 한다. 이렇게 시작 발언을 한 후, 치료자는 브라운 박사로부터 들었던 모든 것을 꼭 연관시키지 않더라도, 환자가 문제에 대해 자세히 설명하기를 기다릴 수 있다. 환자가 자신에 관한 이야기를 시작할 때 이러한 단서를 받아들이지 않는다면, 치료자는 "아마 당신이 그것에 대해 뭔가 말씀해 줄 수 있겠지요?" 또는 "당신에게 어떤 일이 있었습니까?"라고 덧붙일 수 있다.

소개받은 사실을 즉시 인정하는 것은 보통 치료관계가 순조롭게 시작되는 데 도움이 된다. 환자는 보통 자신이 의뢰되었다는 점을 알고 있는데, 치료자가 이 사실을 알리는 걸 놓쳤다면 환자는 이에 대해 내심 다음과 같은 결론을 내릴 수 있다. ① 치료자가 나에 대한 사전 정보를 가지고 있는데도 이를 인정하지 않는다면, 치료자는 진솔하지 않다 ② 치료자는 사전 정보가 없으며, 이는 내 상황에 대해 의뢰자와 함께 신경 써서 논의할 만큼 충분한 관심이 없었음을 의미한다. 그러므로, 의뢰된 환자를 어떻게 대하는 것이 중요한지에 대해 치료자가 경각심을 가진다면, 위와 같은 비진솔성과 관심의 결여라는 의도치 못한 의사소통은 쉽게 피할 수 있으며 바꿀 수도 있다.

예시 1

치료자: 왜 여기 오시게 된 건지부터 말씀해 보시는 게 어떨까요?

환자: (약간 짜증을 내며) 존스 박사님이 여기로 가보라고 했고, 저를 만나는 것에 대해 이야기했다고 했습니다. 박사님이 그 문제에 대해 아무 말도 하지 않았나요?

치료자: (치료자의 오류를 바로잡으면서) 네, 박사님께서 전해 주셨습니다. 남편분과의 관계에 대한 문제라고 들었습니다. 제가 전해 듣기는 했지만, 그 일에 대해서 당신의 말씀을 직접 듣고 싶습니다.

예시 2

환자: (첫 면담의 중간 즈음에) 지금 저를 괴롭히는 건 그 문제뿐인 것 같아요. 선생님은 예전에 제가 여기 환자였을 때부터 제 과거에 대해 알고 있지 않았나요?

치료자: 몇 년 전에 클리닉에서 뵙긴 했지만, 그 문제에 대해 직접 말씀해 주시면 더욱 도움이 될 것 같습니다.

현재 문제의 배경을 탐색하기

치료자는 환자가 도움을 청하는 주요 문제와 걱정을 이해하기 위해 이러한 어려움의 배경도 알아야만 한다. 환자가 불안 발작과 같은 매우 구체적인 호소를 한다면, 치료자의 질문도 마찬가지로 상당히 구체적일 필요가 있다. 불안 발작이 처음 시작된 게 언제인지, 어떻게 나타나는지, 무엇 때문에 생기는지 등. 환자가 좀 더 일반적인 걱정을 말하면서 시작한다면 초기 질문도 이에 상응하는 일반적인 방향으로 해야 한다.

환자: 저는 사람들을 어떻게 다뤄야 할지 모르겠습니다, 그게 가장 걱정스러운 점이에요,

치료자: 사람들과의 관계 문제에 대해 좀 더 말씀해 주시겠습니까?

환자의 현재 문제에 관한 질문이 구체적이든 일반적이든 그 의도는 환자의 문화적 배경과 경험을 포함한 문제의 본질과 이력, 있을 수 있는 촉발 환경과의 연관성에 대해 좀 더 자세한 설명을 끌어내는 것이다(Ecklund &

Johnson, 2007; Sue et al., 2007). 환자가 처음부터 여러 가지 문제와 걱정을 제시한다면, 치료자는 어떤 것에 먼저 주안점을 두어야 할지 또는 얼마나 광범위하게 다루어야 할지 선택해야 한다. 모든 사항이 주의를 기울일 만한 것으로 보이는 장황한 호소에 직면한다면, 치료자는 어디서부터 탐색을 시작해야 할지 확신하기 어렵다. 이러한 상황이라면, 환자에게 직접 의견을 묻는 것이 흔히 도움이 된다. "걱정하는 여러 가지 일들을 언급하셨는데, 가장 괴로운 문제나 가장 먼저 이야기하고 싶은 것은 무엇입니까?"

그러나 질문을 받았을 때조차도, 일부 환자는 가장 심각한 문제를 식별해 내지 못하거나 이야기하기를 꺼릴 수 있다. 그들은 자신을 가장 괴롭히는 문제부터 시작하기를 너무 고통스러워 하거나 창피하게 여겨서 상대적으로 이야기하기 쉬운 문제부터 시작하기를 더 좋아할 수 있다. 또 다른 가능성으로, 그들은 많은 걱정 중에서 무엇이 가장 근본적이고 심각한지 명확하게 알지 못할 수 있다. 어쨌거나, 시작 즈음에 치료자가 환자에게 의견을 물으면 논의될 화제를 선정하는 데 도움이 되는 경우가 많다. 또한 이를 통해 환자에게 따뜻함과 존중을 전할 수 있다. 치료자가 환자에게 무엇을 의논해야 할지 의견을 물음으로써 치료를 어떻게 시작할지 결정할 책임을 환자와 공유할 수 있으며, 이를 통해 환자는 있는 그대로 수용될 것이고 심리적으로 준비된 것 이상을 요구받지 않을 것임을 알 수 있다.

초기 면담에서 환자의 현재 문제의 양상을 얼마나 광범위하게 탐색할 것인지와 관련하여 두 가지 지침이 도움이 된다고 입증되었다. 먼저, 초기 평가 및 판정 이후 심리치료가 계속될 것 같으면, 그럴수록 치료자들은 첫 번째 면담에서 어떤 특정 화제를 쫓지 않는 것이 좋다. 환자의 문제에 대한 세세한 정보는 일반적으로 심리치료 계약을 체결하는 과정에서는 요구되지 않으며, 이는 본격적인 치료과정에서 자연스럽게 떠오르게 된다. 더욱이, 심리치료의 초기 단계에서 치료자의 과도한 질문은 환자의 자발성을 억제하고 심리치료가 치료자 주도의 질문과 답변이 오가는 상호작용으로 구성된 것이라는 의도치 못한 인상을 줄 수 있다(Corning et al., 2007).

다른 한편으로 환자의 현재 호소가 응급 상황이나 위기 상황을 암시한다면, 치료자는 첫 번째 면담에서 이러한 호소의 세부사항을 보다 적극적이고 철저하게 탐색해야만 한다. 특히 자살을 고려할 정도로 우울한 환자, 폭력의 가능성이 있는 분노 및 충동 조절의 문제로 어려움을 겪는 환자, 임박한 정신병적 와해가 시사되는 심각한 인지적 또는 정서적 어려움을 나타내는 환자 등에게는 초기 면담에서 집중적인 평가와 판정이 법적 의무로서 실시되어야만 한다(Knapp & VandeCreek, 2006). 이 경우, 잇따를 수 있는 후속 결과의 위험성에 따라 즉각적인 예방적 개입이 필수적이며, 빈틈없는 판정(사정)이 지속적인 심리치료를 위한 계획 보다 우선되어야만 한다.

치료자는 또한 심리치료를 대신하거나 그보다 앞서서 의학적 평가가 요구되는 환자의 신체적 호소나 신체형 장애, 특정적인 심리적 어려움(예; 과호흡, 어지럼증 등 생리적 증상이 동반되는 정신질환)에 유의해야만 한다. 또한, 일상 상황의 문제(예: 채권자 또는 행정기관과의 문제)가 있는 사람에게는 적절한 행정기관 또는 사회서비스 기관으로 의뢰한 후에 심리치료를 위한 추가적 평가와 판정을 진행한다면 더 나은 서비스를 제공할 수 있다. 위와 같은 가능성이 발생할 때마다 심리치료자는 심리치료의 시행 여부를 만족스럽게 결정할 수 있을 만큼 철저하게 탐색해야만 한다.

한 인간으로서 환자를 이해하기

이제까지 우리의 논의는 환자의 문제에만 초점을 두어 왔다. 하지만 초기 평가에서 환자를 한 인간으로서 이해하는 것이 매우 중요하다. 환자는 대부분 현재 우려하는 바를 설명하면서 자신에 대한 상당한 정보를 내놓는다. 이러한 설명을 듣는 것만으로도 치료자는 환자의 가족 환경과 직업과 부업, 중요한 타인에 대한 그들의 태도, 심지어 이전 삶의 경험이 어떻게 현재의 어려움에 영향을 주었는지에 대한 환자의 견해까지 많은 부분을 알게 된다.

이런 식으로 얻어진 정보의 양이 많든 적든, 치료자는 환자의 현재 문제에 대한 초기 정보가 일정 부분 확보된 시점에 이르게 될 것이다. 그 이후에는 한 인간으로서 환자의 전체 모습을 완성하는 데 집중해야 한다. 이 같은 초점의 변화는 환자가 자신에 대해 하는 이야기에 치료자가 단지 따라가는 식으로 부지불식간에 일어날 수도 있다. 환자가 계속해서 자신의 증상만을 이야기한다면, 치료자는 주제를 바꾸라고 제안할 수 있다. "무엇이 당신을 괴롭게 하는지 잘 말씀해 주셨는데, 이제는 당신 자신에 대해서 그리고 어떻게 살아오셨는지에 대해서도 말씀해 주실 수 있겠지요."

치료자가 환자의 배경에 대해 질문하기 시작할 때, 어떤 화제를 추구해야 할지, 그리고 얼마나 많은 세부 정보를 파악해야 할지를 재차 결정해야만 한다. 진단적 면담에서 파악해야 할 배경 정보를 알기 위해서는 정상적 및 비정상적 성격 발달과 대인관계의 역동에 관한 지식을 폭넓게 숙지하고 있어야만 한다. 얼마나 많은 세부 정보를 얻을 것인가를 결정하는 것은 넘치는 것과 모자란 것 사이의 중간을 찾는 문제이다. 환자에 대한 정보를 충분히 얻지 못한다면, 치료자는 심리치료가 요구되는지 평가할 수 있는 적절한 입장을 취하지 못한다. 반면, 너무 많은 정보를 구하려 한다면, 치료자는 이후 환자의 자발성과 치료의 진행을 방해할 수 있는 질문-답변의 분위기를 만들어 낼 위험성이 있다.[3]

심리치료의 초기 평가 단계에서 정보 수집의 원칙은 환자와 그의 문제에 관한 적당한 작업 공식화를 할 수 있을 만큼 충분히 아는 것이다(Finn, 2005; Hersen & Rosqvist, 2008; Tarrier, 2006 참조). 적당한 작업 공식화에 필요한 특정 정보의 양과 종류는 치료자마다 그리고 환자마다 다를 수밖에 없다. 치

....

3 진단적 면담 기법에 대한 다양한 시각과 함께 평가적 면담에 대한 지침은 수많은 저서와 논문에 상세하게 기술되어 있다. 특히 Ackerman, Hilsenroth, Baity, 그리고 Blagys(2000); Craig(2003); Groth-Marnat(2003, 3장); Hersen와 Rosqvist(2008); Hersen와 Turner(2003); Hilsenroth와 Cromer(2007); Rogers(2001); Wiger와 Huntley(2002)의 기여가 주목할 만하다.

료계약을 제안하기 이전에 최초의 작업 공식화를 얼마나 확정적으로 할 것인지에 대해서는 치료자마다 선호도가 다르다. 또한 치료자들은 임상적 민감성과 성격 과정에 관한 지식 수준에서도 상당한 차이가 있다. 치료자가 불확실성을 감내할 수 있을수록(양호한 임상적 판단의 한계 내에서) 더욱 민감하고 지식이 풍부해질 것이며, 동시에 예비 심리치료 환자에 대한 초기 평가를 완성하는 데 요구되는 정보의 양도 줄어들 것이다.

치료자가 초기에 얻고 싶어 하는 정보의 양과 종류가 무엇이든, 환자가 얼마나 쉽사리 그것을 제공할 수 있을지는 환자마다 다르다. 어떤 환자는 다른 환자보다 자유롭게 말하고, 어떤 환자는 산만한 반면 또 어떤 환자는 초점이 분명하며, 어떤 환자는 다른 환자보다 우려사항이 많거나 적다. 따라서 어떤 경우에는 초기 평가를 완료하는 데 보다 많은 시간이 요구되기 때문에 이 과정에 대한 정확한 면담 횟수를 정할 수 없다. 다만, 작업 공식화에 도달하기 위한 고려사항은 좀 더 자세히 설명될 수 있다.

작업 공식화에 도달하기 심리치료의 초기 단계에서 적당한 작업 공식화는 임상적 공식화와 역동적 공식화로 구성된다. 임상적 공식화는 환자의 심리 상태에 대한 전통적인 진단적 판정으로 구성된다. 매우 구체적이고 철저히 문서화된 진단(예: DSM이나 ICD에 의한)이 작업 공식화에 요구되는 것은 아니지만, 치료자는 초기 평가가 완료되기 전에 다음의 세 가지 진단적 인상을 형성해야만 한다. ① 환자의 일차적인 주된 장애가 정신증적인지, 기질적인지, 신경증적인지, 아니면 적응 반응양상인지, ② 현재 호소가 일차적으로 심인성의 원인인지 아니면 의학적 주의가 요구되는 신체적 또는 중독성 상태를 시사하는지, ③ 환자의 심리적인 어려움이 너무 미미해서 치료가 요구되지 않는 것인지 혹은 즉각적인 위기 개입이 필요할 정도로 심각한 것인지이다.

치료자는 심리치료를 통해 환자가 이익을 얻을 수 있을지 판단하기 위해 그의 관심과 역량을 계속 탐색해야만 한다는 것에 더해, 임상적 공식화

(clinical formulation) 작업은 심층발견적 접근법과 지지적 접근법 중 하나를 주된 것으로 선택하기 위한 몇 가지 지침을 제공한다. 심층발견적 심리치료는 신경증적 증상 장애와 적응반응을 보이는 사람들에게 가장 적절할 가능성이 높다. 반면 임박한 혹은 뚜렷한 정신증적 장해와 고착된 인격적 문제에 대해서는 상대적으로 지지적인 심리치료가 요구될 가능성이 더 높다.[4]

환자의 문제에 초점을 맞추는 임상적 공식화와 대비하여, 역동적 공식화 작업은 환자가 어떤 사람인지, 어떤 식으로 그런 사람이 되었는지에 관한 인상으로 구성된다. 역동적 공식화에 포함되는 것은 환자가 경험하는 갈등의 본질에 대한 예비적 결론, 갈등을 낳는 불안에 대항하는 관습적 방어 방식과 사회적 및 성적(sexual) 성취 등의 도전에 대한 대처방식, 그의 삶에서 중요한 사람들에 대한 태도와 그 사람들의 환자에 대한 태도를 어떻게 여기는지, 과거 및 현재 삶의 경험이 그들의 고통과 도움을 구하게 된 것에 어떻게 영향을 주었는지이다(치료자의 초기 역동적 공식화와 관련된 화제와 쟁점에 대한 설명은 Hilsenroth & Cromer, 2007을 참고).

예비적인 결론을 광범위하고도 확정적인 역동적 공식화로 확장하는 것은 굉장히 어려운 일이며, 심리치료가 끝난 후에도 완전히 밝혀내지 못하는 환자의 성격 측면이 있을 수 있다. 그렇다 하더라도, 치료자는 초기 평가에서 함께 작업하는 환자에 대해, 그리고 치료의 초점이 무엇일지에 대해 어느 정도 감각을 가질 수 있을 만큼 잘 작동하는 역동적 공식화를 완성해야 한다. 그래야만 심리치료가 우연한 것이 아닌 계획된 개입으로 진행될 수 있다.

따라서 치료자는 심리치료가 환자에게 적절한 치료법인지 그리고 치료

....

4 상대적으로 지지적인 심리치료를 요구하는 조건들에 대한 이러한 견해는 널리 인정되고 있지만, 조현병(Gottdiener, 2006)과 경계성 성격장애(Salsman & Linehan, 2006)와 같은 정신증적이고 인격적인 장애의 치료를 위한 표현적이고 탐사적인 방법을 적용하는 것에 관해서도 광범위한 문헌이 존재한다. 이와 관련된 유익한 정보들에는 Andrusyna 등(2006); Caligor, Kernberg, 그리고 Clarkin(2007); Gabbard(2001b); Goldstein(1996); Luborksy와 Luborsky(2006); Scaturo(2005); White, Gibbons, 그리고 Schamberger(2006)의 저작이 포함된다.

를 어느 방향으로 진행할지를 결정할 만큼의 충분한 정보를 가지고 전체적인 작업 공식화를 확립해야 한다. 한편, 이러한 초기 평가 이후에도 치료 진행 중에 계속되는 평가는 적절한 전략과 전술을 선택하는 데 매우 중요하다. 환자의 임상적 상태 및 지배적인 역동의 변화를 치료자가 계속 자각하고 있어야만 치료 계획의 불가피한 수정사항을 파악할 수 있다. 그리고 이를 통해 환자가 증상으로부터 좀 더 자유롭고 자기충족적인 삶을 살도록 이끌 수 있다.

심리치료 실시의 적절성에 대한 판정

치료자가 환자에 대해 충분히 알게 되고 환자의 문제에 관한 임상적 및 역동적 공식화에 이르렀다면, 다음 과제는 환자의 욕구를 충족시키기 위한 심리치료 실시의 적절성을 판정하는 것이다. 심리치료에 참여하여 이익을 얻을 수 있는 사람의 능력을 평가하기 위해 제안된 많은 지침이 있다. 그중에서 2장에서 논의된 연구들에서는 주로 세 가지 기준, 즉 ① 심리치료에 관한 환자의 동기, ② 환자가 자기 자신에 대해 성찰(자기반영)하고 말할 수 있는 능력, ③ 어려움에도 불구하고 성격 기능이 전반적으로 잘 통합되어 있는지 여부를 지적한다.

2장에서 언급한 바와 같이, 이러한 세 가지 기준이 반드시 있어야만 한다고 지적하는 것은 아니다. 다시 말하자면, 동기화되지 않고, 자신을 잘 성찰하지 못하고, 성격 기능의 통합성이 부족한 사람도 심리치료에서 도움을 받을 수 있다. 하지만 다른 사항들이 동등하다면, 동기, 성찰 능력, 성격 통합성 등의 세 가지 변인은 환자가 심리치료에 참여하고 이익을 얻을 수 있는 긍정적인 가망성을 가리킨다. 이러한 변인들에 대한 적합한 판정 평가는 치료자들이 도움을 요청하기 위해 찾아온 사람들에게 심리치료를 추천할 것인지, 아니면 다른 형식의 치료를 추천할 것인지, 심지어 전혀 치료를 추천하지 않을 것인지를 결정하는 데 도움을 준다.

동기에 관한 판정

환자들이 심리치료를 받으려는 동기는 그들이 얼마나 급성적 고통을 겪고 있는지를 판단함으로써 가장 잘 평가된다. 일반적으로, 사람들이 급성적 고통을 많이 느낄수록 자신과 삶을 변화시키는 데 동기화되어 있으며, 개선하려는 목표를 달성하는 데 좀 더 기꺼이 노력할 것이다. 특히 환자가 현재 심리적 상태에 불만족할수록 정기적으로 치료 회기에 잘 참석하고, 고통스럽거나 혼란스럽게 되는 상황에 관하여 자발적으로 이야기하며, 거부감을 느낄 수도 있는 치료자의 해석을 곰곰이 따져 보고, 유익한 종결 시점에 도달할 때까지 치료과정을 견뎌 내는 경향이 강해질 것이다.

단, 피학적 욕구를 가진 환자는 고통의 표현을 변화 동기의 지표로 간주하는 것에서 예외로 여겨진다. 이들은 흔히 어려움을 절절하게 호소하지만 무의식적으로는 그렇게 함으로써 자신을 달래는 것이기 때문이다(즉, 고통을 호소하지만 변화 동기는 낮다). McWilliams(2005)가 지적하듯이, 피학적 환자에 대한 주의 깊은 평가에 따르면, 그들이 호소하는 대부분의 문제는 다른 선택의 가능성이 열려 있음에도 스스로가 만들어 겪어 온 장기적인 문제 상황과 연관되며, 이러한 호소들은 진정한 고통이 아닌 것으로 판명되곤 한다. 단, 피학적 개인이 만성적인 성격적 존재불안(angst)과 더불어 급성적 걱정을 호소할 때라면 그들의 현재 고통은 피학증이 요구하는 것 이상의 고통일 가능성이 있으며, 다른 환자의 급성적 고통과 같이 심리치료를 받으려는 동기에 영향을 줄 수 있다.

현재 호소와 관련하여 급성적 고통의 수준은 환자가 얼마나 많은 불안을 보이는지와 두 가지 질문에 대한 대답으로써 판단할 수 있다. "이러한 문제들(증상, 어려움, 우려)이 당신의 삶에 일반적으로 어떤 영향을 끼쳤습니까?", "만약 이런 문제가 없다면 당신의 삶은 어떤 식으로 달라질 것 같습니까?" 환자들이 이 두 가지 질문에 어떻게 대답하는가는 흔히 변화에 대한 소망의 정도와 그에 따른 치료 동기의 강도를 명확하게 보여 준다. 현재 문제가 광범위하고 고통스럽다고 호소할수록, 그리고 문제의 개선에 따라 예상할 수 있는 결과의 차이가 중요할수록 심리치료에 대한 환자의 동기가 더 높다고 가정할 수 있다.

"이러한 문제가 당신의 삶에 일반적으로 어떤 영향을 끼쳤습니까?"라는 질문에 대한 두 가지 응답을 고려해 봄으로써, 심리치료에 대한 동기를 간접적으로 평가하는 예들을 살펴볼 수 있다.

환자 1: 음, 저는 가끔 그것에 대해 걱정합니다. 그러다가 좀 짜증이 나기도 하고 잠들기가 힘듭니다.

환자 2: 그 때문에 신경이 곤두서고 모든 걸 망치게 됩니다. 직장에서 저는 정신을 차리지 못하면 책임감이 낮은 직책으로 재배치될 것이라는 말을 들었고, 집에서는 아내가 저를 견디지 못하고 이혼에 대해 이야기했으며, 몇몇 친한 친구들은 저를 피하기 시작했습니다.

이 두 응답의 대조는 명확하다. 첫 번째는 약간 동요되는 문제에 대한 우려를 보여 준다. 두 번째는 환자의 업무와 결혼, 사회적 관계에 대한 상당한 불안을 보여 준다. 현재 문제가 환자의 생활에 어떤 영향을 미치는지는 치료의 동기 수준에 대한 중요한 단서를 제공하기에, 만약 환자가 자발적으로 이 이야기를 꺼내지 않는다면 치료자는 반드시 이 화제를 이끌어 내야 한다. 환자의 현재 문제에 관한 주관적인 태도와 더불어 현재 문제가 친구와 가족, 연인 관계, 학교나 직장에서의 업무에 미치는 영향에 관한 정보가 누락되어 있다면 초기 평가는 완성된 것으로 볼 수 없다.

"이런 문제가 없다면, 당신의 삶은 어떻게 달라질 것 같습니까?"라는 질문에 대한 응답도 비슷한 대조를 보여 준다.

환자 1: 조금 더 긴장을 풀 수 있을 겁니다.

환자 2: 나에게 다른 세상이 될 겁니다. 다시금 기분이 좋아지고, 직업을 유지하고, 어쩌면 승진을 하고, 부부관계를 회복할 수 있게 될 것입니다.

이 예시에서 현재 호소 문제에 대해서 그저 약간 완화되기를 소망하는 태도와 상당한 변화 동기를 보이는 태도 사이에서 두드러진 차이가 있다. 바로 후자의 태도가 환자가 심리치료에서 자신에 대해 알아가는 힘들고도 도전적인 과제 수행의 과정을 잘 견뎌 낼 수 있도록 할 것이다. 전자의 태도는 치료 회기가 어려워지거나 불편하게 될 때, 치료에 대한 최소화된 투자와 불규칙한 출석, 미숙한 조기 종결로 이어지는 경향이 있다.

때로 심리치료의 동기를 밝히는 데 간접적 질문이 직접적 질문보다 나을 수도 있음[5]을 염두에 두는 것이 좋다. 심리치료를 시작하면서 보이는 태도에 관하여 질문을 받은 환자는 "저는 정말로 심리치료를 받고 싶고 저를 환자로 받아 주길 바랍니다." 아니면 "저는 심리치료가 별로 필요하지 않다고 생각하며, 제가 겪고 있는 문제들이 저절로 해결되리라 봅니다."와 같이 명백하든 모호하든 의견을 표명할 것이다. 첫 번째 응답은 심리치료에 대한 강한 동기를 보여 주며, 두 번째 응답은 약한 동기를 반영하는 것처럼 보인다. 하지만 환자의 성격 양상과 상황적 영향에 따라 실제 동기 수준은 말이나 생각과는 사뭇 다를 수 있다.

성격적 영향력의 예로써, 치료에서 사실상 성과를 거둘 수 있어 보이는 환자가 겉보기와 다르게 동기가 명백히 결여되었다면, 이는 평가 중인 심리적 문제를 일으키는 바로 그 갈등에서 비롯된 것일 수 있다. 예를 들어, 성공

5 역자 주 "무엇 때문에 힘드신가요?"라는 직접적 질문에 대응되는 간접적 질문의 예는 "무엇이 당신을 힘들게 하는지 알고 싶습니다." 또는 "어떤 점이 힘드신지 궁금합니다." 등이다.

하거나 행복할 자격이 없다는 기저의 내면 목소리에 이끌린 사람은 도움을 받는다는 생각이 자신을 불편하게 하기 때문에 치료를 유보하고 싶어 할 수 있다. 다른 이는 도움을 받고 싶어 하지만 심리적 어려움에 실패에 대한 강한 두려움이 포함되어 있기에 치료에 미온적인 관심만을 나타낼 수 있다. 왜냐하면, 그는 심리치료에서 성공하지 못할 것으로 예상하고 심리치료 환자로서 실패했다는 실망감을 두려워하기 때문이다.

겉보기와는 다른 표현으로 심리치료에 대한 관심이 없음을 나타내는 세 번째 경우는 대부분의 치료자가 흔히 경험할 수 있는데, 치료의 필요성을 느끼면서도 환자가 되는 것(환자 신분)은 유보하고 싶어 하는 사람들이다. 이들은 심리치료를 하고 싶어 하지만 이에 대해 양가적이고 갈등하며, 환자 신분을 나약함을 받아들이는 것으로 여기거나 자신이나 가족에게 수치심을 주는 것으로 생각하여 치료를 거부하려고 한다. 심리치료의 시작 시점에서 치료자가 이러한 복잡한 감정을 인식할 때마다 그에 대해 환자와 직접적으로 논의하는 것이 치료계약 준비를 위해 중요한 부분이 된다(6장 참조).

상황적으로 때로 심리치료가 특별히 요구되지 않는 것처럼 보이거나 치료 작업에서 노력하지 않을 것처럼 보이는 사람들이 오히려 치료에 대해 매우 긍정적인 태도를 표현하는 경우도 있다. 이러한 환자의 진술은 정반대의 오해를 초래할 수 있다. 예를 들어, 의무사항으로 심리치료가 부과되어 이를 학교나 직장, 가정에 계속 소속될 수 있는 조건 또는 감옥에 가지 않는 조건이라고 여기는 사람들은 환자로서 인정받기 위해 심리치료에 관한 관심을 장황하게 늘어놓을 수 있다. 비슷한 맥락에서 심리치료에 대한 지적 호기심이 높거나 이를 사회적 특권의 증표로 간주하는 사람들도 치료자에게 자신이 절실하게 바란다는 인상을 주려고 시도할 수 있다.

치료자가 염두에 두어야 하는 일반적인 지침이 있다면, 도움을 얻기 위해 자발적으로 내원한 환자는 다른 사람의 요구에 따라 내원한 환자보다 치료에 대한 동기부여가 잘 되어 있을 가능성이 높다는 정도일 것이다. 그렇지만, 이런 동기 지표도 절대적인 오류가 없는 것은 아니다. 스스로 찾아오거나(자기의뢰) 안정적으로 유지되는 심리적 마음가짐을 가진 환자들도 얼마나 많은 노력과 헌신이 요구되는지를 인식하지 못한 채 치료를 찾을 수 있고, 어려움을 알게 되면 치료를 받고자 하는 열의가 이내 식어버릴 수 있다. 반대로 심리치료가 거의 필요 없다는 심리적 마음가짐을 가졌던 비자발적인 환자라도 일단 도움이 될 수 있다는 심리치료의 잠재적 가능성을 느낀 후에는 비상한 노력을 기울일 수 있다.[6]

환자들이 심리치료를 받으러 온 이유와 방식을 알면 동기 수준에 관한 중요 단서를 일부 얻을 수 있지만, 직접적인 질문에 대한 대답과 치료과정을 통해 판정되는 진짜 동기 수준과 차이가 있을 수 있음에 유의해야만 한다. 전체적으로 보면, 예비환자가 심리치료를 시작하게 될 것인지 그리고 얼마나 열심히 작업할 것인지에 관한 치료자의 평가와 판정은 환자가 얼마나 괴로워하고 얼마나 변화하고 싶어 하는지에 관한 인상에 주로 의존한다고 할 수 있다.

성찰 능력의 판정

환자가 자신에 대해 성찰(자기반영)하고 대화하는 역량은 초기의 전반적 평가 단계에서 보통 그들의 행동을 통해 판정될 수 있다. 환자가 한 인간으로서 자신과의 관계 속에서 현재 호소를 설명하는가 아니면 다른 사람이나 그냥 사람은 다 그렇다는 식으로 증상들을 나열하는가? 자발적으로 정보를 제공하는가? 아니면 증인처럼 질문한 것에만 응답하는가? 질문에 응답할 때 풍부한 세부 사항을 제공하는가? 아니면 예의를 갖춰 최소한의 답변만을

....

6 Robertson(1988)은 비자발적인 환자를 위한 치료에서 자기초점적 목표를 찾도록 돕는 치료자의 역할에 대해 상세하게 논의한 최초의 임상가 중 하나다. Carey, Leontieva, Dimmock, Maisto, 그리고 Batki(2007), Slagle와 Gray(2007)는 심리치료를 위한 환자의 내생적(intrinsic, 내적, 자기생성적) 및 외생적(extrinsic, 외적, 타인생성적) 동기 평가에 관해 보다 정교한 지침을 설명한다. 환자의 내생적 동기가 애초부터 있었거나 치료자에 의해 적당하게 고취된 경우 치료를 받게 한 외적 압력이 사라진 이후에도 환자는 계속 치료에 참여한다.

제공하는가? 세부 사항을 제시하면서 앞서 설명한 것과 관련된 화제들을 떠올리고 자세히 설명하는가? 아니면 단지 면담자가 지적한 방향에만 따르는가? 환자의 면담 방식이 위 예시 중 후자보다 전자와 비슷할수록 이어지는 심리치료에서 환자는 충분히 이야기할 수 있고 성찰적이기에 심리치료를 통해 이익을 얻을 가능성이 더 높다고 할 수 있다.

환자의 대화 능력과 자발적 의지를 정확하게 평가하고 판정하기 위해서 치료자는 초기 면담 양식에서 너무 지시적이지 않도록 해야만 한다. 가능한 한 많은 정보를 모으기 위해 치료자가 급히 서두르며 질문한다면 환자의 성찰 능력에 대해 더 많은 것을 배울 기회가 줄어들 수 있다. 현재의 어려움이 응급 상황인지 파악하고 위기 개입이 요청되는 경우를 제외한다면, 치료자는 초기 평가 면담에서 환자가 잠시 멈춰 숙고하고 본인만의 어떤 생각을 떠올리며, 그의 생각과 감정이 이끄는 방향을 따르도록 여유를 두어야 한다(예: "선생님도 아셨겠지만, 제가 방금 한 말은 몇 년 동안 생각하지 못했던 것을 다시 떠올릴 수 있게 해 주었습니다.") 스스로에 대해 자유롭게 이야기하지 못하거나 할 수 없는 환자는 심리치료에 참여하고 이익을 얻을 확률이 상대적으로 낮다.

판정 단계에서 간혹 유연한 시험적 해석을 통해 환자의 성찰 능력에 대한 추가적인 정보를 얻을 수 있다(Huberet al., 2005 참조). 시험적 해석은 환자가 말한 것에 대한 피상적이며 상대적으로 덜 위협적인 반영이거나 재언급이다. 시험적 해석을 통해 치료자는 환자에게 심리치료가 어떻게 진행되는지에 대한 예시를 제공하는 동시에 환자가 자신의 행동을 해석받았을 때 어떻게 반응하는지 관찰할 수 있다. 예를 들어, 첫 면담에서 한 여성이 집에서 남편과 함께 있을 때마다 불안감을 느끼고 이후 직원회의에 참석해야 할 때마다 직장에서도 불안감을 느낀다고 말한 경우를 따져 보자. 반대되는 명확한 증거가 없는 한, 치료자는 다음과 같은 시험적 해석을 제공할 수 있다. "그렇다면, 불안감을 느끼는 이유 중 하나는 집에 있든 회사에 있든 주변에 사람이 함께 있다는 것입니다."

환자는 시험적 해석을 완전히 무시하거나, 마지못해 인정하거나, 자신의 이야기가 중단되었다며 짜증을 내거나("그럴 수도 있지만… 누가 알겠어요?"), 노골적으로 화를 내고 저항하는("왜 그런 말씀을 하십니까?") 방식으로 부정적 반응을 보일 수 있다. 시험적 해석에 이러한 식으로 반응하는 환자들은 치료자의 시험적 해석이 거의 옳다고 가정할 때 이후 심리치료에서 특별히 잘 해낼 가능성이 거의 없다. 그들은 자신을 경험하기에서 관찰하기로 전환하는 데 어려움을 겪을 것이고, 자신의 행동의 다양한 측면 간의 연관성에 대하여 심사숙고하지 않으려 할 수 있다.

다른 경우, 환자들은 흥미와 호기심을 가지고 시험적 해석에 반응할 수 있고("글쎄요, 그중 하나가 다른 것과 무슨 관련이 있는지 궁금하군요."), 지지할 수도 있고("맞아요, 어디에 있든 사람이 많은 게 문제예요."), 또는 심지어 열렬하게 반응할 수도 있다("그래요, 아셨네요, 전에는 그런 생각을 해 본 적이 없지만, 정말 많은 걸 설명하는 것 같습니다."). 시험적 해석을 멈추고 생각해야 하는 무언가로 여기는 환자들은 자신을 관찰할 수 있는 역량과 자발적 의지를 보여 주는 것이다. 추가적으로, 시험적 해석을 받아들인다면, 환자는 심리치료 과정에 개방적인 태도를 보일 것이다. 더 나아가, 만약 자신의 행동이 해석되는 것을 반기는 것처럼 보인다면, 환자는 시험적 해석의 위협적인 측면에 초점을 두기보다 해석이 품고 있는 배려와 공감에 반응하는 것이다. 이러한 자기관찰, 개방적 태도, 치료자의 노력에 대한 열의를 보여 주는 지표는 후속되는 심리치료 회기에서 개방적으로 대화하는 성찰 능력과 의지를 예측하게 한다.

성격 통합성에 대한 판정

이는 주로 환자가 과거와 현재 삶의 경험에 관하여 무엇을 말하는지를 경청하기와 어떤 식으로 말하는지를 관찰하기에 기초하여 진행된다. 진단적 면담의 기법적 지침들은 이 장의 앞부분(한 인간으로서 환자를 이해하기)에서 설명했다. 이 절에서는 면담을 보충하는 두 가지 유용한 요소인 심리검사 및 환자 외의 주변 인물과의 접촉에 대해 다룬다.

심리검사 환자의 태도 및 관심, 역량, 성격 유형에 관하여 수집된 검사 정보들은 심리치료의 계획 및 결과 평가에 흔히 도움이 된다(Hersen & Rosqvist, 2008; Weiner & Green, 2008 참조). 치료 전에 실시된 심리검사 결과는 적절한 치료 강도를 결정하고, 중요한 치료 표적을 선택하며, 치료 진행의 각 시점에서 환자가 어떻게 반응할 것인지를 예견하는 데 특히 유용할 수 있다.[7] 잠재적인 환자에게 심리검사를 실시할지는 치료자가 초기 면담에서 충분한 정보를 얻어 치료를 진행하는 데 기초가 되는 작업 공식화에 원만히 도달했는지 여부에 따라 결정된다. 만약 초기 면담만으로 충분하다면, 사전 심리검사를 실시하는 이유는 이후 검사와 비교하여 변화와 진행 상황을 점검하기 위한 기준 데이터를 확보하기 위해서일 것이다. 하지만, 치료자가 만족할 만한 작업 공식화를 하지 못한 경우, 심리검사 결과는 환자의 욕구에 대한 이해와 이러한 욕구를 충족시키기 위한 준비작업을 실질적으로 향상시킬 수 있다.

환자의 심리치료 적합성 판정 평가에 관여하는 세 가지 변인(동기, 성찰 능력, 성격 통합성) 중에서 공식적인 심리검사를 실시함으로써 보충적 정보를 얻어야 할 가능성이 가장 높은 변인은 성격 통합성이다(Wygant & Fleming, 2008 참조). 치료자가 환자의 동기나 성찰 능력을 오판한다면 후속 심리치료가 정체되거나 재구조화를 해야 할 필요가 있을 수 있겠지만, 후속 결과가 심각해질 가능성은 그리 높지 않다. 또한, 치료자가 환자의 성격역동에 대하여 잘못된 개념화 방식을 가지고 치료를 진행하는 경우에도, 치료 중 발생하는 새로운 정보에 따라 심각한 악영향 없이 치료를 재조정하여 진행할 수 있다.

....

7 치료 계획 및 성과 평가를 할 때 심리검사 자료를 활용하는 것에 대한 자세한 논의는 Ackerman et al.(2000); Finn과 Kamphuis(2006); Greene과 Clopton(2004); Hilsenroth(2007); Maruish(2004); Peebles-Kleiger 등(2006); Perry, Miller, 그리고 Klump(2006); Trimboli와 Farr(2000); Weiner(2004a, 2004b); Weiner와 Greene(2008)에서 제공한다.

반면, 치료자가 환자의 성격 통합성 수준을 과대평가한다면 결과는 후회스러울 수 있다. 불안과 좌절을 인내하는 능력이 최소 수준인 사람이 심층 발견적 심리치료를 받으면 이 치료의 특징인 모호성과 구조의 결여, 고통스러운 경험에 대한 초점 두기에 직면하게 된다. 이 경우 환자는 과도하게 동요되고 역기능적 상태가 될 위험성이 커지고, 때로 정신병적 붕괴 지점에 이를 수도 있다. 3장에서 언급했듯이, 환자의 역량에 대한 적정한 평가 없이 기획되어 환자가 이익을 얻고 감내할 수 있는 수준 이상의 목표를 추구하는 심리치료는 흔히 심각한 악성적 퇴화가 발생하는 원인이 될 수 있다. 적절하게 훈련된 심리치료자는 성격의 보상상실(decompensation) 변화가 출현하면 가능한 한 빨리 이를 알아차려야만 한다. 동시에 너무 비구조화된 치료를 실시했기 때문에 이러한 현상이 나타났다는 점도 알아차려야 한다. 그런 다음, 좀 더 지시적이고 지지적으로 오류를 수정하는 단계들을 도입해야 하고, 더 이상의 붕괴를 막는 조치도 취해야 한다. 물론 훨씬 더 좋은 것은 애초부터 이런 실수를 하지 않는 것이다.

심리치료가 추천된다는 점을 확신한 후에도, 치료자는 환자의 성격 통합성 수준의 평가가 확실하지 않을 때는 심리검사를 활용해야 한다.[8] 자격을 갖춘 심리진단 전문가가 시행하는 철저한 임상적 성격 평가는 전문적이고 비용이 많이 드는 절차이다. 그렇지만, 다른 식으로는 답을 구할 수 없는 중요한 질문에 대하여 심리검사를 적절히 채택한다면, 이는 비용 면에서 매우 효율적일 수 있다(Meyer et al., 2001; Trull, 2007 참조). 불충분한 평가에 근거한 잘못된 치료 전략으로 인해 거의 또는 전혀 도움이 되지 못하는 치료

....

8 많은 임상가들이 정기적으로 심리치료와 심리검사를 업무의 일부로 수행하지만, 치료에서 만나고 있는 환자에게 심리검사를 시행하는 것은 권장되지 않는다. 이는 검사자가 환자에 대한 강한 선입견이나 기대를 가지고 있을 경우, 의도치 않게 심리검사 결과가 왜곡될 수 있기 때문이다. 이미 치료를 시작한 환자의 경우에는 다른 임상가에게 의뢰하여 검사를 받게 하는 것이 권장된다. 이러한 경우 의뢰인은 검사자에게 환자에 관한 주요 배경 정보와 검사에서 다루어져야 할 치료 진행 경과 및 계획에 관련된 의뢰 질문을 제공해야 한다.

회기를 보낼 수 있다. 심리검사(심리진단적 자문)는 다른 방식으로는 간과하기 쉬운 핵심적인 정보를 제공하며, 훨씬 더 비용이 소모되는 무익한 회기들을 줄일 수 있도록 돕는다. 기능의 악성적 퇴화를 이끄는 부적절하게 구조화된 회기들은 환자와 치료자 모두에게 대단히 고통스러울 수 있다. 환자와 치료자가 이러한 고통을 겪지 않도록 해 주고 성격 붕괴의 위험성을 최소화함으로써, 심리검사는 잘못된 방향으로 치료함으로써 생기는 심리적 비용을 훨씬 줄일 수 있다. 하지만, 심리검사가 적절한 면담을 대체하는 도구로 사용되어서는 안 된다. 면담을 통해 파악할 수 있는 정보를 얻기 위하여 매번 검사 자료에 의존하는 치료자는 환자에 대한 책임을 다하지 못하는 것이다.

다른 사람과의 접촉 치료자는 환자와 삶의 경험을 함께하는 다른 사람들과 접촉함으로써 그가 간과했거나 언급하기 싫어했던 사회적, 성적, 직업적 적응에 관한 정보를 얻을 수 있는 경우가 많다. 이 정보들은 환자의 전체적인 개인사를 구성하는 데 도움이 될 수 있는데, 이 정보들을 잘 찾아내고 신뢰하기 위해서 세 가지 주의사항이 요청된다.

첫째, 친척이나 친구가 어떤 면에서는 환자보다 그의 행동을 좀 더 객관적으로 관찰할 수도 있지만, 그들이 제공하는 정보가 환자가 제공하는 것에 비해 더 믿을 만하지는 않다(Bornstein, 2005; Vazire, 2006 참조). 심리치료를 받으러 오는 사람은 일반적으로 심리적 문제의 주요한 양상으로서 또는 정서적 문제의 부차적인 후속 결과로서 대인관계에서 어려움을 보인다. 환자의 삶에서 중요한 여러 인물이환자가 겪는 문제와 얽혀 있다. 어떤 사람들은 그 문제에 기여할 것이고, 다른 사람들은 그 결과 때문에 고통(또는 이익)을 받게 될 것이며, 주변 사람들이 환자와의 관계에서 느끼는 관심과 조바심, 동정, 성가심의 정도가 변하게 될 것이다. 주변 사람들이 환자의 행동에 대해 갖는 인상은 그들이 환자와의 관계에서 맡은 역할(배우자, 부모, 자식, 친구 등)에 따라 영향받게 된다. 따라서 치료자는 다른 사람들이 제공한 정보를 조심스럽게 활용할 필요가 있다. 그 이유는 특히 치료자가 정보제공자의 동기를 이해하고 그들이 보고하는 것의 신뢰성을 판단하기에 충분할 만큼 그들을 잘 알기란 어렵기 때문이다.

둘째, 환자 이외의 사람들과 대화함으로써 신뢰할 만하다고 유용한 정보를 얻으려 하면 치료 동맹의 희생이라는 대가를 치를 수 있다. 앞서 언급한, 심리치료의 전반적 평가 단계에서 적합한 작업 공식화에 도달하는 데 충분할 정도로만 정보 수집을 한정한다는 원칙에 따른다면, 다른 사람과의 대화는 환자에게 위기나 긴급 상황을 우려할 만한 이유가 있거나, 환자가 중요한 정보를 제공하기를 꺼린다거나 그렇게 할 수 없는 상황에만 국한되어야 한다.[9] 불필요하게 상세한 평가 면담과 마찬가지로, 긴급한 이유도 없이 타인들에게 자료를 구한다면 환자는 심리치료 과정이 자신을 한 인간으로 이해하려 하지 않고 자신에 관한 정보를 수집하는 데 더 관심을 둔다는 식으로 오해할 수 있다. 더욱이 치료자가 환자가 아닌 주변 사람들과의 대화에 관심을 가진다면, 이는 환자가 적절한 정보를 제공할 수 없다고 여기고 있음을 환자에게 암시하는 것일 수도 있다. 아울러, 환자는 치료자에게 허락했음에도 불구하고 다른 사람이 자신에 대해 이야기했다는 것을 알게 되면 심리치료의 비밀보장 및 얼마나 많은 것을 안전하게 드러낼 수 있을 것인가에 대한 걱정이 생길 수 있다. 이러한 이유로 정보 제공자를 활용할 때는 환자가 치료관계에서 안정감과 존중을 느낄 수 있는 범위를 넘지 말아야만 한다.

셋째, 치료자는 정보 제공자가 나중에 환자에게 말하거나 알려주는 것을 통제할 수 없다. 보통 정보제공자는 악의 없이(때로는 있지만) 자신과 치료자 사이에 일어난 일에 관해 환자에게 왜곡된 보고를 전할 수 있으며, 그러한 설명은 치료자와 관련하여 환자의 치료 동기를 훼손할 수 있다. 심리치료

....

9 이 지침은 치료자가 애초에 개인치료를 받기 위해 내원한 환자에게 부부 또는 가족치료를 권하는 것을 고려할 때는 명백하게 적용되지 않는다.

를 위해 평가받는 환자의 다음 진술을 고려해 보자. "제가 천성이 고약한 사람이고 변하지 않을 것 같으니 저를 좀 더 관대하게 대해야 한다고 아내에게 말했다고 하더군요. 만약 그게 정말 저에 대한 생각이라면, (변하지 않는다고 했으니) 당신이 제게 어찌 도움이 될 수 있나요?" 일단 치료자가 그러한 상황이 생기도록 방치했다면, 의도가 아무리 좋았더라도, 치료자는 자신과 함께 치료를 시작하려는 환자의 열의를 다시 북돋아야만 하는 힘든 과정을 마주하게 될 수밖에 없다.

치료자가 사전에 예측하고 우회하면, 환자의 삶과 관련된 타인에게 정보를 구하는 데 따른 잠재적 불이익을 최소화할 수 있다. 예를 들어, 환자가 함께 있는 상황에서만 정보제공자와 대화한다면 누가 말한 것인지 정확히 알 수 있고 비밀보장에 대한 우려를 제기할 필요도 없다. 단, 이때 정보제공자들은 환자에게 불쾌감을 주거나 보복을 당할까 봐 중요한 정보에 관하여 이야기하기를 꺼릴 수 있다. 이러한 상황에서 치료자는 치료양식을 부부치료 또는 가족치료로 구성하지 않는 한 다른 방법이 거의 없다. 추가적인 단점으로, 타인이 자신과 관련된 대화를 듣기 위해 참석한 환자는 여태 자신이 사적으로 제공했던 정보가 왜 충분하지 않았는지 의아해할 수 있고, 치료자와의 심리치료 관계에서 자신만의 최종 목표를 어떻게 유지할 수 있지 의문을 품을 수 있다. 한 가지 더 복잡한 문제를 덧붙이자면, 치료자가 타인의 이야기에 관심을 갖는 모습을 관찰한 환자는 자신이 치료자의 유일한 초점으로 관심받지 못하고 이를 타인과 공유해야만 한다는 것을 받아들이지 못할 수도 있다.

치료자는 위의 사항을 유념하여 예비환자에 관한 평가와 판정 과정에서 다른 사람들과 이야기할 것인지를 결정하는 데 주도면밀해야만 한다. 심리검사와 마찬가지로, 정보제공자를 환자와의 면담을 대신하는 대체물로 이용해서는 안 되며, 초기 작업 공식화 과정에 미미한 영향을 미칠 뿐인 세부사항들을 채워 넣으려고 다른 사람들에게 문의하지 말아야 한다. 그보다는 심리치료를 시작할 때 성격 통합성 수준이 불확실한 환자를 위해서만 타인과의 접촉을 준비해야만 한다. 심리검사 자료와 마찬가지로, 평가 단계에서 이들 정보제공자가 기여할 수 있는 가장 중요한 사항은 환자의 성격적 한계 또는 위기 상황으로 인해 심리치료가 추천되지 않는 경우 그리고 다른 수단을 써야만 하는 경우를 식별하는 것이다.

평가와 판정을 완결하기

이 시점에 이르면, 치료자는 예비 심리치료 환자와 함께 초기 평가와 판정을 완성할 것이다. 치료자는 현재 문제의 본질을 파악하고, 환자의 우려와 관련된 배경에 대해 알게 될 것이며, 환자를 한 인간으로서 묘사하고, 심리치료에 대한 환자의 동기, 성찰 능력 및 성격의 통합성 수준을 판정 평가했을 것이다. 이러한 정보를 통해 치료자는 심리치료가 환자에게 효과적인 치료 절차일지 결정할 지점에 이르게 된다. 초기 평가를 마치려면 심리치료가 필요해 보이는 환자가 현실적으로 치료작업을 잘 할 수 있겠는지 판단해야 한다.

앞서 Dewald(1967, 1971)가 확인한 바와 같이, 사람들이 심리치료에 참여할 수 있을지를 결정하는 현실적 요인은 필요한 만큼의 시간과 돈, 주의분산으로부터의 자유로움이다. 시간과 관련해서, 치료자가 치료 회기를 제공할 수 있을 때 환자는 정기적으로 참석할 수 있는가? 집이나 직장에서 맡은 책임 때문에 시간 약속을 할 수 없는가? 치료는 일정 기간 지속될 수 있겠는가? 이사를 가야 한다거나 장기간의 휴가 또는 출장으로 인해 자주 중단되겠는가? 환자는 지속적인 치료 비용을 감당할 수 있는 적절한 개인 자금이나 보험 혜택이 있는가? 주의분산으로부터의 자유를 갖는 것과 관련해서, 환자의 생활 상황은 치료 회기의 내용과 중요성에 집중할 수 있을 만큼 충분히 안정적인가?

심리치료가 적절하다고 판단되고 환자가 이에 전념할 수 있는 만큼 시간과 돈, 집중력을 가졌다면, 이를 추구하도록 격려되어야 한다. 심리치료를 받아 이익을 얻을 수도 있겠지만, 현실적 고려사항과 관련하여 적당한 여건을 갖추지 못한 사람과 작업하려면 치료자는 다양한 대체 방안을 찾을 준비를 해야만 한다. 단기적 위기 개입이 요청되는 상황은 예외이겠지만, 치료시간을 낼 수 없는 환자는 나중에 일정 거주지에 살게 되고 규칙적인 치료일정에 따를 수 있을 때까지 심리치료를 미루는 것이 최선일 것이다. 심리치료를 받고자 하는 바람과 직접적으로 관련이 없는 혼란스러운 생활 상황에 휘말린 사람도 그 일이 안정되고 치료에 지속적인 관심을 기울일 수 있을 때까지 기다릴 필요가 있다. 경제적으로 어려운 환자는 다양한 종류의 보험 관련 수급 자격을 알아본다거나 이용 가능한 다른 기관으로 의뢰해 주는 식의 도움이 필요할 수 있다.

심리치료가 요구되는 환자와 함께 이러한 실제적 문제들을 탐색함으로써 초기 단계에서 평가와 판정을 연결할 수 있으며, 후속될 치료를 진행하는 것에 관해 환자와 치료자 사이의 합의를 이끌어 낼 수 있다. 다음 6장에서 이러한 합의를 통해 치료계약을 이루게 되는 점에 대해 자세히 살펴볼 것이다.

6 치료계약

심리치료를 위한 계약은 환자의 심리적 어려움을 경감시키기 위하여 환자와 치료자가 함께 작업한다는 명시적 합의이다. 대부분의 계약과 달리 심리치료 계약은 보통 서면보다는 구두로 이루어진다(일부 치료자들은 특히 추가적으로 구조화가 필요한 저기능 환자에게 쉬운 글로 된 치료계약서를 가끔 사용한다.). 성공적인 치료계약의 핵심 요소는 환자와 치료자 간의 명료하고 명시적이며 상호적인 합의이다.

계약을 하려면 환자와 치료자는 치료 실시의 적절성과 가능성에 대해 먼저 합의할 수 있어야 한다. 다음으로, 치료의 구체적 목표와 이를 위하여 준수해야 할 절차에 대해 합의해야 한다. 마지막으로, 치료 회기에 대한 시간, 장소, 횟수, 비용과 같은 구체적인 사항들에 합의해야 한다. 이 장은 치료계약의 이러한 세 가지 측면을 다루는 치료자의 임무에 대해 논의한다.

심리치료 실시에 대하여 합의하기

치료가 원만하게 시작되려면, 치료 실시의 적절성과 가능성에 대해 환자와 치료자가 명시적으로 합의해야 한다. 치료계약을 하기 위한 이러한 첫 단계는 명백해 보여서 오히려 간과하기가 쉬운데, 특히 초기 평가 면담 기간에 열의를 보이고 반응이 좋았던 환자에게는 더욱 그러기 쉽다. 물론 그런 환자와 함께하면, 그가 심리치료를 원하고 논의할 준비가 되어 있다고 가정하는 것이 옳다고 할 수 있다. 하지만 이 가정이 옳더라도, 명시적 합의 없이 치료를 진행하면 환자가 치료 결정에 직접 참여할 기회를 인정하지 않은 것과 같아서 그에 따른 불이익이 있을 수 있다. 심리치료에서 무언의 가정과 일방적인 결정은 일반적으로 삼가야 한다. 이는 치료자가 환자의 전인성(integrity)과 유능성을 존중하지 않음을 의사소통하는 것일 수 있기 때문이다. 존중을 보여 주기 위해, 치료자는 환자에게 심리치료 실시를 위한 구체적인 준비사항을 전달하기 전에 치료의 시작을 받아들이거나 거부할 수 있는 선택권을 먼저 제공해야 한다.

또한 치료자는 환자가 치료를 계속하는 것에 관해 충분히 이해한 후에 결정을 내리도록 도와야 한다. 어떤 계약이든 양측 모두가 정보를 잘 알고 선택해야 하듯이, 환자는 심리치료를 결정하기 전에 구체적인 정보들을 알아야 할 권리가 있다(Clemens, 2002 참조). 환자가 알 권리가 있는 사항들은 치료자가 심리적 문제를 어떻게 보며 문제를 다루기 위하여 권고하는 수단은 무엇인지, 심리치료에서 요구되는 헌신의 본질과 심리치료의 과정이란 무엇인지, 치료를 제공하는 치료자의 자격 사항 등이다.[1]

심리치료를 권고하기

환자(또는 도움을 요청하는 사람)에 관한 초기 평가와 판정 이후, 치료자는

....

1 Menninger와 Holzman(1973, pp. 15-38)은 심리치료 관계가 상호 계약으로 어떻게 운영되는지 자세히 설명한다. 심리치료에서 환자의 권리를 통합된 일부로 만들기 위해서는 치료자가 충분한 정보를 제공해야만 한다는 윤리적 책임은 Clarkson(2000) 및 Knapp와 VandeCreek(2006), Sills(2006) 등에서 자세히 논의된다. 또한 이 장의 여러 주제를 다루는 S. Freud(1913/1958a)의 고전적인 논문 「치료의 시작에 관하여(On Beginning the Treatment)」를 독자에게 추천한다. 심리치료의 기법에 대한 Freud의 논문들에 대한 더 확장된 분석 및 논의에 대해서는 Ellman(1991), 더불어 Blanck와 Blanck(1994), Peebles-Kleiger(2002), Stuart와 Noyes(2006)가 제공하는, 진행 중인 심리치료의 세부사항들에 대한 현대적 논평을 추천한다.

자신이 형성한 환자에 관한 인상을 요약하고 몇 가지 권고사항을 제공할 필요가 있다. 이러한 요약은 일반적으로 이전 면담에서 이미 논의된 내용을 간략하게 재언급하는 정도여야 하며, 환자의 성격 발달이나 어려움의 기원을 상세하게 재구성하려는 시도는 아니어야만 한다. 치료자는 이 시점에 여전히 최소한의 정보를 가지고 작업하며, 환자의 심리적 개인력을 완전히 재구성하려는 시도는 오류를 범할 위험성이 크다. 또한, 요약 진술을 할 때 많은 가설들을 자세히 설명할수록, 후속 심리치료에서 환자가 스스로 알게 될 수 있는 가설이 줄어들게 된다. 다음의 요약은 성공신경증[2]을 보이는 33세의 전문직 남성에게 제공된 것인데, 이러한 진술의 일반적인 예시 양식을 보여 준다.

> 제가 느낀 인상을 당신과 공유할 수 있는 좋은 시점인 것 같습니다. 당신은 주로 우울하며 짜증이 났고 전반적인 삶의 방식에 만족하지 못하기 때문에 저를 만나러 왔습니다. 우리가 이야기했듯이, 이러한 감정의 원인으로 가장 가능성 높은 것은 당신의 직장 상황이라는 것이 명료해졌습니다. 승진을 앞두고 있다는 말을 들을 때까지는 모든 것이 순조로웠는데, 바로 그 시점에서 업무 성과가 떨어져 승진을 하지 못했으며 우울감을 느끼고 사기가 저하되며 짜증이 나기 시작했습니다. 또한 이전에도 몇 번 성공할 뻔했을 때 이와 비슷한 일이 있어났다는 것을 우리는 알게 되었습니다. 당신은 어릴 적부터 커오는 동안 집에서 매우 높은 성취 기준을 강요받았다는 생생한 기억을 말씀하셨습니다. 이 모든 것을 종합해 볼 때, 당신의 문제는 성공에 대해 느끼는 복합적인 감정과 성공한 사람에 대해 갖는 기저의 태도와 관련된 것 같습니다. 대개 이러한 감정과 태도들은 당신이 충분히 자각하지는 못해 온

....

2 "성공신경증"은 그 의미가 풍부하지만, 진단적이라기보다는 역동적 용어이다. 그러므로, 이는 DSM-IV에서 공식적으로 지칭된 실체는 아니다. 이 고전적인 개념에 익숙하지 않은 독자에게는 S. Freud(1916/1957d)의 "성공에 의해 망가진" 사람들에 대한 논의와 Holmes(2006a, 2006b)와 Weiner(1992a, pp. 279-282)의 성공에 대한 두려움에 관한 논의를 추천한다.

것이었겠지만, 그럼에도 이들은 당신이 할 수 있을 만큼 그리고 만족할 만큼 당신의 인생에서 많은 일을 하는 것을 방해하여 왔습니다. 제가 드린 말씀이 어떻게 들리실까요?

위 예시처럼 초기 시점에 제시되는 요약에는 극적이거나 놀랄 만한 내용이 없다. 많은 환자가 도움을 구하러 오기 이전에 이미 알고 있는 내용이 대부분이며, 그 외 일부는 초기 평가과정의 면담을 통해 나온 것일 수 있다. 어쨌든, 치료자는 이런 종류의 요약을 신중하게 구성하여 자신 있게 제시할 수 있도록 애써야 한다. 초기 면담과정에서 몇 가지 단편적인 의견을 말하는 것과 평가의 종료 시점에서 여러 인상을 요약하여 재진술하는 것 간에는 상당한 차이가 있다. 단편적인 생각들은 별다른 관심을 받지 못한 채 관심 밖으로 사라질 수 있는데, 특히 환자의 방어가 생각을 억압하거나 그러한 생각의 함의를 부인하는 것에 맞춰져 있다면 더더욱 그렇다. 반면, 치료자가 명백한 평가와 판정을 통해 요약을 제시한다면, 환자가 이를 아예 무시하지는 못한다.

치료자의 작업 공식화를 명백한 진술로 제시하는 것에는 몇 가지 이점이 있다. 첫째, 정확하고 명료하게 제시된 요약은 치료자가 환자의 어려움에 대해 신중하게 경청하고, 이를 숙고하며, 그들의 어려움을 이해할 수 있고, 자신의 인상을 솔직히 공개할 만한 인물로서 환자를 인정하고 있음을 여실히 보여 준다. 둘째, 좋은 요약 진술은 대개 환자의 구체적인 치료 목표가 무엇인지 명시적으로(또는 암묵적이라도 강력하게) 확인해 주며, 이러한 목표에 대한 후속 논의 및 합의의 길을 열어 준다. 셋째, 생생하고 분명한 명시적 요약은 치료자가 암묵적 이해의 함정에 빠지는 것을 피할 수 있게 한다.

치료계약을 암묵적으로만 이해한다면 심리치료 전개 과정에서 상당한 어려움이 초래될 수 있다. 왜냐하면 심리치료에서 논의되는 재료의 난해성과 치료와 치료자에 대한 환자의 감정 때문에 양측 간의 의사소통에 단절이 생길 수 있는데, 암묵적으로만 이해된 계약은 이러한 단절을 효과적으로 다루는 치료자의 역량을 훼손시킬 수 있기 때문이다. 9장과 10장에서 자세히 설명되듯이, 저항과 전이 반응을 경험하는 환자들은 치료에 일시적으로 환멸을 느끼게 되고, "당신은 제가 심리치료를 받고 싶은지 물어보지도 않았습니다.", "당신은 제 문제가 무엇이라고 생각하는지 말하지도 않았어요.", "당신은 제게 심리치료가 어떻게 진행되는 것인지 전혀 알려 주지 않았습니다."라는 식으로 불평할 수 있다. 이러한 주장에 직면했을 때, 치료자는 이러한 문제가 앞에서 이미 직접적으로 논의되었음을 지적할 수 있어야 한다. 그런 다음 그 시점에 환자를 곤란하게 하거나 치료계약에 대한 기억을 흐려지게 만든 것은 무엇일지 다룰 수 있다.

앞서 예시된 요약의 마지막 문장은 추가적으로 유용한 하나의 기법을 보여 준다. 언제나 치료자는 환자에게 의견을 물어보고 논평을 요청하면서 요약 진술을 끝내야만 한다. 환자 입장에서 어떻게 생각하는지 질문함으로써 존중과 상호참여가 명백히 전달될 수 있으며, 환자의 답변은 유용한 추가 정보를 제공하는 경우가 흔하다. 만약 환자가 치료자의 사례공식화에 동의한다면, 그러한 동의의 간절함과 진심에 따라 이후 심리치료에서 그가 개방적이고 표현적일지 아니면 방어적이고 유보적일지 일부 단서를 얻을 수 있다. 그러나 환자가 치료자의 사례공식화를 거부한다면, 일정한 재평가의 필요성이 분명해진다. 환자는 치료자가 생각한 만큼 스스로를 살펴볼 준비가 되어 있지 않을 수 있으며, 아니면 치료자가 환자의 문제와 욕구에 유난히 민감하지 못했을 수 있다. 전자의 경우 심리치료 이외의 다른 치료법을 고려할 수 있으며, 후자의 경우 추가적인 평가와 판정 또는 다른 치료자에게의 의뢰가 요청될 수 있다.

환자가 진술된 요약을 수긍하여 받아들이면, 다음 순서는 확실하고도 분명한 치료 권고이다. 요약과 마찬가지로 이 권고를 할 때 긴 설명은 필요 없으며, 가용한 치료 접근법들이 어떤 사유로 환자의 요구에 적합하거나 부적합한지 자세히 설명할 필요도 없다. 심리치료가 적합한 선택으로 보일 때,

치료자는 간단하게 이렇게 말할 수 있다. "당신이 심리치료를 시작하는 것은 가치가 있다고 생각하시니, 이제 심리치료는 어떻게 구성되는지 좀 더 이야기하고 싶습니다." 이런 식의 권고는 환자의 의견 및 도움을 받을 준비가 되어 있는지에 대하여 의심의 여지를 남기지 않으면서도, 심리치료를 시작하기로 결정하기 전에 그에 대해 논의할 기회를 갖도록 한다.

이런 상황에서 대개 환자들은 치료자가 심리치료에 대해 설명해야만 하는 사항들을 더 들을 때까지 질문을 유보하는 편이다. 하지만, 환자가 치료 권고가 나오자마자 곧바로 실시 준비에 관한 질문[3]을 시작한다면(예: "심리치료가 정확히 무엇입니까?", "얼마나 오래 걸립니까?", "얼마나 자주 와야 하나요?"), 이런 내용에 대해서는 곧이어 논의할 거라고 설명할 수 있다. "심리치료에 대한 이야기를 좀 더 한 후에, 지금 질문하신 내용에 대해 논의하게 될 것입니다." 마찬가지로, 심리치료를 시작하는 것에 대한 양면적 감정을 반영하는 질문("심리치료가 저에게 정말 필요합니까?")에 대한 대답은 보통 전반적으로 심리치료 과정에 대한 논의를 마치는 시점까지 잠시 미뤄둘 수 있다.

그렇지만, "심리치료가 저에게 정말 필요합니까?"와 같은 질문이 환자의 불안을 나타내거나 자신의 상황을 부인하는 것으로 보인다면, 치료자의 요약과 권고에 대한 추가적인 명료화가 반드시 요구된다. 불안한 환자에게는 그들이 얼마나 심각한지와 얼마나 광범위하게 치료받아야 하는지와 관련된 오해를 알아내고 수정할 필요가 있다. 도움의 필요성을 축소하려는 환자에게는 명백한 문제가 무엇이며, 개선 조치가 없다면 어떤 종류의 어려움이 계속 야기될 수 있겠는지 재차 설명해 주는 명료화가 요구된다.

어떤 상황에서도 치료자는 방어적인 환자를 위협하거나 겁주어서 심리치료 권고를 받아들이도록 해서는 안 된다. 마찬가지로 불안한 환자의 문제

....

3 **역자 주** 이는 심리치료에 대하여 치료자가 충분히 설명하고 환자와 치료자 모두 심리치료를 시작하기로 결정한 다음에 다루는 것이 좋다.

를 축소하거나 거짓으로 안심시키는 것도 금지된다. 그 대신, 치료자는 항상 환자에 대한 존중과 진솔성의 규약에 따라야만 하며, 이는 가급적 명료하고도 직접적인 요약 진술과 권고를 제시하고 재확인하는 것이어야만 한다. 치료 시작과 관련하여 어떻게 할지에 대한 결정은 환자의 손에 맡겨야 한다. 3장에서 언급한 대로, 환자의 상황이 비자발적 입원의 고려를 정당화할 정도로 심각하거나 환자의 행동이 윤리적이고 법률적인 지침에 따라 어떤 유형의 의무적인 보고나 조치가 요구될 때만, 치료자는 환자가 가진 고유의 결정권에 간섭할 수 있다(Knapp & VandeCreek, 2006).

치료자가 솔직하게 답해야만 하는 것이 당연한 두 번째 질문은 심리치료 외의 가능한 다른 치료방식과 관련된 것이다. 정신건강 서비스에 대한 다양한 사전 정보가 있는 환자는 심리치료 시작 권고를 받으면, 집단치료나 이완치료, 최면치료, 자기주장 훈련, 향정신성 약물치료의 적절성에 대해서도 반문할 수 있다. 이런 질문들이 나올 때 심리치료자는 중립적 입장을 견지해야 한다. 심리치료가 도움이 될 가능성이 있는 유일한 치료법이라고 말하는 것은 피해야 하는데, 왜냐하면 그런 경우는 거의 없기 때문이다. 또한 다양한 치료 접근법들의 상대적 장점과 적절성에 관한 장황한 토의도 피해야만 하는데, 그것은 치료자가 제공하기 위해 준비한 것(즉, 심리치료)에 대한 설명에서 벗어나 일방적인 교수법적 대화가 되기 쉽기 때문이다. 이러한 질문들에 답하는 지침은 단순성과 직접성이다. "당신과 비슷한 문제를 가진 사람들에게 도움이 된다고 밝혀진 여러 치료방식들이 있습니다. 이는 마치 어떤 문제든지 푸는 방식이 보통 한 가지 이상인 것과 마찬가지입니다. 제가 사용하며 고려해 보시라고 권하는 접근법은 개인 심리치료입니다."[4]

....

4 환자와 함께 심리치료 및 다른 형식의 치료의 효과성에 대해 논의할 때, 임상가는 두 가지 사항을 언급해야만 한다. 첫째, 위험성이 낮을지라도 그들이 권고하는 치료와 관련된 모든 위험성을 환자에게 알려야 한다. 둘째, 치료자가 권고하는 치료가 아닐지라도 환자의 문제에 효과적인 것으로 입증된 대안적인 개입방안들을 언급해야 한다(치료자 입장의 이 같은 윤리적 책임에 대한 자세한 내용은 APA,

개인 심리치료가 전문분야인 치료자 중 다수가 다른 치료 방법도 수행하고 있으며, 하지 않더라도 잘 아는 편이다. 예를 들어, 개인 심리치료뿐만 아니라 집단 심리치료, 부부 상담, 스트레스 관리를 제공하는 치료자는 다른 치료방식 중 하나가 특정 환자에게 개인 심리치료보다 더 적절하다고 판단하여 이를 권장할 수 있다. 또는 한 방법이 다른 방법에 비해 뚜렷한 이점이 없다고 판단되면, 두세 가지의 대안적 접근법을 설명하고 환자가 그중에서 선택하도록 도울 수 있다. 다른 상황에서, 심리치료자는 본인은 사용하지 않는 치료 접근법을 잘 알고 있을 수 있는데, 본인의 접근법에 비해 다른 것이 훨씬 더 추천된다면 환자에게 이러한 임상 소견을 전달해야 하고, 그러한 치료를 제공하는 동료에게 의뢰하여 예약하도록 도와야 한다. 마지막으로, 일부 환자들은 평가 면담 이후 더 이상의 심리적 도움이 필요하지 않을 수 있는데, 이 경우 치료자의 요약은 치료가 필요 없다는 권고로써 끝날 것이다.

치료자가 이러한 여러 대안 중에서 현명한 선택을 하기 위해서는 심리치료의 실시 방법을 넘어 그 이상을 알고 있어야만 한다. 환자에게 치료가 필요할지 판단할 수 있어야만 하며, 만약 그렇다면, 심리치료나 다른 개입 접근법 중에서 어떤 것이 그 사람에게 가장 큰 이익이 될지 판단할 줄도 알아야 한다. 바로 이것이 독자적으로 개업하거나 또는 환자에 대한 최초 평가에 책임을 져야만 하는 심리치료자가 심리치료적 기술에 대하여 학교 교육뿐만 아니라 광범위한 임상 수련을 받아야만 하는 이유이다.

심리치료의 과정에 대하여 설명하기

심리치료를 시작하기 위해 환자가 잘 알고 결정할 수 있도록 치료 권고를 할 때 이에 대한 설명도 함께 제시해야 한다. 이러한 설명을 시작하는 좋은 방법은 환자가 이미 가지고 있는 정보나 생각에 대해 질문하는 것이다.

....

2002; Clarkson, 2000; Norcross et al., 2006; Pope & Vasquez, 2007 참조).

대부분 환자는 심리치료에 대해 정확한 견해와 더불어 부정확한 견해를 함께 갖고 있는데, 이러한 견해를 알게 되면 치료자는 치료과정에 대한 설명을 공식화하는 데 도움을 얻게 된다. 특히 환자가 가진 기존의 믿음을 확인하고 수정하는 데 유리해진다.

심리치료 권고하기와 마찬가지로 진행 과정에 관한 설명은 명시적이어야 하고 미리 어떨 거라고 가정하지 않는 것이 핵심이다. 따라서 치료자는 심리치료가 무엇인지 알고 있다는 환자의 진술을 곧이곧대로 받아들여서는 안 된다. 잘 알고 있는 듯한 환자를 대할 때라도 치료자는 그가 가진 견해의 정확성을 평가하기 위해 그의 생각을 글로 적듯이 표현하도록 요청해야 한다. 더 나아가, 심리치료의 진행 과정에 대하여 자세하고도 정확하게 설명할 수 있는 환자라도 마찬가지로 치료자의 관점을 들을 기회가 있어야 한다. 이는 이전에 심리치료를 받았던 환자도 마찬가지다. 그들 역시 심리치료가 요청된다는 것에 대하여 현재 치료자의 입장에서, 직접 그의 입을 통해 설명을 들어야 한다. 치료 중기 단계에 환자가 심리치료가 이런 것인지 제대로 알 수 없었다는 불만을 토로할 때 치료자가 아래 예시처럼 말한다면 효과적으로 대응하지 못하는 것이다. "이미 알고 계신 줄 알았습니다." 또는 "처음에는 심리치료에 대해 긍정적으로 생각하시는 것처럼 보였습니다."

심리치료에 대한 설명은 환자와 세 가지 요점을 다루는 비교적 짧은 면담을 통해 진행될 수 있다. ① 심리치료에서 환자는 자신에 대해 이야기한다. 그동안 치료자는 경청하면서 대화를 촉진하는 동시에 환자가 말하고 행동한 것들의 중요성을 이해하도록 돕는다. ② 이러한 대화 과정에서, 환자의 과거와 현재의 생각, 감정, 경험은 성격의 본질과 현재의 어려움의 근원을 명료화하는 식으로 밝혀지게 된다. ③ 이러한 지식을 갖춘 치료자의 도움을 받아, 환자는 확장된 자기자각을 덜 혼란스러운 생각과 감정, 보다 적응적이고 만족스러운 생활 방식으로 전환한다.

심리치료가 어떻게 작용하는지에 대한 간략한 설명은 보통 평가 면담에서 이미 했던 것을 참조하여 자세하게 제시될 수 있다. 특히 시험적 해석을 잘 활용하는 치료자는 다음과 같은 진술로써 심리치료에 대하여 정확하고도 이해할 수 있는 설명을 제시할 수 있다.

> 심리치료는 우리가 지금까지 했던 것처럼 서로 많은 대화를 하는 것으로 이루어집니다. 당신이 대부분 이야기하는데, 당신의 경험과 마음속에 품은 것들에 대해 제게 말하면, 저는 경청하면서 당신이 스스로를 더 잘 이해할 수 있도록 노력할 것입니다. 예를 들어, 당신이 처음에 가장 우려하면서 언급했던 것 중 하나는 매력을 느낄 수 있는 남자를 만난 적이 없다는 것이었습니다. 이후 제가 성장기 경험에 대해 물었을 때, 당신은 얼마나 아버지를 숭배했었는지를 떠올렸습니다. 이로부터 우리는 당신이 남자에게 매력을 느끼는 데 어려움을 겪는 이유 중 하나는 아마도 아버지와 같은 사람을 결코 찾을 수 없었기 때문이라는 생각에 도달했습니다. 그리고 당신은 이전에는 그렇게 생각해 본 적 없지만 그럴 가능성이 있다는 점을 이해할 수 있었습니다. 이것이 바로 심리치료가 작동하는 방식입니다.[5]

치료자는 환자에게 심리치료 과정의 개요를 제시한 이후 얼마나 많은 세부사항을 추가할 것인지 세심하게 고려해야 한다. 이런 고려사항 중 특히 중요한 것은 환자에게 치료가 진행됨에 따라 흔히 나타나는 공통적인 방해요소, 예컨대 환자가 이야기하기 어려울 때가 있을 것이라든지, 치료자에게 강한 긍정적 또는 부정적 감정이 생기게 될 것임 등을 미리 알려줄 것인가이

....

5 심리치료 과정에 관한 이 예시와 환자 문제의 본질과 관련된 요약 진술에 관한 이전 예시는 둘 다 치료를 위한 논거를 구성한다. Goldstein(2001), Safran과 Muran(2000), Sexton 등(2005)이 설명했듯이, 환자에게 그들의 증상이나 문제에 대해 그럴듯한 설명을 제공하고 이를 개선하기 위한 절차를 구체적으로 제시하는 명시적 논거는 많은 형태의 치료에서 긍정적인 성과에 기여한다고 널리 인정된 공통요인의 하나이다. Norcross(2002)는 또한 여러 관점에서 이러한 고려사항을 논의한다.

다. 이에 대한 유용한 지침은, 치료자는 환자가 심리치료를 원만하게 시작하게끔 충분히 설명해야 하지만 치료과정에서 더 이상 놀랍지 않을 정도로 지나치게 설명하지 말아야 한다는 것이다.

좀 더 구체적으로 말한다면, 환자가 심리치료를 시작하기로 결정하기 위해 알아야 할 정보는 치료를 구성하는 것은 무엇인지에 관한 것이지 어떻게 반응하게 될지에 관한 것이 아니어야만 한다. 9장에서 11장까지에서 자세히 설명되듯이, 심리치료적 과정에 대한 반응은 환자의 자기이해를 촉진하는 데 사용될 수 있는데, 이는 특히 반응이 고유한 개인적 경험으로서 다루어질 때 더욱 그렇게 된다. 치료자가 처음부터 사람들이 심리치료에 일반적으로 어떻게 반응하는지 자세히 설명한다면, 환자는 자신이 그러한 반응을 보일 때 이를 그다지 중요하지 않은 것이라고 생각하기 쉽다.

예를 들어, 환자가 자유롭게 말하지 못하거나 하지 않으려고 할 때, 치료자가 지금까지 도움을 간절히 원하던 사람이 왜 갑자기 침묵하려 하는지 탐색한다고 가정해 보자. 모든 환자는 이야기하는 데 가끔씩 어려움을 겪으며 치료자에 대한 강한 감정도 생길 수 있다는 말을 환자가 이미 들었다면, 의사소통을 꺼리게 만드는 저항과 전이 반응과 관련된 의미가 희석될 수 있고 이러한 현상을 건설적으로 활용할 가능성이 줄어들 것이다. 심층발견적 심리치료를 촉진하려면, 치료자와 이야기하면서 어려움을 겪는다거나 치료자를 향한 강한 감정 때문에 의아해하고 놀랐거나, 또는 최소한이라도 그런 식으로 느끼는 경우 등에 대해 도움을 받는 것이 환자에게 훨씬 더 이롭다고 할 수 있다. 환자가 "심리치료에서 이런 감정이 드는 게 자연스러운 것인가요?", "모든 환자가 이런 일들을 겪지 않을까요?"라고 묻는다면, 치료자는 다음과 같이 대답해야 한다. "중요한 것은 바로 지금 이러한 감정과 반응이 있다는 것이며, 우리는 이 감정들이 어디서 비롯되었는지, 한 인간으로서 당신에게 어떤 의미가 있는지 궁금해한다는 것입니다."

치료자는 심리치료가 진행되면서 있을 법한 반응에 관한 자세한 내용을 피하면서, 환자에게 요구하게 될 계약과 관련된 몇 가지 사항을 이 과정에서 덧붙여 설명해야 한다. 첫째, 치료자는 미리 정해진 일정에 따라 정기적으로 치료 회기를 진행할 것임을 명확히 해야 한다. 비록 약속과 관련된 정확한 횟수와 시간에 관한 논의는 구체적인 협약을 맺을 때까지 정하지 않겠지만, 환자에게 문제가 있거나 이야기하러 오고 싶더라도 정해진 시간 외에는 심리치료가 진행되지 않을 것임을 알려야 한다. 약물치료 관리 또는 어떤 종류의 상담에서는 미리 시간을 정하지 않는 스케줄이 적합할 수도 있다. 하지만 심리치료에서는 상대적으로 지지적이든 표현적이든, 치료가 진행되는 동안 비공식적으로 시간 약속을 정하는 것이 적합하지 않다고 할 수 있다.

둘째, 치료자는 치료기간을 추정하기 어렵더라도 치료가 얼마나 오랜 기간 진행될지에 대해 어느 정도 말해 줄 의무가 있다. 단, 환자가 얼마나 빠르게 치료를 진행할 수 있을지는 시작 시점에서는 확실하지 않으며, 더욱이 흔히 애초 합의한 목표만을 향해 작업하지 않기도 한다. 즉, 어떤 이는 원래 목표를 달성한 이후 다른 문제에 대해 또는 더 깊은 자기이해를 위해 치료를 계속하려 할 수 있으며, 어떤 사람은 원래 생각했던 것보다 더 적은 치료 성과에 만족해하는 결정을 하기도 한다.

치료기간을 정해 놓는 특별한 사유(예: 치료기관의 정책, 보험의 제한 요건, 시간 제한적 치료 연구에 대한 참여, 환자 또는 치료자가 사전에 정해 놓은 기한)가 없는 한, 심리치료 기간은 끝을 열어두는 종료-개방형으로 구조화하는 것이 가장 좋다. 동시에, 심리치료를 상당히 진전시키는 데 필요한 기간은 며칠이나 몇 주가 아니라 몇 달 또는 몇 년이 될 수도 있음을 알려 주어야 한다. 치료과정이 단지 몇 번의 상담보다 더 오래 걸린다는 것을 이해하기 어려운 환자의 경우라도, 현재 자신의 모습이 되기까지 오랜 시간이 걸렸고, 따라서 어떻게 그렇게 되었는지 이해하고 이후 본인이 생각하고 느끼며 행동하는 방식에서 의미 있는 변화를 가져오려면 어느 정도 시간이 걸릴 것인지 등을 설명하는 정도면 보통 충분하다.

치료과정에 대한 설명을 마치기 전에, 치료자는 또한 심리치료를 통해 이익을 얻을 수 있을지에 관한 환자의 질문에 대답해야 할 수도 있다. 단, 치료자는 환자에게 '완치(cure)' 또는 현저한 행동의 변화에 관하여 어떠한 약속도 삼가야 하는데, 이에는 여러 이유가 있다. 심리치료에서 보장된 결과는 있을 수 없고, 치료자가 전달할 수 없을지도 모르는 확언을 하는 것은 비윤리적이며 전문적이지도 않다. Strupp(1989)은 이와 관련하여 치료자가 할 수 있고 해야만 하는 말에 대한 근거를 제시했다.

> 완치는 아마도 심리치료 용어집에서 없어져야 할 단어일 것이다. 완치는 거의 예상할 수 없으며, 그 의미가 무엇이든 거의 발생하지 않는다. 기대할 수 있는 것들은 (a) 대인관계 기능의 개선증진, (b) 자존감, 자신감, 안정감, 자기존중 및 개인적 가치의 증진, (c) 더 큰 삶의 흥미, 활력, 만족감, (d) 숙달감과 유능성의 증진, (e) 환자를 치료로 이끈 문제(증상)의 유의미한 감소이다.(p. 723)

예후에 관한 환자의 질문에 답할 때 치료자가 염두에 두어야 할 두 가지 사항은 위의 Strupp의 요약과 2장에서 성과에 대한 높은 희망을 품고 심리치료에 온 환자가 가질 수 있는 긍정적인 영향력일 것이다. 이 점을 반영하여 정확하고 유익한 내용으로 답변한다면, 치료과정에 대해 설명할 때 아래와 같은 간명한 진술을 덧붙일 수 있다.

> 심리치료가 당신이 겪고 있는 문제를 어느 정도 경감시킬 수 있을지는 미리 알기 어렵습니다. 그러나 당신 자신을 더 잘 이해하는 데 도움이 되는 과정일 것이며, 당신과 비슷한 문제를 가진 많은 사람에게 이익이 되었다고 입증되었습니다.

치료자의 자격 사항을 제시하기

치료자가 치료과정에 대해 설명하고 심리치료에 대한 환자의 질문에 답변하고 나면, 전문직업인으로서 본인의 자격 사항을 환자에게 알려야 한다. 물론 이것이 수련과 경험에 대한 완전한 이력서를 제공하는 것을 의미하지는 않는다. 그 의미는 치료자가 심리치료를 제공할 자격을 가졌는지 환자가 알 권리가 있으며, 이와 관련하여 질문을 제기할 권리가 있다는 것이다. 이러한 질문에 대답하는 경우, 환자의 관심이 치료자에 관한 것인지 아니면 한 개인에 관한 것인지를 잘 구분해야만 한다. 질문이 치료에 속하는 범위라면, 예컨대 전공학문 분야가 무엇인지, 어디서 교육과 수련을 받았는지 등에 대해서는 곧이곧대로 정직하게 답변해야 한다. 하지만, 똑같이 직접적이지만 확인이 불필요한 질문도 인식할 필요가 있다.

예를 들어, "몇 년 동안 이 일을 하셨나요?" 또는 "저와 같은 문제를 가진 환자를 얼마나 많이 치료해 보셨나요?"라고 묻는 환자의 대부분은 실제로 수치적인 답을 요구하는 것이 아니다. 그들은 치료자가 몇 년 동안 어떤 종류의 환자를 담당했는지 판단할 근거가 없으며, 그들이 정말로 알고 싶은 것은 치료자가 자신을 이해하고 도와줄 수 있느냐 하는 것이다. 따라서, 이러한 질문에 대한 적절한 답변은 "당신은 제가 당신의 문제를 이해하고 도와줄 수 있을지 궁금해하는군요. 제가 드릴 수 있는 제일 좋은 답은 저는 당신과 함께 하기에 필요한 경험을 가졌다고 말씀드릴 수 있다는 것입니다. 만약 제가 당신께 도움이 못 된다면, 저는 당신을 다른 치료자에게 소개할 것입니다."

대부분 환자는 질문하게 된 기저의 쟁점을 다루는 이 정도의 답변이면 만족할 것이다. 반면, 환자가 치료자의 자격증명서에 대해 보다 구체적인 정보를 계속 요구한다면, 치료자는 그러한 행동이 평범하지 않음을 언급할 필요가 있다. 그들은 일반인이기에 (윤리 규정에 따라) 치료자의 유능성이 보장되려면 얼마나 많은 수련과 경험이 요구되는지에 대하여 판단할 근거가 없으며, 그러한 세부 정보를 요구하는 것에는 또 다른 감춰진 의도가 있을 수 있기 때문이다. 심리치료를 시작하기로 결정할 때 일반적인 경우에 비해 더 많은 정보를 수집하려고 하는 욕구는 환자가 가진 신경증적 어려움이나 인격적 특성에서 비롯된다, 그런 환자들은 권위적 인물에 대한 도전으로 그들의 말을 액면 그대로 받아들이길 거부할 수 있다. 그 외에도, 심리치료를 계속할 것인지 또는 도움을 받을 수 있을지에 대해 환자가 다른 생각을 하는 것일 수도 있다. 이러한 동기들이 계속 이어지는 질문의 배후에 깔려 있다면, 오랜 실무 경력과 성공적으로 치료한 환자들의 수를 제시한다 하더라도 치료자의 유능성에 관한 우려를 불식시키지는 못할 것이다.

심리치료자로서의 직업적 역할과 관련된 질문과는 달리, 한 인간으로서 치료자를 대하려는 환자의 질문에 대해서는 보통 곧이곧대로 대답하지 않는다. 좋은 심리치료 관계를 위해서 치료자가 따뜻하고 진솔해야 하며, 자신을 투자하고, 문제해결에 함께 참여하는 분위기를 조성해야 하는 것은 맞지만, 심리치료는 우정 관계가 아니다. 해결해야 할 문제는 환자의 문제이며, 이러한 문제를 효과적으로 해결하는 데 요구되는 유일한 개인적 정보는 환자에 관한 것일 뿐이다. 심리치료가 필요한 환자에게는 서로 친숙함을 공개하는 호혜적 관계가 아닌, 그들의 복리에 기여할 수 있는 관심과 이해, 기꺼이 돕겠다는 의지를 가진 훈련된 치료자가 필요하다.

따라서 치료자에 대한 사적인 질문("결혼하셨습니까?", "자녀가 몇 명입니까?", "스포츠에 관심이 있습니까?")은 직접적 답변이 아닌 분석해야 할 진술로 해석되어야 한다. 이러한 사적인 질문에는 "어떨 것 같습니까?" 또는 "어느 쪽이든 어떻게 느껴질 것 같습니까?"라는 대답을 통해 좋은 결과를 얻을 수 있는 경우가 흔하다. 예를 들어, 치료자가 결혼했는지를 물어보는 환자의 경우 결혼한 사람 또는 미혼인 치료자만이 자신을 이해하고 도와줄 수 있다는 감정인지 탐색할 수 있을 것이다. 논의해야 할 주요 사항은 이러한 감정일 뿐이며 환자가 관심을 보인 치료자의 결혼 여부가 아니다.

치료의 초기 단계에서 환자가 치료자에게 사적인 질문을 하고 개인적인 삶에 대해 이야기하지 않는 이유를 물어본다면, 일반적으로 효과적인 전략은 단순히 치료관계의 초점은 환자 및 그의 문제에만 있음을 강조하는 것이다. 진정으로 심리치료에 관심이 있는 환자는 대개 이러한 설명을 받아들이는데, 그것이 자신이 원하는 치료의 초점과 정확히 일치하기 때문이다. 초점이 자신에게 집중될 것이라는 치료자의 진술에 만족해하지 않고 치료자가 사적인 문제에 관해서도 이야기해야 한다고 주장하는 사람들은, 심리치료를 받지 않을 핑계를 찾거나 치료자가 제공할 준비가 된 것과는 다른 경험을 원하는 것일 수 있다. 그런 경우라면, 환자가 어떤 종류의 치료를 받고 싶어하는지(기대)와 도움을 받고자 하는 환자의 소망을 재평가하기 위하여 동기 및 관련 사항에 대한 추가적 탐색이 필수적이다.

이러한 쟁점과 관련해서 다음 두 가지를 유념해야 한다. 첫째, 심리치료를 실시할 때 거의 모든 면에서 그러하듯이, 고정되어 불변하는 규칙은 있을 수 없다. 치료자가 특정 환자와 함께 있을 때 자기 사생활의 어떤 측면에 대해 언급할 만한 충분한 이유가 있다고 판단될 때에는 그렇게 할 수 있다. 명확한 규칙이 아닌 임상적 판단에 기초한 유연성은 좋은 심리치료 수행에 필수적이다. 성격역동과 정신병리를 잘 파악하고 있는 공감적인 치료자는 사적인 질문에 답한다든지 또는 언제 자발적으로 자신에 대한 정보를 제공하는 것이 환자에게 최선의 이익이 될 것인지 인식할 수 있다.

둘째, 치료자는 자신의 사생활을 드러내지 않음으로써 자신의 익명성이 보장될 것이라고 생각하지 말아야 한다. 치료자가 사적인 질문을 피하는 주된 이유는 환자에게 초점을 두는 치료를 하기 위해서이지,자신을 알 수 없는 신비한 존재로 감추기 위해서가 아니다. 전이에 기초하여 환자가 치료자에 대한 인상을 형성하는 정도를 최대화하기 위해, 치료자가 자신의 사생활을 환자에게 알리는 것을 제한하는 것에는 일부 이점이 있다. 그렇지만, 현실에서 환자는 거의 예외 없이 치료자에 관한 상당한 정보를 찾아내며 이미 알고 있다.

환자들은 치료자의 옷차림과 몸단장, 사무실 장식, 결혼반지, 벽에 걸린 졸업장, 책꽂이에 있는 책뿐만 아니라 사적인 취향과 관심사, 생활 습관을 반영하는 다양한 단서에 주목한다. 만일 치료자가 텅 빈 비인격적인 공간에서 치료를 진행하여 이러한 정보의 원천을 제한하려 한다면, 진정한 한 인간으로서 치료자의 이미지를 훼손할 수 있고 본래 의도도 거의 달성하지 못할 것이다. 보통 환자들은 치료자에 관한 정보를 많이 알고 있다고 할 수 있는데, 그 내용은 치료자의 주소지라든지 근무 기관(대학 또는 기관 등)에서의 서열이나 지위, 여기저기서 모은 정보 등이다. 치료자가 일하는 지역사회가 좁고 전문가의 수가 적을수록, 환자는 치료자에 대해 더 많이 알게 될 것이다. 대도시라 하더라도 치료자가 언행을 신중하게 하면 익명성이 보장될 것이라고 믿는다면, 이는 스스로를 속이는 것이다. 치료자의 익명성, 자기공개, 전이의 최대화에 관한 쟁점은 10장에서 자세히 설명된다.

환자의 반응

치료자가 심리치료를 권하고 그 과정을 설명하며 자격에 관한 질문에 대답하면, 환자가 대답해야 할 차례가 된다. 이 시점에서 환자들은 심리치료를 위한 권고를 받아들여 계속할 준비가 되었음을 나타내거나 치료 제안을 거부할 수도 있고, 어떻게 하고 싶은지 확실하지 않을 수도 있다. 첫 번째 유형의 반응은 심리치료 계약의 체결로 초기 합의 단계를 완료하고 목표, 절차 및 준비사항에 대한 논의로 이어지게 된다. 거부하거나 불확실하게 반응한다면, 치료자는 심리적 도움을 받는 것과 관련된 환자에 태도에 추가적으로 관심을 가져야 한다.

이 시점에 더 이상의 심리치료 진행을 완강히 거부하는 환자에게는 그러한 결정의 이유를 물어봐야 한다. 때때로 이러한 질문은 추가적인 탐색의 통로를 열어 주며(예: "나는 이야기하는 것만으로 어떻게 실제로 도움이 될 수 있는지 확실히 알 수가 없습니다."), 치료자는 정보의 어떤 부분을 충분히 알 수 없는지 환자가 검토하게끔 할 수 있다. 다른 경우 환자가 논의의 여지가 없는 식으로 심리치료를 거부할 수도 있다(예: "저를 도와주셔서 감사하지만, 당장 지금은 심리치료를 시작하고 싶지 않습니다.").

분명하고도 단호하게 심리치료의 시작을 거부한다면, 치료자는 환자의 바람을 수용함으로써 환자의 전인성을 충분히 존중해야 한다. 환자가 경제적 지원이나 의료 서비스를 거부할 자유가 있는 것처럼, 결국 다른 사람이 아무리 강권하더라도 심리적 도움의 제안을 거부할 자유가 있다. 초기 치료 권고를 제시할 때와 마찬가지로 치료자는 심리치료를 하지 않겠다는 결정을 재고하도록 환자를 회유하거나 부추기려는 모든 유혹에 넘어가지 말아야만 한다. 만일 심리치료를 받는다면 서광이 비칠 것이지만 받지 않으면 파멸이라는 식의 언행은 환자와 치료자 모두를 비하하는 요란한 사기행위일 뿐이며, 심리치료의 역량을 과장하는 것이기도 하다. 심리치료는 모든 사람의 문제에 대한 유일한 해결책이 아니다.

자살의 위험성 또는 임박한 심리적 붕괴가 예상되는 응급 상황이라면 확고하고 지속적인 치료 권고가 있어야만 한다. 그러나 이러한 응급 상황은 환자와의 작업이 치료계약 체결 시점에 도달하기 훨씬 이전인 초기 평가과정에서 이미 파악되고 처리되었어야만 한다. 치료자가 환자와 심리치료 진행에 대해 논의하기 시작할 때쯤이면 거의 모든 응급 상황은 배제되었어야만 한다. 따라서 이 시점에 환자가 심리치료 시작 권고를 분명히 거부한다면, 이를 있는 그대로 받아들이는 것이 마땅하다.

그렇지만, 심리치료에서 이익을 얻을 가능성이 있는 것처럼 보이는데도 치료를 거부하는 환자들을 위해 취할 수 있는 몇 가지 단계적 조치가 있다. 첫째, 치료자는 도움이 될 수 있는 다른 방법이 있는지 알아보아야 한다. 일부 환자는 치료자의 의견에 반하여 심리치료보다 부부 상담, 최면, 사회기술 훈련이 더 도움이 될 것이라고 확신할 수 있으며, 이러한 목표를 위해 다른 사람에게 의뢰되는 것을 고맙게 생각할 수 있다. 치료자가 이러한 다른 접근이 심리치료보다는 덜 유익할 것이라고 진심으로 믿을 때라도, 그는 여전히 전문직업인으로서의 책임을 이행해야만 한다. 또한 치료자가 제공하지 않는 다른 방식의 치료를 원하는 환자를 만난 경우, 할 수 있는 일이란 유능하다고 알려진 다른 치료자에게 환자를 의뢰하는 일일 것이다.

둘째, 치료자는 심리치료 권고를 거부한 환자들이 미래를 고려할 수 있도록 도와야 한다. 치료자는 환자의 문제가 지속될 수 있고, 나중에 심리치료를 다시 생각해 볼 수 있으며, 그때도 치료자는 여전히 돕는 데 관심이 있고 다시 만날 수 있다고 너무 극적이지 않게 강조할 수 있다. 이런 식으로 치료자는 환자가 편견 없이 돌아올 수 있도록 문을 열어둠으로써 은연중에 환자들이 재고해 보도록 격려할 수 있다. 이렇듯 초기 평가 단계에서 심리치료에 별로 관심이 없던 환자가 전문적인 도움이 필요하다는 것을 확신하게 되는 몇 가지 후속 사건들을 경험한 이후 되돌아오는 것은 드문 일이 아니다.

환자가 심리치료 권고에 대한 반응으로 불확실성을 표현하는 경우, 치료자는 이러한 감정을 탐색하고 해결함으로써 심리치료를 계속하기로 결정할 수 있도록 노력해야 한다. 어떤 사람들은 심리치료 환자가 되는 것(환자 신분)에 당황해하거나 불안해하고, 어떤 사람들은 도움이 필요하다는 말을 듣고 분개할 수도 있으며(비록 도움을 요청했더라도), 다른 경우 심리치료에 대한 시간과 비용 관련 약속을 지킬 수 있을지 확신하지 못할 수 있다. 보통 심리치료 권고를 호의적으로 받아들이지만 동시에 망설임을 보이는 경우라면, 치료자는 이를 민감하게 인식하고 환자가 이에 관하여 이야기할 수 있도록 도와줌으로써 만족스럽게 해결할 수 있다.

목표 및 절차에 대한 합의

치료계약에 환자와 치료자가 함께 작업할 목표와 이를 달성하기 위한 절차에 관한 명시적 합의가 포함되면 심리치료 과정은 촉진될 수 있다. Bordin(1979)에 의해 처음 정교화되고 3장에서 언급된 연구(예: Hintikka at el., 2006; Horvath & Bedi, 2002; Kirsh & Tatem, 2006)에서 입증되었듯이, 심리치료의 성과에 중요하게 기여하는 치료 동맹은 목표 및 과제에 대한 환자-치료자 양자 간 합의의 강도에 의지한다. 초기 평가를 완료하고, 요약 및 치료 권고를 제공하며, 환자와 치료 진행에 대한 합의를 한 경우라면, 치료 목표와 치료적 절차가 명백하고 치료자와 환자 양자가 이에 대해 이미 서로 잘 알고 있는 것처럼 보일 수 있다. 그렇지만, 기억해야 할 사항은 치료계약에서는 그 어느 것도 암묵적으로 이해되었다고 가정하거나 간주하면 안 된다는 것이다. 현시점에 너무 명백하고 중언부언하는 것으로 보일지라도, 계약의 각 측면에 대한 분명한 진술은 환자의 불확실성이나 오해를 풀고 후속 심리치료 작업의 기반을 공고히 하는 데 도움이 된다(Zhang et al., 2008 참조).

심리치료를 받기로 한 환자와 합의에 따른 치료 목표를 명확히 하기 위해, 치료자는 "이제 우리가 함께하기로 결정했으니, 앞으로 다룰 목표를 검토해 봅시다."라고 말하는 것으로 시작할 수 있다. 환자는 원래 치료자가 제시한 것과 거의 같은 식으로 문제와 관심사항을 요약하는 것으로 대답할 수 있다. 이 경우 치료자는 단순히 이 요약을 받아들이고 반복함으로써 재차 강조하고, 치료 절차와 실시 준비에 관한 논의로 나아갈 수 있다.

반면, 이 시점에 환자가 처음에 제시한 것과 다소 다르게 치료의 목표 및 우선순위 목록을 제시할 수도 있다. 한 번 이상의 면담을 통한 평가과정에서 사람은 흔히 자신과 문제에 대해 새로운 관점을 갖게 될 수 있다. 이전에는 긴급해 보였던 관심사가 평가과정에서 논의된 후에는 미미하게 보일 수 있으며, 이전에는 억눌렸거나 거부되었던 어려움이 주요 관심사로 떠오를 수도 있다. 심리치료를 계속하기로 합의했더라도 평가의 종료 시점에 최종 요약에 대하여 환자에게 질문함으로써, 치료자는 환자가 심리치료에서 가장 이루길 원하는 것이 무엇인지 확실하게 정할 수 있다. 그리고 이미 쓸모없어진 예전의 관점에 따른 치료 진행도 피할 수 있다(Sexton et al., 2005 참조).

그 외에도, 치료 목표에 관한 명시적인 합의는 원활한 작업 관계를 발전시키고 치료에 대한 잘못된 인식을 최소화함으로써 치료 진전을 촉진하며, 또한 언제 치료가 중단되어야 하는가를 판단하는 양호한 비교기준을 제공한다(Otto et al., 2003). 12장에서 논의되듯이, 심리치료의 종결에서 치료자의 임무는 언제 그리고 어떻게 치료를 끝내야 하는가이다. 명시적이고 상호 합의된 목표의 목록에 기초한 진행은 심리치료가 갈 곳 모르고 표류하는 상황을 피하는 데 도움이 된다. 치료 중에 목표는 변경될 수 있지만, 목표가 명시적이고 상호 합의한 것으로 유지되는 한, 환자와 치료자는 언제든지 치료 목표와 관련하여 얼마만큼 달성했는지 검토할 수 있게 된다.

치료 절차를 합의하는 것과 관련하여, 이 시점에 치료자는 환자가 치료 시작을 고려하도록 하는 권고의 일환으로 심리치료 과정에 대하여 이미 설명했을 것이다. 이때 환자가 제기할 수 있는 질문은 일반적인 것이라기보다는 본인의 심리치료를 위한 구체적인 것이다. 즉, 치료 준비의 구체적인 측면에 관한 질문일 것인데, 이는 다음으로 논의된다.

준비사항에 관한 합의

환자와 치료자가 함께하기로 결정하고 치료 목표와 절차를 명확히 했다면, 치료계약 체결의 마지막 단계는 심리치료 회기에 대한 시간, 횟수, 장소 및 비용 등 구체적인 준비사항에 관한 합의를 하는 것이다. 이러한 준비사항을 다루는 것은 때로 일상적인 문제로 보일 수 있으며, 때로는 기관의 정책이나 건강보험/복지사업지침에 따라 자동으로 결정되기도 한다.[6] 그럼에도,

....

6 심리치료의 시행방식에 대한 치료 외의 행정 및 재정적 통제는 현대 임상 실무현장의 현실이 되었다. 치료기관에서 부과하는 지침과 건강보험 보장의 혜택 조항은 모든 유형의 심리치료의 시행 횟수와 부과되는 비용에 상당한 영향을 미치고 있다. 이러한 지침과 혜택 조항은 누적된 임상 경험에서 추론된 것과 같은 효과적인 심리치료의 원리와 반드시 부합하지는 않는다. 관리의료 환경에서 심리치료자

이러한 문제들은 심리치료 과정에서 하찮은 것이 아니다. 치료자가 환자와 이러한 준비사항을 논의할 때 명심해야 할 고려사항이 있다.

시간

심리치료 면담을 위한 구체적인 약속은 환자와 치료자의 편의에 맞게 조정되어야 하며, 한 회기의 지속시간은 일반적으로 50분 정도이다. 심리치료의 "한 시간"을 60분 미만의 회기로 제한함으로써, 치료자는 예약 시간 사이에 잠시 생각하고, 메모하고, 전화 받고, 기타 개인적인 일을 할 수 있다. 가장 중요한 점은 각 회기당 지속시간이 치료기간 전체에 걸쳐 균일하다는 것을 전달하는 것이다. 논의되는 재료의 성질에 따라 각 회기의 지속시간을 자유롭게 정할 수 있게 한다면 몇 가지 불리함이 생길 수 있다. 예를 들어, 환자가 표현하기 어렵고 당황스러우며 동요되는 생각으로 분투하는 경우, 그는 조용히 앉아만 있을 수 있고 15~20분 동안 날씨에 대해서만 이야기하다가 "오늘은 마음에 떠오르는 게 없습니다."라면서 그만 마치겠다고 할 수 있다. 이런 경우 치료자가 치료계약에 따라 미리 정한 회기당 지속시간을 말할 수 없다면, 의사소통에 방해가 되며 적절한 관례적 계약에 따르지 않는 흔치 않은 행동을 환자가 깨닫도록 이끄는 데 난처한 입장이 될 것이다.

고정된 회기당 지속시간을 통해 치료자가 자신에게 얼마나 많은 시간을 할애했는지에 따라 치료자의 관심과 도움의 정도를 환산하려는 환자와 효과적으로 작업할 수 있다. 의존적이고 자기애적인 환자는 특히 치료자가 시간을 늘려주기를 바라면서 회기의 마지막 몇 분 동안 중요하거나 타인을 사로잡을 만한 내용을 표현하는 경향이 있다. 일정한 지속시간을 정하고도 이를 준수하지 않는다면, 치료자는 그러한 상황에서 어려움을 겪게 된다. 만약

....

의 작업에 대한 외부적 통제의 영향에 관한 자세한 설명은 다음을 참조한다. Kent & Hersen(2000); Komisky, Andersen, & Rice(2007); Sahler & Carr(2007); Turchik, Karpenko, Hammers, & McNamara(2007).

환자가 더 오래 이야기하도록 허용한다면 그들의 의존성이나 자기애를 만족시키게 된다. 만약 환자의 말을 끊는다면, 무관심하고 동정심이 없는 것처럼 보일 위험성이 있다.

치료자는 정해진 회기 시간 동안 작업함으로써 환자가 대화하면서 관심이 부족하다거나 자신을 싫어한다는 식으로 오해하지 않고 회기를 마치는 것이 가능해진다. 환자가 "오늘 우리의 시간은 다 되었다."를 거부로 해석했을 때(몇몇 사람들은 거의 틀림없이 그럴 것인데) 치료자는 회기의 종료가 치료자의 감정이나 태도가 아닌, 오직 그들의 만남에 대한 합의된 지속시간에만 근거한다는 것을 상기시킬 수 있다. 추가적으로, 고정된 회기의 길이는 치료자가 자신의 감정이나 태도에 영향받지 않도록 도와준다. 모든 치료자는 지루하거나 어려운 치료 회기의 시간은 단축하고 싶고, 생산적이고 흥미로운 회기의 시간은 연장하고 싶은 유혹을 느낀다. 고정된 회기의 지속시간은 이렇듯 시간의 길이에 불필요한 의미가 부여되지 않도록 보호해 준다.

따라서 고정된 회기 지속시간에 대하여 초기에 명료하게 설명하는 것은 두 가지 관련된 목표에 기여하게 된다. 첫째, 치료자가 "오늘 우리의 시간은 다 되었다."는 말이 단순히 시간이 다 됐다는 의미로 해석되는 관계를 형성하도록 돕는다. "당신이 마음에 들지 않습니다.", "당신과 당신의 문제는 별로 중요하지 않아요.", 또는 "당신은 날 지루하게 만듭니다."가 아니다. 둘째, 이는 환자가 갖는 위와 같은 인상(회기 시간의 종료에 의미를 과잉되게 부여하는)이 탐색되고 이해되어야만 하는 잘못된 개념이라는 확실한 근거를 제공한다. 단, 고정된 회기 지속시간을 지키는 것이 절대적인 의무사항은 아니다. 치료자는 특히 상대적으로 지지적인 심리치료 맥락에서, 면담의 단축 또는 연장의 요구가 있을 만한 비일상적인 상황에도 항상 대비해야 한다.

"50분"이라는 치료 회기 시간이 신성불가침은 아니다. 고정된 면담 지속시간은 각 예약 사이에 약간의 휴식 시간이 있다는 점에서 매력적이지만, 50분이 가장 좋거나 유일한 회기당 지속시간이라는 점을 입증하는 경험적인 연구는 없다. 실제로 심리치료에서 다양한 길이의 "지속시간"이 갖는 차별적 효과는 체계적으로 연구되지 않았다. 지지적 심리치료의 전체 회기 시간을 견디기 어려운 환자의 경우라면 30분만 진행할 수도 있다. 50분이 가장 권장되고 일반적으로 사용되는 시간이지만, 아닌 경우라도 이를 위반으로 간주할 근거는 없다.

횟수

심리치료의 각 회기가 일정한 길이의 지속시간으로 정해져야 하는 것과 같은 이유로 회기들은 규칙적이고 일정한 간격으로 스케줄이 정해져야 한다. 환자가 회기에 대한 필요성을 느꼈는지에 따라 약속을 잡거나 취소하면, 자기이해를 향해 체계적으로 진전하기 어렵다. 회기가 필요 없다고 느끼는 환자라도 현재 생활이 원활하게 잘 진행되어 좋은 기분으로 일상의 압박으로부터 자유롭다면, 오히려 생산적으로 자신의 과거 사건을 회상하고 생각해 볼 수 있는 건강한 마음 체제(상태)에 있는 것일 수 있다. 더불어, 말하고 싶지 않다는 환자도 아마도 논의되어야만 하는 어려운 재료들과 분투하는 중일 수도 있다.

고정적이며 규칙적인 회기 스케줄을 유지하는 이유는 각 회기 사이에 환자가 먼저 연락하는 일을 최소화할 수 있기 때문이다. 대부분 환자는 다음 약속까지 기다릴 수 없는 급박한 문제가 있는 경우가 아니라면, 일반적으로 치료 회기들 사이에 비공식적인 일정에 없는 통화를 할 수 없다는 것을 알고 있다. 그러나 일부 환자들, 특히 매우 불안하거나 지나치게 의존적인 환자는 회기 사이에 치료와 관련된 쟁점을 논의하거나 이전 상담의 내용을 계속해서 처리하기 위해 치료자에게 전화하거나 이메일을 보낼 수 있다. 실제로 이러한 접촉은 대개 환자가 불안을 느끼고 치료자와 다시 연락함으로써 안심시켜 주기를 원하기 때문에 발생한다(Bornstein, 2005). 따라서 회기 횟수 및 치료자와 연락하기 위한 절차에 대해 논의할 때, 회기 사이의 접촉은 심각한 응급 상황에만 가능함을 인식하도록 초기 면담에서 명확히 한계를 정하는 것이 중요하다(Reitzel et al., 2004).

마찬가지로, 치료자도 기저의 자신만의 욕구로부터 일정한 보호막이 필요한데, 그 이유는 환자가 흥미로운 재료를 제시하고 회기 진행이 잘될수록 추가적으로 회기의 횟수를 늘리려 하거나 반대로 진행이 느리거나 어려울 때는 회기의 횟수를 줄이려는 자신을 깨닫지 못할 수 있기 때문이다. 상대적으로 지지적인 심리치료에서 특히 치료 회기의 횟수를 변경하는 것이 적절해 보일 수 있지만, 그러한 변경은 환자의 필요에 따라 이루어져야 하며 그 시점에 작업이 얼마나 성공적이냐에 따라서 정해져야만 한다.

이와 관련하여 환자에게 기대치를 묻는 것으로 심리치료의 횟수에 대해 논의하는 것이 도움이 된다. 어떤 사람들은 적어도 매주 정기적인 회기가 요구된다는 생각을 거의 하지 않은 채로 온다. 다른 환자들은 일반적으로 한 달에 한두 번 치료하는 것으로 생각할 수 있다. 또 다른 사람들은 심리치료를 매일 해야 하는 것으로 생각할 수도 있다. 특정 회기 횟수를 제안하기 전에 환자가 가질 수 있는 오해의 내용을 파악함으로써 치료자는 이와 관련하여 환자의 기대와 제안하려는 내용 사이의 간극을 좁히기 위해 준비할 수 있다.

가장 바람직한 회기 횟수를 결정하기 위한 엄격한 규칙은 없다. 일반적으로 치료 목표가 원대할수록 그리고 더 깊은 자기이해의 수준을 원할수록 치료는 더 집중적이어야 하며 회기는 더 자주 편성되어야 한다(Schwartz, 2003). 그렇지만, 심리치료의 깊이와 회기 횟수 사이에는 일정한 비례적 관계성은 없다. 일부 환자는 다른 환자보다 빠르게 작업하며 덜 경직되게 자신을 방어한다. 다른 환자들은 표현 방식이 보다 신중하고 새로운 관점을 받아들이기를 주저한다. 상대적으로 개방적이고 자발적인 환자는 상대적으로 경계심이 강하고 절제된 환자가 주 2회의 회기에서 할 수 있는 것만큼 주 1회로 집중적인 심리치료 작업을 할 수도 있다(Target & Leuzinger-Bohleber, 2002 참조).

더욱이, 회기 횟수와 치료의 빠른 종결 사이에도 직접적인 관계는 없다. 일부 환자는 일주일에 두 번 치료를 받으면 일주일에 한 번만 치료를 받는 것보다 빨리 치료를 종결할 것이라고 기대할 수 있다. 그러나 실제로는 그 반대의 경우가 발생할 수 있다. 비교적 자주 치료를 받는 환자는 덜 자주 보는 환자보다 더 다양한 쟁점을 제기하고 이러한 쟁점에 더 깊이 연루되어서 해결에 더 많은 시간이 걸리는 경향이 있다. 따라서 회기의 횟수를 결정할 때 치료자는 횟수가 치료의 전체 기간과는 관련이 없을 수도 있다는 점을 명확히 해야 한다.

회기 횟수와 관련하여 치료자가 내리는 현실적 결정은 일부 외부 제약(예: 행정적 지침 등)에 따라 이루어진다. 물론 회기 횟수는 치료계약에서 전반적으로 설명된 문제를 특정 환자가 가장 효과적으로 작업하도록 돕는 데 적합한 횟수에 관한 평가에 따라 결정해야만 할 것이다. 전반적인 치료 효과면에서 특정 횟수가 더 낫다는 연구 결과는 거의 없는데, 이러한 일반적인 결론으로 인해 환자의 요구와 치료 목표에 따라 환자마다 다른 회기 횟수가 효과적일 가능성을 찾아보지 못하고 있다(Eels & Lombart, 2003). 일반적으로 심리치료를 수행하고 성격 변화를 형성하도록 돕는 데 필요한 치료과정을 유지하려면, 최소 매주 1회 이상의 회기가 필요하다. 치료의 목표가 원대할수록 치료에 주 1회 이상의 회기가 필요할 가능성이 높다. 또한, 환자가 상대적으로 경계심이 많고, 완고하고, 저항적인 모습을 보일수록 주어진 목표를 달성하기 위해 주 1회보다 더 많은 횟수가 필요할 수 있다. 반대로, 계획된 치료 전략이 표현적이기보다는 지지적일수록, 심리치료의 목표는 주 1회 미만의 횟수로도 실현될 가능성이 있다.

장소

심리치료 회기를 준비할 때, 치료자는 어느 장소에서 실시되며 환자가 도착할 때 확인할 곳은 어디인지 명확하게 전해야 한다. 이 조언은 특히 자신의 이름을 건 사무실에서 심리치료를 수행하는 기존 치료자의 관점에서는 불필요한 것처럼 보일 수 있다. 그러나 자신의 사무실이 없는 수련전문가가 심리치료를 제공하기 위해 환자에게 약속된 장소를 찾아오라고 한다거나 큰 작업장이나 회사, 병원, 각종 기관에 있는 상담실에서 실시되는 상황이라면, 이는 불필요한 이야기가 아니다. 치료자의 몇 마디 안내에도 환자는 고마워할 것이며, 환자가 첫 회기에 제시간에 도착할 수 있게끔 할 것이다.

치료자가 개인 사무실을 이용할 수 없는 상황이라면 매번 같은 장소에서 환자를 만나려고 노력해야만 한다. 사람들은 "집에 있듯이 편안한" 감정이 들 때 자신에 대해 더 쉽게 이야기한다. 치료자의 사무실 장식은 환자를 편안하게 해 주는 친근감을 줄 수 있다. 상대적으로 밋밋한 면담실도 가구의 종류와 배치, 벽에 걸린 그림, 창밖으로 보이는 풍경 등 환자가 익숙한 장소에 있는 듯한 감정을 주는 특징을 가지고 있다. 면담실을 자주 바꾸는 것은 치료자의 이미지와 관련하여 더 미묘한 두 번째 단점을 야기할 수 있다. 환자는 치료자가 연령이나 경험과 관계없이 동료로부터 존경을 받는 유능한 전문가라고 느끼면 치료과정에 더 열심히 참여하는 경향이 있다. 따라서 치료자가 진행 중인 사례에 대해 예약된 면담실을 사용할 수 없을 정도로 낮은 지위에 있는 사람으로 보이면, 치료에 대한 열의가 약화될 수 있다. 치료자는 자신의 사무실이 없어도 "매주 수요일 1시에 이 방에서 만나서 회기를 이어 나가게 될 것입니다."라고 말함으로써 치료 진행이 방해되는 것을 피할 수 있다.

비용

심리치료가 진행되기 위해 지불하는 비용에 대해서는 의견이 갈린다. 일부 치료자는 임상 경험을 기반으로 환자의 비용 지불이 치료적 이익을 얻는 데 필수적이라고 확신하는 반면, 다른 치료자는 비용을 결과에 부수적인 것으로 간주한다. 관련 연구에 따르면, 비용은 심리치료의 결과와 거의 관련이 없지만, 일부 상황에서는 환자가 치료 비용을 얼마나 내는가가 치료에 대한 태도에 긍정적 영향을 미칠 수도 있음을 나타낸다(Geistwhite, 2000; Orlinsky et al., 2004).

비용의 영향이 무엇이든, 사실 대부분의 심리치료 환자는 치료 비용의 일부를 자기 부담으로 충당해야 한다. 따라서 치료계약을 마무리할 때 비용 약정에 대한 약간의 논의가 포함되어야만 한다. 대부분 사람은 돈에 관해 이야기하는 걸 어려워하며, 치료자도 때때로 돈에 관해 이야기하지 못하고 빙빙 돌리기만 한다. 돈에 관한 대화를 피하고자 하는 합리화는 쉽게 볼 수 있으며("환자가 나를 보기 위해 얼마를 내든지 상관없이, 내가 한 인간으로서 그에게 관심을 가진다고 느끼길 바랄 뿐이야."), 비용 문제로 다른 기관이나 공공 복지기관, 생활 수준에 따라 차등적인 혜택을 주는 기관으로 의뢰할 필요가 있기도 하다.

치료자가 비용을 스스로 정하든 아니든, 환자는 반드시 비용이 얼마인지 알아야 하고 이에 대해 질문할 기회가 있어야만 한다. 비용 책정이 긴 협상이어서는 안 된다. 마치 화요일 약속이 어려운 환자는 수요일로 옮기듯, 현실적인 고려를 바탕으로 환자별로 책정되는 비용이 변동될 수 있으므로, 치료자는 이에 대해 논의할 준비를 해야 한다. 비용에 대한 명시적인 논의는 환자가 알아야만 하는 정보를 제공하고 삶의 모든 측면이 심리치료에서 논의될 수 있는 적절한 주제라는 것을 전달하는 데 도움이 된다. 돈 문제는 모든 사람의 삶에서 꽤 중요한 역할을 하기에, 서비스 비용 같은 명백한 화제에 대한 논의를 빼먹는 치료자는 재정적인 관심사나 다른 어떤 주제는 치료 상황에서 제기되어서는 안 된다고 은연중에 암시하는 것일 수도 있다.[7]

....

7 치료자가 때때로 재정적 어려움을 겪고 있는 환자를 위해 시간당 더 낮은 비용을 청구하거나 본인부담금의 일부를 면제해 주려는 유혹을 받을 수 있지만, 이러한 관행은 대부분의 법정 비용을 청구하는 기관(예: 병원, 공공 바우처 사업수행 기관 등)에서는 허용되지 않으며, 이는 법률적 계약의 위반이다. 심리치료 비용 책정 및 관리에 대한 쟁점의 추가 논의는 Komisky 등(2007); Kremer와 Gesten(2003); Low, Pomerantz, 그리고 Pettibone(2007)를 참조할 수 있다.

마지막으로 치료자는 환자가 지불한 비용의 대가로 기대할 수 있는 권리와 기대할 수 없는 권리에 대해 유의하고 있어야 한다. 심리치료 환자는 치료자의 전문 서비스를 구매하는 것이다. 이는 만족하지 않으면 환급이 보장되는 물품을 구매하는 것이 아니며, 무료 평가판을 받는 것도 아니다. 다시 말해, 치료자가 치료계약에 따라 자신의 역할을 이행한다는 가정하에 환자는 치료 시작부터 정기적으로 청구서에 따라 비용을 낼 것이라고 기대된다. 환자들이 비용의 가치만큼 얻는 것이 있는지는 심리치료의 진전 속도에 따라 잴 수 있는 것이 아니라, 그보다는 치료자가 그들에게 도움이 되기 위하여 양심적인 노력을 다하는 자격을 갖추었는지에 따르게 된다.

7 면담의 실시

환자가 이야기하는 것을 편안해하고 치료자가 환자와 그의 관심사에 익숙해지면, 심리치료는 초기 준비 단계에서 중기 해석 단계로 진행된다. 이런 전환을 촉진하기 위해서 치료자는 환자가 심리치료의 방법과 절차에 익숙해지고 생산적으로 이야기할 수 있도록 도우며, 생활 경험과 성격 기능에 대한 유용한 정보를 이끌어 내는 방식으로 초기 면담을 실시할 필요가 있다.

환자를 익숙하게 하기

환자가 도움을 받으러 오기 전에 심리치료에 대해 얼마나 알고 있었는지, 그리고 치료계약에 대해 논의하면서 자신의 역할을 얼마나 적극적으로 받아들였는지 간에, 환자는 치료에 참여할 준비가 충분히 되어 있지는 않다. 환자의 역할에 대한 이야기를 듣는 것에서 실제로 그 역할을 수행하는 것으로 전환하기 위해, 대부분 환자가 심리치료 상황에 익숙해질 수 있도록 지속적으로 교육할 필요가 있다. 이런 차원에서 환자와 치료자의 역할에 대해 검토해 보는 것은 유용한 시작이다.

> 함께할 준비를 마쳤으니, 우리 각자의 역할이 무엇인지에 대해서 말씀드릴게요. 당신은 자신에 대해서, 그리고 마음속에 있는 것이 무엇이든 편안하

게 말씀하시면 됩니다. 저는 주로 듣고 당신이 이야기하도록 하며, 당신이 스스로에 대해 이해할 수 있도록 도울 것입니다.

이 정도의 간단한 언급으로 환자는 자신이 무엇을 해야 하고 치료자가 어떻게 반응할지를 충분히 파악할 수 있다. 이렇게 명확하고 분명하게 이야기를 하면, 때로 환자가 역할 왜곡을 인식할 수 있도록 도와야 할 때 이를 참고하여 다시 언급할 수 있다(예: "지난번에는 제가 너무 말이 많았네요. 이번에는 당신 차례입니다."). 심리치료가 어떻게 진행되는지에 관한 치료자의 설명을 이해하더라도 환자는 실제로 어떻게 시작해야 하며, 이야기를 하는 데 무엇에 초점을 맞추어야 하고, 무엇이 중요하거나 그렇지 않은지를 어떻게 구분해야 하는지 등에 대해 의문을 품을 수 있다. 치료자는 이런 질문에 대해 환자의 역할을 강조하면서 짧게 대답할 수 있다.

중요한 것은 당신에게 떠오르는 생각이 무엇이든 이야기할 수 있다는 것입니다. 당신을 이해하는 데 어떤 것이 중요한지 아닌지를 미리 아는 것은 어려운 일이에요. 그것에 대해서 이야기하기 전까지는 모르는 일이지요. 그래서 당신의 생각이나 느낌을 미리 검열하지 말고, 떠오르는 그대로 표현하는 것이 좋겠어요.

치료계약을 맺은 직후의 면담에서는 지속적으로 환자를 교육할 필요성이 자주 생긴다. 예를 들어, 환자는 초기 회기에서 침묵하거나 치료자가 먼저 시작하는 것을 선호하기도 한다(예: "어떤 이야기부터 시작해야 할지 모르겠어요.", "오늘은 무슨 이야기를 해야 하나요?", "저한테 질문을 좀 해 주시면 좋겠어요."). 심리치료 초기에 환자가 이런 반응을 보인다면, 치료자가 환자 스스로 회기를 시작할 책임이 있음을 일깨워 주는 것이 도움이 된다.

지금까지 당신에 대해서 스스로 이야기한 것을 통해서 우리는 당신에 대해서 알 수 있었어요. 계속해서 당신 마음속에 있는 것에서 이야기를 시작하는 것이 최선이에요.

초기 침묵에 대해서 이런 식으로 반응하는 것은 어쩌면 관련된 저항의 요소를 무시하는 것이라는 점을 유념할 필요는 있다. 치료자는 치료 초기에 환자의 행동에서 저항의 모든 가능성을 포착하는 것을 자제할 필요가 있다. 만약 저항이 치료를 지속하는 데 위협이 되거나 환자의 안녕을 해치는 것이 아니라면, 치료 중기에 환자가 치료과정에 성공적으로 참여하게 될 때까지 그대로 두는 것이 좋다(9장 참조). 심리치료의 초기 단계는 환자에게 그 역할을 교육하는 시기이지 그 행동에 대해 도전적 해석을 제공하는 시기는 아니다(Horvath & Bedi, 2002 참고). 그러므로 앞서 언급했던 교육적 접근은 일반적으로 치료 초기에 면담을 시작하는 데 어려움을 느끼는 환자에 대한 적절한 반응이다.

환자는 면담을 시작하고 논의를 위한 몇 가지 주제를 제기하면서 어떻게 진행해야 할지 의문스러워하면서 "이것에 대해서 좀 더 이야기할까요?", "이야기할 것이 많은데 어떤 것이 적절한지 모르겠네요."와 같은 질문을 할 수 있다. 침묵에 대해서와 마찬가지로 이런 질문은 환자에게 스트레스가 야기되거나 민감한 내용과 관련될 수 있기에 어떤 저항을 시사하기도 한다. 이런 질문은 환자의 성격역동이나 치료자를 대하는 태도에 대해 많은 의미를 갖는다. 예를 들어 왜 환자가 이야기를 지속하는 데 허락받기를 원하며, "적절한"지를 우려하는 것일까?

그러나 심리치료의 초기 과정에서 치료자의 역할은 환자 내면의 사고와 감정의 미묘한 단서를 짚어 내는 것이 아니라 환자가 치료과정에 공고히 참여하도록 하는 것이며, 이후의 해석 작업을 준비할 수 있도록 돕는 것이다.[1] 그러므로 이 시점의 초점은 진행 과정에서 불확실함을 표현할 수 있도록 돕는 것이지, 그 불확실성의 기원이 무엇인지를 찾는 것은 아니다.

불확실성에 대해 언급하는 환자에게 가장 효과적인 교수법은 환자의 역할로서 "자유연상"의 기본적인 요소를 반복하는 것이다. 즉, 환자는 마음속에 떠오르는 것이면 무엇이든 자유롭게 이야기를 하며, 생각이나 감정을 검열하거나 숨기지 않으려고 노력하는 것이다. 무엇이 중요한지는 이야기하기 전에 알 수 없기 때문에, 환자는 무언가를 이야기하거나 이야기하지 말아야 한다는 선입견을 피해야 한다.[2]

환자가 면담 초기에 자유롭게 이야기할 때마다 치료자는 3장에서 언급한 것처럼 긍정적인 치료에 기여하는 치료자의 행동, 즉 주의 깊게 듣고, 환자가 이야기한 어떤 것도 비난받거나 검열되지 않고 수용될 수 있다는 분위기를 제공하며, 환자가 경험한 것의 의미를 그가 이해하는 데 도움을 줄 수 있는 능력과 의지를 표현함으로써 환자를 치료과정에 적응시킬 수 있다.[3]

....

1 환자의 무의식적 정신세계에 대한 성급하고 미숙하며 훈련되지 않은 해석을 "무분별한 분석(wild analysis)"이라고 한다(S. Freud, 1910/1957e). 심리치료를 자기이해의 고통스러운 추구로 보기보다는 일반적으로 현란하며 자극적인 정신적 급소에 대한 공격으로 간주하는 무경험자 혹은 적절히 훈련되지 않은 치료자가 시행하는 치료인 무분별한 분석은 환자에게 도움이 되지 않는다. Buckley, Karasu와 Charles(1979)는 미숙한 해석은 훈련 중인 초심자가 가장 흔하게 범하는 점임을 발견했다(미숙한 해석의 부정적인 영향의 근거에 대한 개관은 Ackerman & Hilsenroth, 2001 참고).

2 Freud(1913/1958a, pp. 134-135)는 자유연상을 정신분석학의 기본 법칙으로 고안해 냈다. 통찰지향적 심리치료에서 치료자가 환자에게 어떻게 반응해야 하는지에 대해서는 다양한 견해가 있지만, 환자가 가능한 자유롭게 자신의 이야기를 하도록 한다는 기본적인 개념은 공유한다. 모든 심리치료에서 치료자는 환자가 이야기하는 것에 근거하여 치료 과정을 평가하고 전략과 기법을 선택한다. 자유연상에 대한 좀 더 심도 깊은 논의는 Busch(1995, 제3장), Farber(2006), Hoffer(2006), Kris(1982, 1992), Lothane(2006)과 Rosegrant(2005)를 참고하라.

3 Sigmund Freud가 1911년과 1915년 사이에 기법에 대한 일련의 논문을 발간한 이래로 많은 학자들이 치료자의 이런 태도가 어떻게 환자가 치료과정에 익숙해지고 생산적으로 이야기를 하는 데 도움이 될 수 있는지에 대해 언급해 왔다(Ellman, 1991 참고). 이에 대한 Freud의 권고를 "안전한 분위기의 조성"과 연관 지은 Schafer(1983)의 언급은 참고할 만하다. Schafer가 "분석적 태도"라고 일컬었던 것에는 치료자가 지속적으로 주의를 기울이고, 비판단적이며, 치료자 자신의 요구가 아닌 환

그러므로 통찰이나 해석을 목표로 하기보다는 초기 단계에서는 천천히 진행해야 하며, 이따금씩 명료화나 상대적으로 피상적인 관찰을 통해 환자가 치료과정의 해석적 측면에 익숙해질 수 있도록 해야 한다.

이런 명료화나 관찰은 환자에게 잠재적으로 중요해 보이는 정보를 반복하게끔 요청하거나 재론함으로써 대개 이루어질 수 있다("제가 이해한 바로는 당신이 한 일에 대해 비난받았고 당신이 존경하는 사람으로부터 비판받아서 기분이 상했던 것 같네요.", "남편이 한 어떤 일 때문에 당신이 화가 났는지 이해할 수 있도록 다시 한 번 이야기해 주실 수 있을까요?"). 이런 식의 표현을 통해 환자는 심리치료가 어떤 식으로 진행되는지에 익숙해질 수 있고, 동시에 치료자의 관심과 주의 그리고 이해 능력을 보여 줄 수 있다.

자신의 생각과 감정에 대해 환자가 떠올리는 질문은 심리치료에 대한 교육의 또 다른 측면일 수 있다. 환자가 자유롭게 연상하고 새로운 생각과 기억을 하게 됐을 때, "제가 왜 지금 이런 생각을 하게 됐을까요?", "제가 제 자매(누이)에 대해 이야기할 때 화가 나는 것은 어떤 의미일까요?", "제가 어쩌다 이렇게 완고한 사람이 되었을까요?"와 같은 질문을 통해 치료자의 의견을 묻기도 한다. 이런 질문에 대한 답변이 명료화에 해당하거나, 환자가 심리치료의 과정에 익숙해지도록 돕는 위협적이지 않은 해석일 때에는 치료자가 직접 대답해 줄 수도 있다. 그러나 이런 질문에 대해 치료자가 대답하지 않고 대신에 환자 스스로 그 질문에 대한 답을 발견하도록 돕는 것이 보다 일반적이다.

내용지향적인 질문에 대해 환자 스스로 자신에 대해 탐색할 수 있도록 하는 두 가지 접근이 있다. 그중 하나는 환자 자신의 연상을 이끌어 내는 것이다("그 질문에 대해 어떤 생각이 떠올랐는지가 궁금하네요."). 또 다른 하나는 질문 그 자체에 주의를 두는 것이다("왜 그 질문이 지금 이 시점에 떠올랐는지를 살

....

자의 요구에 반응을 보이는 것, 그리고 충고나 훈계가 아니라 이해 향상을 통해 도움을 받을 수 있게끔 노력하는 것이 포함된다. 통찰지향적 심리치료에서 분석적 태도의 활용에 대한 추가적인 제안은 Allphin(2005)과 Power(2006)의 글을 참고하라.

펴보는 것이 도움이 되겠네요."). 이런 반응은 환자가 스스로 내면을 들여다보고 생산적인 내성(introspection)을 하도록 장려하는 것뿐만 아니라, 심리치료에서 질문이 이해를 위한 것이지 꼭 답변을 위한 것이 아니라는 점을 인식하는 데 도움을 줄 수 있다.

환자가 생산적으로 이야기하는 것을 돕기

환자가 심리치료에 익숙해질 수 있게 하는 일반적인 과정은 자유롭게 이야기를 하도록 돕는 것이다. 더불어 환자가 생산적으로 이야기할 수 있도록 돕는 좀 더 특별한 기술적 절차들이 있다. 생산적인 이야기는 환자가 자신의 이야기를 자세히 설명할 수 있는 준비성, 새로운 감정과 생각을 이야기하려는 충분한 자발성, 이야기하는 것이 어렵거나 불편하더라도 지속하려는 의지로 구성된다. 환자가 이런 생산성의 요소들을 갖고 이야기를 지속할 수 있도록 돕는 기술에는 진술 표현, 침묵에 대한 반응, 불편함을 다루기, 면담을 위한 물리적 환경을 배치하는 것과 같은 다양한 방법들이 있다.

치료자 진술의 표현

치료 회기에서 치료자는 표현 방식에 주의를 기울임으로써 환자가 자발적으로 이야기할 수 있는 분위기를 조성할 수 있다. 이와 관련하여 회기 중에 최대한 적게 질문하는 것이 특별히 효과적이다(Tryon, 2003 참고). 직접 질문하는 것이 정보를 얻는 가장 적합한 수단이기는 하지만, 꼬치꼬치 캐묻는 듯한 면담은 심리치료가 지속되는 과정에서 몇 가지 단점이 있다. 첫째, 꼬치꼬치 캐묻게 되면 면담이 질문과 답변의 형식이 되고, 환자는 치료자의 질문에 단순히 대답하기만 하면 된다고 생각하게 된다. 둘째, 질문하는 것은 무엇을 논의할지와 얼마나 자세히 이야기할지를 결정할 책임이 치료자에게 있다는 점을 은연중에 시사한다. 셋째, 질문이 반복되면, 환자는 그에 대해 대답하면 그 문제에 대한 해결책을 얻을 것이라는 인상을 갖게 된다.

이러한 이유 때문에 질문 지향적인 면담 스타일은 환자가 자신이 선택한 주제에 대해 자발적으로 정보를 제공하거나 상세히 이야기하는 것을 막는 동시에 치료에서 다룰 소재를 만들어 내고 자기이해를 위한 작업을 하는 것에 대한 환자의 책임을 모호하게 할 수 있다. 치료자는 특정 정보를 얻고자 하거나 환자를 특정 주제로 이끌고자 할 때에도 질문하거나 지시적인 태도를 피하는 방법을 훈련을 통해 익힐 수 있다.[4]

예를 들면, "그것에 대해서 어떻게 느꼈나요?"라는 질문은 "그것에 대해서 어떤 감정을 느꼈을지가 궁금하네요."라고 표현할 수 있다. "어머니에 대해서 좀 더 이야기해 주세요."는 "어머니에 대해서 언급하기는 하셨는데, 그분에 대해서 많은 이야기를 하지는 않으셨네요."라고 할 수 있다. "아버지 나이가 어떻게 되세요?"라는 질문은 "아버지에 대해서 말씀하셨는데, 그분 나이가 어떻게 되는지는 말씀하지 않으셨네요."라고 표현할 수 있다. 표현을 이렇게 바꾸는 것은 미묘해 보이지만 치료자와 환자의 역동을 실질적으로 변화시킨다. 치료자는 질문자가 되기보다는 듣고 명료화하는 사람이며, 드러내놓고 논의를 이끌지 않으면서도 논의의 방향에 영향을 준다. 질문("아버지 나이가 어떻게 되세요?")은 답변을 요구하지만, 진술("아버지 나이에 대해서는 이야기하지 않으셨네요.")은 강력할지언정 어떤 특정한 답변을 요구하지는 않는다. Sullivan(1954, pp. 19-25)의 표현을 빌면, 치료자는 질문과 지시를 관찰과 명료화로 바꿔주는 "참여 관찰자"로서 환자가 생산적으로 이야기하도록 돕는다.

질문과 지시를 피하는 것과 더불어, 치료자는 간략하게 말함으로써 환

....

4 환자에게서 정보를 얻기 위해 직접 질문하는 것은 일반적으로 역효과를 일으키지만, 일부 환자(특히 회피적이거나 매우 의존적인 환자)의 경우에 소크라테스식 문답법을 활용하는 것이 효과적일 수 있다. Overholser(1993, 1997)는 능동적이고 이끄는 특성을 갖는 소크라테스식 문답법을 신중히 사용하면, 수동적인 환자가 치료에서 좀 더 적극적인 역할을 하고 스스로 해결책과 통찰을 이루어 내는 데 도움을 준다고 했다. 회피적이고 의존적인 환자를 상대로 한 소크라테스식 문답법의 치료적 활용에 대한 추가적인 지침은 Bornstein(2005, 2007)에 제시되었다.

자가 생산적이게 할 수 있다. 즉, 관찰 혹은 명료화를 가능한 간단한 단어로 표현함으로써 환자가 생산적으로 참여할 수 있게끔 돕는다. 치료자의 인상을 길게 이야기하거나 자세히 재구성하는 것은 진행을 촉진하기보다는 방해한다. 이는 치료자가 화자가 되고 환자가 청자가 되는 역할 전환을 만들어 내며, 환자의 내성 과정과 자발적인 생각의 흐름을 방해한다.

단순히 말하자면, 심리치료는 연설할 기회가 아니다. 긴 개입의 과정에 참여하고 있는 치료자는 스스로에게 두 가지 질문을 던져야 한다. 첫째, 환자의 필요를 충족하기 위한 과정에서 치료자 자신의 요구(예: 통제력을 갖거나, 총명함을 드러내거나, 혹은 존경을 받는 것)를 만족시키는 것은 아닌가? 만약 그렇다면, 방식에 변화가 필요하다. 둘째, 간략하게 공식화할 수 있을 만큼 관찰하기에 대한 이해가 충분치 못한 것은 아닌가? 만일 그렇다면 치료자는 잘할 수 있을 때까지 공식화하려는 시도를 미루어야 한다.[5]

침묵에 반응하기

치료자는 환자가 생산적으로 이야기할 수 있도록 돕기 위하여 심리치료 면담 시 불가피하게 발생하는 침묵의 시간을 다룰 준비를 해야 한다. 그 이유가 무엇이든 환자의 침묵은 다시 진행하기 위해 우회해야 하는 소통의 장벽에 해당한다. 환자가 적극적으로 생각하거나 다음에 무엇을 이야기할지를 생각하느라 침묵하는 것이 아니라, 멍하니 주위를 둘러보거나 생각이 떠오르지 않아서 어려워하는 경우가 특히 그러하다. 이런 침묵을 맞닥뜨렸을 때 치료자에게는 네 가지 선택지가 있다.

....

5 Wachtel(1993)은 치료자가 진술을 어구로 표현할 때 환자의 고통을 최소화하면서도 효과적인 의사소통을 증진하는 방식에 대해 자세하고도 훌륭하게 고안된 지침을 제시했다. 그의 적합한 용어에는 치료자가 면담을 "심문이 아닌 탐색"으로 구성할 수 있도록 "부드러운 탐색적 질문의 예술(the art of gentle inquiry)"을 실행하는 법을 배워야만 한다는 조언이 담겨 있다. 그는 "효과적인 탐색적 질문은 환자가 치료자의 언급을 회피하거나 숨으라는 신호로 받아들이기보다는 탐색으로의 초대로 경험할 가능성을 증가한다."고 했다.

1. 침묵을 유지하고 환자가 이야기를 시작할 때까지 기다리기 대부분 환자들은 오랜 시간의 침묵에 불편해하고, 그 불편감을 줄이기 위해 이야기를 하려고 하게 된다. 그런 의미에서 면담 상황은 채워질 수 밖에 없는 공백에 비유될 수 있고, 치료자가 하지 않는다면 환자는 조만간 무언가를 말하게 될 것이다. 하지만 특정 상황에서는 유용할지라도 치료자의 침묵이 길어지면 잠재적으로 역효과가 생길 수 있다. 이는 치료자가 듣는 사람이라는 역할과 일치하기는 하지만, 일부 환자들은 침묵하면 지나치게 불안해져서 자신을 명확하게 표현하지 못하거나 치료받는 것 자체를 참지 못하게 될 수 있다. 치료자가 장시간 침묵하게 되면, 그가 환자의 이야기에 주의를 기울이는지 그리고 환자를 돕는 것에 관심이 있는지를 의심할 수 있다.

이런 이유로 치료자는 치료의 초반기에는 침묵에 대해 침묵으로 반응하는 것에 주의해야 한다. 때때로 침묵 시간이 짧을 때에는 환자가 치료과정에 대해 이해하고 대화에 자발성과 책임감을 갖도록 하는 것이 좋다. 하지만 환자가 이야기하는 사람으로서 자신의 역할에 익숙해지고 침묵에 대한 해석에 대처할 준비가 되기 전에는 오랜 시간의 고통스러운 침묵은 도움이 되기보다는 해를 끼칠 가능성이 높다. 초기 면담 과정에서 돌처럼 침묵을 지키고 있으면 환자가 동기 부여되고 치료에 대해 책임감을 가질 것이라고 믿는 치료자는 환자가 이야기하도록 돕는 책임을 회피하고 있는 것이다.

2. 대화를 지속하는 것에 대해 책임감을 갖기 앞서 언급한 것은 환자의 침묵에 대한 네 가지 반응 중 가장 급진적이고 불안을 야기하는 것에 관한 것이었다. 치료자가 책임감을 갖는 선택은 가장 보수적이고 불안을 감소시키는 반응을 보이는 것이다. 치료자는 대화를 지속하기 위해, 침묵에 빠진 환자에게 어떤 이야기를 했었는지 언급한다든가("부모님이 이혼하셨을 때 어떴는지 조금 전에 이야기하셨는데, 그것에 대해서 조금 더 이야기해 줄 수 있을까요."), 새로운 주제를 제안하는 방식으로 반응한다("지금까지 일할 때는 어떤지 전혀

이야기하지 않으셨어요.").

환자의 침묵에 이런 식으로 반응하는 것은 치료자 역시 침묵을 유지할 때의 잠재적 단점을 피하지만, 이 역시 심각한 단점을 가진다. 환자가 몇 분 동안 침묵한 후 치료자가 대화를 지속하기 위해 언급이나 제안을 하는 것은, 치료에서 전달하고자 하는 치료자의 역할과는 암묵적으로 모순된다. 즉, 이런 행위는 환자가 무엇을 이야기해야 하고, 어떤 특정 주제에 대해 자세히 탐색해야 하는지, 그리고 언제 주제를 바꿔야 하는지에 대해 치료자가 지시할 준비가 되어 있음을 의미한다.

그러므로 환자의 침묵을 끝내는 직접적인 방법은 다음의 두 상황 중 하나에서 사용해야만 한다. 첫째, 내용이나 배경 정보의 특정 요소를 상세히 설명하는 것이 매우 중요하여 이 새로운 정보를 얻는 것이 환자의 역할을 알려주거나 이야기하는 것의 어려움을 탐색하는 것보다 우선할 때이다. 이런 상황에서 치료자는 침묵에 빠진 환자에게 그가 논의하던 주제를 지속하도록 격려할 수 있다. 둘째, 침묵하는 환자들이 자신이 한 말에 너무 화가 나 있어서 그 불안감을 줄이는 것이 그 근원을 이해하려는 노력보다 우선할 때이다. 이 상황에서 치료자는 주제를 바꾸고, 환자가 상대적으로 편안해하는 무언가에 대해 이야기할 수 있도록 도우며, 화가 나는 주제는 뒤로 미루는 방식으로 현명하게 지지를 보낼 수 있다.

3. 침묵하는 환자에게 무엇이 떠오르는지 물어보기 치료자의 단순하고 끝을 열어두는 개방형 반응("무슨 생각을 하는지, 어떤 감정인지 궁금해요.")은 침묵을 지키거나 지시한다는 단점 없이 환자의 침묵을 깨는 데 도움을 줄 수 있다. 환자에게 무엇이 떠오르는지 물어보는 것은 치료자가 주의를 기울이고 도움이 되기 위해 노력한다는 점을 알리기에 충분하다. 동시에 얼마나 이야기를 해야 할지를 결정할 책임을 환자에게 맡겨 둔다는 차원에서 환자의 역할을 제한하지 않는다.

자유연상법은 관심을 가지지만 지시적이지 않은 청취자로서 치료자의 역할을 해치지 않고 침묵하는 환자들이 생산적으로 이야기할 수 있도록 돕기 때문에, 일반적으로 치료자가 침묵을 지키거나 대화를 지속하려고 시도하는 것보다 선호된다. 그러나 침묵을 다루는 이 세 가지 방법은 모두 침묵의 근원과 의미를 이해하기보다는 침묵을 회피하고 환자가 다시 이야기하도록 유도하려고 노력한다는 공통점을 가진다. 침묵을 회피하는 것, 특히 자유연상법에 의한 것은 환자들이 심리치료의 본질에 대해 배우는 과정에서 중요한 치료 활동이다. 하지만 환자가 치료과정에 익숙해지면 침묵을 탐색하는 것이 단순히 침묵을 깨는 것보다 우선하는데, 이는 환자의 침묵에 반응하는 네 번째 방법이다.

4. 환자의 침묵에 대해 관찰과 해석을 제공하기 심리치료에 충분히 적응한 환자들이 불안감 없이 침묵을 지킬 때, 침묵에 대한 가장 생산적인 반응은 종종 이해하기 위해 집중하는 것이다. 치료자가 침묵을 얼마나 이해하고 있는지, 그리고 그 순간 환자가 얼마나 많은 압박을 느끼는지에 따라 침묵에 초점을 맞추는 다양한 접근법을 사용할 수 있다.

예를 들어, 치료자가 환자가 왜 침묵에 빠졌는지 잘 모를 때, 간단히 "지난 몇 분 동안 아무 말도 하지 않으셨어요."라고 언급할 수 있다. 이러한 종류의 관찰은 환자에게 어떤 특정한 방식으로 반응하도록 큰 압력을 가하지 않고 침묵에 주의를 기울일 만한 가치가 있다는 것을 시사한다. 그리고 환자가 침묵이 무엇을 의미하는지 생각해 볼 수 있도록 한다. 이 상황에서 환자들이 단지 다시 말을 하기보다는 침묵에 대해 성찰하도록 약간의 부담을 주는 또 다른 진술은 "왜 이야기를 멈추셨는지 궁금하네요."라는 표현이다.

만약 치료자가 환자의 침묵과 침묵하기 전에 했던 말 사이의 연관성을 감지한다면, "한참 동안 묵묵히 앉아 있었는데, 이야기를 멈추기 직전에 당신 어머니에 대한 어떤 감정을 묘사하고 있었어요."라고 말할 수 있다. 침묵에 대한 이런 반응은 내용에 대해서는 언급하지 않고 단순히 침묵에 대해서만 언급하는 것보다 더 지시적인 경향이 강하지만, 환자에게 자신의 침묵이 실제로 어머니에 대한 감정을 말해 주는 것인지 여부를 고려할 여지를 남긴다.

다른 경우에 치료자는 환자의 침묵이 논의 중인 주제에 의해 자극된 생각이나 감정의 결과라고 상당히 확신할 수 있다. 그러면 그들은 "아마도 어머니에 대해 말하는 것이 당신을 화나게 하는 것 같네요."와 같은 직접적인 해석을 제공할 수 있다. 이런 식으로 침묵에 응답하면, 치료자는 환자에게 분명히 어려운 주제에 대해 더 탐색하도록 직접 압박할 수 있고, 침묵은 이야기의 초점이라기보다는 내용 해석을 위한 증거의 일부로 사용된다.

환자의 불편감을 다루기

심리치료가 생산적인 방향으로 진행되고 있다면, 환자들은 불가피하게 심리적인 불편감의 순간을 경험하게 될 것이다. 실제로, 심층발견적 심리치료 동안에 환자가 분노, 불안, 우울감의 일시적인 표식 없이 완전히 기분이 좋은 상태에서 회기를 진행한다면, 치료자는 건설적인 무언가가 일어나는지 아닌지를 주의 깊게 살펴봐야 한다. 한결같이 편안한 환자들은 자신에 대해 새로운 것을 탐색하도록 도움을 받지 않았거나 치료과정에서 정서적 개입에 경직되게 방어하는 것이다. 이런 경우, 치료자는 환자가 새로운 것에 직면하고 방어를 낮추도록 도와야 한다. 그렇지 않으면 치료는 환자의 정신세계 표면에서 헛되게 맴돌 뿐 거의 이득이 되지 못할 것이다.

환자가 정서적으로 확장되어 자각하게 되면, 어쩔 수 없이 때때로 화가 나기 마련이고, 처음에는 당황하기 쉽다. 기분이 나아지길 바라며 심리치료를 시작한 환자는 때때로 자신에 대해 알게 되면서 기분이 나빠질 수 있다는 사실에 적응할 시간이 필요하다. 환자가 이렇게 적응할 때까지, 화가 나서 이야기하지 않거나 치료를 계속해서 얻을 것이 거의 없다는 식으로 생각할 위험도 있다. 바로 이 시점에 치료자는 환자의 불편함을 인식하고 이를 다루어 줄 준비가 되어 있어야 한다.

심리치료의 초기 단계에 이런 불편함을 다루는 가장 유용한 방법은 그것에 대해 설명하는 것이다. 예를 들어, 사람들이 이전에 알지 못했던 자신의 측면을 보기 시작할 때 약간의 불안감을 느낄 수 있다고 치료자가 지적할 수 있다. 더 나아가서 일반적으로 사람들은 자신의 삶에서 잘 되어가는 측면에 대해 이야기할 때는 즐겁지만, 자신을 괴롭히는 삶의 측면을 탐구하기 시작하면 그 주제에 대해 약간 불편해한다고 지적할 수 있다.

이런 언급은 환자의 불편함을 덜어 주는 기능을 하지만, 치료가 진행되면 덜 도움이 된다. 불쾌감을 해소하기 위한 직접적인 노력은 삶에서 불편함이 발생하는 것을 막는 새로운 관점과 생활방식을 촉진하기 위한 해석으로 점진적으로 대체되어야 한다. 환자가 더 큰 자기 이해를 추구하는 것의 필요조건으로 일시적인 심리적 불편함을 받아들이게 되고, 치료자가 지시적인 자세에서 해석적인 자세로 변화하면서, 환자는 점차 이로부터 이득을 얻을 준비를 하게 된다.

심리치료의 초기 단계에서 환자의 불편함에 대해 설명하는 것은 6장의 내용 중 치료자가 환자에게 말을 하기 어려울 때가 있다는 것을 미리 말하지 말아야 한다는 제안과 모순되지 않는다. 어려움이 발생하기 전에 예측하는 것은 그 후에 반응하는 것과는 다르다. 이미 불편해하는 환자에게 그를 괴롭히는 문제와 관련된 주제를 다루고 있다고 명확히 말한다고 해서 그의 불편함이 감소하거나 고유한 개인적 의미가 희석되는 것은 아니다.

물리적 환경 배치하기

6장에서 설명한 바와 같이, 매 회기 같은 방에서 환자를 보는 것은 주변환경에 대한 친근감을 조성하고 환자가 쉽게 이야기를 할 수 있게 하는 장점이 있다. 면담실 가구의 양식과 배치에 주의를 기울이면 환자가 편안함을 느끼고 자유롭게 대화하는 데 도움이 된다.

예를 들어, 면담은 환자와 치료자 사이에 큰 물리적 장벽 없이 수행되어야 한다. 책상 뒤에 앉아 있는 치료자는 잘 보이고 심지어 손 닿을 거리에 있는 치료자보다 따뜻하고 개방적이며 진실된 사람으로 보일 가능성이 적다. 환자가 치료자를 만지고 싶어 실제로 행동하는지 여부와 상관없이, 말 그대로 닿을 수 없을 정도로 멀리 떨어져 있거나 책상 뒤에 숨어 있는 사람보다 손 닿을 거리에 있는 사람과 대화하는 게 훨씬 매력적이다. 책상을 사용하는 치료자는 바로 맞은편보다 옆에 환자를 앉히는 것이 좋다. 대부분의 경우, 치료자와 환자 사이에 가구가 전혀 없는 좌석 배치로 바꾸는 것이 더 좋다.

환자와 치료자 모두에게 편안한 가구를 사용해야 하며, 치료자는 오랜 시간 앉아 있기에 편안한 의자가 당연히 필요하다고 생각할 수 있다. 하지만 불리하다는 의미를 전달할 수 있는 가구의 사용은 피해야 한다. 예를 들어 환자는 등받이가 곧고 딱딱한 의자에 앉는데 치료자는 편안하고 안락한 의자에 앉아 있거나, 혹은 환자는 푹신한 의자에 깊숙이 앉아 있는데 치료자는 등받이가 높게 솟은 의자에 앉아 있는 모습을 생각해 보라. 좌석 배치의 이런 특성이 모든 환자들에게 동일한 영향을 미치지는 않겠지만, 생산적인 이야기를 방해할 수 있을 것이다(예: 복종적인 위치에 있다는 느낌, 평가받는 느낌, 2등 지위를 부여받은 느낌 등). 그러나 전반적으로 평등하다고 느껴지는 좌석은 치료자가 환자를 존중한다는 느낌을 주며, 물리적인 환경을 무감각하게 배치함으로써 발생할 수 있는 치료관계의 의도하지 않은 영향을 최소화한다.

환자에 대한 추가 정보를 이끌어 내기

환자가 심리치료에 익숙해지고 생산적으로 대화할 수 있게 되면 치료는 초기 준비 단계에서 중기 해석 단계로 진행될 수 있다. 이런 전환을 효과적으로 수행하기 위해서 치료자는 환자의 성격 구조와 역동에 대해 조망할 수 있어야 한다. 이는 초기 개념화를 다듬기 전까지는 효과적으로 해석할 수 없기 때문이다.

그러므로 심리치료 초기 단계의 마지막 부분에서는 치료자가 환자에 대한 추가 정보를 도출하고 받아들이는 데 집중해야 한다. 치료자가 환자의 생활 습관, 과거력, 현재 문제에 대한 다양한 측면을 완전히 정확하게 파악했다고 확신했을 때, 정보 얻기에서 해석하기로 점진적으로 초점을 옮길 수 있다. 앞서 논의한 바와 같이 이런 변화를 위해 필요하거나 충분한 시간이나 회기 수를 특정할 수는 없다. 환자가 자신에 대해 얼마나 쉽게 말하고 치료자가 얼마나 민감하게 들을 수 있는가는 치료 초기 단계의 기간을 결정하는 많은 요소들 중 하나이다. 그러나 일반적으로 치료자는 환자의 개인적 경험을 탐색하고, 언급되지 않은 것에 주의를 환기시키며, 생각과 감정의 균형 잡힌 표현을 장려하는 방식을 통해 개념화를 다듬고 이 초기 단계를 단축할 수 있다.

환자의 개인적 경험을 탐색하기

사람들이 자신의 경험을 어떻게 정의하는지만 봐도, 즉 경험이 자신에게 무엇을 의미하는지를 알아내는 것만으로도 그 사람에 대해 많은 것을 알 수 있다. 예를 들어, 한 여성이 "오늘 행복하다고 느껴요."라고 이야기했다고 생각해 보자. 그 사람에게 행복하다는 느낌은 무엇일까? 그녀는 행복을 어떤 식으로 경험했을까? 어떤 것이 그녀를 더 혹은 덜 행복하게 만들까? 행복하다는 느낌을 그녀는 어떻게 느낄까? 행복하다고 느껴서 놀랄까 아니면 당연하다고 생각할까? 행복은 완전히 긍정적 경험일까 아니면 그녀가 그럴 자격이 없거나 감소를 예상하기에 씁쓸한 경험일까? 그에 대한 대답은 그 여성에 대한 중요한 정보를 제공한다. 이와 유사하게 다른 감정 상태가 의미하는 바도 그녀의 성격 유형을 드러내준다.

또한 치료자는 환자에게 개별기술적, 사적 의미를 갖는 단어들을 주의 깊게 듣고, 환자가 그 단어를 자세히 설명하도록 장려해야 한다(Spinelli,

2002). "행복하다", "슬프다"와 같은 단어는 사람마다 그 의미가 다르며, 다채로운 명사와 동사는 환자의 개인적 경험을 탐색할 수 있는 기회를 제공한다. 누군가 자신의 상사를 "진짜 독재자"라고 이야기한다면, 치료자는 그 말의 의미가 무엇인지 꽤 잘 알 수 있다. 하지만 "독재자"가 그 사람에게 어떤 의미를 갖는지를 탐색할 기회를 놓쳐서는 안 된다(예: "독재자라는 것이 어떤 의미인가요?" 또는 "당신 상사가 독재자인가요?"). 그래서 치료자는 그의 업무 상황과 그를 괴롭히는 상사에 대해 자세히 설명하도록 격려해야 한다.

이 환자가 "자신의 상사를 그렇게 지칭한" 사건에 대해서 설명한다고 가정해 보자. "누군가를 그렇게 지칭하는 것"이 그에게는 무엇을 의미하고, 그렇게 하는 것에 대해 어떻게 느끼며, 그리고 그렇게 하는 것이 그에게 흔한가 아니면 흔하지 않은가? 그가 좀 더 "공감적인" 사람이라고 알려진 누군가와 상사를 비교한다고 가정해 보자. 공감적이라는 것이 그의 마음속에서는 어떤 의미인가, 어떤 상황에서 그리고 어떤 사람들로부터 공감을 받는다고 느끼는가, 그리고 공감을 받을 때 그는 어떻게 반응하는가?

치료자는 환자가 사용하는 은유나 비속어의 의미를 당연한 것으로 여겨서는 안 되는데, 특히 그 의미가 확실하지 않을 경우에는 더욱 그러하다. 치료자는 환자가 다채로운 언어를 사용할 때마다 질문을 해서 환자의 자발성을 억누르지 않도록 주의하면서, 환자가 말하는 내용을 확실히 이해할 수 있을 만큼 충분히 자주 "그게 무슨 의미죠?"와 같은 질문을 던져야 한다. 환자에게 단어 선택에 반영되는 감정과 태도에 대해 상세히 설명해 달라고 요청하면, 심리치료에서는 일반적으로 단어가 의미하는 바가 아니라 그것이 환자에게 어떤 의미인지에 초점을 맞춘다는 점을 전달하는 데 도움이 된다. 이는 그런 면에서 또 다른 이점을 갖는다.

언급되지 않은 것에 주의를 촉구하기

환자가 언급하지 않는 것에 주의를 요청하는 것은 종종 드러내지 않게 면담을 이끄는 효과적인 방법이며, 이는 치료의 여러 단계에서 다양한 목표로 적용될 수 있다. 예를 들어, 심리치료의 초기 평가 단계에서 "당신 일에 대해서는 어떤 언급도 하지 않으셨어요."라고 이야기하는 것은 진단적으로 중요한 주제에 대해 논의를 시작하는 데 도움이 된다. 심리치료의 중기 단계에서 이런 관찰("당신 일에 대해서는 아무 이야기도 하지 않으셨어요.")은 환자의 일과 관련된 상황에 대한 일반적인 정보를 이끌어 내기 위해서라기보다는 환자가 이 주제를 피하는 이유가 무엇인지에 초점을 맞추는 데 사용될 수 있다.

지금 논의되는 중기 시점에 심리치료의 초기에서 중기 단계로 넘어갈 때, 이야기되지 않은 것에 대한 치료자의 관찰은 단지 논의를 위해 새롭게 주제를 설정하기보다는 구체적인 정보를 얻는 것을 목표로 해야 한다. 그러나 치료자의 초점은 여전히 무엇을 말하고 있는지와 말하고 있지 않는지(심리치료의 내용을 정의하는 것)에 한정되어야 하며, 아직 왜 말하는지와 말하지 않는지(심리치료 과정의 한 측면이며 치료 중기 단계에 가장 적합하다)로 확장되어서는 안 된다. 이전의 면담을 통해서 환자의 일과 그것이 어떻게 그가 겪는 어려움과 관련되는지에 대해서 충분히 정보를 얻은 치료자가 적절한 지점에 "일에 대해서는 이야기를 많이 하셨는데, 어떻게 일을 시작하게 됐는지에 대해서는 아무 말도 안 하셨네요."라고 관찰하는 것이 중기 시점의 예라 할 수 있다.

생각과 감정을 균형되게 표현하도록 격려하기

심리치료는 환자가 생각과 감정을 고루 표현할 때 최선의 과정으로 진행된다. 반면에 정서적으로 분리되어 생각이나 사건에 대해 논의를 하거나 조절되지 않고 감정이 분출되는 것과 같이 치료가 둘 중 어느 한 방향으로 치우칠 때 일반적으로 실패한다. 사람들은 삶의 사고의 측면과 정서적 측면 모두에 접근할 때에만 비로소 그들 자신을 이해하고 잠재력을 완전히 실현할 수 있다. 다른 쪽을 희생하면서 어느 한쪽을 지나치게 강조하면 거의 항상 역효과가 생긴다. 이에 따라 치료자는 주로 "생각하는 사람"인 환자가 더 많이 느끼고 "감정적인 사람"이 더 많이 생각하도록 도와줌으로써 진전을 촉진할 수 있다.

심리치료의 초기와 중기 단계의 이행기는 환자가 생각과 감정 사이의 적응적 균형을 이루도록 돕기 시작하기에 좋은 때이다. 이 전략을 구현하는 데 유용한 전술로, 치료자는 적절한 시점에 환자가 언급하지 않은 경험에 대해 의견을 제시할 수 있다. "저에게 그 상황에서 무슨 일이 있었는지 자세히 설명해 주었지만, 어떻게 느꼈는지에 대해서는 아무 말도 하지 않았어요", "그 상황에서 경험한 감정에 대해 많은 것을 말해 주었지만, 실제로 무슨 일이 일어났는지에 대해서는 별로 설명해 주지 않았어요"라고 이야기할 수 있다. 이런 종류의 언급은 환자의 성격에 대한 치료자의 인식을 보완하는 추가적인 정보를 이끌어 내고, 생각과 감정 모두 인식하고 탐색할 필요가 있다는 점을 미묘하게 전달한다. 치료 후반에 표현되지 않은 특정 생각이나 감정을 관찰하는 것은, 단순히 다루는 주제의 내용적 측면(무엇)보다는 과정적 측면(왜)에 대한 주의를 환기시키면서 진술되지 않은 것에 대한 관찰을 수행하도록 한다.

심리치료의 면담을 실시하기 위해 이 장에서 제안된 방식의 결론적인 지침은, 치료자가 여러 방식 중 하나에 지나치게 의존하지 말아야 한다는 것이다. 대신에 치료자는 가능한 한 주어진 전략을 지원하는 것을 목표로 하는 다양한 방식을 사용해야 한다. 치료자가 자동적으로 어떤 특정한 방식의 이야기를 반복하게 되면, 치료는 자발성을 잃고 경직되며 형식적인 것에 빠진다. 치료자는 의례성의 함정을 피하기 위해 환자의 대화를 돕고 정보를 도출하는 다양한 방법을 사용해야 하며, 가능한 자연스럽고 지나치지 않게 유지해야 한다.

사례 I

A씨에 대한 평가

A씨는 27세 여성으로 2살 아들을 둔 어머니이다. 최근 남편과 별거했고 적응에 어려움을 겪고 있다. 그녀는 주치의에게 우울감을 호소하여, 평가를 위해 의뢰되었다. 첫 번째 평가 면담에서 우울감이 어떤지를 묻는 질문에 대해 그녀는 슬프고 나른하며, 즐거운 일이 별로 없고, 어떤 일을 하는 것에 흥미를 갖기 어렵다고 말했다. 그녀는 자신의 낙담과 무기력함을 결혼 생활 중에 생긴 어려움 탓으로 돌렸는데, 2년 반 전에 결혼하기로 한 사람의 아이를 임신했다는 것을 알았을 때 이를 급히 해결해야 했다. 서로 사랑했기 때문에 결혼하기로 결정하는 것은 문제가 되지 않았다고 말했다. 하지만, 그는 그녀보다 나이가 몇 살 더 많았고 이전 결혼으로 두 딸이 있었는데, 그와 관련하여 결혼 생활에 곧 어려움이 발생하리라는 점을 그들은 예상치 못했다. A씨는 의붓딸들과 사이가 좋지 않았다. 의붓딸들과의 갈등 그리고 그와 관련하여 남편과 갈등이 지속되면서 그녀는 점점 더 좌절하고 불행해졌으며, 결국 별거를 결정했다. 그녀는 자신의 아들을 데리고 친정으로 갔고, 의붓딸들은 남편과 함께 살게 되었다.

배경 정보

A씨는 미국 중서부 도시의 중류층 가정에서 외동딸로 자랐다. 부모는 그녀가 3살 때 이혼했고, 아버지는 몇 년 후에 재혼했다. 그녀가 12살이 될 때까지 아버지가 매주 정기적으로 방문했지만 어머니가 재혼하면서 갑자기 중단되었다. 아버지와 어머니가 새로 꾸린 가족은 같은 지역사회에 살고 있었지만, 명확한 이유 없이 그녀는 아버지와 더 이상 만나지 않았다.

기록에 따르면, A씨는 학교를 다닐 때 공부를 잘했으나 사회적이지는 않았다. 그녀는 청소년기에 "사회불안이 있었으며", 이로 인해 또래 여자아이들과 친구가 되기 어려워했으며 남자아이들과 어울려 다니는 것을 불편해했다.

고등학교를 졸업한 후 A씨는 인근의 주립대에 진학했으며, 기숙사에서 살았고, 4년 후에 영문학 학사학위를 받았다. 그 후 대기업의 사무직으로 취업했고, 즐겁게 일하며 업무를 능숙하게 수행했다. 그녀는 결혼을 하면서 직장을 그만뒀고, 직장에 복귀하는 것에 대해서는 생각하지 않았다고 이야기했다.

A씨는 심각한 질병이나 부상 전력이 없이 지금까지도 건강하며, 현재 별다른 신체적 질환으로 치료를 받지 않고 있다. 우울감을 느끼기는 하지만, 체중이나 식욕의 의미 있는 변화가 나타나지는 않았다. 그녀는 이전에 정신건강 전문가에게 진찰을 받거나 심리학적 평가 또는 정신의학적 평가를 받은 적이 없고, 어떤 향정신성 약물도 처방받은 적이 없었다. 사람들과 어울릴 때에만 약간의 술을 마시고, 음주나 약물 사용으로 문제가 있었던 적도 없었다. 그녀는 자해에 대한 사고는 부정했고, 자살 사고나 행동을 경험한 적도 없다고 했다.

다음은 A씨와 첫 번째 실시한 면담이다.

Weiner: 그동안 어떻게 느끼셨는지, 또 어떤 이유로 문제가 생겼는지를 아주 명확하게 말씀해 주셨어요. 제가 당신에 대해 조금 더 알 수 있도록 다음 회기를 잡았으면 해요. 그러고 나서 당신에게 어떤 것이 도움이 될지 우리가 결론을 내릴 수 있을 것 같네요. 어떠세요?

A씨: 좋아요. 다음에 언제 볼 수 있을까요? (이런 대화는 심리치료에서 잠재적인 환자들과의 첫 번째 면담을 마무리할 때 바람직한 네 가지 특성, 즉 ① 회기 중에 어떤 일들이 일어났는지와 어떤 성취를 했는지에 대한 치료자의 요약, ② 추후 무엇을 해야 할지에 대한 명시적 지적, ③ 동반 협력에 대한 강조["우리가 할 수 있을 것이다."], ④ 제안한 것에 대하여 의견을 이야기하도록 존중하는 태도로 환자를 이끄는 것을 보여 준다.)

A씨는 일주일 후에 두 번째 평가 면담을 위해 내원했다. 다음은 두 번째 회기의 시작이다.

Weiner: 지난주에 우리가 나눈 이야기에 대해서 어떤 생각을 하고 계신지 궁금하네요.

A씨: 음, 여러 생각이 들어요. 무엇보다, 마음속에 담고 있던 것을 그냥 이야기를 할 수 있어서 좋았어요. 음, 예를 들면 의붓딸들과의 문제에 대해서요. 그리고 제 말을 끝까지 들어준 것도요. 문제들이 모두 제 잘못은 아니라고 생각하시는 것 같았어요. 그리고 엄마가 재혼을 하신 후에는 제가 아빠를 다시 보지 않은 것에 대해서 물어보셨을 때, 전 왜 그랬는지 몰랐어요. 그것에 대해 생각해 보았는데, 왜 그런 식으로 됐는지 여전히 모르겠어요. 부모님에 대해서 여러 기억들이 떠올랐지만 그건 모르겠더라고요.

Weiner: 예를 들면 어떤 것일까요? (이 경우와 같이 첫 번째 회기에 대해 어떻게 생각하는지 물으면서 두 번째 회기를 시작하면 환자의 심리치료에 대한 관심의 수준, 환자의 성찰 능력, 통찰지향적 치료로부터 얻을 수 있는 이득과 그것에 대한 참여 가능성과 관련한 유용한 단서를 얻을 수 있다. A씨가 부모님에 대해 회상한 바를 이야기한 것은 두 번째 회기의 목표, 즉 환자에 대해서 알아가는 것의 도입부이다. 그 목표는 짧은 개방형 질문인 "예를 들면 어떤 거요?"라는 질문을 통해 달성될 것이다. 이와 같은 도입부가 나타나지 않는다면, 아동기나 발달상의 사건에 대해 "성장기에는 어떠셨습니까?"와 같은 개방형 질문을 할 수 있다.)

두 번째 면담과 후속 심리치료의 과정을 통해 드러난 개인력을 통해 A씨가 부모님, 그리고 남자아이 및 남성과의 관계에 문제가 있다는 점을 확인했다. 그녀의 어머니는 엄격하고 지배적이며 통제적인 사람으로, A씨가 아동기와 청소년기를 거치는 내내 그녀를 과보호하고 아이 취급을 했다. 예를 들면, 대학에 가기 전까지는 시간을 어떻게 보낼지, 어떤 옷을 사야 할지와 같은 일상생활에서의 결정을 스스로 내릴 수가 없었다. 하지만, 그녀의 어머니는 아이 취급을 하는 것과 동시에 어린 나이일지라도 스스로 해내야만 한다는 비현실적인 기대감으로 부담을 주었고, 그녀가 그러한 기대에 부응하지 못했다고 자주 트집 잡았다.

어머니의 양육 방식으로 인해 그녀는 자신감이 없고 의존적인 사람으로 성장했다. 근면한 학생, 유능한 직원, 그리고 아들에게 좋은 어머니로서 상당한 역량을 보여 줬음에도 불구하고, 그녀는 자신보다 더 강한 누군가의 지도나 지원에 의지하지 않으면 효과적으로 역할을 할 수 없다는 것을 어린 시절처럼 계속 느꼈다.

후기 청소년기와 초기 성인기에 상당한 성취를 했으나, 스스로에 대해 만약 무언가를 혼자 해야 한다면 성공할 수 없을 것 같은 부적절한 사람이라고 느꼈다.

A씨의 아버지와 관련하여, 만약 아버지가 자신을 사랑했다면 이사를 가지 않았고 어머니를 두고 떠나지 않았을 것이라고 여겼기에 아버지에게 버림받았다고 느꼈다. 그녀는 3살에서 12살까지 정기적으로 아버지를 만나러 갈 때마다 계속 버려졌다고 느꼈다. 그리고, 어머니가 재혼한 후에 아버지가 아무런 설명 없이 사라진 것을 아버지가 자신을 사랑하지 않았다는 확실한 의미로 받아들였다. 그녀가 이 사건과 이후 이성애 관계에서 어려움을 느꼈던 것에 대해 설명했던 바를 보면, 아버지로부터 버림받았다는 생각 때문에 자신이 사랑받지 못했고 남성과 친밀한 관계를 맺을 수 없다는 느낌이 들었을 것이라는 점을 알 수 있다. 그러므로, 그녀가 칭송받을 만하고 존중하는 남성과 관계를 맺을 때, 부적절감과 불안정감을 느끼고, 자신이 매력적일 수 있을지 의구심을 가졌고, 서툴고 제한된 방식으로 행동했다. 반대로, 그녀가 거의 존중하지 않는 남자들과 교류할 때, 어머니의 대인관계 방식과 유사하게 지배적이고 요구적인 태도를 취하는 경향이 있었다. 만약 무가치하다고 느끼는 남자들이 그녀의 지배와 요구에 굴복하면, 그녀는 그 남자들이 아버지가 그랬듯이 힘이 부족하다고 여기게 되어 그들에 대한 로맨틱한 흥미를 잃고 실망할 가능성이 높다.

인상

A씨는 캐주얼하지만 깔끔한 옷차림에 몸가짐과 화장이 상황에 어울렸고, 별다르게 특별할 것이 없는 아담하고 매력적인 여성이었다. 그녀는 처음 두 면담에서는 대체로 편안해 보였다. 부드럽지만 단호한 목소리였으며, 자신을 이해하거나 생각의 흐름을 따라가는 데 어려움은 없었다. 정동은 대부분 가라앉아 있었고, 우울해하기도 했으며(눈물이 날 정도는 아님) 가끔 미소를 지었으며(소리 내어 웃는 경우는 드묾), 전반적으로는 감정 표현의 범위가 좁았다. 두 번의 평가 면담 동안 그녀의 반응방식과 자신에 대해 이야기한 내용을 통해 심리적 상태에 대한 임상적 공식화, 기저의 우려와 동기의 역동적 공식화, 심리치료에 참여하고 이익을 얻을 수 있는 욕구와 역량의 평가가 가능했다. 5장과 6장에 제시된 지

침에 따라, 이용 가능한 정보를 통해 다음의 가설적 결론에 이르렀다.

임상적 공식화

A씨가 호소하는 슬픔과 무력감으로 보았을 때 우울증이 일차적이고 아마도 유일한 진단으로 볼 수 있으며, 발달력을 확인해 보았을 때 의존성 성격 특성을 시사한다. 우울 증상은 경도의 기능상 장해를 보이며, 이전 우울 삽화가 있었거나 재발성 우울 삽화의 증거는 없었다. 그녀는 DSM-IV의 주요우울장애 혹은 기분부전장애에 해당되지는 않지만, 대신 우울 기분이 동반된 적응장애에 해당되는 것으로 보인다(American Psychiatric Association, 2000). 정신역동적 관점에서, 그녀의 현실 검증 능력은 적절하고, 방어와 대처 방식은 효과적이며, 관계 문제를 갖고는 있으나 적당하게 안정된 생활을 보이는 점을 보았을 때, 그녀의 성격이 정신병이나 경계선보다는 신경증적인 수준임이 시사된다(PDM Task Force, 2006).

A씨의 의존성과 관련하여, 의존적 성격 특성이 의존성 성격장애의 진단에 해당될 정도로 만연하고 공고한지 처음에는 불분명했다. 하지만, 그녀가 어떤 긴급 상황에 처해 있지 않고 폭력적이거나 자살할 위험이 없다는 것은 분명해 보였다. 따라서, 그녀의 심리적 고통의 정도는 전문적인 도움을 거의 필요로 하지 않을 정도로 작지도 않고, 위기 개입이나 응급 치료를 필요로 할 정도로 심각하지도 않다고 여겨졌다.

역동적 공식화

앞서 언급한 A씨와 부모의 관계가 그녀의 성격 발달에 미친 영향에 대한 인상 외에도, 초기 두 번의 면담을 통해 얻은 정보를 통해 그녀의 성인기 행동에 나타난 몇 가지 기저의 동기를 추정해 볼 수 있다. 그녀의 남편은 그녀보다 몇 살 위였고, 결혼했을 때 남편은 이미 아버지였다. 그녀의 보고에 따르면, 그는 야심 차고 성공적인 전문가였고, 그녀를 잘 돌볼 수 있는 안정적인 사람이었다. 따라서, 그녀는 미혼의 여성으로서 느꼈던 불안정감을 해소하기 위한 방법의 하나로 그에게 끌려 결혼했을 가능성이 있다. 결혼 후 직장을 급작스레 그만두고 복직할 생각을 전혀 하지 않았다는 사실은 의존적인 관계에서 보살핌을 받는 것에 편안해했다는 것을 말해 준다.

남편과의 관계에 대해 그녀의 설명을 통해 살펴보면, 그녀의 의존 욕구를 충족시키는 것 이상으로 남편이 부성애의 방식으로 그녀를 사랑한다는 것이 분명하게 드러났다. 그러므로, 그녀가 남편에게 느낀 매력은 부분적으로 아버지와의 상실되었던 관계를 되찾고, 박탈된 것으로 느꼈던 아버지 같은 사랑을 얻을 필요성에 의해 결정되었다고 생각할 수 있다. 그런 점에서 남편과의 성관계와 그에 따른 임신은 어느 정도 오이디푸스적 만족을 수반했을 가능성이 있다. 그러나, 그녀가 추앙했던 남편은 그녀가 이상적으로 생각했던 강한 사람이 아니었고(적어도 그들의 관계에서는), 대신에 그녀에게 상당히 순종적이었다. 이러한 순종성은 그녀의 결혼에 대한 즐거움을 저하시켰거나, 적어도 의붓딸들과 갈등이 생겼을 때 남편과 함께 있어야 할지 하는 양가적인 감정을 유발했을 가능성이 있다.

이와 유사하게, 의붓딸들에 대한 A씨의 문제는 부분적으로 그녀가 집에서 아이 같은 역할을 하고 남편으로부터 아버지 같은 애정을 받고자 하는 소망의 결과로 발전했을 수도 있다. 이런 상황에서 A씨가 두 의붓딸과 갈등을 빚은 것은 어떤 면에서는 형제간 경쟁과 비슷했고, 그들에게 짜증을 내는 것은 의붓딸들의 행동보다는 남편의 관심에 대한 원망과 관련되었을 수 있다.

심리치료 실시를 위한 평가

앞서 언급했듯이, A씨의 현재 문제, 생활 이력, 면담에서의 행동을 통해 그녀가 지속적인 문제 상황에서 상당한 고통을 경험했고, 많은 성격 강점을 가진 상당히 잘 통합된 사람이라는 점을 알 수 있다. 그리고, 그녀는 지속되는 적응의 어려움에 영향을 주었을 가능성이 있는 태도와 문제를 가지고 있는 것처럼 보였다. 따라서, 그녀는 심리치료에 효과적으로 참여하고 도움을 받을 수 있는 동기를 가진 사람으로 보였다. 그녀가 치료를 받고자 하는 동기는 그녀가 주관적으로 고통을 느꼈고, 도움을 받기 위해 자발적으로 왔으며, 평가 과정에 참여하기 위한 준비가 되어 있다는 점을 통해 알 수 있다. "좋아요. 언제 다시 볼까요?"라고 이야기했던 것들이 그러한 사실을 보여 준다.

적절한 심리치료 방식과 관련하여서, A씨는 어떠한 위기 개입이나 응급 치료가 필요한 것은 아니었고, 그녀 성격의 조직 수준을 감안할 때 통찰지향적 접근에 참여할 수 있는 좋은 가능성을 보여 주었다. 그녀는 이미 첫 번째와 두 번째 면담 과정에서 많이 생각하고 과거의 기억을 회상함으로써 자신의 경험을 성찰할 수 있는 상당한 능력을 보여 주었고, 그녀는 이런 과거 기억에 대한 흥미와 호기심, 그리고 약간의 심리적 고통을 보였으나 경악하거나 혐오를 보이지는 않았다. 만약 치료자의 언급에 대해 그녀가 "지난주 우리가 이야기한 것에 대해 어떤 생각을 했는지 궁금하다."거나 "저는 그것에 대해 전혀 생각해 본 적이 없다."거나 "저는 부모님에 대해 기억하는 것이 있지만, 그건 짜증 나는 일이고 여기서 제가 말하고 싶은 것은 아니다."라고 말했다면 그 의미는 달랐을 것이다.

결론

A씨의 문제, 동기, 성찰 능력, 자아강도를 살펴볼 때 그녀는 통찰지향적 심리치료를 통해 얻을 것이 많은 사람으로 보였다. 6장에서 논의된 원칙에 따라 주 2회의 심리치료 권고와 함께 치료자가 생각하는 바를 요약해서 제시했다. 추가 논의를 통해 아래와 같은 이 치료의 목표를 상호 합의했다. ① 한 사람으로서 자신에 대한 자각과 이해를 넓힌다. ② 부모와의 관계가 성인이 되었을 때의 행동에 어떤 영향을 미쳤는지 이해한다. ③ 그녀의 남편, 그리고 의붓딸들과의 갈등의 해결 방법을 찾는다. ④ 우울감을 극복하고 한 사람으로서 그녀의 가치에 상응하는 활동적이고 보람 있는 삶을 다시 시작한다.

A씨는 이에 동의했고, 251회의 회기의 치료가 진행되었으며, 2년 반쯤 후에 상호 합의로 치료는 종료되었다. 12장에서는 A씨의 치료과정을 검토하고 221번째 회기에 대해서 논의하도록 한다.

3부

심리치료의 중기 단계

8 이해의 의사소통: 해석

심리치료의 중간 단계는 치료자가 이해한 바를 환자와 소통하는 데 초점을 맞추는 기간이다. 앞서 언급한 바와 같이, 중기 단계에 도달하는 데 필요한 회기 수는 정해져 있지 않다. 치료자가 평가를 완료하고, 치료계약을 체결하고, 환자가 치료에 익숙해지고, 환자의 성격 유형을 확실히 파악하는 데까지 몇 주에서 몇 달이 걸릴 수 있다. 치료자는 어느 순간 환자를 파악하려고 노력하는 것에서 환자가 자기 스스로를 이해하도록 돕기 위해 노력하는 것으로 초점을 바꿀 준비가 되었다고 느끼는데, 이때가 치료의 중간 단계가 시작할 시점이다.

심리치료에서 치료자가 이해한 바를 소통하는 주요한 방법은 해석이다. 이를 효과적으로 사용하기 위해서, 치료자는 해석과정의 본질과 해석의 구체적 측면을 숙지해야 한다. 여기에는 해석의 ① 내용, ② 시점, ③ 방법, ④ 효과성 판단, ⑤ 훈습이 포함된다.

해석의 본질

해석은 환자가 충분히 자각하지 못한 행동의 측면을 규명하는 방식으로, 환자가 이야기하거나 행동한 것에 대하여 언급하는 진술이다(Saks, 1999; Schafer, 2003 참고). 해석은 환자가 자신의 생각과 느낌에 대한 자각을 넓혀 스스로를 더 잘 이해하게 하기 위한 것이다. 따라서 해석은 환자가 인지와 정서 경험의 적응적 재구성 및 행동의 수정을 달성하는 데 도움을 주기 위해 활용된다. 해석과정은 자기이해를 통해 치료적으로 이익이 된다고 임상 관찰을 통해 입증되었으며(9장의 Levy, 1990; 13장의 Meissner, 1991), 선행 연구를 통해 해석을 능숙하게 적용하는 것이 심리치료에 긍정적으로 기여한다고 확인되었다(Orlinsky et al., 2004).[1]

어떤 의미에서 보면, 치료자의 어떠한 개입도 해석으로 간주될 수 있다. 사소한 언급조차도 환자들이 주목하는 것에 영향을 미칠 수 있고 일부 인지적 또는 정서적 재구성을 초래할 수 있기 때문이다. 행동 관찰의 간단한 언급("오늘은 좀 안절부절못하는 것 같아 보이네요.")은 종종 환자가 다리를 꼬았다 푸는 것과 같이 충분히 의식하지 못했던 행동에 주의를 돌리게 한다. 부드럽게 "으흠"이라고 표현하거나 고개를 끄덕이는 행동은 환자의 이야기가 흥미롭거나, 중요하거나 혹은 인정받을 만하다고 이해될 수 있도록 한다. 그러나 해석을 이렇게 광의의 개념으로 정의 내리는 것은 치료적 개입의 종류에 대한 체계적 구분을 없애고 심리치료를 수행하는 임상가와 심리치료 과정을 연구하는 연구자 모두를 혼란스럽게 한다.

해석에 대해 상대적으로 협의의 정의를 채택하는 것은 임상과 연구 목적 모두에 이점이 있다. 즉, 해석은 환자의 행동을 야기한 무의식적 결정 요인을 지적함으로써 환자 자신에 대한 의식적 자각을 확장하려는 의도적 노력을 의미한다. 이러한 해석의 정의에 따르면 "오늘은 좀 안절부절못하는 것 같네요."와 같은 관찰은 실제 해석("무언가에 화가 났을 때 이런 식으로 종종 안절부절못하는 것 같아요.")의 전주곡일 뿐이다. 마찬가지로 환자의 자기자각을 확장하려는 의도를 갖지 않은 우연한 언급은 해석적 효과가 있을 수 있지만 해

....

1 해석의 본질과 활용에 대한 추가 논의는 Bareman과 Fonagy(2003), Chessick(1994), Messer(1989), Oremland(1991), Saks(1999), Schafer(2003), Strachey(1934)를 참고하라.

석으로 간주되지는 않는다. 이 정의는 1장에서 언급된 것과 같이 심리치료는 치료적 효과가 있는 것에 의해 정의되는 것이 아니라 치료자가 의도했던 바에 의해 정의되어야 한다는 것과 맥을 같이한다.

진정한 해석과 다른 종류의 치료자 개입을 구별하기 위해, 치료자 행동은 잠재적 영향을 증가시키는 다음의 다섯 가지 범주로 분류될 수 있다.

1. **질문** 치료자가 개입할 수 있는 가장 간단하고 피상적 방법은 환자에게 그 자신과 경험에 대해 질문하는 것이다. 직접 질문은 때로는 유용한 정보를 이끌어 낼 수 있지만, 7장에서 설명한 것처럼 대부분의 심리치료 상황에서 특별히 생산적인 기술은 아니다.

2. **명료화** 명료화는 환자가 명시적으로 언급했던 일부 측면을 강조하기 위한 진술이다. 이는 환자가 이야기한 바에 더 많이 주의를 기울여 그 잠재적 중요성을 알림으로써 달성될 수 있다("그것에 대해 조금 더 이야기해 줄 수 있을까요?", "그 사건에 대해 다시 한번 말씀해 주시겠어요? 그러면 그게 당신에게 어떤 의미였는지를 명확하게 알 수 있을 것 같아요."). 다른 경우에 명료화는 정교화나 추론의 시도 없이 환자의 이야기를 다른 표현으로 요약하기도 한다("내가 듣기로는, 누군가 당신 옆에 앉기 전까지는 영화를 보는 내내 기분이 좋았던 것 같아요. 하지만 누군가 옆에 앉고부터는 극장을 떠나야 할 정도로 초조하고 긴장했던 것 같네요."). 어떤 방식으로 표현하든, 명료화는 환자에게 아직 의식적으로 자각하지 않은 생각이나 가능성을 제시하지 않지만, 궁극적으로 그러한 새로운 자료를 이끌어 내는 일련의 개입을 시작하게끔 한다.

3. **감탄사** 감탄사는 치료자의 짧은 발언으로, 이는 치료자가 듣고 있다는 것을 환자가 알게 하고 대화를 계속하도록 격려한다. 감탄사는 "으흠"이나 "알겠어요."라는 단순한 표현을 통해서 명료화와 마찬가지로 환자가 말한

바를 강조한다. 그러나 명료화보다 감탄사가 환자의 의견에 대한 지지와 관심을 더 잘 전달한다. "으흠"이나 "알겠어요."라는 표현은 단순히 "듣고 있어요."나 "이해해요."라는 의미뿐 아니라 "동의해요."와 "맞아요."라는 의미를 갖는다. 물론 "어?"라거나 "말도 안 돼."라는 감탄사를 통해 동의하지 않는다는 뜻을 전달할 수도 있다. 하지만, 치료자가 환자의 말에 이의를 제기하거나 동의하지 않는다는 의미를 가질 때에는 아무리 짧은 대답이라도 감탄사보다는 직면에 더욱 가까울 것이다.

4. **직면** 환자가 명시적으로 이야기한 것에 대한 명료화나 감탄사와 대조적으로, 직면은 환자가 이야기할 수 있지만 이야기하지 않은 것에 대해 주의를 환기시킨다. 예를 들어, 환자가 사건에 대한 느낌을 이야기하지 않고 그 사건에 대해 묘사하거나, 그 사건이 환자의 삶에서 이전에 경험했던 사건과 매우 유사하거나, 혹은 사건을 이야기하는 동안 환자가 울음을 터뜨리기 직전인 것 같을 경우, 치료자는 다른 방법으로는 알아차리지 못했을 수 있는 잠재적으로 중요한 자료에 초점을 맞출 수 있다.

직면은 환자가 새로운 자료에 주의를 기울이도록 하지만, 일단 지적하고 나면 명백히 알 수 있는 관찰 가능한 사건이 된다. 치료자는 때로는 사실을 정확히 파악하지 못할 수도 있다. 예를 들어, 환자의 삶에서 일어난 현재 사건이 환자의 과거 경험과 유사하다고 치료자가 잘못 판단하는 경우가 있을 수 있다. 치료자가 오류를 범할 수도 있지만, 직면은 상황이 어떻게 되었어야 했는지에 관한 가설이 아니라 상황이 어땠는지에 대한 사실적 진술을 의미한다. 직면은 환자가 쉽게 인식할 수 있는 관찰 가능한 사실을 의미하기 때문에 전의식적 인식의 수준을 다룬다. 직면은 환자가 즉각 주의를 기울이는 것 이상을 의미하지만, 무의식으로서의 가능성을 제시하는 것은 아니다.

5. **해석** 해석은 환자가 충분히 자각하지 못하거나 치료자의 도움 없이는 자

각할 가능성이 없는 환자의 성격이나 행동 측면을 확인하게 한다. 다른 치료자의 개입과 달리 해석은 ① 명시적인 것보다는 무의식적인 것을 다루고, ② 단순히 환자의 행동을 묘사하기보다는 설명하고자 하며, ③ 관찰, 사실, 확실성보다는 추론, 확률, 가설로 구성된다. 또한 해석은 종종 환자를 불편하게 만드는 두 가지 독특한 특성을 가지고 있다.

첫째, 해석은 사람들에게 그들 내면의 삶이나 행동에 대해 새로운 내용을 전달하기 때문에, 불가피하게 스스로에 대해 갖고 있던 이전의 개념을 앗아간다. 새로운 생각, 감정, 행동 방식을 즐기기 위해서 사람들은 낡은 방식을 포기하는 것을 고려해야 한다. 해석의 목표가 되는 경험의 재구성 및 행동의 수정은 기존의 구조와 행동 패턴의 변화를 통해서만 달성될 수 있다. 사람들에게 오랫동안 익숙해져 있던 심리 기능의 측면을 포기하라고 요구하는 것은, 비록 이런 심리과정이 부적응적이라고 입증되었더라도, 그들에게 상실감을 견디라고 요구하는 것과 같다. 이러하기에 Tarachow(1963, p. 20)는 해석의 주요 결과는 대상의 손실이며 따라서 정확한 해석은 순간적인 경도의 우울증으로 이어질 가능성이 높다고 가정했다.

둘째, 해석은 환자의 현재 행위 및 인식 방식이 효과적이지 않거나 현실적이지 않다는 것을 의미하기 때문에 항상 공격에 해당되며, 최소한 상징적 공격으로 여겨진다. 사람들에게 생각하고, 느끼고, 행동할 수 있는 대안들이 있고 더 나아가 그것을 통해 더 풍성하고 보람 있게 살 수 있다고 제안하는 것은, 그들의 삶이 무언가 나쁘거나, 잘못되었거나, 잘못 진행되었음을 암묵적으로 시사한다. 따라서 단순한 해석도 암묵적으로 환자의 판단에 도전하고, 자존감을 떨어뜨리며, 방어 반응을 일으킨다.[2]

....

2 해석에 대한 대조적 관점은 Strupp(1989)이 공식화했다. 그는 환자가 어떻게, 그리고 왜 그런 종류의 사람이 되었는지를 설명하는 것이 아닌, 그들이 '문제 있는 과거와 타협'하도록 돕기 위한 공감적 이해의 진술로 해석을 정의하고 제한함으로써 치료자가 환자를 직면하고 도전하도록 하는 것을 피해야 한다고 주장했다.

무엇을 해석할 것인가

대부분의 심리치료 회기에서 치료자는 환자의 생각, 감정, 행동의 의미에 대해 환자가 표현할 수 있거나 표현해야 하는 것보다 훨씬 더 많은 가설을 형성한다. 면담에서 제기된 모든 특징을 해석하기에는 시간이 충분하지 않기 때문에, 환자의 어떤 행동을 해석해야 하는지에 대해 몇 가지 우선순위가 필요하다.

해석은 이해를 전달하기 위한 것이다. 따라서 무엇을 해석할지 우선순위를 정하는 단계에서는 자기이해를 넓히는 일이 삶의 모든 영역에서 항상 이익으로 이어지지 않는다는 점을 인식하는 것이 중요하다. 예를 들어, 자신이 왜 법률가라는 직업을 선택했는지 알지 못하면서도 그 일에서 성공하고 행복해하는 남자 변호사가 성적 능력의 저하로 우울해하며 찾아온 경우를 생각해 보자. 그가 직업 선택에 대한 자기자각을 넓히면 어느 정도 흥미로워할 수 있겠지만, 그의 생활 방식과 행복감에 미치는 영향은 미미할 것이다. 반면, 자신의 성적 태도에 대해 좀 더 많이 알게 되면 감정과 행동이 상당히 변화할 것이다. 만약 그 변호사가 성에 대한 문제 때문이 아니라 법률가로서 좌절하고 성취감을 느끼지 못해 도움을 구했다면, 자기이해를 넓힘으로써 성 행동의 영역보다 직업 선택의 영역에서 훨씬 더 큰 이익을 얻을 가능성이 높다.

이런 가상의 사례는 무엇을 해석할 것인지에 대한 일반적 원리를 알려준다. 해석은 환자의 삶에서 어려움을 일으키는 측면에 초점을 맞춰야 한다. 이를 위해 치료자는 환자의 이야기를 듣고 가능한 해석을 공식화하면서 아래의 세 가지 상호 연관된 질문을 스스로에게 던져야 한다.

1. 환자가 무엇을 불안해하는가? 심리치료는 삶의 문제적 측면에 초점을 맞추는 것이기에 당연히 해석은 환자가 불쾌하게 여기는 과거 또는 현재의 사

건들을 다루어야 한다. 환자가 별로 관심이 없고 도움을 요청하게 된 문제에 어떤 기능도 하지 않는 것처럼 보이는 사안의 본질과 기원을 좇음으로써 얻을 수 있는 것은 거의 없다. 그러나 환자가 직접 보고했거나 혹은 명백한 불안이 발생한다고 치료자가 관찰한 모든 상황은 적절한 개입을 위해 잠재적으로 의미 있는 대상으로 다루어져야 한다.

2. 환자가 비효과적으로 다루고 있는 것은 무엇인가? 불안이나 잘못된 학습 때문에 사람들은 때때로 자신이 할 수 있는 것보다 만족감이나 자기충족을 덜 갖는 방식으로 자신의 삶을 다룬다. 이런 비효과성은 보통 불안을 추가로 유발하여 더 많은 비효과성을 낳는다. 비효과적 대처 전략에 대한 해석은 환자가 더 보람 있는 방식으로 경험을 다루도록 대체하고 그에 따라 불안에 대한 취약성을 줄이는 데 도움이 될 수 있다.

3. 환자가 왜곡된 방식으로 인식하는 것은 무엇인가? 임상가는 때때로 왜곡된 지각을 심각한 장애와 연관된 것으로만 보는 경향이 있긴 하지만, 사람들은 모두 다양한 요구와 태도로 인해 자신과 주변 환경을 오지각한다. 사람들이 경험의 본질과 중요성에 대한 개념을 잘못 구성하면 그것이 심리적 문제로 발전하고 비효과적으로 관리할 위험이 생긴다. 따라서 환자의 부정확한 인식은 해석의 세 번째 주요 초점이 된다.

이러한 질문을 염두에 두고, 환자의 행동, 생각 및 느낌에서 일반적이지 않고, 효과적이지 않으며, 모순되고, 비이성적이며, 자기패배적이고, 불안을 유발하는 것이 드러날 때, 치료자는 환자의 삶을 어렵게 하는 근원에 대한 해석을 유도해야 한다. 이 일반적 원칙 외에도 무엇을 먼저 해석하고 무엇을 나중으로 미뤄야 할지 결정할 때, 체계적이고 효과적으로 해석하는 데 도움이 되는 두 가지 우선순위를 고려할 수 있다. 이는 ① 갈등 해석보다는 방어 해석이, ② 내용 해석보다는 과정 해석이 우선해야 한다는 것이다.

갈등과 방어

4장에서 기술한 바와 같이, 미해결된 갈등은 불안과 이에 따른 다양한 방어를 유발하는 경향이 있다. 사람들은 자기충족을 추구하기보다는 불안을 피하기 위해 효과적이지 않고 보상이 적은 행동을 하게 된다. 따라서, 기저의 갈등과 이로 인해 유발되는 방어는 모두 심리치료에서 해석되어야 하는 개인의 삶에 있어서 잠재적 어려움의 원인이다.

그러나 우선순위의 관점에서, 불안을 야기하는 갈등을 해석하기 전에 환자의 불안에 대한 방어를 먼저 해석하는 것에는 이점이 있다. 만약 환자가 자신의 방어 양상을 인식하고 수정하는 도움을 받기 전에 기저의 갈등과 불안의 원천에 대한 해석이 제공된다면, 이러한 해석은 기존 방어의 틀 내에 통합되고 자기이해에는 거의 도움이 되지 않는다. 그러나 이전에 어떻게 방어했는지 확인하고 바꾸도록 도움을 더 많이 받을수록, 사람들은 불안에 대한 습관적 방어로 피하기보다는 갈등의 해석으로부터 무언가를 배울 가능성이 더 높다(Hersoug et al., 2003 참고).

예를 들어, 관념적 방어를 선호하는 환자는 해석에 대해 신중하게 숙고하지만 그것을 개인적 의미를 두지 않는 추상적 성격 묘사로 주지화(intellectualization)할 수 있다. 어느 대학생의 경우, 그녀의 성적이 좋지 않은 것은 아버지가 외동딸에게 아들 역할을 기대하며 주었던 압박감에 대한 감정과 관련이 있을 거라고 치료자가 언급했을 때, 다음과 같이 반응했다.

> 선생님, 맞아요. 중요한 이야기라고 생각해요. 아버지가 다른 누군가를 대신해서 성취하라고 압박하는 것에 대해 분개하는 사람이 학교에서 실력을 제대로 발휘하지 못한다는 것은 쉽게 알 수 있어요. 정확해요. 그리고 제가 아는 많은 다른 학생들도 같은 문제를 가지고 있을 거예요.

이 경우의 갈등 해석은 환자의 주지화라는 방어 양상에 적절히 주의를 기울이는 것이 선행되지 않았고, 그러다 보니 그 결과는 주지화 그 자체였다. 환자는 치료자의 예리함을 칭찬하고, "아버지"에 대해 분개하는 "누군가"가 어떻게 행동할 수 있는지에 대해 언급하며, "같은 문제를 가진" 다른 학생들의 행동에 대해 이해했다고 주장했다. 해석을 개인적으로 받아들였다는 것을 보여 줄 어떤 정서적 반응이나 그와 연관된 반응, 예를 들면 놀라움("정말 그렇게 생각하세요?"), 당황함("그건 곤란한 생각인데요."), 또는 관련성("나", "내게는", "아버지"와 같은 언급)과 같은 반응은 없다. 대신에 그런 정서나 연관성을 동반할 수 있는 불안은 주지화로 회피되었고, 자기이해는 증가하지 않았다.

갈등이 방어보다 먼저 해석될 때 어떤 일이 일어나는지를 더 설명하기 위해, 이 대학생이 동일한 해석에 대해 주지화가 아니라 억압적 방어를 선호하여 반응한다고 생각해 보자.

> 어떻게 그럴 수 있는지 모르겠네요. 아버지는 저를 위해 최고만을 원하셔서, 저는 아버지의 감정에 대해 걱정할 필요가 없고 공부를 잘하는 것을 두려워한 적이 없어요. 뭔가 잘못 짚으신 것 같아요.

이 예에서 치료자가 잘못 짚은 것이 아니라면, 두 번째 반응은 해석이 일으킬 수 있는 불안을 피하기 위해 억압(repression)과 부인(denial)을 사용하는 것을 보여 준다. 아버지나 나에게 잘못된 것은 없고(부인), 더군다나 그 모든 것은 들여다볼 가치가 없다는 것이다(억압). 환자가 갈등 해석에 방어적으로 반응하는 경우 해석의 정확성은 거의 중요하지 않을 수 있다. 치료자가 표면 아래를 탐색하려 한다는 사실 그 자체만으로도 충분히 불안을 불러일으키며, 해석이 정확한지 여부와 관계없이 관념적 환자는 해석에 대해 주지화의 방식을 보이고, 억압적 환자는 해석을 완전히 무시한다.

선호하는 방어가 무엇이든 간에, 환자들은 다른 방법을 사용할 수 있게 될 때까지 불안의 근원을 막기 위해 방어들을 계속 사용한다. 다른 방법을 사용하는 능력은 그들이 불안으로부터 자신을 보호하기 위해 전형적으로 추구하는 행동 양상을 인식하고 확인하는 것을 도움으로써 발전된다. 방어는 해석된다고 즉시 사라지지 않지만, 일단 확인되고 이해되면 이전보다 자발적으로 통제할 수 있게 되어 더 유연해지고 적응적이 된다. 심리치료에서 환자가 방어에 대한 의식적 통제력을 얻게 되면, 갈등 해석에 대해 방어를 완화하거나 중단할 수 있게 된다.[3] 이러한 이유로 만약 상황적이기보다는 성격적인 방어에 대해 적절히 해석한 후에 기저 문제에 대한 해석을 진행한다면 자기이해를 증진할 가능성이 더 높다.

상황적 및 인격적 방어조작 방어 행동의 표식을 경청하거나 반응할 때 상황적 및 인격적 방어조작을 구분하는 것이 도움이 된다. 상황적 방어조작은 위협을 느끼는 상황에서 사람들이 불안을 줄이기 위해 취하는 구체적 단계이며, 인격적 방어조작은 사람들이 위협을 느끼지 않고 불안해질 가능성을 최소화하기 위해 일반적으로 사용하는 전략이다.

상황적 방어조작은 일반적으로 환자들이 과거의 불안 유발 사건에 어떻게 반응하는지 설명하거나 치료 회기의 불안 유발 측면에 어떻게 반응하는지 설명할 때 명백해진다. 예를 들어, 상사에게 비난을 받은 후 두통이 있어서 조퇴해야 한다거나 혹은 치료자에게 시간이 촉박하여 회기를 일찍 끝내고 싶다고 이야기하는 남성 환자를 생각해 보자. 두 진술 모두 현장을 이탈하는 상황적 방어를 시사하며, 이에 대한 적절한 해석은 "이 상황을 다루는 방식은 분명히 도망치는 것"이다.

....

3 Kris(1954)와 Loewenstein(1954)의 논문에서는 해석에 따른 방어의 수정에 대한 두 가지 고전적 주장에 대해 설명하고 있다.

인격적 방어조작은 환자를 그런 종류의 사람으로 만든 태도, 가치관, 선호하는 행동 양상에서 명백해진다. 그러나 치료자는 인격적 양상을 정의하는 모든 태도, 가치관, 선호되는 행동들이 불안감을 물리치기 위한 방어조작인 것은 아니라는 점을 이해할 필요가 있다. 한 사람의 인격의 많은 특징은 불안에 대한 경험이나 방어와는 무관하게, 긍정적으로 동기 부여되고 자기충족적일 수 있다. 따라서 인격적 양상에 대해 해석할 때 환자의 이익을 조성하는 인격적 성향보다는 자기충족을 희생하면서까지 불안을 피하는 지속적 양상에 초점을 맞춰야 한다. 다음에 나오는 치료자의 언급은 심리적 도움을 받고자 하는 사람들에게서 흔하게 나타나는 자기패배적 행동에 대한 것으로, 인격적 방어조작에 대한 해석이 어떻게 표현될 수 있는지를 보여 준다.

- 당신은 분명히 일상의 모든 것을 마지막 세부사항까지 정리하려고 한다.
- 당신은 결과에 대해 충분한 시간 동안 생각하지 않고, 생각나는 대로 행동하거나 말하는 경향이 있는 것 같다.
- 당신이 누군가와 가까운 관계를 맺기 시작할 때마다 그 관계를 끊어야 하는 이유를 찾는다.
- 어떤 일이 잘못되었을 때, 당신은 첫 번째로 자신을 탓한다. 당신이 그만큼 훌륭하지 못해서 일이 잘못되었다고 느낀다.
- 어떤 상황에서 무엇을 해야 할지 결정할 때 당신은 자신이 정말로 하고 싶은 일보다는 다른 사람들이 당신이 하기를 원한다고 생각하는 것에 근거하는 것처럼 보인다.

인격적 방어조작에 대한 해석의 중요성 Sigmund Freud가 처음 공식화한 역동적 심리치료는 현재 행동의 부적응적 측면에 대해 무의식 깊은 곳에 있고 생애 초기에 발생한 사건과 관련된 불안의 근원을 추적하는 것에 집중했다. 그러나 Wilhelm Reich(1933/1949)의 인격 분석에 대한 연구와 Anna

Freud(1936/1946)의 자아 기제에 대한 연구의 영향으로, 분석가는 갈등의 근원보다는 갈등의 관리와 처리를 더욱 강조하기에 이르렀다. Reich는 인격 해석의 필요성("인격 갑옷의 이완")을 기저 갈등 해석의 전주곡으로 설명했고, 반면에 Anna Freud는 치료자가 문제제기하지 않으면 특정한 방어기제가 환자가 자신의 기저 문제를 파악하는 것을 어떻게 방해하는지를 설명했다. 그들의 연구 결과로, 인격적 방어조작의 효과적 해석은 많은 경우에 그 자체로 심리치료를 만족스러운 결론에 이르게 할 수 있다고 인식되었다.[4]

이 점을 자세히 설명하자면, 환자가 그 성격 양식뿐 아니라 초기 기원을 이해하도록 돕는 것이 항상 가능하거나 필요한 것은 아니다. 첫째, 인격적 방어가 나타나는 원인이 되는 갈등은 대개 발달과정에서 일어나기 때문에, 성인은 그 세부사항을 되짚어 내기 어려울 수 있다(Bornstein, 1993 참조). 게다가, 집중적 심리치료가 오래 지속될수록 환자는 자신을 갈등에 빠뜨리고, 불안하게 하고, 방어조작을 선택하는 데 영향을 준 삶의 초기 사건들을 (기억하기보다는) 재경험할 가능성이 커진다(Bornstein, 1999). 결국, 추가적 탐색이 시간, 노력, 비용을 정당화할 수 있는 충분한 자기이해와 자기만족의 증가를 보증할 수 없을 때에는, 이익이 감소하는 지점을 염두에 두고 심리치료가 시행되어야 한다. 이 시점에 환자와 치료자는 추가적 탐색이 아닌 종결이 환자의 이익에 가장 도움이 될 것이라는 점에 동의할 수 있다.

둘째, 초기 경험에서 비롯된 갈등은 환자의 현재 관심사나 생활방식과 너무 동떨어져 있어서 현재에는 영향력이 거의 없을 수 있다. 수년 동안 지

....

4 이런 점을 더 넓은 관점에서 보면, Loarnd(1972/1973; Ogden, 2002도 참고)가 언급한 것처럼 심리치료에서 인격적 방어조작의 해석에 주목하는 것은 정신분석 이론에서 원초아 강조에서 자아 강조로의 전환과 유사하게 이루어졌다. Kernberg(1976)의 연구에서 언급된 것처럼, 대상관계 개념화와 Kohut(1971)이 제안한 자기 심리학 개념이 추가되면서 정신역동의 지도는 다시 그려졌다. "Drive, Ego, Object, Self"라 이름 붙인 Pine의 책에서는 이것이 심리치료에 미친 함의에 대한 훌륭한 개관이 제시되었다. Wallerstein(1995)의 『The Talking Cures』에서 이러한 정신분석적 사고의 발전에 대한 다양한 정보를 얻을 수 있다.

속된 방어조작의 인격적 패턴은 자율적이 되면서 자기만의 보상을 제공하는 경향이 있다. 그에 잇따르는 결과로 그러한 패턴을 만든 사건을 재경험하고 재작업하는 것은 방어적이든 아니든 현재의 행동에 거의 영향을 미치지 않는다.[5] 그러나 현재 환자가 자신의 경험에 대처하기 위하여 방어조작을 어떻게 사용하고 있는지 파악하는 것은 그의 대처 방식의 효과성을 높이는 데 도움을 줄 수 있는 상당한 잠재력을 가진다. 따라서, 방어에 대한 해석은 심리치료에서 최종목표를 위한 수단일 뿐 아니라 중요한 최종목표가 될 수 있다.

내용과 과정

앞서 언급한 바와 같이, 심리치료 면담의 내용은 환자들이 말하는 것으로 구성된다. 그 과정은 환자들이 말하는 방식과 이유(그리고 그들이 왜 다른 것을 말하지 않는지)를 나타낸다. 따라서, 내용 해석은 일반적으로 심리치료 회기 외부의 사건과 현재의 문제 사이의 연관성에 초점을 맞추며, 과정 해석은 현재의 문제와 면담 내에서 진행 중인 행동 간의 연관성에 초점을 맞춘다. 내용 해석은 현재 어떤 사람인가와 과거에는 어떤 사람이었는가 사이의 연속성을 확립하는 반면, 과정 해석은 현재, 여기서, 지금 행동하는 자신의 인격 양식을 환자가 알 수 있도록 돕는다. 두 해석 모두 심리치료에서 중요한 기능을 하지만, 둘 모두 가능하다고 여겨질 때 내용 해석보다는 과정 해석을 우선시하는 두 가지 이유가 있다.

첫째, 과정 해석은 회상되거나 보고된 사건보다 현재 관찰 가능한 행동

....

5 누적된 삶의 경험이 인격적 방어와 이를 유발한 갈등 사이에서 생긴 연결의 중요성을 최소화하거나 초월한다는 뚜렷한 가능성은 Gordon Allport(1937)가 제안한 "동기의 기능적 자율성"이라는 획기적인 개념과 밀접하게 관련된다. 이 개념은 이후 대부분의 행동과학자들이 동의하고 있는데, Allport의 요점은 한 사람의 행동은 그 자체로 최종목표 또는 목표가 될 수 있으며, 이는 원래 그 행동을 촉발한 이유와는 독립적으로 수행된다는 것이다. 예를 들어, 많은 어린이들이 처음에는 부모와 교사의 촉발지시에 따라 독서를 배우지만, 시간이 지나면서 독서는 그 자체로서 내재적인 즐거움이 되며 그렇게 자체적으로 보상이 되기에 독서 활동에 참여한다는 것이다.

을 다루기 때문에 일반적으로 내용 해석보다 더 생생하고 설득력이 있다. 둘째, 해석 가능한 내용은 환자가 다시 언급할 가능성이 높거나 치료자가 다시 소개할 수 있는 반면, 해석 가능한 과정의 양상은 동일한 방식으로 다시 발생하지 않는 일회적 사건이다. 즉, 일반적으로 내용을 통해 명백한 어려움의 원인을 해석할 기회를 놓쳐도 만회할 수 있지만, 현재 진행 중인 과정을 건설적으로 사용할 기회를 놓친 경우에는 만회할 수 없다는 것이다.

심리치료 면담에서 과정과 내용을 구분하기 위해서 치료자는 환자의 행동을 면밀히 관찰할 필요가 있다. 예를 들어, 환자가 말하는 방식과 관련하여, 말을 더듬거나, 몸을 웅크리거나, 식은땀을 흘리는 등 그들이 인식하는 것보다 더 많은 불안감을 나타내는지, 아니면 그들이 하는 말의 심각한 정도와 일치하지 않게 더 무심하거나 경솔한 것은 아닌지 살펴보아야 한다. 환자가 자신에 대해 말하는 이유와 관련하여 자신을 괴롭히는 문제를 이야기하기보다 치료자에게 어떤 인상을 주는지에 더 관심이 있는 것처럼 보이지는 않는지, 혹은 일련의 주제들에 대해 언급할 때 주제 자체보다 자신의 근본적 관심사에 대해 더 많이 말하는 것처럼 보이지는 않는지를 확인해야 한다. 이런 질문에 대한 대답이 긍정적일 경우에는 내용보다는 과정에 대한 해석을 제시할 수 있다.

마지막으로, 환자가 무언가를 이야기하지 않는 이유에 대한 기저 과정과 관련하여, 치료자는 심리치료 면담에서 네 가지 내용적 대안을 확인하는 것이 도움이 될 수 있다.

1. 환자는 비교적 최근 사건("어제 나는 …"), 혹은 비교적 더 과거의 사건("내가 훨씬 어렸을 때 …")에 대해 이야기할 수 있다.
2. 환자는 추상적으로("나는 화를 잘 내요."), 혹은 실제 행동과 관련하여("오늘 아침에 화를 냈어요.") 이야기할 수 있다.

3. 환자는 치료와 무관한 자신의 삶에 대해 말하거나, 혹은 자신의 삶에서 치료와 치료자의 역할에 대해 특별한 반응을 보일 수 있다.
4. 환자는 생각을 보고하거나, 혹은 감정을 표현할 수 있다.

이러한 한 쌍의 내용적 대안 중 하나를 배제하고 다른 하나에만 반복해서 초점을 맞추는 것은 심리치료 과정에서 해석되어야 하는 측면이다.

심리치료에서 환자 행동의 많은 과정적 측면에는 저항과 전이의 요소가 포함되어 있다. 4장에서 언급한 바와 같이, 저항은 환자가 치료에 참여하는 것에 대해 꺼리는 것이며, 전이는 환자가 치료자에 대해 갖게 되는 감정과 태도를 말한다. 저항과 전이는 환자가 말을 하기를 자주 어려워하고, 치료자에게 깊은 인상을 주려고 하며, 다른 주제를 배제하고 일부 몇몇 주제를 강조하는 이유이다. 따라서 저항과 전이에 대한 해석은 의사소통을 이어 가는 데 매우 생산적일 수 있으며, 일반적으로 과정 해석과 마찬가지로 내용 해석보다 우선된다.

그러나 저항과 전이가 치료과정에서 중요한 역할을 함에도 불구하고 환자에게 어려움의 원인이 될 때에는 선택적으로 해석되어야 한다. 즉, 저항과 전이가 나타났다고 항상 해석이 요구되는 것은 아니며, 의사소통에 방해가 될 정도로 현저하거나 반복될 때 해석이 필요하다. 이와 관련한 치료 지침은 9장과 10장에서 더욱 자세히 다루어질 것이다. 그러나 현재 맥락에서 심리치료 과정에 주의를 기울일지 여부를 결정하는 데 도움이 될 만한 추가적 개념이 있는데, 그것이 근접 파생물(near derivatives)과 원격 파생물(remote derivatives)의 구별이다.

근접 파생물은 근본적 문제와 비교적 명확하고 밀접하게 관련된 행동 사례이다. 이와 대조적으로 원격 파생물은 그러한 행동을 초래한 갈등으로부터 시간과 심리적 관련성 면에서 상대적으로 거리가 먼 행동으로 구성되어 있다.[6] 방어와 과정 해석이 갈등과 내용 해석보다 우선하는 것과 같은 이유로, 근접 파생물 해석은 원격 파생물 해석보다 더욱 생산적일 가능성이 크다. 환자는 근접 파생물을 보다 생생하고 쉽게 파악할 수 있으며, 그것은 환자의 현재 문제와 직접적으로 관련된다. 또한 원격 파생물에서 근접 파생물로 해석하는 것보다 근접 파생물에서 원격 파생물로 해석하는 것이 좀 더 시작하기가 쉽다.

근접 파생물과 원격 파생물이 어떻게 구별되는지 설명하기 위해 다음 예시를 살펴본다. 한 여성 환자가 남성 치료자에게 자신의 매력적인 여동생을 부러워한다고 이야기하며 다리를 벌리고 앉아 있다고 가정해 보자. 그녀의 자세는 아마도 사랑하고 싶거나 치료자에게 사랑받고 싶은 전이 감정을 반영하는 성적 서곡일 수 있다. 그러나 이러한 전이 감정에 대한 강력한 증거가 없다면, 그녀가 앉아 있는 방식은 원격 파생물이다. 그녀가 다리를 벌리고 앉은 행동을 치료자에 대한 사랑과 연결시킬 전이의 근거는 없다. 그녀가 하는 말의 내용(여동생에 대한 선망)도 그녀의 자세에 대한 현재 전이 해석의 근거를 제공하지 않는다. 예를 들어, 만약 여동생보다 덜 매력적일 것이라는 우려가 그녀가 남자를 유혹할 수 있다는 것을 증명하고 싶어 한다는 것을 의미한다고 추측된다면, 이는 그녀가 치료자를 유혹하기를 원한다는 것을 의미한다. 그러나 원격 파생물에서 비롯된 복잡한 논리의 사슬이 유용한 해석을 만들어 내는 경우는 거의 없다. 이러한 추론은 여러 가정들과 관련되기 때문에 오류이기 쉽다. 만약 그것이 정확하다고 하더라도 환자가 이에 대해 지속적으로 관심을 유지하면서 풀어나가기 어려울 정도로 너무 복잡할 수 있다.

....

6 이러한 구분은 억압된 요소들이 에너지 방출을 허용하는 사건의 형태로 배출구를 찾는 경향이 있다는 고전적인 정신분석학적 개념에서 비롯된다. Fenichel(1941, pp. 148-150, 193-194)은 원초아 분석 개념화에 대한 연구에서 이러한 방식의 에너지 전치로 꿈, 백일몽, 은폐 기억, 신경증 증상 등과 같은 다양한 파생물이 생긴다고 설명했다. 에너지 흐름의 정신분석적 모델을 수용하든 그렇지 않든, 어떤 행동이 갈등에서 유래하여 간접적으로 표현된다는 개념은 심리치료에서 무엇을 해석할지를 결정할 때 매우 유용하다. 특히 근접 파생물과 원격 파생물을 구별한다면 더욱 그렇다.

반면에, 다리를 벌리고 앉아 있는 이 여성이 "저는 당신과 이야기하는 것이 너무 즐거워서 매일 당신을 볼 수 있으면 좋겠어요."라고 말한다고 가정해 보자. 더 많은 치료 시간을 원한다는 것은 더 많은 도움이 필요하다거나 치료를 더 많이 받을수록 더 좋다는 일반적인 생각을 포함한 여러 가지 의미가 있겠지만, "저는 매일 당신을 볼 수 있으면 좋겠어요."와 같은 노골적 진술은 강한 긍정적 전이 감정을 반영하는 것이 거의 확실하다. 또한, "나-당신"을 강조하는 명백한 진술은 환자와 치료자의 관계를 직접적으로 언급한다.

환자가 추가 치료 시간을 바란다고 표현하는 것은 치료자에 대한 기저 감정과 명확히 관련되기 때문에, 이는 근접 파생물이며 그렇게 해석되는 것이 적절하다. 이 근접 파생물(즉, 환자가 치료자를 매일 보고 싶어 한다고 표현하는 것)을 기반으로 사랑하고 싶고 치료자에게 사랑받고 싶은 감정을 탐색하는 과정에서, 그 지지 증거로서 원격 파생물(그녀의 유혹하는 자세)을 언급할 기회가 생길 수도 있다. 그러나 원격 파생물에서 시작하는 것은 장점(더 확실한 연결)보다는 약점(덜 확실한 연결)에서 출발하는 것과 같다.

환자의 행동이 그가 말한 것과 관련하여 항상 원격 파생물이 되는 것은 아니라는 점은 다음의 상황에서 확인해 볼 수 있다. 한 남성 환자가 심리치료를 받기 위해 상담실에 들어가 문을 쾅 닫고, 의자에 털썩 주저앉아 벽 뒤로 쾅쾅 부딪히고, 치료자의 책상에 발길질을 하며, 다리를 꼬고, 얼굴을 찌푸리면서 "사람들을 때리는 꿈을 꿨네요."라고 이야기한다. 이런 행동은 환자가 치료자에게 화가 났다는 것을 의미한다는 점은 의심할 여지가 거의 없다. 이 경우에는 동반된 행동이 아니라 그의 이야기가 상대적인 원격 파생물이다. 환자의 이야기는 공격적 주제를 반영하지만, 그것은 환상이라기보다는 꿈에 관한 것이며 일반적인 "사람들"을 지칭한다. 하지만 그가 실제로 한 행동, 즉 치료실에서 공격적 행동을 보인 것은 부정적 전이 감정의 상대적인 근접 파생물이다. 그의 행동에 비추어볼 때, "사람들을 때리는 꿈을 꿨네요."라는 이 환자의 이야기에 대한 적절한 해석적 반응은 아마도 "당신이 지금

저를 때리고 있는 것 같다."일 수 있다.[7]

근접 파생물과 원격 파생물을 구별하는 것은 치료자가 지나치게 과정의 세부에 더 많은 주의를 기울여 곁길로 빠지는 것을 방지하는 데 도움이 된다. 이렇게 과대평가된 과정의 세부는 망각, 말실수, 읽기와 쓰기 실수, 다양한 유형의 우발적 행동과 "잘못 수행된 행동" 등과 같이 S. Freud(1901/1960)가 『일상생활의 정신병리학』에서 언급한 다양한 종류의 행동을 포함한다. 실수와 오류를 해석하는 것은 그 극적 요소와 명백한 단순성 때문에, 때때로 적절히 훈련받지 않은 치료자와 마법을 보여 주려는 아마추어 "분석가" 사이에서 인기가 있었다. 그러나, 그 의미가 아주 명백한 실수와 오류조차도 심리치료에서 주요한 해석의 주제로 거의 활용되지 않는 원격 파생물인 듯하다.

예를 들어, "우연히" 남편을 아빠라고 부르거나("전 지난밤 아빠, 아니 남편이요, 남편에게 우리가 휴가를 가야 한다고 이야기했어요.") 혹은 치료실에서 지갑이나 우산을 반복적으로 "잃어버리는" 여성 환자를 생각해 보자. 치료자는 첫 번째 행동은 해결되지 않은 아버지와의 애착을 반영하고 두 번째 행동은 환자와 치료자의 관계가 더 가까워지기를 바라는 갈망을 반영한다고 어느 정도 확신할 수 있다. 치료자가 그러한 연관성이 확실하다고 생각할지라도, 환자에게는 원격 파생물에 해당한다. 외현적 행동과 그것이 간접적으로 표현하는 근본적 소망을 연결하는 일련의 증거는 길고 복잡하며, 환자가 말하는

....

7 원격 파생물인 꿈 자체는 그것을 이끌어 낸 생각, 느낌과 얼마나 밀접하게 연관되어 있는지에 따라 달라질 수 있다. 심리치료에서 환자가 보고하는 꿈이 상대적으로 근접 파생물인지 혹은 원격 파생물인지의 여부는 압축, 전치, 상징화, 이차적 수정으로 구성된 '꿈 작업'(S. Frued, 1900/1953c 참고)이 잠재적 내용과 명시적 내용 사이에 개입하는 정도에 달려 있다. 꿈의 의미를 숨기지 않을수록 심리치료에서 해석에 적합하다. 그러나 S. Freud(1911/1958c)는 치료자가 꿈에 너무 몰두해서 환자의 현재 생각과 감정을 보지 못해서는 안 된다고 경고했다. 꿈 해석은 일단 시작되면, 이 장에서 개괄적으로 설명한 것과 동일한 해석의 일반 원칙에 따라 진행된다. 심리치료에서 꿈을 활용하는 기술은 Bulkeley(2001), Conigliaro(1997), Eudell-Simmons와 Hilsenroth(2007), S. Freud(1923/1961), Grinstein(1983), Hill(1996), Langdridge(2006), Meissner(2005), Mendelsohn(1990), Weiss(1986),와 Wolberg(1988, pp. 671-685)에 잘 기술되어 있다.

내용에 느슨하게 연결되어 있을 뿐이다.

그러나 앞의 예들 중 첫 번째에서 환자가 휴가를 가는 것에 대해 말하는 대신 결혼생활에 문제가 있다는 것을 설명한다고 가정해 보자. 더 나아가 이러한 문제들이 아내라기보다는 아이처럼 행동하는 것에서 비롯된 것으로 보이며, 그녀의 실수가 이런 맥락에서 일어난다고 가정해 보자("전 아빠, 아니 그게 아니고 남편에게 저에 대해 지나치게 많이 기대하고 있다고 계속해서 이야기를 했어요."). 그러고 나서 그녀는 아버지에 대한 미해결 애착의 근접한 그리고 거의 해석될 수 있는 파생물을 묘사했고(남편의 아이를 낳기를 바라는 소망 혹은 더 깊은 수준에서 남편을 통해 아버지의 사랑을 받고자 하는 소망), 그녀의 이야기(남편-아빠 말실수)에 포함된 원격 파생물은 그러한 해석을 뒷받침하는 증거로 2차적으로 추론될 수 있을 것이다.

요약하자면, 환자의 실수와 오류, 그리고 제스처, 매너리즘, 자세, 그리고 다른 면담 중의 행동들은 그것이 반영하는 기저의 걱정과는 너무 거리가 멀고, 면담의 내용과 너무 불연속적이어서 효과적으로 해석될 수 없다. 더군다나 그런 과정의 세부에 반복적으로 초점을 맞추면 환자는 자의식을 갖고 자신을 관찰하는 데 몰두하게 되어 생각과 감정을 자발적으로 보고할 수 없게 될 수 있다. 만약 심리치료 과정의 어떤 세부사항이 강하게 저항하는 문제 영역에 접근하는 유일한 방법이라면, 그것에 대한 해석이 필요할 수 있다. 그러나 대체로 과정의 세부는 보통 원격 파생물의 해석을 뒷받침하는 증거로 덜 유용하며, 그 자체로 해석에서 우선순위가 낮다.

언제 해석할 것인가

언제 해석할지를 결정하기 위해서 주로 그 시점과 분량을 주의 깊게 고려해야 한다. 해석의 시점은 해석이 이루어지는 특정한 순간과 관련이 있으며, 양은 어느 정도 해석이 이루어지는지에 관한 것이다. 해석은 한 사람의 기존 행동 방식이나 사물을 보는 방식에 도전하고 종종 달갑지 않은 생각과 감정을 드러내기 때문에, 거의 항상 방어적 태도를 불러일으킨다. 그러나 적절한 시점과 양은 환자가 해석을 기피하는 것을 최소화하고 해석으로부터 배우는 개방적 태도를 키우는 데 도움이 될 수 있다.

해석의 시점

해석은 환자가 받을 준비가 되어 있고 치료자 또한 제공할 준비가 되어 있을 때가 적절하다. 환자가 해석을 받을 준비가 되려면 해석될 내용에 대해 어느 정도 자각하고 있어야 하며, 치료자와 치료과정에 대해 긍정적인 마음 체제(frame of mind)를 가져야 한다. 치료자가 해석할 준비가 되려면, 해석이 정확하고 그것을 입증할 충분한 정보가 있다고 상당히 확신해야 한다.

환자의 자각 수준 해석은 환자들이 이를 인식하고 준비가 되어 있을 때, 이해를 전달하는 데 가장 유용하다. 그렇다고 환자가 심리적 기저의 문제에 근접해 작업할 때까지 치료자가 수동적으로 앉아서 기다려야 한다는 것은 아니다. 치료자의 임무는 해석에 이를 수 있는 과정 중 일부인 질문, 명료화, 직면을 이용하여, 환자 자신 혹은 그 행동에서 이전에 인식되지 않았던 측면들을 점차적으로 자각하도록 하는 것이다.

환자가 자기자각에 접근하는 데 도움을 받기 전에 이루어진 해석은 자기이해를 증진하는 데 별 영향을 주지 못한다. 자신에 대해 새로운 것을 배우려면 단지 지적되는 것이 아니라 개인적으로 의미 있는 경험을 해야 한다. 사람들은 의식적 자각과는 거리가 먼 것은 의미 있게 경험하는 데 어려움을 겪는다. 이와 관련하여 S. Freud(1910/1957e)는 무의식에 대한 지식이 그 자체로 중요하다면, 환자가 책을 읽거나 강의를 듣는 것만으로도 충분할 것이라고 했다. 또한 그는 무의식에 대한 묘사가 "기근의 시기에 식단표를 나눠주는 것이 배고픔에 영향을 주는 것"(p. 225)과 마찬가지로 신경증적 증상에 많은 영향을 미친다고 언급했다.

따라서 추상적인 심리학적 지식이 아니라 기저 문제의 고유한 개인적 측면에 대해 배우고, 그것을 자신의 과거와 현재 행동과 관련지어 경험하는 것이 자기이해를 향상하는 것이다. Freud(1910/1957e)의 언급을 바탕으로 Busch(1995, 2000)는 환자가 이미 희미하게 인식하고 있거나 그렇게 되기 직전까지 도움받은 것을 '주변에서' 해석하는 것이 중요한 치료 지침이라고 설명했다. Hill, Thompson, 그리고 Mahalik(1989)은 효과적 해석이 일반적으로 중간 정도의 깊이이며, 환자가 의식적으로 자각하기 어려운 문제에 대한 날카로운 지적이나 명백한 문제를 묵인하고 넘어가는 것도 아니라는 점을 경험적으로 확인했다(이에 대한 연구의 개관에 대해서는 Crits-Christop & Connolly, 2002 참조).

환자가 수용할 준비가 되기 전에 제공되는 해석은 그 유용성이 크지 않을 뿐 아니라 치료과정에 대한 저항을 유발할 수 있다. 해석은 차가운 물에 뛰어드는 것처럼 상쾌하지만 신경이 곤두서는 것이기에, 환자에게 해석의 수용을 조심스레 준비시키는 것은 점차로 차가워지는 얼음물을 준비하는 것과 같다. 점진적이고 충분히 고려하여 준비하지 않는다면, 환자는 놀랍고 반갑지 않은 해석을 무시하고 경고 없이 해석들을 늘어놓은 치료자에게 분개할 수 있다. 따라서, 섣부른 해석은 자기이해를 증진시키는 데 방해가 될 뿐만 아니라, 치료과정과 치료자에 대한 부정적 감정을 조장한다. Levy(1990, 제1장)는 이와 유사하게 지나치게 깊은 해석은 환자를 놀라게 하고 이해할 수 있는 능력을 벗어나게 하여 어떠한 학습도 하지 못하게 하고, 치료자를 탐색과정의 협력자보다는 마술사로서 생각하게 된다고 언급했다.

만약 치료자가 환자가 해석을 이해하도록 강요하는 식으로 실수를 더 복잡하게 만든다면, 섣부른 해석의 부정적 결과는 거의 피할 수 없다. 때때로 치료자는 스스로에 대해 전능하고 통찰력을 갖췄다고 과도하게 생각하여, 환자가 필수적으로 치료자의 모든 해석을 받아들이고 통합해야 한다고 잘못 믿게 된다. 그리고 이에 따라 환자가 드러내는 관심의 부족, 망설임, 혹은 동의하지 않는 것이 치료자의 해석이 적절하지 않거나 시기가 부적절하다기보다는 환자의 저항을 반영한다고 본다. 저항을 인식하는 것이 중요하기는 하지만, 치료자는 모든 잘못된 해석과정에 대해 환자에게 책임을 묻지 않도록 경계해야 한다. 실수하지 않는 치료자는 존재하지 않으며, 완벽함을 가장한 치료자는 종종 환자와 긍정적 관계를 유지하지 못할 것이다. 이와 관련하여 Bush(1995)는 다음과 같은 간단명료한 의견을 제시했다.

> 환자가 이해할 수 있는 것보다는 치료자가 이해할 수 있는 것에 근거한 해석이 얼마나 많은지에 대해 놀란다. 우리는 우리의 무의식을 읽는 능력과 그것을 이해할 수 있는 환자의 능력을 너무 자주 혼동한다(pp. 24-25).

미숙한 해석은 더 나중에 환자가 해석을 수용할 준비가 되었을 때 제공한 해석이 미칠 수 있는 영향력을 희석한다는 단점 또한 갖는다. 다른 유형의 설득력 있는 의사소통에서도 그렇듯이, 해석은 이전에 고려되었고 부족함을 발견했던 내용을 반복할 때보다 신선한 아이디어를 말할 때 더 효과적일 수 있다(Brinol, Petty, Gallardo, & DeMarreee, 2007 참고). 이전의 미숙한 해석에 대해 강하게 방어했을수록 이후 정확한 해석이 주는 효과는 더욱 감소한다. 이런 의미에서 조급한 해석은 너무 먼 거리에서 발사되어 아무것도 명중시킬 수 없는 경우와 유사하다. 사거리가 가까워질 쯤이면 사냥감은 이미 도망치라는 충분한 경고를 받았을 것이다. 정확한 해석이 이를 수용할 준비가 된 환자에게 최대한 영향을 미치려면, 이전에 시도했고 잘못되었다고 느낀 해석과 타협하지 말아야 한다.

환자의 마음 체제 어느 시점에 환자가 형성하고 있는 마음 체제 측면에서, 치료과정에 대한 저항이 적고 치료자에게 긍정적 태도를 보일 때 해석을 통해 가장 큰 이익을 얻을 것이다. 저항은 심리치료에 의해 야기된 불안감을 방어하는 수단이며, 저항적 환자는 해석으로 인해 발생하는 불안감을 잘 견디지 못한다. 치료에 참여하는 것에 대한 우려로 고민하는 환자는 더 많이 배울 수 있는 개방된 마음을 가지고 있지 못하기 때문에 저항과 수용성은 상호 배타적이다. 따라서 뚜렷한 저항이 드러난 기간에 제시되는 해석은 저항 자체에 대한 것에만 국한해야 하며, 환자가 치료과정에 대한 거부 반응을 이해하고 해결하는 것을 목표로 해야 한다.

그러나 치료과정에 대한 저항이 적은 경우와 같이, 치료자에 대해 긍정적으로 느끼는 경우 해석에 대한 수용적 분위기가 조성된다. 치료자가 환자를 존중하고 돕는 데 관심이 있다고 환자가 느낄 때, 새로운 정보가 환자를 고통스럽게 해도 환자는 신중하게 해석을 고려하기 쉽다. 반대로 치료자가 자신을 존중하는지 또는 자신을 돕는 데 헌신적인지에 대해 의구심이 고조된 환자는 개방적이기보다는 비판으로 해석을 받아들이고 방어적으로 반응하는 경향이 있을 것이다.[8]

치료자를 신뢰하고 그 노력에 대해 감사하는 것은 해석에 대한 환자의 수용성을 유지하는 데 긍정적이지만, 환자가 치료자를 좋아하거나 사랑할 필요는 없다. 10장에서 논의하겠지만, 긍정적 전이의 일부 측면은 심리치료의 진행을 촉진할 수 있다. 하지만 환자가 자신의 행동에 대한 해석을 받아들이기 위해 치료자를 좋아하거나 사랑할 필요는 없다. 환자는 단지 치료자가 자신의 진실성을 진정으로 존중하고 진정으로 도움이 되려고 노력하고 있다고 느끼면 된다. 또한 해석은 치료자가 환자를 대신해서 시행한 작업에 대한 구체적 증거를 제공하기 때문에 환자의 긍정적 관심을 구축하고 유지

....

8 Spence(1995)는 환자가 치료관계에서 멀어지고 분리되는 회기보다 환자가 상대적으로 가깝고 관여된 방식으로 치료자와 관계하는 회기 동안 해석이 더 큰 효과를 보여 주는 광범위한 사례 자료를 제시했다. Hill 등(1989)과 Hersoug, Bogwald와 Hoglend(2003)의 연구에서 환자와 치료자의 관계가 긍정적인 맥락에서 해석이 제공되는 것이 효과적 해석의 특성 중 하나임을 보여 주었다.

하는 데 도움이 될 수 있다. 따라서 시의적절한 해석은 도전적이기는 하지만 효과적 작업동맹을 유지하고 후속 해석에 대한 수용성을 촉진하는 데 도움이 될 수 있다(Bateman & Fonagy, 2003).

치료자의 확실성 치료자의 준비와 관련하여, 시의적절한 해석은 치료자가 그 정확성에 대해 상당히 확실하다고 믿으며 그것을 증빙할 수 있는 충분한 증거를 가질 것을 요구한다. 정확한 해석의 가치는 자명하다. 정확한 해석은 환자가 자신에 대해 새로운 것을 배우도록 돕고, 치료자가 환자를 이해할 수 있다는 것을 보여 준다. 그러나 잘못된 해석은 환자의 과거와 현재 경험과의 일치성이 부족하기 때문에 자기이해에 거의 보탬이 되지 않으며, 환자를 이해하고 도움을 줄 수 있는 치료자의 능력에 의문을 제기할 이유가 된다.

부정확한 해석이 가진 잠재적 단점 때문에 치료자가 자신의 타당성을 절대적으로 확신할 때까지 해석적 진술을 자제해야 하는 것은 아니다. 그것은 확신이 덜한 해석보다 더 확신 있는 해석이 선호되어야 하고 환자가 받아들이는 확신과 일치하는 언어로 해석되어야 한다는 의미다. 치료자가 옳다고 믿을 만한 충분한 이유가 있는 해석은 "… 분명해 보이네요."라고 이야기할 수 있다. 해석이 정확할 것이라는 기대는 있지만 확신이 덜하다면, 치료자는 "… 아마 그런 것 같네요." 혹은 "…인 듯 보이네요."라고 말할 수 있다. 단지 암시적 증거에 근거한 탐색을 위해서라면, 치료자는 "그럴 가능성이 있나요?" 혹은 "당신과 확인해 보고 싶은 생각이 들었습니다."라고 말할 수 있다.

그럼에도 불구하고 Silberschatz와 동료들의 연구에서는 치료자의 개입이 환자의 의식과 무의식적 요구와 우려를 정확하게 다룰 때 가장 도움이 되는 "적합한" 관계임을 보여 주었다(Silberschatz, 2005; Silberschatz & Curtis, 1993; Silberschatz et al., 1991; Silberschatz et al., 1986). Crits-Christoph와 동료들은 이와 유사하게 환자에 대한 임상적 개념화에서 도출된 해석의 정도가 환자가 치료에서 얻는 이익과 정적으로 관련되어 있음을 보여 주었다. 또한 해석의 정확도가 긍정적 치료 결과를 예측할 뿐 아니라 치료 동맹의 질을 향상시킨다고 보았다(CritsChristoph et al., 1988, 1993, 2006). 해석의 질과 심리치료의 결과 사이의 관계에 대한 연구는 Piper, Joyce, McCallum과 Azim(1993)을 참고할 수 있다. 이 분야의 연구에 대한 개관은 Charman(2004), 그리고 Hill과 Castonguay(2007)를 참고하라.

Luborsky(1996)는 연구 결과를 토대로 해석의 정확성은 심리치료 결과와 가장 밀접하게 관련된 "치료 요인"이며, 치료자가 해석을 전달하는 역량은 치료적 동맹에서 발생하는 이익을 넘어서는 치료적 가치를 지닌다는 분명한 경험적 증거가 있다고 결론지었다(Barber et al., 1996; Charman, 2004; Luborsky & Barrett, 2006 참고).

치료자의 증빙 정확한 해석이 특정 시점에 제공되어야 하는지를 결정하는 최종 지침은 그러한 해석을 입증할 수 있는 충분한 정보가 있는지의 여부이다. 환자는 의미 있는 통찰을 거친 정확하고 시의적절한 해석조차도 받아들이는 경우가 거의 없다. 그렇기 때문에 효과적인 해석을 위해서는 항상 증빙이 필요하다. 사실, 해석에 대한 즉각적이고 극단적 지지("선생님이 절대적으로 옳아요. 어떤 일들이 벌어지는지를 이제는 제가 정확하게 알 수 있어요.")는 종종 저항의 한 형태를 나타내며, 그 연관성을 탐색하기보다는 회피하는 방법으로 사용된다. 해석에 대한 명백한 수용을 즉각적으로 표현하는 환자는 치료자의 제안이 매우 정확하고, 포괄적이며, 결정적이어서(실제로는 그런 경우가 발생하기는 어렵다) 더 이상 고려할 필요가 없다고 이야기한다.

반면에, 해석을 회피하기보다는 작업할 준비가 되어 있을 때, 환자는 무조건 동의하는 것이 아니라 관심을 가지고 반응하며("저는 이전에 그런 생각을 해 본 적이 없어요.", "선생님이 그 말을 했을 때 정말 불안했어요. 아마 그게 저에게 중요한 의미인 듯해요."), 자기성찰을 하고("그것 때문에 제가 새로운 사람들을 만나는 것을 그렇게 두려워했던 것일까요?", "그것 때문에 제가 학교에 다닐 때 한 선생님에게 같은 감정을 가졌던 것이 생각나네요."), 제안에 대한 의문을 품는다("선생님이 어떻게 그런 결론을 내렸는지 모르겠네요.", "그게 제 아내에 대한 감정을 어떻게 설명할 수 있나요?").

이는 환자가 해석에 대해 제기하는 질문과 관련하여 치료자가 이전 치료 내용에 근거하여 입증할 수 있어야 한다는 것을 의미한다. 물론 그런 질문들에 대해서는 환자에게 되물을 수도 있고("어떻게 생각하나요?"), 때때로 진심으로 정보를 요청하는 것이 아닌 저항의 표시로 받아들일 수도 있다. 그러나 환자가 자신에 대해 더 잘 이해하려는 과정에서 사소한 망설임이 있을 때마다 저항이 숨겨져 있다고 가정해서는 안 되며, 환자가 해석을 이해하고자 관련된 질문을 할 때 도움을 줄 수 있는 정보를 제공해야 한다. 남성에게 복종하는 역할을 하는 것처럼 보이는 여성 환자의 다음과 같은 사례에 대해 생각해 보자.

환자: 어떻게 그런 결론을 내렸는지 잘 모르겠어요.

치료자: 우리가 논의했던 아버지, 남편, 저, 이렇게 세 남자와의 관계에서 같은 양상이 나타나고 있어요.

환자: 무슨 말인지 조금 알 것 같아요. (멈춤) 그래요, 제가 그래요. 그런데 남편이 그렇게 잘하는데 제가 더 짜증을 내는 것은 어떻게 설명할 수 있죠?

치료자: 남편은 남자예요. 당신은 남성과의 관계에서 자기 스스로를 비하하고, 그러고는 남자들이 당신보다 우월한 위치에 있다고 원망하는 경향이 있어요.

환자: 그래요, 저는 남편을 원망해요. (멈춤) 그래서 남편이 더 잘할수록 저는 그를 더 원망하게 되는 것이겠네요. 그리고 그게 제가 하는 일이에요. 왜냐하면 저는 아버지에게처럼 남편을 기쁘게 하기 위해 남자에게 복종해야 한다고 느끼기 때문이네요. 그런 거죠?

이 예에서 해석에 관한 환자의 질문에 치료자가 추론의 모든 세부사항을 설명하지 않는다는 점을 주목하라. 그보다는 해석의 근거를 드러내고 그 의미에 대해 환자가 탐색해 보도록 촉진하는 정보를 제공함으로써 그녀의 주의를 환기시킨다. 환자가 그 해석이 자신에게 어떤 의미인지를 고민하기보다는 회피하기 위해서 지나치게 많거나 관련 없는 질문을 하는 것이 아닌 한, 치료자는 추가적이고 자세한 증빙을 통해 환자의 질문에 대답할 것이다.

치료자가 환자와 이전에 공유했던 정보로 해석을 증빙할 수 없다면, 잠정적 방식이 아닌 한 해석을 하지 않는 것이 최선이다. 나중에 정당화할 수 없는 해석을 확실하게 제시하게 되면 치료자는 부주의하고 사려 깊지 못한 것처럼 보이게 되고, 치료관계의 질과 해석의 잠재적 효과성 모두 그 과정에서 곤란해진다. 앞서 언급한 난폭한 분석 사례와 같이, 적절히 입증할 수 없고 절제되지 않은 해석을 제시하는 것은 치료자가 조심스럽게 피해야 하는 일이다.

이와 관련하여 특히 무분별한 분석에서 나타나는 다양한 형식은 해석기법이 잘못 적용됨으로써 효과적이지 못하여 치료 결과가 부정적일 수 있다. 이를 피하기 위하여, 치료자는 임상 실습과 문헌에서 적절히 시행된 해석적 심리치료 효과의 사례에 근거해야 한다. 부적절하게 시행된 심리치료는 치료자의 경험 부족이나 부적절함의 증거로 간주해야 하며, 그 방법에 대한 평가적 추론을 이끌어 내는 근거가 되어서는 안 된다.

해석의 용량

효과적 해석을 위해서는 환자가 받아들일 수 있는 해석 횟수인 적정량을 유지할 필요가 있다. 연달아 빠르게 해석이 제공되면 일반적으로 불안감을 유발하며 방어를 불러일으킨다. 점차로 불안감이 커지면 환자가 해석에 주의를 기울이는 데 방해받을 가능성이 높고, 방어가 커지면 치료과정에 참여하는 데 방해받기 쉽다. 해석은 환자가 불안을 감내할 수 있을 것이라고 여겨지는 때에 이루어져야 하며, 첫 번째 해석으로 인해 유발된 방어를 적절히 다룰 수 있을 때까지 두 번째 해석이 제공되어서는 안 된다. Langs, Bucci, Udoff, Cramer와 Thompson(1993)의 연구에 따르면, 치료자 개입의 횟수와 환자와의 소통 사이에는 역관계가 존재했다. 즉, 치료자가 해석을 더 많이 할수록, 환자는 그 해석을 탐색하는 데 덜 관여할 가능성이 높았다(이러한 쟁점과 화제에 대한 근거로는 Ackerman & Hilsenroth, 2001; Hilsenroth & Cromer, 2007을 참고).

또한 해석의 용량은 치료자가 유도하고자 하는 환자 반응의 유형에 따라 조절되어야 한다. 따라서, 환자가 말을 적게 하거나 덜 완전한 반응을 보이는 것을 유용하다고 느낀다면, 치료자는 더 많은 해석을 제공하는 것을 고려해야 한다. 그러나, 환자가 더 신중하고 자발적이기를 바란다면, 관찰과 명료화만 시행하고 해석을 피해야 한다. 이와 유사하게, 환자가 이해를 표현하거나, 불안이나 방어를 드러내거나, 치료관계에 대해 이야기하는 것이 도움이 될 것이라고 치료자가 생각한다면, 해석은 치료자가 선택할 수 있는 개입이 될 것이다. 환자가 최소한의 불안이나 방어심을 가지고 자유롭게 대화하는 것이 바람직하다고 치료자가 생각한다면, 해석 이외의 다른 개입을 선택해야 한다.

따라서 해석의 용량은 치료의 특정 지점에 개별 환자의 필요에 따라 달라진다. 다만 해석량에 대한 일반적 지침은 환자가 해석에 반응할 수 있는 기회가 제한적인 경우에는 치료자가 해석을 제공하는 것은 피해야 한다는 것이다. 면담의 초기와 중기에 이루어지는 해석은 환자가 그 의미를 탐색하고, 어떤 불편함을 주든지 간에 작업할 수 있게 하는 반면, 면담이 끝날 즈음에 전달된 해석은 치료자와 상의할 수 없는 상황에서 그 해석에 매달리게 하여 다음 회기까지 불필요하게 괴롭힐 수 있다.

환자가 스스로 해석의 의미를 탐색하고 해석과정에 필연적으로 수반되는 괴로움을 견뎌야 하는 것이 중요한 경우가 분명히 있을 수 있다. 그럼에도 불구하고, 해석에 대한 환자의 성찰은 치료자와 함께 성찰할 수 있는 적절한 기회와 더불어 이루어져야 하며, 그러한 기회를 대신할 수는 없다. 환자의 불편함은 부적절한 해석 시점 때문에 인위적으로 자극되는 고통이 아니라, 자신을 자세히 살펴보기로 한 스스로의 결정에 의한 자연스러운 결과로 나타나야 한다.

치료자는 치료 회기의 후반부에 몰아서 해석하는 것을 피해야 하며, 유사하게 치료가 중단되기 직전에 주요한 해석을 하는 것에 대해서도 신중해야 한다. 기타 치료과정 중에 휴가를 간다거나 중단이 예상될 경우, 중단 이전의 마지막 회기는 새로운 영역의 돌파구를 찾는 것보다는 검토 및 통합을 위해 더 많이 활용해야 한다. 환자 스스로는 종종 중단 이전의 회기가 새로운 문제와 우려를 제기하기에 좋은 시기가 아니라고 느끼며, 이러한 이유로 대화를 일상적이고 복잡하지 않은 문제로 제한할 수 있다. 치료자는 이런 상황에서 환자가 이끌어 나가는 대로 잘 따르고, 환자가 유보하고자 하는 것을 저항으로 해석하지 말아야 한다. 이에 대한 예외는 환자가 치료를 중단한 책임이 있는 치료자에게 표현되지 않은 감정을 보인다는 증거가 있는 경우이다. 그런 감정이 치료의 재개를 방해할 수 있는 부정적 전이 반응으로 치닫지 않도록, 완전히 탐색할 시간이 부족하더라도 신속하게 파악해야 한다. 이러한 상황에서 전이를 인식하고 이에 대응하는 것에 대해서는 10장에서 자세히 논의한다.

어떻게 해석할 것인가

치료자는 효과적 해석 양식을 유지하기 위해 제공하려는 해석에 대해 환자가 준비하도록 하고, 해석을 발전시키고 평가하는 데 환자의 참여를 격려하며, 해석을 가능한 간결하고 명확하게 표현해야 한다. 이런 지침을 준수하면 무엇을 언제 해석할 것인가에 대해 정확히 사전에 판단하여 해석할 가능성이 높아진다.

환자를 준비시키기

앞서 환자가 해석을 인식하기 직전일 때 해석을 제공하는 것의 중요성을 강조했다. 가장 효과적으로, 치료자는 표면 바로 아래, 또는 환자의 의식적 자각 바로 바깥에 있는 자료를 향해야 한다. 따라서 치료자의 효과적 해석 기법은 환자가 자신의 생각, 감정, 또는 행동을 의미 있게 해석할 수 있도록 자각으로 이끄는 단계를 밟는 것이다. 단순히 환자의 자기자각이 확대되기 직전까지 기다리는 것만으로는 시의적절하게 해석할 수 있는 기회가 적다. 대신, 치료자는 환자를 적합한 해석으로 이끌기 위해 체계적으로 작업해야 한다.

환자를 해석으로 이끄는 것은 대개 질문과 명료화에서 시작하여 직면을 거쳐 해석에 이르는 일련의 개입으로 이루어진다. 다음 대화는 그러한 순서가 어떻게 진행되는지 보여 준다.

환자: 영업 미팅을 할 때 좁은 공간에는 남자들이 빽빽하게 들어차 있었어요. 그리고, 슬라이드를 보려고 불빛을 어둡게 했어요. 정말 가슴이 답답해졌고 불안했어요.

치료자: 무슨 일이 있었나요? (질문)

환자: 참을 수 없었어요. 땀이 났고, 떨렸어요. 그래서 일어나서 자리를 떴어요. 걸어 나가는 동안 뜨거운 물속에 있는 것 같았어요.

치료자: 너무 불안하고 화가 나서 그 방에 머무를 수가 없었나 보네요. 밖으로 나가면 불이익이 될 것이라는 것을 알면서도요. (명료화)

환자: 예, 맞아요. 무엇 때문에 그렇게 괴로워서 그런 바보 같은 행동을 했을까요?

치료자: 예전에 군대와 대학 기숙사의 비좁은 숙소에서 다른 사람들과 함께 있을 때 화가 났었다는 이야기를 한 적이 있었죠. (직면)

환자: 맞아요. 이번 영업 미팅에서와 같았죠.

치료자: 제 기억이 맞다면, 남자와 여자가 섞여 있는 경우에는 아무리 혼잡한 상황에서 가까이 있었을지라도 그런 일은 일어나지 않았어요. (심화된 직견)

환자: 음… 예, 맞아요.

치료자: 다른 남자들과 신체적으로 밀착되는 것, 특히 어두운 상황에서는 뭔가 나쁜 일이 일어날 것 같아 두려워하는 것 같아요.

환자: (잠시 침묵) 그게 맞는 것 같네요. 물리적으로는 다른 남자들을 두려워하지 않아요. 혹시 이게 성적인 것일까요? 동성애적인 일이 벌어질 것 같은 거에 대해 두려워하는 걸까요?

이 예는 해석과정의 몇 가지 일반적 특징을 보여 준다. 첫째, 치료자가 극적 결론을 내리고 환자가 그에 대해 칭찬과 감사를 드러내는 것으로 끝나지 않는다. 심리치료의 현장에서 그런 드라마 같은 경우를 찾는 임상가는 거의 찾아볼 수 없다. 대신 보고된 경험(어둡고, 혼잡하고, 남자들만 있는 공간에서 느끼는 환자의 불안감)에서 경험과 직면의 명료화(환자의 생활 속에서 다른 경험과의 유사성에 초점을 맞추는 것)를 거쳐 환자가 이전보다 자신을 좀 더 온전히 이해하는 쪽으로 한 발짝 내딛는 것까지(그가 다른 남성들과 근접하는 상황에서 나쁜 일이 일어날지도 모른다는 공포를 느낀다는 명백한 사실) 서서히 진행된다.

둘째, 해석은 이전에 한 말을 요약할 뿐만 아니라 새로운 질문을 자극한다("이게 성적인 것일까요?"). 일단 환자의 의식적 자각 밖의 연결 또는 관계에 대한 해석이 시행되고 받아들여지면, 추가적 해석의 기반을 마련하는 데 도움이 되는 직면이 기능할 수 있게 된다. 앞의 예에서 치료자는 다른 남자에게 너무 가까이 있을 때 환자가 확연한 공포를 느낀다는 점을 지적하기만 했다. 그다음에 환자가 이 해석에 동의하고, 이를 새로운 주제, 즉 동성애적 우려의 가능성을 제안하는 근거로 활용하여, 추가 질문, 명료화, 직면과 해석의 과정이 진행될 수 있다(아마 "그 가능성에 대하여 어떻게 생각하나요?"로 시작할 것이다).

셋째, 해석을 통합하고 그 함의를 탐색하기 시작하는 환자의 활동 범위에 주목하라. 치료자는 이용 가능한 제안된 정보에 비추어 "그런 상황에서 불안하게 했던 동성애적 행위에 대해서 걱정하는 것이 있나요?"라고 해석을 확장할 수 있다. 그러나 그렇게 하는 것은 필요하다거나 생산적이라기보다는 해석적 비약일 것이다. 효과적인 해석과정에서는 이 경우처럼 환자 스스로가 다음 단계로 넘어간다. 해석 순서가 너무 빗나가거나 환자가 자발적으로 해석하기에는 과도한 불안이 야기된다면, 치료자가 환자를 밀어붙이려고 노력할 때 진척되기보다는 저항을 불러일으킨다. 게다가 환자가 준비된 정도를 넘어서서 치료자가 해석의 의미를 밀어붙이려고 한다면, 해석과정에서 존경받는 동반자로서 환자의 참여를 촉진하기보다는 포기하게 만들 것이다.[9]

환자의 참여를 조성하기

해석과정에서 환자의 적극적 참여는 해석과 치료관계의 본질을 모두 적절한 관점으로 유지하기 위해 필요하다. 해석은 결국 대안적 가설이다. 해석은 환자가 그 자신과 경험을 보는 다른 방법들을 제안한다. 만약 해석이 적절하다면, 환자의 현재 시각보다 환자의 기본적 성격, 현재의 감정 상태, 그리고 과거의 역사와 더 일치한다. 하지만, 해석을 효과적으로 만드는 것은 해석에 대한 치료자의 표현이 아니다. 환자가 해석이 자신에게 어떤 의미이며 자신에 대해 얼마나 더 잘 이해하게 되었는지 명확하게 말할 수 있을 때 해석이 효과적이라고 할 수 있다. 환자가 해석을 발전시키고 평가하는 데 참

....

9 점진적으로 보다 관통하는 개입의 해석적 순서를 적용하는 것은 정신역동적 심리치료에서 오랫동안 자리를 잡아왔다. Bibring(1954), Glover(1955), Greenson(1967), Oremland(1991), Samberg와 Marcus(2005)는 이에 대해 더 자세히 논의했다. McCullough와 Winston(1991)이 보고한 연구에서, 해석 준비를 위한 주의 깊은 경청과 명료화는 그렇게 하지 않을 때보다 환자들이 덜 방어적이고 더 영향력 있게 참여하는 데 도움이 되는 것으로 밝혀졌다[이 쟁점에 대한 논의는 Glouberman(2005)을 참조하라].

여하지 않았는데 해석이 효과적이라고 입증되는 경우는 드물다.

해석이 선언이 아니라 대안적 가설이라는 점을 고려할 때, 심리치료를 받는 환자는 강의를 듣는 학생이 아니라 모험을 하는 동반자이다. 환자는 해석의 정확성과 유용성을 판단할 자격이 있을 뿐 아니라 해석에 도달해야 할 책임감을 공유한다. 환자가 해석과정에 적극적으로 기여할 때, 자신이 자기 운명의 희생자가 아니라 자기이해를 생성하고 주인이 될 수 있다는 의식이 높아진다. 환자가 해석을 진술하는 데 참여하게 되면, 완성된 형태로 주어진 해석보다 그 효과가 더 크며 지속성을 갖는다. 환자가 해석과정에 적극적으로 참여하는 것을 막으면, 환자 자신의 아이디어를 구성할 수 있는 귀중한 기회를 박탈하고 치료자가 환자를 비하하거나 가르치려 드는 것으로 인식될 수 있다.

해석과정에서 환자의 역할은 4장에서 언급된 경험하는 자기와 관찰하는 자기의 구분을 통해 더 잘 이해할 수 있다. 그 차이를 요약하면, 사람들은 자신이 경험하는지 혹은 자신을 관찰하는지에 따라 서로 다른 것을 느끼며, 일반적으로 두 가지 작동 방식 사이에서 유연한 균형을 잡을 때 의미 있는 삶이 된다. 자기관찰이 지나치면, 자의식이 마비되고 자발성이 사라져서 무언가를 생각하고, 느끼며, 행하는 것에 대해 즐거움을 느끼기 어렵다. 자기경험이 너무 과하면, 결과나 의미를 고려하지 않고 생각, 감정, 행동에 대해 무비판적으로 몰입한다. 심리치료에서 해석이 환자에게 개인적 의미를 부여하고 의식에 확고히 뿌리를 내린 이해를 이끌어 내기 위해, 환자는 상황에 따라 활용할 수 있는 자기 성격의 경험하는 부분과 관찰하는 부분 모두를 갖추어야 한다.

해석과정을 준비할 때, 치료자는 환자가 명료화, 직면과 해석의 주제가 될 사건을 느끼고 보고하는 데 도움이 되도록 환자의 경험하는 자기를 강조할 필요가 있다. 그러나 일단 해석을 위한 충분한 근거가 준비되면, 치료자는 초점을 전환하고 환자가 해석과정에 참여하도록 환자의 관찰하는 자기와 동맹을 구축할 필요가 있다.

그러한 동맹을 구축하기 위해서 치료자는 먼저 보고된 경험에 대해 특정한 인상을 형성했다고 알릴 필요가 있다. 이것을 분명히 한 후, 자신을 관찰자로 참여시킴으로써 환자가 이 인상을 평가하는 데 함께 할 수 있다고 알릴 수 있다. 심리치료에서 환자가 관찰자와 경험자로서 모두 기능하도록 장려함으로써, 치료자는 해석과정에 환자가 적극적으로 참여하도록 한다. 여성 환자와의 다음 대화는 관찰하는 자기를 활성화하고 참여하도록 노력한 사례이다.

환자: 왜 사람들이 항상 저를 이용하는지 알고 싶어요. 그래서 제가 원하는 방식 대신에 그 사람들의 방식대로 일을 처리하게 되는지 이해할 수 있으면 좋겠어요.

치료자: 당신의 이야기를 들어 보면, 당신은 이용당하는 것이 아니라, 무엇을 하고 싶고 어떻게 하고 싶은지 말하지 않고 항상 다른 사람이 하는 말에 따르는 것처럼 보이네요. 당신이 그렇게 보고 있는 것이 맞나요? (환자가 이용당한 경험과 관찰하는 자기를 분리하도록 초대하여, 환자가 치료자와 함께 그것을 관찰할 수 있도록 함)

환자: 음, 그렇게 생각해 본 적이 없어요. 근데 아마 그런 것 같아요. 저 자신을 위해 결정을 내리지 않고 사람들이 저를 위해 결정을 내려 주길 바랐던 것 같아요.

치료자: 그래서 당신은 수동적인 희생자는 아니에요. (환자가 이전에는 대인관계에서 어려움을 겪는 데 자신의 잘못은 없다고 생각했으나, 어쩌면 환자 스스로가 초래하고 있는지도 모른다는 점을 고려해 보도록 함)

환자: 예. 그렇게 생각해 본다면, 제가 의견을 강하게 표현하지 않거나 결정사항에 영향을 주지 않으려고 하면서 상황이 악화되는 것 같아요. 왜 사람들, 특히 친구들에게 제가 정말 느끼거나 원하는 것을 말하지 않으려 할까요?

치료자: 어떤 이유 때문일까요? (환자의 관찰하는 자기가 이 과정에서 활성화되었고, 자신에 대해 뭔가 새로운 것, 즉 타인에게 종속되는 것이 부분적으로는 그녀가 초래한 것이란 점을 알 수 있는 기회에 참여하도록 돕는다. 환자는 대인관계에서 보이는 수동성이 어떤 방어적 목적으로 작용하고, 자기주장과 관련된 불안을 회피하기 위해 스스로 주장하지 않았다는 것을 인식하기 직전이다. 그리고 "어떤 이유 때문일까요?"는 갈등 방어를 탐색하도록 하기에 충분하다.)[10]

환자가 해석과정에 참여하도록 촉구하는 추가적인 기술로써, 치료자는 부분적 해석이 유용하다는 것을 흔히 발견하곤 한다. 부분적 해석은 축약된 불완전한 해석을 제공하는 것으로, 환자가 나머지 부분을 제공하도록 유도한다. 앞의 사례에서 치료자가 "그래서 당신은 수동적인 희생자는 아닙니다."라는 진술은 부분적 해석이다. 이 지점에서 완전한 해석은 "다시 말하자면, 당신은 다른 사람들이 당신에게 하는 일의 수동적인 피해자는 아닙니다. 당신은 강하게 의사표현을 하거나 의사결정에 영향을 주려고 노력하지 않았죠. 당신이 결정 내리는 것을 피하기 때문에 다른 사람들이 당신을 대신해서 결정을 내리는 것이에요."이다. 그러나, 실제로 치료자는 다소 생략된 진술인 "그래서 당신은 수동적인 희생자는 아닙니다."라고 진술했고, 그 환자는 참여하여 자신의 말로 해석의 나머지 부분을 표현했다.[11]

부분적 해석은 비록 그것이 가리키는 완전한 해석이 정확하고 시의적절하더라도 항상 성공적이지는 않다. 때로 환자는 완전한 해석에 직면하기를 꺼려서 뒤로 물러서기도 하며, 의존하거나 남이 대신하기를 바라면서 자신의 책임을 회피하고 치료자가 더 많은 일을 하기를 기다린다. 이런 상황에서

....

10 이 예시는 환자의 관찰하는 자기를 경험하는 것에서 분리시키는 심리치료의 중요성을 강조한 최초의 작가 중 한 명인 Fenichel(1941, p. 77)이 제공한 방어 해석 지침에 부분적으로 기초하고 있다.

11 부분 해석의 본질과 유용성은 Glover(1955)가 '미완결된 해석(incomplete interpretation)'으로, 그리고 Blanck와 Blanck(1994)이 '단편적 해석(piecemeal interpretation)'으로 논의했다.

부분적 해석에 더해 환자가 완전한 해석을 하도록 하는 추가 언급이 필요하다. 이전의 상호작용은 다음과 같은 과정을 밟았을 수 있다.

치료자: 그래서 당신은 수동적인 희생자는 아닙니다.

환자: 무슨 뜻이죠? (치료자는 침묵을 지킨다.) 오, 제가 이 상황을 스스로 악화시킬 수도 있다는 뜻인가요? 어떻게 그렇게 볼 수 있지요?

치료자: 누군가는 결정을 내려야 합니다.

환자: 내가 강한 의견을 표현하지 않아서 결국 다른 사람이 그렇게 한다는 말씀이네요. 그럼 왜 저는 강하게 의사 표현을 하지 않는 것인가요?

치료자: 이유가 뭘까요?

환자: 무슨 말인지 알 것 같네요. 내가 진짜 뭘 느끼거나 원하는지 사람들한테 말하는 걸 피하기 때문이라는 이유인 것 같아요.

치료자: 말씀하신 그런 이유 때문인 것 같네요.

이 두 번째 가상의 대화는 앞서 제시한 첫 번째 실제로 이루어진 대화와 비교할 때 몇 가지 유익한 대조점을 제공한다. 환자는 자신의 행동에 대해 민감하고 방어적 측면을 탐구할 준비가 되어 있는 것처럼 보인다. 그러나, 저항 혹은 전이 때문이든, 그녀는 그렇게 빨리 움직일 준비가 되어 있지 않다. 그녀는 치료자가 해석을 통해 도와주기를 원한다. 치료자는 그러한 도움을 주지만, 환자의 적극적 참여를 막는 것은 아니다. 대신에, 치료자는 먼저 침묵으로 부분적 해석을 했고, 그다음에 두 개의 다른 진술("누군가는 결정을 내려야 합니다."와 "이유가 뭘까요?")을 통해 점차 예시와 같은 반응을 이끌어 낸다. 이 과정의 마무리에서는 치료자가 환자의 말("말씀하신 그런 이유 때문인 것 같네요.")을 반복하는데, 이는 추가적 자기탐색을 장려하는 데 유용한 전술이 될 수 있다.

부분적 해석 기법은 얻는 것은 많고 잃을 것은 거의 없다. 만약 그것이 앞의 두 가지 예 중 첫 번째 예처럼 즉각적이고 완전한 반응을 유발한다면 시간이 절약되고, 환자는 자기이해를 표현하는 유익한 경험을 할 수 있다. 만약 부분적 해석이 두 번째 예처럼 즉각적 반응을 일으키지 않는다면, 추가 언급이나 설명으로 쉽게 보충될 수 있다. 일련의 생략된 진술을 통해 점진적으로 해석을 도출하는 후자의 과정은 치료자에게 인내심을 요구하지만, 일반적으로 환자의 저항을 최소화하고 해석과정에 대한 적극적 참여를 조성하기 위해 필요한 것 이상은 아니다. 더욱이 해석이 부정확하거나 그 시점이 좋지 않은 경우, 부분적 진술로 접근하는 것이 치료자가 오류를 인식하고 수정하는 데 도움이 된다.

해석의 표현

해석은 환자에 대한 합리적이지만 논란의 여지가 없는 추론으로 구성되며, 앞서 언급한 바와 같이 그 효과는 환자가 자신을 인식하는 데 얼마나 적극적으로 참여하느냐에 따라 달라진다. 따라서 해석은 잠정적이고, 불확실성보다는 가능성의 언어로 표현되어야 하며, 의도한 메시지를 전달하고 환자의 반응을 유도하는 데 필요한 단어만으로 간결하게 구성되어야 한다.

잠정적으로 해석을 표현하기 해석을 효과적으로 표현할 때 가장 중요한 사항은 선언보다는 잠정적으로 진술하는 것이다. 선언은 오류의 여지를 남기지 않고, 치료자가 전지전능하다는 것을 암시하며, 환자를 수동적인 수용자로 격하한다. 치료자는 가능성이나 개연성을 의미하는 몇몇의 단어들, 예를 들어, "마치 … 같네요.", "아마도", "…한 느낌이 드네요.", "…인지 궁금해요.", "혹시 …일까요?", "그렇다면 아마도 …", "아마도 그런 이유 때문에 …" 등을 붙여서 자신의 해석이 원치 않는 영향을 주는 것을 피할 수 있다.[12]

....

12 Jones와 Gelso(1988)의 연구에 따르면, 환자는 일반적으로 확정적 용어로 표현된 해석보다 잠정적

이렇게 도입된 해석은 대안의 가능성을 열어두고, 환자가 가능하거나 개연성 있는 것 외의 대안도 고려하도록 한다. 환자는 잠정적으로 해석이 이루어지고 있다는 것을 인식하지 못하거나, 혹은 자신이 해석을 평가하도록 초대받고 있다는 것을 깨닫지 못할 수도 있다. 그 대신에 환자는 "치료자가 보기에 그런 것 같다면, 아마도 그럴 것이다."라고 암시하는 식으로 반응할 수도 있다. 직접적이든 암시적이든 이러한 묵인은 즉각적 개입을 요구하며, 이를 통해 환자가 해석과정에서 비활동적 역할로 빠져들지 않게 해야 한다. 상황에 따라, 이 개입은 환자 행동의 과정이나 반응의 내용을 목표로 할 수 있다.

예를 들어, 과정 수준에서 추가 언급 없이 해석에 대해 묵인하는 것은 치료자에 대한 순종이나 치료에 대한 저항을 반영할 수 있다. 내용 수준에서 환자가 잠정적 해석을 수동적으로 지지하는 것이라면, 치료자는 "내가 그렇게 생각한다고 그게 사실은 아니다."라고 말하는 것처럼 심리치료를 받는 환자에게 기대되는 적극적 역할을 다시 강조하는 것을 고려해야 한다. 이런 표현은 치료자가 ① 모든 것을 아는 것이 아니며, ② 결론은 오직 환자의 추정으로만 도출될 수 있다는 것이고, ③ 해석의 정확성을 탐색하는 단계는 환자에게 달려 있다는 것을 의미한다. 만약 이러한 생략된 진술이 그것이 의도한 모든 요점을 즉시 이끌어 내지 못한다면, 한 번에 하나씩 환자에게 맞는 속도로 진행될 수 있다.

그러한 생략된 진술과 부분적 해석은 대개 완곡어법이 아닌 단도직입적으로 제시되기 때문에("내가 그렇게 생각한다고 그게 사실은 아니다." 또는 이전의 예에서 "따라서 당신은 수동적인 피해자가 아니다."), 잠정적으로 제공되는 해석과는 다르다.

....

으로 전달된 해석을 더 긍정적으로 보는 경향이 있다. 유사하게 Bischoff와 Tracey(1995)는 지시적인 치료자의 행동이 환자의 저항을 증가시키는 경향이 있음을 발견했다. 그럼에도 이 장의 앞부분과 Oremand(1991, 3장)가 언급한 바와 같이, 치료자가 해석에 대해 확신하고 그것이 이전에 입증된 것이라면, 해석 표현을 어느 정도 강하게 하기도 한다.

이러한 구별을 자세히 설명하자면, 생략된 진술과 부분적 해석은 치료자가 상당히 확신하는 정보로 구성되며, 환자가 자신의 경험을 관찰하도록 하기 위한 것이다. 해석은 환자와 치료자가 관찰에서 공유한 경험의 의미를 제안하기 위한 추론이다. 치료자는 환자가 그 자신을 더 완벽하게 관찰하도록 격려함으로써 더 나은 자기이해로 인도할 때 확실히 도움이 될 수 있다. 그러나 이러한 이해를 전달하려고 시도할 때가 되면, 분명한 선언보다는 절제된 제안이 더 권장된다.

해석을 잠정적으로 표현하기 위해 노력할 때, 치료자는 스타일을 바꾸도록 주의해야 한다. 만약 모든 해석을 "그럴 수 있을까요?"라거나 "마치 … 같네요."라고 이야기한다면, 그들의 작업은 자동적이며 정형화된 성질을 띠게 될 것이다. 정형화된 치료자의 행동으로 인해 환자는 치료자가 말하는 것보다는 그의 기법적 측면을 더 의식하게 될 수 있다. 또한, 치료자가 정형화된 역할을 수행하는 것으로 인식될수록, 환자의 요구에 관심이 없고 민감하지 않은 것으로 보인다. 반복적 표현의 패턴에 빠지는 것은 치료자에게도 부정적 영향을 미칠 수 있는데, 고장 난 레코드판처럼 혼잣말을 하면 지루하고 부주의해질 수 있기 때문이다. 따라서 치료자는 해석을 제공하거나 다른 개입을 하는 경우 적합한 여러 표현 방법을 번갈아 사용해야 한다.

간결하게 해석하기 이전에 언급한 바와 같이, 치료자는 환자가 자신에 대해 의미 있게 이야기하는 데 필요한 만큼만 말하는 것이 유용하다. 치료자의 말 그 자체가 중요한 것은 아니다. 그것은 환자가 치료의 목표를 성취하는 데 도움이 되는 한에서 중요하다. 지식의 향연은 강의실에나 있는 것이지 치료실에 있는 것은 아니다. 치료자가 그 주제에 대해 더 적게 이야기할수록 시간이 더 많이 남기에, 환자는 그것에 대해 더 많이 이야기하게 된다. 그리고 환자는 이야기를 하면서 치료에 참여하고 자신에 대해 더 잘 이해하는 방법을 배우게 된다. 치료자가 장황하게 말이 많으면 환자가 치료과정에 참여

하는 것을 제한하며, 심리치료의 진전에 장해가 된다.[13]

해석의 효과 판단

해석이 효과적일 때 환자는 그것을 수용하고, 이해하며, 추가적 자기탐색의 자극으로 사용한다. 해석이 효과적이었다는 세 가지 표식 중 첫 번째가 가장 중요하다. 환자가 해석의 내용을 자기의 일부로 경험하는 경우에만 해석의 증거를 재구성하거나 현재나 미래의 삶에 대한 시사점을 고려하여 지속적 이익을 얻을 수 있다. 만약 이런 수용이 일어나지 않는다면, 해석의 이해나 활용은 성격역동에서 추상적 연습에 지나지 않을 가능성이 있으며, 실제로 어떠한 자기자각도 증가하지 않을 것이다.

해석이 수용되는가?

환자가 해석을 수용했는지 여부는 일반적으로 환자가 해석에 어떻게 반응하는지로 드러난다. 예를 들어, 어떤 해석에 대해 "네, 맞는 것 같네요." 또는 "당신이 한 이야기가 저도 옳은 것처럼 보여요."라고 반응하는 환자를 생각해 보자. 이런 언급은 대개 해석에 동의하는 것을 나타내며, 특히 두 번째 유형의 언급은 그 해석이 자신과 일치한다는 것을 시사한다. 그러나 이러한 호의적 반응이 심리치료에서는 때로 다른 두 가지 이유로 나타난다.

첫째, 특성상 순종적이거나 치료자의 호의에 관심이 있는 환자는 치료자의 언급이 무엇이든 묵인할 수 있다. 이러한 상황에서 "예"라는 답변은 환

....

13 7장에서와 같이, 심리치료에서 효과적 의사소통에 대한 Wachtel(1993)의 의미 있는 기여에 주목해야 한다. 그의 책에서는 치료자 개입의 적절한 표현에 대한 수많은 지침을 기술하고 설명했다. Sachs(1993), Ackerman과 Hilsenroth(2003)는 치료자 진술의 간결성, 명확성, 단순성이 환자가 그 진술을 효과적으로 활용할 가능성을 높인다는 연구를 발표하고 개관했다. 특히 짧은 진술은 치료과정에 영향을 미치는 것으로 나타났으나, 긴 진술은 심각한 부정적 영향을 미치는 것으로 나타났다.

자가 반드시 해석에 동의한다는 것이 아니라 단지 치료자와 다른 견해를 갖고 싶어 하지 않는다는 것을 의미한다. 둘째, 단순히 다른 사람이 말하는 것에 동의하여 불쾌한 논쟁을 끝내려고 하는 것처럼, 특히 위협적 해석을 접한 환자는 쟁점사항을 마무리 짓기 위해 그것에 동의할 수 있다. 따라서, 치료 과정에서 치료자가 보이는 인내와 끈기를 충분히 경험하기 이전의 환자는 반갑지 않은 해석을 인정할 수도 있다. 이는 그것을 수용해서가 아니라, 그렇게 함으로써 단순히 그 주제에 대한 논의를 끝내기를 기대하기 때문이다.

"예"라고 말하는 것이 동의가 아닌 다른 것을 의미한다는 것은 보통 환자의 행동에서도 발견된다. 동의가 성찰 없이 너무 쉽게 이루어지거나 열정 없이 마지못해 이루어질 때, 해석에 대한 동의는 사실로 들리지 않는다. 또 다른 경우, 환자가 진정한 동의 없이 치료자의 취향에 맞추고자 동의를 표하려는 태도를 때때로 치료자는 감지할 수 있다.

과정뿐 아니라, 환자가 그다음에 말하는 것은 해석에 대한 동의의 진솔성과도 관련이 있다. 해석이 경험과 일치하는 것으로 인정되면 새로운 연관성을 자극하고 환자를 이전에 탐색해 보지 못한 영역으로 안내할 것으로 기대된다. 환자가 해석에 동의하지만 그것과 관련되거나 그것에 의해 제안된 생각이나 사건을 자발적으로 보고하지 않고 포기할 때, 해석은 환자의 저항 때문에 혹은 잘못 인식되었거나 적절한 시점이 아니거나 어색하게 표현되었기 때문에 아마도 진정으로 받아들여지지 않을 것이다.

환자가 정확하다고 인식하는 해석에 동의하지 않을 때도 있다. 예를 들어, 인격적으로 완고하거나 자기애적이거나 치료자에 대해 부정적으로 느끼는 반의존적(counterdependent) 환자, 또는 환자에게 이야기한 것의 의미에 화가 나서 다른 사람들에게 동의하기 싫어하거나 치료자에게 만족감을 주는 것에 분개하기 때문에, 그리고 관련된 주제에 대해 더 이상 논의하기를 피하고 싶기 때문에 해석을 거부할 수 있다. 특히 환자가 그 해석이 재고의 여지 없이 의미가 없다는 식으로 그것에 대해 성찰하기를 거부한 경우에는 환자가 거부한 해석이 실제로는 정곡을 찔렀을 가능성이 있다.

해석이 이해되는가?

해석의 효과를 판단하기 위한 두 번째 기준으로 돌아가면, 환자는 해석에서 무엇이든 배우기 위해 해석을 이해할 필요가 있다. 해석을 이해한다는 것은 해석의 증거가 어떻게 서로 들어맞는지, 그리고 그 해석이 이전에는 이해하기 어렵거나 설명할 수 없는 생각, 감정 또는 행동을 어떻게 설명할 수 있는지를 인식할 수 있다는 것을 의미한다. 해석을 이해한 환자는 일반적으로 자신의 말로 해석을 요약하는 방식으로 자신이 이해했다는 것을 알려준다.

> 잠깐 생각해 볼게요. … 네, 이제 알겠어요. 제가 그에게 못되게 굴어서 그를 쫓아내게 했지만, 그에게 화가 난 것은 아닌 거예요. 다만 그 사람에게 기회를 주면 그가 저를 실망시킬까 봐 걱정했을 뿐인 거예요. 회기 중에 이와 같은 일이 네다섯 번쯤 나왔던 것 같아요. 그런 걸 보면 이야기하신 것이 맞는 것 같네요. 다른 사람이 절 좋아하지 않거나 거부하는 것에 대해 두려움이 있어요. 그래서 내가 먼저 거부해서 스스로를 보호하나 보네요. 그런 이유 때문에 친구를 만들고 사귀지 못했던 것 같아요. 왜 친구를 사귀고 유지하려고 노력하는 데 서툰지에 대해 많은 것을 설명할 수 있을 거예요.

치료자는 환자가 해석에 반응하여 이해의 기미를 보이는 것에 귀를 기울여야 하며, 만약 그런 기미가 자발적으로 나타나지 않는다면 이끌어 내려고 노력해야 한다("그 가능성에 대해 당신이 어떻게 생각하는지 궁금하네요.", "그런 연결이 어떤 의미인지에 대해서 아무 말도 하지 않았어요."). 해석에 대한 기본적 수용이 없는 상황에서 이해했다고 이야기하는 것이 공허하다는 점은 이미 지적되었다. 마찬가지로, 해석이 받아들여지더라도 해석에 대한 이해를 보여 줄 수 없다는 것은 효과적으로 해석하기 위해 더 많은 작업이 필요하다는 것을 의미한다.

수용된 해석에 대한 이해가 제한적이라는 것은 방금 언급했던 것처럼 환자가 다른 이유 때문에 해석에 동의했다는 것을 의미할 수 있다. 만약 그렇다면, 치료자는 환자의 솔직한 반응은 "아니요"였지만 왜 "예"라고 말했는지에 대해서 탐색할 수 있을 때까지 추가적 해석을 연기할 필요가 있다. 그러나 또 다른 가능성으로 수용된 해석을 이해하지 못하는 경우가 있을 수 있다. 이는 환자의 경험하는 자기가 관찰하는 자기보다 일시적으로 앞설 때 발생할 수 있다. 즉, 환자가 해석을 자신의 특성에 "딱 맞는 느낌"이라고 갑자기 느끼지만 왜 옳은지 정확하게 지적할 수 없는 경우이다.

해석이 "딱 맞는 느낌"이라고 느껴지는 것이 그 정확성에 대한 강력한 증거이기는 하겠으나, 환자의 추론과 관찰의 힘이 영향을 미치기 전에는 해석이 완전히 효과적일 수 없다. 정서적 경험은, 그것이 아무리 강력하다고 해도, 순간적인 것이다. 사람들이 경험으로부터 배우기 위해서는 왜 그것을 경험하는지, 그 경험이 무엇을 의미하는지, 그리고 한순간의 경험이 다음 경험에 어떤 의미를 갖는지를 경험할 뿐 아니라 이해해야 한다. 때때로, 치료자는 정확하고 적절한 시점, 그리고 잘 표현된 해석에 대한 이해를 조성하기 위해 추가 질문, 명료화 및 직면을 사용할 수 있다. 기본적으로 치료자는 환자가 해석을 이해했다고 표시함으로써 수용한 바를 보완할 수 있을 때까지 해석이 효과적이었다고 생각해서는 안 된다.

해석이 사용되는가?

해석의 효과에 대한 세 번째 단서는 환자가 해석으로 인해 자신에 대한 새로운 아이디어를 창출하도록 자극받거나 이전에 치료에서 다루지 않았던 삶의 측면을 탐구하기 시작하는 정도이다. 일단 수용되고 이해되면, 해석은 자기이해의 새로운 길로 이끌며, 환자는 일반적으로 호기심, 당혹감, 불안과 열정의 혼합으로 이러한 길로 들어간다. "그것 덕분에 내가 전에 생각하지 못한 것을 생각하게 되었어요.", "그것이 많은 것들을 설명하는 데 도움이 될 것이기 때문에 기분이 좋아졌어요.", "내가 이런 상황을 어떻게 다뤄왔는지 조금 더 이해할 수 있게 되었어요. 그래서 내가 어떻게 이런 방식으로 해 왔는지 조금 더 알고 싶어요.", "내가 어떤 종류의 사람인지를 알아가게 된다는 것이 좀 불편하네요."라는 방식으로 환자는 해석에 동의하는 이야기를 한다. 그리고 환자의 이런 의견에 치료자는 귀를 기울여야 한다.

만약 해석이 자신을 새로운 방향으로 이끌고 있다고 표시하는 식으로 환자가 반응하지 않는다면, 해석적 노력이 충분히 효과적이지는 못했을 것이다. 치료자는 환자가 해석을 이해하는 것을 도울 수 있지만 그것에 동의하도록 강요할 수 없는 것처럼, 해석이 환자를 어딘가로 이끌도록 강요할 수도 없다. 해석의 수용과 활용은 환자에게서 나와야 한다. 수용적인 마음 체제(frame of mind)에 있는 것처럼 보였던 환자가 그러한 긍정적 반응을 보이지 않는다면, 그 해석은 아마도 부정확하거나 부적절하게 제시되었을 것이다. 이러한 상황에서 치료자의 유일한 방법은 그것을 내려놓고 다음번 해석 과정을 밟을 때 더 잘 수행하는 것이다.[14]

해석의 훈습

강의실에서 하나의 설명이나 예를 바탕으로 학습이 이루어지는 경우가

....

14 심리치료 연구에 관심이 있는 독자를 위해, 해석의 효과성을 판단하는 방식이 자칫 순환 논리처럼 보일 수도 있음을 명확히 할 필요가 있다. 앞선 문단들이 "효과적 해석이란 환자가 그것을 수용하고 이해하고 활용하는 것이며, 해석의 효과성은 수용되고 이해되며 생성되는 정도에 따라 판단되는 것이다."로 읽힌다면, 이는 효과성을 동어반복적으로 정의한 것으로써 이에 관한 적절한 연구를 불가능하게 하고 가설을 반증할 방법도 없게 한다. 그렇기에, 해석의 효과성이라는 개념을 그것의 영향을 평가하는 동일한 준거와 묶어서는 안 되며, 그럴 경우 연구의 독립변인과 종속변인이 오염될 것이다. 앞선 문단들의 요점은 정확하고, 시의적절하며, 신중하게 숙고된 해석이 환자의 동의와 이해, 그에 따른 생산성을 통해 효과적인 것으로 나타날 가능성이 높다는 것이다. 이러한 구분을 활용하면 해석 과정의 효과성에 대한 연구에서 해석 자체의 특성과 그에 대한 환자의 반응을 분리하여 측정하는 것이 가능해진다.

없듯이, 심리치료에서 자신에 대한 학습도 처음 한 번의 해석으로 성립되는 경우는 거의 없다. 수용되고 이해되는 해석조차도 환자가 그것을 처음 들었을 때에는 가능성이 있다는 상태 이상에 도달하지 못한다. 수년간 자신과 자신의 경험에 대해 어떤 특정한 견해를 갖고 있던 사람이 대안적 견해를 제안받자마자 이를 받아들이는 경우는 거의 없다. 대신, 대안적 견해는 일반적으로 환자가 자신이나 행동의 일부 측면을 더 잘 이해하도록 도울 때마다 여러 경우에 반복될 필요가 있다. 이러한 방식으로 대안적 관점은 점진적으로 이전의 관점을 대체하여 지속적으로 타당성이 발전하게 된다. 이러한 과정을 훈습이라고 한다.

훈습은 ① 처음 제안된 사건을 설명하는 데 타당도를 확립하고, ② 고려할 대상이 되는 새로운 사건으로 적용 가능성을 확장하기 위해 정기적으로 반복되는 해석으로 구성된다. 이런 반복을 통해 환자는 원래 맥락에서 해석을 재평가하고 관련된 새로운 맥락에서 해석을 검증할 수 있다. 해석과정의 다른 측면과 마찬가지로, 훈습은 환자와 치료자의 공동 책임이다. 어떤 경우에는 환자가 자발적으로 훈습을 수행하기도 하고, 어떤 경우에는 치료자가 주도하기도 한다. 누가 훈습을 시작했든, 환자는 스스로의 표현으로 해석에 대한 이해를 마무리해야 한다.[15]

훈습과정을 자세히 설명하기 위해, 치료자의 도움을 통해 자기 잠재력의 한계에 도달할 수 있는 어떤 것에 대해서도 갈망해 본 적이 없다는 것을 자각하고 이에 대해 논의하고 있는 남성 환자에 대해서 생각해 보자. 그는 치료자의 도움을 받아 자신이 너무 실패를 두려워해서 성공을 확신할 수 없

....

15 훈습이라는 주제에 대한 확장된 논의는 Brenner(1987), Fialkow와 Muslin(1987), S. Freud(1914/1956), Greenson(1965a), Hoens와 Pluth(2004), Sollars(2004), Wolberg(1988, pp. 819-832)를 참조하라. Luborsky(1996)는 환자의 핵심적 대인관계 갈등에 대한 숙달이 어떻게 훈습 과정의 일부로 심리치료에서 어떻게 조성되는지를 보여 주는 몇 가지 연구 결과를 제공했고, Hill 등(1991)도 유사하게 해석의 반복이 효과성을 증진함을 확증했다.

는 상황은 회피한다는 것을 인식하게 되었다. 처음 이런 새로운 관점에 도달한 후 몇 번의 회기 동안, 환자는 직장에서 승진을 제안받았으나 흥미가 덜한 다른 부서로 바꾸는 것이 포함되었기 때문에 거부했다고 진술했다. 이어서 "그 일에 대해 열심히 생각해 봤어요. 다른 종류의 일을 좋아하지 않는 것은 그저 구차한 변명일 뿐이고, 우리가 조금 전에 이야기했던 것처럼 내가 실패자가 되는 것에 대한 두려움 때문일 수 있다고 생각하나요?"라고 그는 이야기했다.

이 언급을 통해, 환자는 실패에 대한 두려움을 해석하는 것에 관한 훈습 과정을 시작했고, 치료에 소개했던 경험을 넘어 새로운 상황에서 관찰하고 있다. 실패에 대한 기저의 우려가 얼마나 행동에 영향을 미치는지, 그리고 잠재력을 활용하지 못하게 막는지를 전체적으로 자각하면, 그의 이해와 지속적 자각은 모두 강화될 것이다. 바로 이 훈습과정에서 얻게 된 자각을 통해 사람들은 해석에 비추어 자신의 행동을 변화시킬 것이다. 해석과 행동의 변화 사이를 중재하는 그러한 지속적 인식이 없다면, 해석은 대개 소득 없는 결과가 될 것이다.

위의 예에서 한 단계 더 나아가, 환자가 훈습을 시작하지 않았다고 가정해 보자. 대신에 그가 직장에서 승진에 수반되는 변화 중 어떤 것이 흥미가 덜하다는 이유로 승진을 거부했다고 보고했지만 치료에서 자신의 행동을 이전의 작업과 연관시키기 위한 더 이상의 언급은 하지 않았다고 가정해 보자. 환자가 행동의 부적응적 본질이나 해석과의 관계에 대한 명백한 인식 없이 최근의 해석과 관련하여 부적응적 행동을 보일 때, 치료자는 실망하거나 짜증 내지 않도록 조심해야 한다. 이런 자각의 부족은 환자의 저항을 어느 정도 반영할 수 있지만, 환자가 어리석거나 둔감하거나, 혹은 치료자가 치료를 제대로 수행하지 못했거나, 해석적 심리치료가 비효율적 절차라는 것을 의미하지는 않는다.

환자가 이전에 수용되고 이해된 해석이 없었던 것처럼 행동할 때 그것은 아직 훈습이 일어나지 않았음을 의미한다. 사실상 모든 해석은 훈습되어야 하기 때문에(특히 강력한 해석이 단번에 학습되는 드문 경우를 제외하고), 치료자는 환자가 해석의 제안과 수용에 따른 최소한의 행동 변화를 보이고 최소한 그것을 기억할 수 있도록 준비해야 한다. 따라서, 앞의 예와 같이 환자는 이전에 했던 일(승진 거부)을 할 수 있지만, 이후에 자신의 행동이 이전에 해석된 근본적 우려에 의해 어떻게 영향을 받았는지에 대해 생각하기 시작할 수 있다. 환자가 이런 상황에서 그 연관성을 만들어 내지 않는 경우, 치료자는 생략된 진술과 부분적 해석을 혼합하여 해석의 재경험을 이끌어 내야 한다.

> 환자: 더 많은 책임감과 함께 더 나은 보수를 받는 직업을 제안받았지만, 회계 부서에서 광고 부서로 전환해야 했을 것이고, 그 자리가 마음에 들지 않을 것 같아서 거부했어요.
>
> 치료자: 그것보다 더 많은 것이 있을 것 같아요.
>
> 환자: 예를 들면요?
>
> 치료자: 더 힘든 일을 맡을 기회를 포기한 게 이번이 처음이 아닌 것처럼요.
>
> 환자: 어… 이게 우리가 예전에 이야기했던 것과 같을 수 있다는 뜻인가요? 내가 정말 할 수 있고 앞서갈 수 있는 것을 하지 않은 것이 내가 성공하지 못할까 봐 두려워서라는 것이네요. 지금 생각해 보면, 확실히 또 그랬고, 그건 아무 이유 없이 나 자신을 망쳤다는 뜻이네요.

둘째로, 치료자는 환자가 원래와 유사한 맥락에서 해석을 재경험할 수 있도록 돕는 것 외에도 환자가 적용 가능한 다른 맥락으로 해석을 확장하거나 일반화할 수 있도록 도와야 한다. 계속해서 사례를 보자면, 직장에서 실패하는 것에 대한 이 환자의 두려움은 사회적 상황에서의 부적응과도 관련될 수 있으며, 이는 서로 영향을 주고받는다.

환자: 전 정말 존경할 만한 여성과 관계를 맺고 싶어요. 하지만 어찌된 일인지 만나려 하는 사람들은 막 호감이 가는 사람들이 아니고 나를 존경하는 사람들이었어요. 그 사람들과 함께 있는 것이 좋진 않아요.

치료자: 익숙한 주제네요.

환자: 무슨 말씀이신지 잘 모르겠네요.

치료자: 어떤 기회도 잡고 있지 않네요.

환자: 어떤 면에서는 그런 것 같아요. 그 여성이 나만큼 날카로워 보여서 그 기회를 잡지는 않았어요. 그래서 많은 위험이 없는… 아, 익숙한 주제라는 것이 뭔지 알겠네요. 내가 일을 할 때처럼 실패의 위험을 무릅쓰지 않고 회피한다는 거네요.

환자가 이러한 방식으로 해석의 맥락을 통해 훈습하고 다양한 상황에서 자신의 행동을 이해하는 것과의 연관성을 확인해 볼 기회가 있을 때, 환자는 점점 더 자신에 대한 새로운 지식을 통합할 수 있게 된다. 해석의 훈습과정과 동시에, 환자는 점차 행동을 바꾸기 위해 해석을 사용할 수 있게 된다. 처음에 그들은 명백하게 효과적 해석의 주제였던 부적응적이거나 자기패배적 행동 양상을 계속해서 보여 줄 수 있고, 치료자의 도움 없이는 이 행동이 해석과 어떻게 관련이 있는지 인식하지 못할 수 있다. 어느 정도 훈습이 이루어진 후에야 그들은 잘못된 행동을 계속할 수도 있지만 더 건설적이고 자기실현적 방식으로 행동할 수 있고 그렇게 해야 한다는 것을 스스로 인식하기 시작한다. 시간이 지남에 따라, 환자가 신경증적 방식으로 행동하는 것과 자신의 행동의 신경증적 결정 요인을 인식하는 것 사이의 차이는 계속해서 줄어들 것이다. 결국에는 자신에 대해 완전히 새롭게 이해했을 때, 그는 부적응적으로 행동해 온 상황의 의미를 깨닫게 되고, 그 상황에서 갈등을 극복하고 행동을 통제할 수 있는 완전한 능력을 얻게 될 것이다.

해석을 행동 변화의 가능성으로 바꾸는 데 필요한 훈습의 역할은 역동

지향적 심리치료에서 통찰의 기능과 관련이 있기 때문에 이 장을 마무리하는 데 중요하다. 역동적 심리치료에서는 때때로 해석과정에서 통찰이 생기고 이 통찰이 행동 변화를 일으키기에 충분한 치료의 방법으로 간주되어 왔다. 그러나, 사실 심리치료에서 해석은 통찰 그 자체만을 목표로 하는 것은 아니며, 통찰만으로 행동이 변화된다고 기대할 수도 없다. 그보다 해석과정은 사람들이 인식하지 못하고 결과적으로 통제력이 거의 없었던 생각과 감정을 자각하게 하기 위한 것이다. 이 과정을 통해 사람들은 이전의 무의식적 생각과 감정을 검토하고 평가할 수 있고, 그러한 생각과 감정이 행동에 영향을 미치는 데 대한 통제력을 증가시킬 수 있다.

즉, 심리치료에서 해석과정은 이전에는 통제력 밖에 있던 심리적 영향으로부터 환자를 해방시키려는 노력이다. 그래서 환자가 자유로이 생각하고, 느끼며, 보다 만족스럽고 자기충족적 방식으로 행동할 수 있도록 하는 것이다. 이 과정에서 왜 그런 방식으로 행동했는가에 대한 사후 이해는 그 행동을 변화시킬 뿐 아니라 치료에서 필수적이고 '통찰'이라고 불리는 것을 구성한다. 사람들은 새로운 무언가를 훈습한 후에 자신에 대해 배우고, 이전에 행동에 미친 잠재적 영향을 인식하며, 자유롭게 다른 방식으로 행동하고 자기결정성을 연습할 수 있다. 비슷하게, Wachtel(1993)은 "치료에 실패하는 가장 흔한 원인은 어느 정도의 통찰을 얻는 데 실패하는 것이 아니라 오히려 그 통찰을 통해 새로운 방식으로 자신을 경험하고 다른 사람들과 관계를 맺는 것을 완수하는 데 실패하는 것일 가능성이 높다."라고 표현했다(p. 236).

9 의사소통의 방해: 저항

심리치료에서 저항은 치료과정에 참여한 환자의 역설적인 거리낌을 말한다. 저항하는 동안 환자는 일시적으로 치료계약 조건을 충족시킬 의지나 능력이 없는 상태가 된다. 도움을 원하고 치료의 잠재적 이점을 믿는 것같이 보이지만, 저항하는 환자는 다양한 방식으로 치료과정을 방해하는 행동을 하게 된다. 저항 상태는 환자가 심리치료를 통해 얻을 만한 것이 거의 없어 보이는 근거가 있다거나 진정 원하고 요구한 모든 도움을 이미 얻었다고 느끼는 상황과는 전혀 다르다. 심리치료가 요구되지 않는 상황이어서 치료과정에 협력하기를 꺼리는 것은 역설적이기보다 이성적인 결정이며, 저항의 의미를 갖지 않는다. 반면, 일단 적절한 치료계약이 체결되고 이미 해석 작업이 시작되었다면, 환자가 치료에 덜 참여하게 되는 것은 치료의 필요성이나 무익함에 대한 확신보다는 전형적인 저항을 반영한다고 할 수 있다.[1]

저항은 치료자가 환자와의 의사소통에서 메시지를 주고받는 모든 측면을 방해한다. 저항하는 환자는 중요하지 않은 문제에 대해 너무 많이 이야기하거나, 중요한 문제에 대해 너무 적게 또는 전혀 말하지 않을 수 있다. 환자는 도움을 구하게 된 우려스러운 점과 가장 직접적으로 관련된 생각이나 감

....

1 심리치료에서 저항 행동의 역설적 본질에 대한 자세한 설명은 Beutler 등(2002a), Levy(1990, 4장), McLaughlin(1995), Menninger와 Holzman(1973, 5장), Moore와 Fine(1990, pp. 168-169)을 참고하라.

정을 자유롭게 이야기하지 않게 된다. 동시에, 저항하는 환자는 치료자의 말을 더 이상 귀 기울여 듣지 않으려 하며, 한쪽 귀로 듣고 한쪽 귀로 흘려버리는 식으로 의사소통 과정에서 받아들이는 것도 중단하게 된다.

저항의 의미

저항은 다양한 방식으로 표현될 수 있지만, 어떤 형식을 취하든 언제나 양가감정이 반영된다(Arkowitz, 2002; Engle & Arkowitz, 2006 참조). 특히 자신의 오랜 관점과 행동 방식을 바꾸는 것이 포함될 때, 변화는 두려울 수 있다. 환자들은 치료를 찾을 정도로 삶의 어려움에 시달릴 때조차도 흔히 스스로 알지 못하는 자신의 미지의 부분에 대해 겁내며 익숙한 것에 매달려서, 불확실성보다는 예측 가능성을 택하고 변화를 회피하거나 최소화하려고 한다.

저항은 전통적으로 변화에 대한 환자의 의식적 욕구와 현상 유지를 위한 무의식적 욕구 간의 갈등을 반영하는 것으로 여겨졌다(Gabbard, 2007; Horner, 2005). 치료에서 환자는 흔히 자신의 저항 행동에 대하여 극히 최소로만 자각한다지만(때로는 아예 자각하지 못한다고도 하지만), 이런 식으로 선명하게 구별된다는 의식-무의식 간 갈등 모델은 과장된 것으로 보인다. 환자가 의식적 자각이 거의 없거나 전혀 없는 상태에서 저항을 보일 수 있지만, 그는 치료적 요구사항과 분투하면서 미지의 심리적 영역으로 나아갈지 아니면 현재 있는 곳에 안전하게 머물지 사이에서 우왕좌왕한다는 것을 온전히 자각한 상태에서도 저항을 나타낼 수 있다. 오랫동안 유지된 편안한 관계 패턴이 변화하는 것에 대한 거리낌 또는 무력감과 의존성을 내포하는 환자 역할이 되는 것에 대한 우려 등 구체적인 구성요소가 무엇이든, 모든 형식의 저항은 직·간접적으로 표현되는 양가감정을 갖고 있다(Beutler et al., 2002a 참조).

저항은 심리치료에서 의사소통을 방해하기 때문에, 애초에는 치료 진전의 장애물로만 여겨졌었다. Freud는 초기 저작에서 저항을 치료 목표에 정반대되는 힘으로 묘사했고, "한 사람이 다른 사람에게 정신적 영향을 미칠 수 있는 거의 모든 수단을 동원해서라도" 반드시 극복해야 한다고 서술했다(Breuer & Freud, 1893-1895/1955, p. 282). 저항을 피하기 위한 초기 시도로는 최면이나 강요, 훈계, 심지어 치료자가 환자의 이마를 누르면서 이 압력이 이전에 기억나지 않았던 이미지와 연상을 이끌어 낼 것이고 그러면 그걸 의사소통해야만 한다고 지시하는 절차까지 포함되어 있었다.[2] 그러나 몇 해 지나지 않아 Freud의 관점은 발전했고 저항을 단순히 제거해야만 하는 것이 아닌 이해와 탐색, 해석의 중요 주제로 여기기 시작했다. 저항의 해석은 그 이후로 심층발견적 심리치료의 핵심 요소로 인식되어 왔고, 일부 정신분석가들은 저항의 이해와 해결을 치료의 중심축으로 간주한다(Gray, 1994; Weinshel, 1984, 1990 참고).

저항이 심리치료 과정에서 주요한 역할을 하는 4가지 이유가 있다.

1. 저항은 해석과 그 함의를 이해하려는 환자의 노력에 불가피하게 동반된다. 이미 언급했듯이, 심리치료는 사람들에게 자신과 자신의 삶의 불쾌한 측면에 직면하도록 하며, 삶에서 새롭고 익숙하지 않은 방식을 채택하는 것을 고려하게 한다. 이러한 과정에 참여하면서 열의와 인내가 일정 부분 늘었다 줄었다 하지 않는 사람은 거의 없다. 실제로, 거리낌 없이 심리치료를 즐겁게 받는 환자들은 통상적인 치료과정에서 의미깊은 참여가 부족하기 마련이다. Boesky(1990)는 이와 관련하여 성공적인 분석 지향적 치료는 "그저 끊임없는 지긋지긋한 저항의 연속(just one damned resistance after another)"으로 정의될 수 있다고 냉소적으로 지적했다(p. 557).

....

2 이 절차는 S. Freud의 책, 『히스테리 연구』(Breuer & Freud, 1893 -1895/1955, pp. 270-278)에서 히스테리의 심리치료에 대한 장에 설명되어 있다. 이 책은 일반적으로 정신분석 방법의 시작을 알렸다고 간주된다.

2. 저항을 줄이거나 없애려는 치료자의 도움을 통해 환자는 좀 더 편안하게 치료에 임할 수 있다. 저항을 직접 다루면 환자의 자기이해와 행동 변화를 이끌어 낼 수 있다(Dewan et al., 2004). 다른 점을 이야기할 수도 있지만, 저항은 분명 심리치료에서 자기 자신에 대해 자유롭게 말하는 것을 방해한다. 그렇기에 저항이 누그러지면 그렇지 않았다면 표현되지 못했을 생각과 감정이 나타날 수 있다.[3]

3. 저항 행동에 대해 신중히 고려하는 것은 그 자체로 자기이해를 증진할 수 있다. 특정 지점에서 저항이 발생한 이유는 무엇인가? 환자가 저항하는 것은 무엇이며, 그 이유는 무엇인가? 환자는 어떻게 저항을 표현했는가? 치료에서 보이는 저항 행동과 심리치료 밖에서의 환자의 행동 사이에는 어떤 관계가 있는가? 이러한 질문에 대한 답을 찾는 것은 환자가 자신을 불안하게 만드는 원인과 불안에 대처하는 방법에 대한 자각을 높이는 데 도움이 될 수 있다.

4. 해석의 주된 대상으로 저항은 흔히 경험에 대한 기억보다 훨씬 유익한 것으로 입증되고 있다. 저항 행동은 심리치료 과정의 한 측면으로, 8장에서 확인된 것처럼 보통 환자가 말하는 내용보다 해석의 주된 대상으로 우선시된다. 저항은 바로 그 순간에 일어나고 있기에 직접 관찰될 수 있고 그 영향력은 생생하게 경험될 수 있다. 이와는 대조적으로, 환자가 자신의 삶에서 기억하는 사건들은 내용의 측면이다. 따라서 이는 치료 회기 중 성격 유형에 관

....

3 Orlinsky 등(2004)의 개관 연구에서 치료 절차에 대한 환자의 협력이 일반적으로 심리치료에서의 긍정적 결과와 관련이 있으며, 저항은 부정적 결과와 관련이 있음을 확인했다. 그러나 성공적인 심리치료에서 저항이 필수불가결하다는 점을 감안할 때, Orlinsky 등은 환자가 치료 시간에 부정적 태도를 보이거나 경험하는 것은 치료가 제대로 진행되고 있지 않다는 것을 의미하지는 않는다고 지적한다. 오히려 환자가 치료과정에 적극적 협력을 하도록 회복하는 방식으로 치료자가 저항을 인식하고 대응함으로써 치료를 촉진할 수 있음을 데이터는 보여 준다(이 분야에 대한 개관은 Beutler, Moliero, & Talebi, 2002b 참조).

한 믿을 만한 표본을 제공하는 사건으로써 환자가 자신을 관찰하는 생생한 기회를 제공하는 데 거의 대부분 기여하지 못한다.

치료자가 저항 행동을 인식하고 그것에 효과적으로 대응할 수 있도록 치료과정에 대한 저항의 네 가지 유형(또는 원천), 즉 변화에 대한 저항, 인격에 대한 저항, 내용에 대한 저항, 전이에 대한 저항[4]을 구별하는 것이 유용하다. 이 네 가지 유형의 저항은 심리치료 진행 경로에서 먼저 나타날 가능성이 높은 순서에 따라 설명될 것이다. 저항의 기원에 대해 논의한 이후 저항 발현의 일반적인 양상과 이에 반응하는 여러 방법을 다룰 것이다.

변화에 대한 저항

정서 및 행동 장해를 가진 경우 이를 포기하는 데는 거리낌이 동반되는 경우가 흔하다고 예전부터 인식되어 왔다. 장애 때문에 갖게 되던 이로움이 끝날 것이라는 예상 때문에 변화에 저항하는 경우, 환자는 이차 이득 저항을 보인다고 한다. 다른 경우로, 변화가 특정적인 새로운 불리함의 원인으로 여겨지는 가장 일반적인 것으로 신경증적 평형 저항 및 환자 신분(patienthood) 저항, 초자아 저항이 나타나게 된다. 어떤 형식을 취하든 변화에 대한 저항은 환자가 심리치료를 시작하기 이전부터 치료와 무관하게 갖고 있는 감정과 태도를 포함한다. 변화에 대한 저항은 심리치료 과정 중 특히 가시적인 진전이 발생한 여러 지점에서 악화되어 나타날 수 있지만, 때로는 첫 회기의 첫 순간부터 환자와의 의사소통이 방해될 때 저항이 존재함을 알 수도 있다.

....

4 이러한 저항의 유형 분류는 S. Freud(1926/1959a, p. 160)가 제안하고 Glover(1955, pp 50-78), Greenson(1967, pp. 85-88), A. Kris(1985), McLaughlin(1995), Menninger와 Holzman(1973, pp. 108-112)과 같은 정신분석가들이 검토한 전통적 분류와는 어떤 면에서 다르다. 이 장에서 논의한 저항 유형과 관련된 개정은 전통적 유형을 포함하지만 다소 확장된 틀의 맥락 안에 있다.

이차 이득 저항

이차 이득은 사람들이 심리적으로 무능한 상태가 되는 결과로써 얻게 되는 다양한 보상, 이익, 만족감으로 이루어지며, 이는 사람들이 자기 상태에 대한 중대한 변화에 저항하게끔 영향력을 발휘한다.[5] 그렇다고 정서적으로 어려움을 겪는 사람들이 그것을 즐기기 때문에 문제를 갖게 된다는 의미는 아니다. 이차 이득을 심리적 문제의 원인으로 보는 것은 결과 때문에 그 행동이 발생한다고 여기는 것으로, 이는 사람은 다른 사람의 동정을 받기 위해 감정적 문제를 형성한다고 제안하는 식이다. 이러한 목적론적인 가설은 심리적 문제의 기원을 이해하는데 거의 기여하지 못하며, 심리적 문제가 있는 사람도 병리에서 나오는 이익이 없이 지내기로 결정한다면 언제든 정신 병리를 자발적으로 포기할 수 있다는 식의 오인된 이해를 낳을 수 있다.

사실, 이차 이득은 이미 확립된 문제 행동 패턴을 강화하는 역할을 할 뿐 그것을 유발하지는 않으며, 변화를 간섭하긴 하지만 막지는 않는다고 할 수 있다. 이차 이득은 질병이나 고통을 겪는다고 인식되는 사람이 동정받고, 다양한 책임을 면제받으며, 보통 사람이라면 용납되지 않을 무례하고 비일상적인 자기탐닉적 행동들을 용인받는다는 사실로부터 생긴다. 사람들은 자신의 욕구가 충족되고, 감정이 보호되며, 자신만의 즐거움을 위해 에너지를 사용하는 것을 자연스럽게 즐기게 되고, 이러한 무능 상태로 인한 잠재적 이점들을 포기하는 것에 저항하게 된다. 게다가 이차 이득과 관련된 변화에 대한 저항은 장애 연금이나 유급 병가, 전문직 보호사의 지원(예: 요양 보호) 등과 같은 가시적 이익에 의해 견고해질 수도 있다.

....

5 이차 이득의 본질과 그것이 정서 장해를 지속시키는 역할에 대한 좋은 설명은 심리치료에서 이차 이득이 저항으로 작용하는 방식에 대해 처음 언급한 S. Freud(1909/1959b, pp. 231-232, 1913/1958a, p. 133, 1916-1917/1963, pp. 382-385)의 여러 논문에서 나타난다(1926/1959a, pp. 98-101, 169). 현대 문헌에서 Castelnuovo-Tedesco(1989)와 Frick(1999)은 환자가 잃을지도 모른다는 두려움이 심리치료에서 변화에 저항하는 데 어떻게 기여할 수 있는지 논의한다〔이차 이득의 역학에 대한 대조적 관점에 대해서는 Van Egmond 등(2005) 참조〕.

그러나, 심리적 어려움을 겪는 모든 사람이 특권과 책임의 유예, 타인의 지지적인 반응을 얻는 것은 아니다. 동정과 관용 대신, 많은 환자들은 다른 사람의 조급함과 짜증스러움을 접할 수 있는데, 환자가 다른 사람을 자극하고 인내심을 시험하는 것을 즐기는 경우가 아닌 한, 이는 환자가 문제를 지속함으로써 이차 이득을 거의 얻지 못하게 됨을 의미한다. 마찬가지로, 심리적 어려움을 겪는다고 가정, 학교나 직장의 책임에서 면제되는 것은 아니며, 오히려 자신의 문제에 대한 부담에도 불구하고 계속 책임을 져야 하는 상황이 될 수도 있다. 이런 경우, 그러한 부담은 이차 이득을 지속하려는 원천이 되기보다 그 문제를 극복하려는 동기가 된다고 할 수 있다.

더 나아가, 심리적 무능화에 동정과 책임으로부터의 자유로움이 동반되더라도, 대부분 사람이 의존과 보호를 즐기는 기간에는 일정한 한계가 있다. 일하지 않고, 결정을 내리지 않으며, 미묘한 대인관계에 직면하지 않고 자신의 행동에 책임지지 않는 것 등은 휴가를 가는 것처럼 짧은 동안에만 매력적일 뿐이다. 반면, 장기적으로 볼 때 무언가 의미 있는 것을 하고, 자기 스스로 결정을 내릴 수 있고 책임감 있는 사람이라고 타인에게 대접받을 때 자기에 대해 긍정적으로 느끼게 되는 것이 인간의 본성일 것이다. 그러므로 정서적 문제에서 비롯된 이차 이득은 정서적 문제가 만성적이고 비타협적 패턴으로 굳어진 소수의 경우를 제외하고는 단기적으로만 유지되는 경향이 있다.

정서 장해와 관련된 이차 이득이 때때로 심리치료에 참여하는 것을 방해할 만큼 중요할 수 있지만, 보통 정서적 고통을 극복하고자 하는 환자의 동기와 긍정적으로 성장하고자 하는 내생적 동기가 이차 이득보다 비중이 더 크다고 할 수 있다(Van Egmond, 2005; Van Egmond et al., 2005 참고). 그렇더라도 치료자는 환자의 이차 이득을 인식하고 다룰 수 있도록 준비해야 한다. 심리적 문제로 인해 환자가 얻게 되는 이익이 아무리 제한적으로 보일지라도, 이로 인하여 변화하지 않으려는 저항은 치료과정에서 반드시 생기게 된다. 아무리 적더라도 치료자의 관심과 존중은 환자가 치료를 요구하는 기간에 한정적으로 그에게 보상적인 경험을 제공할 수 있다. 이런 이유로 바람직한 행동 변화를 구현할 수 있어 보이는 환자도 치료자와의 관계를 지속하기 위하여 변화에 저항할 수 있다. 이러한 변화에 대한 저항의 특별한 패턴은 심리치료의 종결과 관련하여 명백한 함의를 갖는다. 이는 12장에서 자세히 다룰 것이다.

신경증적 평형 저항

변화 탓에 어떤 이익을 얻을 수 있는 조건적 상황을 포기하는 것에 대한 환자의 거리낌이 이차 이득 저항이라면, 다른 저항의 출처는 특유의 새로운 불이익에 관한 예상을 근거로 한다. 이런 양상 중 가장 흔한 것은 신경증적 평형이라 부르는 현재의 안정된 대인관계 패턴이 무너지면 어쩌나 하는 우려이다.

신경증적 평형 상태에서는 집이나 학교, 직장, 여가 활동 속에서 상호작용하는 사람들이 환자의 행동 문제와 개인특이성에 적응하고 있으며, 환자는 다른 사람에게 받아들여지거나 적어도 용인된다고 느끼며 다른 사람이 어찌 반응할지 예측할 수 있다(Bedics et al., 2005). 신경증적 평형 속에 있는 환자는 심지어 의미 있는 타인에게 가치를 인정받기도 한다. 환자의 단점이 어떤 보완적 방식으로 타인의 욕구를 충족시키기 때문이다. 예를 들어, 자기주장을 꺼리는 심리적 결점이 있는 남성은 자신을 따르도록 강요하는 지배적인 여성과 결혼할 수 있다. 또 다른 예로는 실패와 실수로 가족 안에서 골칫거리처럼 보이는 사람이 있을 수 있다. 그 사람은 가족구성원이 서로 개인적 또는 집단적인 어려움을 탓하고 서로를 비난하는 부정적 감정들을 쏟아낼 수 있는 희생양 역할을 하고 있을지도 모른다.

다른 사람들이 자신을 대하는 방식을 익숙하게 여기거나 혹은 다른 사람들의 욕구를 만족시키려고 어떤 심리적 문제를 겪고 있는 사람은 그의 삶에서 이런 평형 상태를 깨뜨리는 위험을 감수해야만 하는 변화에 거리낌을 가질 수 있다. 치료 초기에 이런 거리낌은 흔히 알 수 없는 것에 대한 모호한 염려의 형식으로 나타난다. 이는 마치 환자가 "나는 내 모습이 마음에 들지 않지만, 최소한 내가 무엇을 해야 할지와 다른 사람이 나에게 무엇을 기대하는지를 알고 있어. 만약 내가 변화한다면, 난 어떤 모습이고 다른 사람들은 나에게 어떻게 반응하며, 또한 나는 어떤 새로운 경험을 하게 될까?"라고 생각하는 것과 같다. 미지의 심리적 영역을 항해하는 것은 지평을 넓히려고 마음먹은 모험심 많은 사람에게도 불가피하게 불안을 불러일으킨다. 심리치료의 시작 시점부터 환자가 변화를 원하기는 하지만 일시적으로 불확실성을 피하고자 하는 상반되는 욕구가 대립하는 순간이 있으며, 그렇기에 치료자는 저항이 일어날 때 그 원천이 무엇인지를 인식할 수 있도록 도울 준비를 해야 한다.

치료가 진행되고 행동 변화가 일어나기 시작하면, 이전의 특정적인 대인관계 패턴을 유지하는 것과 관련된 저항이 나타날 수 있다. 특히 치료 목표를 향해 진전하면서 환자의 삶에서 중요한 인물의 욕구를 더는 만족시켜 주지 않고 그들을 소외시키는 역효과가 생길 수 있다. 예를 들어, 소극적인 사람이 자기주장이 강해지면 아내에게 성깔을 부리고 실망할 수 있는데, 그러면 지배적이던 아내는 남편에게 인정받지 못한다고 느껴 불만족하게 되고 심지어 결혼생활을 유지할지 고민하게 될 수 있다. 오랫동안 성공하지 못하고 무책임했던 환자가 목표를 달성하거나 사회적인 존경을 받는 구성원이 되어 더 이상은 가족의 희생양이 되지 않는다면, 그 결과로서 가족 불화가 증가하고 환자의 활동에 대한 가족의 관심이 감소할 수 있다.

이런 상황에서 환자는 행동을 변화시켜 평형을 무너뜨릴 위험을 감수하기보다 자신의 행동 문제를 지속하면서 그와 관련된 대인관계 평형을 유지하려는 유혹을 느낄 수 있다. 만일 그렇다면, 치료자는 치료를 계속하도록 격려할 것인지 심사숙고해야만 하게 될 것이다. 환자가 좀 더 자아실현적이 되고 대인관계의 결과가 어찌 되건 그대로 받아들이도록 하는 것이 좋을까? 아니면, 현재의 대인관계 맥락에 너무 묶여 있기에 아무리 바람직해 보일지라도 평형을 깨는 행동 변화는 심리적으로 오히려 해롭지 않을까?

변화를 선택하고 후속 결과를 견딜 것인지 아니면 그대로 머물며 위험을 회피할 것인지는 결국 환자가 결정해야만 한다. 즉, 응급 상황을 제외하고는 치료자가 대신 결정해서는 안 된다. 그러나 치료자는 환자가 삶의 만족을 찾을 수 있는 최선의 가능성을 추정하고, 이에 따라 환자가 신경증적 평형 상태에 남을지 아니면 그것을 바꾸기 위해 노력할지 결정하는 데 영향을 미칠 수 있으며, 또한 그래야만 한다. 만약 치료의 평가 단계에서 이러한 추정이 정확히 이루어졌다면, 심리치료를 받는 환자가 행동을 수정함으로써 잃는 것보다 얻는 것이 더 많음이 옳다고 확인될 것이다. 심리치료가 적절하다는 이전의 평가판정에 근거한다면, 그리고 그런 경우, 신경증적 평형을 해소하려는 시도가 변화에 대한 저항을 일으킨다면, 치료자는 당연히 환자가 그것에 대해 계속 작업하도록 이끌어야 할 것이다.

그러나 평가판정은 완벽하지 않으며, 치료자의 판단도 오류가 없을 수 없다. 환자의 행동 변화에 따라 그의 삶에서 예기치 않은 혼란이 발생함으로써 치료가 현명하지 못했다고 드러나게 될 수도 있다. 치료자는 명백한 저항이 전혀 역설적인 것이 아니라 심리치료를 계속하지 않는 것이 더 나을 수 있다는 환자의 근거 있는 결론을 인식할 준비가 되어 있어야만 한다. 언급할 필요도 없겠지만 이런 결정은 실제 저항과는 구별되어야만 하며, 치료자는 환자의 현실을 존중해야 한다.

환자 신분 저항

일부 사례의 경우, 치료를 지속하고 이익을 얻는 데 대한 저항은 환자 역할을 하는 것에 대한 부정적 태도에서 생겨난다. 2장과 5장에서 설명한 것처럼, 치료를 시작하기도 전에 예비 환자들은 전문적인 심리적 도움을 받는다는 것이 자신에게 어떤 의미인지에 따라 심리치료를 거부하기도 한다. 심리치료를 받는 것이 자신이 약하고 무능한 사람이라는 증거라고 자각되면 이의 부정적 의미가 기대되는 이익을 넘어 자존감에 대한 위협이 되기 때문에 환자 신분 저항이 생길 수 있다.

치료가 시작된 후, 환자 신분 저항은 환자가 갈망해 온 바로 그 방향의 행동 변화로 인해 생겨나서 강해지기도 한다. 이 경우 원했던 변화가 일어나지만, 이는 전문가의 도움을 받아 성취된 것이라고 환자가 자각함으로써 이내 빛을 잃고 퇴색된다. 변화를 위해 전문가의 도움이 필요했다는 점 때문에, 그는 치료를 시작할 때보다 부적절감과 의존감을 더 많이 느끼게 된다. 즉, 치료자와 이야기는 하지만 전혀 변화하지 않는 것에 비해 치료에 의해 도움을 받았다는 것이 그의 자존감에 더욱 상처가 되기 때문에 이후 변화에 대한 저항이 생기게 된다.

신경증적 평형 저항이 행동 변화를 시작하는 것에 대한 방어로써 위안을 주는 대인관계를 보호하는 것과는 달리, 환자 신분 저항은 자존감이 고취된다는 착각일 뿐 다른 이익을 거의 제공하지 못한다. 필요한 도움을 받을 수 있는 기회를 활용하지 못하는 것은 수업이 끝난 후에 교수에게 어려운 내용에 대한 설명을 요청하지 않고 그 과목에서 낙제하는 것과 비슷하다. 치료자는 환자가 치료를 유보하는 것과 관련된 저항에 대하여 경각심을 가져야 하며, 치료를 지속하는 것이 곤란해지기 전에 환자 신분 저항을 해결하기 위해 노력해야 한다.

초자아 저항

환자가 심리치료에서 만족스러운 행동 변화를 경험하기 시작하면, 자기 태도에서 비롯된 또 다른 저항의 원천(즉, 초자아 저항)에 빠지기 쉽다. 초자아 저항은 양심에 의해 생겨나고 죄책감을 느끼는 성향에 의해 길러진다. 양심의 지배를 받는 사람들은 자신의 불행을 자신의 실패와 잘못 탓으로 돌리고, 고난과 실의를 정당하다고 여기며, 더 즐거운 삶을 살기 위한 모든 주장을 포기한다. 가혹한 초자아에 시달리는 사람들은 결과적으로 자신의 처지가 개선되는 것을 의심하거나 심지어 불안하게 보는 경향이 있다. 성공과 행복은 "너무 좋아서 사실일 리 없다", "영원하지 않을 것이기에 즐겨서는 안 돼", "넌 그런 좋은 일을 즐길 자격이 없어. 만약 그런다면 나중에 대가를 치를 거야"와 같은 씁쓸한 내면의 소리로서 다가온다.

이렇듯 자신에 대한 가혹한 태도 때문에 어려움을 겪는 사람의 경우, 심리치료에서 명백히 진전하게 되면 회의와 불안이 생겨난다(McWilliams, 2005). 이런 환자들은 이익이 되는 변화의 실제성과 영속성을 의심하고, 그렇지 않음을 암시하는 사건이 발생하기 시작하면 괴테의 파우스트식으로 자기 삶에서 늘어난 즐거움과 성공에 대하여 언젠가는 반드시 책임지게 될 것이라고 걱정한다. 이에 근거한 불안은 불가피하게 심리치료로 인한 변화에 대하여 저항을 일으키게 될 것이기에, 치료자는 이러한 저항이 언제 생기는지 인식해야만 한다.

인격 저항

인격은 사람들이 자신의 경험을 처리하는 관습적이고 선호하는 방식으로 이루어져 있다. 사람의 인격적 양식을 규정하는 태도와 습관은 흔히 생산성을 키우며 삶의 만족을 증가시키는데, 8장에서 언급했듯이 인격의 일부 측면은 자기충족의 추구보다는 불안의 감소에 방점을 찍는 방어조작으로 이루어져 있다. 8장에서는 심리치료에서 환자가 인격적 방어조작을 이해하고 수정하는 것, 즉 그 자체로 최종목표가 되고, 방어 행동을 일으키는 기저의 우려에 대해 더 잘 이해하는 것은 상당히 강조했다. 이 장과 관련된 것은 사람들이 불안을 피하기 위해 특징적으로 사용하는 행동들을 불안의 잠재적 원천인 심리치료를 피하기 위해도 사용할 수 있다는 것이다. 따라서 인격적 방어조작은 심리치료에 참여하는 것을 막을 수 있고 저항의 원천 중 하나가 될 수 있다.

심리치료에서 인격적 유형이 의사소통을 방해할 수 있는 몇 가지 경우는 인격적 방어 행동의 해석에 대한 논의에서 기술한 바 있다. 여기에서는 인격적인 저항의 잠재적 원인을 구체성에 따라 세 수준으로 나누려고 한다. 첫째, 격리, 억압 또는 반동 형성과 같은 특정 방어기제에 의존하는 경우로, 이는 환자가 가장 유용하게 대화할 수 있었던 우려들에 접근하는 것을 직접적으로 막을 수 있다. 둘째, 보다 넓은 대처 양식의 양상(삶에 대해 뚜렷하게 적극적이거나 소극적인 접근 방식을 가졌다든지, 지배적인 사고 양식이 구체적인지 또는 추상적인지 등) 때문에 심리치료 중 환자의 대화 범위가 제한되는 경우가 있다. 셋째, 피학적 성격장애나 성공신경증과 같은 인격적 문제를 가진 환자는 기본적인 치료계약을 확립하고 유지하는 데 특히 장애물이 생길 수 있다.

특정 방어기제

사람들이 사용하는 방어기제들은 그들을 불안하게 할 수 있는 생각이나 감정의 의식적 인식을 피하기 위해 사용하는 심리적 전략들이다. 심리치료의 핵심 전략은 사람들이 불안을 유발하는 문제들을 보다 효과적으로 다룰 수 있도록 이에 대한 의식적 자각을 증진하는 것이기에, 방어기제는 거의 언제나 치료를 방해한다(Arkowitz, 2002; Cho & Lee, 1997). 예를 들어, 격리(isolation)을 방어기제로 자주 사용하는 사람들은 그들이 겪은 사건에 대한 생각과 느낌을 분리함으로써 정동적 경험에 대해 면밀한 인지적 여과를 적용하여 자발적 감정 표현을 회피하는 경향이 있다. 화가 났을 때 "이 나쁜 놈아, 내가 복수할거야!"라고 폭발하지 않고, "내가 네게 매우 짜증 난다는 것을 알아주었으면 해."라고 말하는 것과 비슷하다. 사랑에 빠졌을 때도 "사랑해."라고 말하기보다는 "당신은 나에게 큰 의미가 있어요."라고 말하는 식이다.

심리치료에서 격리 방어기제를 나타내는 정동과 관념을 분리하는 것은 환자가 느끼는 것보다는 생각하는 것에 과도하게 주의를 기울이게 만든다. 정서는 즉시성이 박탈되며, 사건들은 마치 낯선 사람이 등장하는 이야기인

양 무미건조하게 객관적으로 묘사되며, 치료자가 감정을 끌어내려고 노력할 때 그저 마지못해 비인격적인 정동에 대해 언급하기만 한다. 예컨대, "나는 매우 화가 났었던 것이라 확신해요.", "지금 당장은 내가 꽤 기분이 좋은 것처럼 보입니다.", "슬픔의 감정을 언급할 필요가 있다고 생각하진 않아요. 그런 상황이라면 누구나 불행할 테니까요."처럼 말이다. 이처럼 감정을 직접 경험하고 자발적으로 표현하는 것을 어려워하는 것은 감정의 교류를 방해하기 때문에 심리치료에서 저항으로 작용한다. 따라서 격리 방어기제에 대한 효과적 해석은 환자의 자기자각을 확장하는 것뿐만 아니라 그렇지 않았더라면 논의를 위해 사용되지 못하고 파묻혀 있었을 감정이 실린(정동-적재 affect-laden) 재료를 이끌어 내는 역할을 할 수 있다.

심리치료에서 특정 방어기제가 저항을 만들어 내는 방식을 억압과 반동형성의 예시를 통해 좀 더 살펴볼 수 있다. 격리 방어기제가 함께 존재하는 두 생각을 분리하거나 생각과 그에 따른 감정을 분리하는 데 사용되듯이, 의식적 자각으로부터 정신적 내용을 배제하는 억압도 생각이나 기분 어느 쪽으로든 향할 수 있다. 격리 방어가 경험에 비해 관념적 초점이 우세하도록 조장하는 데 반해, 억압은 사고와 성찰을 희생시킴으로써 정동과 즉시성에 매몰되게 만든다. 그러므로, 억압 방어에 과도하게 기대는 사람들은 감정을 직접 경험하는 것은 어려워하지 않으며 이를 자발적으로 표현하지만, 자신의 경험과 행동의 의미에 대한 성찰은 거의 하지 못한다.

억압하는 심리치료 환자는 어떻게 느끼는지에 대해서는 자유롭게 지적할 수 있지만, 왜 그렇게 느끼는지에 대해서는 거의 관심이 없다. 왜 그렇게 느끼는지 질문을 받으면 자신의 반응에 대해 분석하기보다는 "모르겠어요.", "그냥 그렇기 때문에요."라고 대답하는 경향이 있다. 마찬가지로, 억압하는 환자는 사건에 대한 정동 반응을 되새길 때 실제로 무슨 일이 일어났는지 치료자가 알 수 있게끔 세부사항을 충분히 설명하지 않는 경우가 흔하다. 그런 세부사항에 대하여 추가적으로 질문하여 대답을 요청하면 환자의 인내심을 시험하게 될 터인데, 왜냐하면 환자는 감정에 비해 사실에는 중요성을 적게 부여하고 있기 때문이다. 또한, 이러한 치료자의 요청은 환자의 응답 가용 능력을 초과하는 것일 수 있다. 억압하는 사람은 사건의 명확한 재구성에 필요한 세부사항을 기억하지 않고 기록하지도 않는 경향이 있기 때문이다. 따라서 격리와는 정반대의 방식으로 뚜렷한 억압적 방어 또한 심리치료에서의 저항에 일조하며, 이를 수정하면 치료에서 사용할 수 있는 정보의 양을 늘릴 수 있게 된다.

반동형성 방어는 인식하거나 표현하기에는 너무 불안을 유발할 수 있는 기저 감정과 충동에 반하여 정반대되는 특정 태도나 행동 패턴을 과도하게 강조하는 것이다. 반동형성이 지배적일 때, 전혀 받아들일 수 없는 것이 180도 뒤집혀 완벽하게 받아들일 수 있는 것이 된다. 적대감이 자기희생적 숭배로 바뀌며("어머니는 나에게 그렇게 잘해 주셨는데 어떻게 원망할 수 있나?"), 공격적 충동은 온순함으로 바뀐다("좋은 사람이 된다는 것은 결코 기분을 상하게 하지 않게 하는 것이다."). 심리치료 과정을 통해 내면에 잠재되어 있는 두려움이나 죄책감, 수치심, 당혹감을 불러일으키는 기저 감정이나 충동을 발견하게 될 때면, 반동형성을 사용하는 환자는 정반대의 감정과 충동을 드러내며 이를 위장한다. 이들은 과도하게 항변한다. 반동형성에 직면했을 때, 격리와 억압의 경우처럼 해석을 통해 환자의 방어를 완화시키면, 그렇지 못했다면 자각하지 못했을 정보들을 치료에서 다룰 수 있다.[6]

대처 양식

대처 양식은 사람들이 경험에 대해 반응하고 조직화하는 방식에 영향을 미치는 변치 않는 성향이나 특질이다. 방어기제도 사람들이 어떻게 경험을

....

6 특정 방어기제의 본질과 심리치료에서 저항에 대한 의미에 대한 추가 논의는 Fenichel(1945a, pp. 141-167), A. Freud(1936/1946), Rangell(1983), Wallerstein(1983) 등에서 찾아볼 수 있다.

조직화하고 반응하는지에 영향을 주지만, 대처 양식은 좀 더 광범위한 행동 방식을 의미하며 두 가지 차원에서 방어기제와 다르다. 첫째, 방어기제에 대한 개인의 선호는 주로 불안이 야기되는 상황에서의 경험에 의해 결정되는 반면, 대처 양식은 경험적 요인뿐만 아니라 기질적 측면에 의해서도 영향을 받는다(Cramer, 2000, 2006; Millon & Grossman, 2007 참고).

둘째, 방어기제는 불안을 막거나 묶어두기 위하여 활성화되는 보호 조치이다. 그러므로 이는 불안을 최소화하지만, 성격 기능을 억제하고 불안의 원천을 건설적으로 파악하지 못하게 만드는 방해물이 된다. 반면, 대처 양식은 불안을 유발하든 그렇지 않든 모든 종류의 경험을 다루는 방식이다. 그것은 때때로 방어적이거나 부적응적일 수 있지만, 또한 건설적이고 자기충족적 방식으로 행동하고 도전하도록 한다(Millon, 1999; Millon & Grossman, 2007).

대처 양식은 경험을 조직하고 반응하는 거의 반사적이고 특정한 습관적 방식으로 이루어지기 때문에, 이는 심리치료에서 저항을 일으킬 정도로 개인의 행동 준비목록(레퍼토리)을 협소하게 만들 수 있다. 예를 들어, 어떤 사람들은 선천적으로 활동적 삶에 대한 태도를 보이는 반면, 다른 이들은 기질적으로 수동적일 수 있다. 활동적인 사람들은 끊임없는 상호작용 및 폭포 같은 통찰, 빠른 변화를 기대하는 경향이 있으며, 이들은 냉철한 성찰과 자기자각의 점진적인 확대를 통한 일련의 과정을 견디는 것을 어려워할 수 있다. 수동적인 사람들은 흔히 심리치료를 마치 자신의 몸을 정기적으로 상점에 가져가서 무언가를 하는 것처럼 본다. 그래서 그들은 논의의 주제를 소개하고 그것으로부터 탐색하고 배우도록 돕는 치료자의 책임을 부담스러워 할 수 있다.

기질의 이러한 활동성-수동성 차원과 관련된 저항의 발현은 특징적인 형식을 띤다. 치료 속도가 느린 상태라면, 활동적인 환자는 거의 또는 아무것도 이루어지지 않는다고 불평하며 자기가 읽거나 들었던 더 신속하다는 치료법에 관하여 이야기할 수 있다. 분명한 지시가 부족하다고 불평하는 수동적인 환자는 치료에서 자신에게 기대되는 것을 할 수 있었다면 애초부터 치료가 필요치 않았을 것이라 하고, 약물 또는 최면 등 환자의 책임감을 최소화할 수 있는 보조적 치료를 요구할 수 있다.[7]

일반화된 인격적 문제

일부의 경우, 효과적인 치료를 방해하는 저항이 선호되는 특정 방어 또는 대처 양식으로서가 아니라 일반화된 인격적 문제에서 비롯된다. 특별한 관심이 요구되는 이 같은 두 가지 문제는 이전 장에서 간략하게 언급된 피학적 인격장애와 성공신경증이다.

피학적 인격장애(때로는 피학적 성격장애로도 불림)를 가진 사람들은 심리적 고통에 대해 얼마나 불평하는지와 상관없이 오히려 그것을 즐기며, 삶 속에서 행운을 증가시킬 기회가 있어도 몸을 사린다(Huprich et al., 2006). 이런 사람들은 앞서 설명했듯이 심리치료에서 과장되고 만연된 초자아 저항 패턴을 보인다. 그들은 자기가 행복감과 만족감을 누릴 만한 자격이 없다그 느끼며, 치료에 진전이 있다는 표식이 생기면 불편해한다. 피학성의 관점에서 본다면, 자격이 없는데 번영하게 된 사람들은 그들의 부당한 이득을 빼앗길 운명이며 그것을 수용한 것으로 추정되어 처벌되어야 한다. 결과적으로 삶에 대한 피학적 지향성은 심리치료에서 잠재적으로 도움이 될 만한 논의를 추구하는 데 다루기 힘든 저항을 일으킬 수 있다.

성공신경증을 가진 사람도 비슷하게 저항하는데, 이는 쾌락보다 고통을 선호하기 때문이 아니라 너무 많이 성취할 수 있다는 전망에 위협을 느끼기 때문이다. 성공신경증은 일반적으로 사회생활을 즐기는 데 방해가 되지는

....

7 Zeidner와 Endler(1996)는 대처 양식의 개인차와, 다양한 종류의 적응과 부적응 행동에 대한 영향에 대해 백과사전적 범위를 제공한다.

않지만, 학업, 직업, 창의적 활동에서 성취할 수 있는 역량을 충분히 활용하지 못하게 한다(Holmes, 2006a, 2006b 참조). 다른 사람보다 나은 결과에 대한 비합리적 두려움을 품고 있는 성공신경증 환자들은 심리치료에서 자기 스스로를 성장시키는 시도 같은 도전적 상황에서 성취를 피한다. 피학증과 마찬가지로 성공에 대한 두려움도 치료 작업에 방해가 되며, 의미 있는 진전을 위해서는 확인하고 극복되어야 한다.[8]

내용에 대한 저항

환자가 성격적 특성으로 내포하여 심리치료에서 드러나는 변화에 대한 저항이나 인격 저항과는 대조적으로, 치료 내용에 대한 저항은 치료 상황에서 유발된 진전에 대한 방해물을 말한다. 모든 형식의 저항 중에서 내용에 대한 저항은 그 기원이 가장 단순하고 이해하기 쉽다. 심리치료가 삶에서 사람들을 어렵게 하는 측면에 초점을 맞추게 될 때, 당황스러움, 두려움, 악화, 우울, 혹은 생각하거나 말하기에 불쾌한 주제에 관심을 기울이게 된다. 따라서 치료과정에서 필연적으로 환자는 혐오감을 느끼고 치료과정에 온전히 참여하는 데 거부감을 갖게 된다.

내용에 대한 저항은 흔히 환자가 특정 주제를 의식적 자각 밖에 두어 회피하려는 동기에 의한 것이기에, Freud는 원래 이를 "억압 저항"이라고 불

....

8 비록 75년 전에 쓰였지만, "인격 무장(character armoring)"과 "인격 저항(character resistance)"의 개념을 소개한 Wilhelm Reich(1933/1949, pp. 208-247)는 피학적 인격 장애와 그것이 심리치료의 진전을 가로막는 장애물에 대해 가장 유용한 논의를 제공했다. 이 주제와 관련하여 Blum(1991), Brenner(1959), Glenn과 Bernstein(1995), Reik(1941)의 연구도 다른 중요한 기여를 하였했다. 또한 인격적 유형의 본질과 치료 반응에 대한 영향과 관련해서는 Sterba(1953)의 고전적 논문과 Johnson(1994), Horowitz, Marmar, Krupnick, Wilner, Kaltreider와 Wallerstein(1984), Millon(1996, 1999), Millon과 Grossman(2007), Shapiro(1965, 1989), Stone(1993)의 책을 추천할 만하다. 피학적이거나 성공을 참을 수 없는 환자들 사이에서 때로는 다루기 힘든 심리치료에 대한 저항은 '부정적 치료 반응'이라고도 한다(Jaffe, 1991; Levy, 1990, Chapter 7).

렀으며, "위험한 성향들을 차단하여 통제하려는 자아의 지속적, 자동적, 규범적 성향"으로 정의했다(Menninger & Holzman, 1973, p. 108). 그러나, 자아 기능과 신경증적 성격 양상을 개념화하는 후속된 진보적 관점에서 볼 때, 심리치료에서 모든 환자가 어느 정도 제시하는 내용에 저항하는 일반적 경향으로서의 억압과, 일부 환자에게서 특별한 저항으로 드러나는 방어로서의 억압을 구분하는 것이 유용해 보인다. 억압적 방어를 선호하여 나타난 저항은 인격 저항을 다룬 앞선 논의에서 다루었고, 특정한 내용의 자각을 회피함으로써 때에 따라 나타나는 저항은 내용에 대한 저항이라는 이름으로 여기서 다룬다.

내용에 대한 저항을 상대적으로 쉽게 인식할 수 있는 이유는 이것이 치료 면담에서 현재 진행되고 있는 상호교환과 밀접하게 관련되어 있기 때문이다. 심리치료에 의해 가속화되기는 하지만, 변화에 대한 저항과 인격 저항의 기원은 치료 외적인 삶의 사건이다. 이 장에서 다음으로 고려할 전이 저항은 치료 상황에서 비롯되지만, 치료자 그리고 환자 삶의 현재와 과거 인물 관계의 복잡한 함수로 나타난다. 그러나, 내용에 대한 저항은 치료과정의 지금 여기에서 일어나고 있는 사건에 대한 투명하고도 단순한 반응이다.

좀 더 구체적으로 말하면, 내용에 대한 저항은 환자가 다루기 어려운 주제에 대한 논의와 동시에 나타나거나 그러한 주제가 논의될 때 나타난다.[9] 예를 들어, 결혼 문제를 논의하던 여성이 성적 파트너로서 매력적이지 않다는 우려를 이야기하는 동안 눈에 띄게 화를 낸다고 가정해 보자. 그런 다음 그녀는 더 이상 그 문제에 대해 아무 말도 하지 않거나 그 문제가 너무 괴로

....

9 Dewald(1980, 1982)는 심리치료에서 환자가 고통스러운 생각과 감정을 피하기 위한 "전략적 저항"이라고 부르는 방식을 자세히 설명한다. 관련 연구에서 Callahan(2000)과 Horowitz, Milbrath와 Stinson(1995)은 환자가 갈등이 있거나 해결되지 않은 주제를 전달할 때 일반적으로 방어적 통제 과정의 징후가 증가한다는 것을 발견했으며, 이러한 방어의 징후가 환자의 마음속에 해결되지 않은 채로 남아 있는 문제를 확인하는 유용한 방법일 수 있다고 결론지었다(관련 논의에 대해서는 Gabbard, 2007 참조).

워서 더 이상 이야기할 수 없다고 말하며 그 주제를 그만두려고 시도할 수 있다. 이러한 저항이 출현한 의미는 분명할 것이다. 자신이 성적 매력이 없다고 지각한 것을 이야기하는 것과 관련된 심리적 고통에서 벗어나려는 환자의 동기로 인해 결혼 문제를 해결하기 위해 노력하려는 동기를 일시적으로 무시하게 되고, 이런 문제와 관련될 내용에 대해 계속 논의하는 것을 꺼리게 된 것이다.

예상되는 내용에 대한 저항에 대해 살펴보기 위해, 이 예에서 환자가 결혼 관계의 성적 측면 외의 것을 자세히 설명하다가 자발적으로 "성관계와 관련하여 이야기하는 게 좋겠네요."라고 말했다고 가정해 보자. 그러나 그 이야기를 하는 대신에 침묵하거나 성관계가 아닌 다른 것에 대해 이야기하거나, 자신의 문제와 관련이 없는 통상적인 방식으로 성에 관한 이야기를 시작할 수 있다. 이런 그녀의 행동은 내용에 대한 저항을 반영한다. 성과 관련한 주제가 드러나려고 할 때 저항이 시작되었고, 이 시점이 그녀가 저항하게 된 기원과 의미임을 의심할 여지가 없다.

전이 저항

심리치료 과정에서 모든 환자는 자기 삶의 중요한 타인에게 가졌던 태도를 치료자에게 전위함으로써 자신에게 긍정적이며 부정적인 여러 종류의 느낌을 경험한다(이에 관한 다양한 관점에 대해서는 Cooper, 2006 참조). 전이 현상은 심리치료에서 매우 중요하며, 이 책의 10장에서는 전이 현상의 기원, 발현과 치료적 활용에 대하여 폭넓게 다룬다. 이번 장의 논의에서는 전이가 심리치료에서 나타나는 저항의 원천 중 하나임을 밝히고, 전이 반응이 전형적으로 저항 행동을 일으킴을 지적하고자 한다.

전이가 어떻게 저항을 일으키는지 이해하려면, 심리치료 안에서 치료자를 향한 긍정적 및 부정적 감정이 조성되는 방식을 검토해 보는 것이 도움이 된다. 적정 수준으로 치료자의 진솔성과 따뜻함, 공감을 받게 되면, 환자는 치료자의 비판단적 관심에 감사하게 되며 치료자의 개인적 민감성과 헌신을 존경하게 된다. 처음에는 이런 태도가 치료과정에 참여하려는 간절함을 일구어 내지만, 조만간 환자는 치료자를 이상화하기 시작하고 치료계약의 경계를 넘어서는 여러 관계를 갈망하는 지점까지 이르게 된다. 환자는 흔히 치료자가 자신의 어머니나 아버지, 혹은 아들이나 딸, 그 외 배우자나 연인, 가까운 친구라면 좋겠다는 환상을 품는다. 이런 긍정적인 색조의 환상에는 치료자에게 의존하거나 돌봄을 받는 것, 치료자의 삶에서 중요한 사람이 되고 싶은 것, 치료자에게 사랑이나 존경의 표현을 나누고 성관계를 갖고 싶은 것이 포함된다.

시간이 지나고 그러한 긍정적 감정이 화답받지 못하면 실망과 좌절이 시작된다. 치료자는 환자의 눈에 이제는 더 이상 존경과 애정의 존재가 아니다. 그 대신, 자신을 실망시키고 좌절감을 준 냉담한 주 담당자로서 그들은 차갑고, 둔감하며, 반응이 없고, 배려가 없으며, 존경할 만한 가치가 없는 무신경한 사람임이 드러나고, 긍정적 감정은 부정적 감정에 자리를 내주게 된다. 현실의 치료자는 환자가 인식하는 것만큼 놀랍지도 비열하지도 않기에, 이러한 긍정적 및 부정적 감정 모두는 전이 요소를 포함한다.

전이 반응의 구체적 형식과 그것을 유발하는 상황은 전이 감정이 발달할 준비가 되어 있는지, 그리고 표현하는 방식과 마찬가지로 환자의 이전 대인관계 경험에 의해 결정된다(10장 참조). 그러나, 모든 환자에게 긍정적 및 부정적 전이 반응은 둘 다 심리치료에서 소통을 방해하므로 저항이 된다.

긍정적 전이는 치료자의 의견에 대하여 환자가 과도한 우려를 하게끔 만듦으로써 의사소통을 방해한다. 사람들은 자신에 대해 말할 때 듣는 사람이 어떻게 생각할지 의미를 두지 않을 때 가장 자유롭게 말할 수 있다. 말해야만 하는 것에 대해 듣는 사람이 어떤 인상을 가질지 곰곰이 따질수록, 그만큼 자발성은 떨어진다. 따라서 치료자에 대한 긍정적 감정은 그의 환심을 사기 위한 노력을 촉발하기 때문에, 이런 긍정적 감정은 흔히 두 가지 차원에서 환자의 의사소통을 왜곡한다. 첫째, 환자는 자신과 관련한 호의적 인상을 훼손시킬 수 있는 내용을 제외하는 방식으로 자신의 발언을 검열하게 된다. 둘째, 환자는 정확성보다는 치료자의 관심을 불러일으키고 그의 승인을 얻을 수 있을 것으로 예상되는 생각 및 감정, 자기묘사, 이야기로 자신의 말을 꾸미게 된다. 이런 두 차원에서 긍정적 전이 반응은 솔직한 의사소통을 방해하며 그럼으로써 저항이라는 결과를 초래한다.

부정적 전이 감정은 짝사랑에서 나타나는 듯한 반응을 일으킴으로써 저항을 초래한다. 어떤 환자들은 치료자와 더 친밀해지려는 소망이 충족되지 않은 것에 대한 좌절과 실망으로 수동적이든 능동적이든 우울을 나타내며 반응한다. 부정적 전이 반응과 관련된 수동적인 우울 반응에서 환자는 처지고 침울한 태도로 말하거나, 치료적 진전에 대해 낙담하고 마음 내키지 않아하며, 아마도 이후 치료 진행의 보류 의사를 표현할 수 있다. 후자의 경우, 환자가 원하는 관계는 결코 이루어지지 못할 것을 알면서 치료자를 계속 만나는 것은 거부당한 구애자의 경험과 닮은 꼴로서, 이는 거부당했지만 사랑하는 사람 곁에 계속 남는 고통을 견뎌 내기보다는 다시는 만나지 않기를 택하는 것과 같다.

치료자에 대한 긍정적 소망의 미충족으로 우울해지지만 상대적으로 능동적인 환자는 침묵하거나 치료 포기를 고려하기보다는 치료자가 자신을 만족시켜 주게끔 침울해하며 삐치고 불평하면서 버틸 공산이 크다. 눈에 띄는 분노 반응 없이, 치료자에게 간청하고, 질책하고, 충고한다. "당신을 더 잘 알 수 있도록 당신에 대해 더 많이 말해 줄 때, 저 역시도 좀 더 쉽게 저에 대해 이야기할 수 있고 그러면 당신은 저에게 더 많은 도움을 줄 수 있을 겁니다.", "정말로 저를 걱정한다면, 그렇게 떨어져 거리를 두지는 않을 거예요.", "제가 당신에게 단지 환자가 아니라 한 사람이라는 느낌을 더 이상 받지 못한다면, 이전에 겪던 모든 문제로 되돌아간다고 해도 그리 놀랍지 않을 거예요." 등의 표현이 예가 될 수 있다. 이런 언급에는 신중하게 기획된 대답이 요구되는데, 소위 치료자의 '객관성'이라는 과장된 껍데기 뒤로 숨는다거나 순간을 모면하기 위해 당장은 환자에게 만족을 주지만 결국에는 치료 이익을 얻을 가능성을 제한하는 대인관계적 수렁에 빠지는 것을 회피해야만 한다(10장 참조).

자신의 긍정적 소망을 좌절시키는 치료자에게 일부 환자는 우울보다는 분노로 반응한다. 화내는 환자는 전형적으로 원하는 관계 속으로 치료자를 이끌려 하지 않고 자신의 긍정적 감정에 화답하지 않는 그를 처벌하려 한다. 이러한 형식의 부정적 전이는 치료 시간에 나타나지 않는다거나 지각하거나 대화를 거부하는 등 치료자의 업무를 어렵게 만드는 다양한 방식으로 나타난다. 또한 다음과 같이 좀 더 온건하게 화가 실린 표현을 할 수 있다. ① 치료자의 무반응에 대한 비판("당신은 너무 차가운 냉혈한이 틀림없어요.", "제가 할 수 있는 이야기는 다 했으니, 이제 당신이 변화를 위해 뭔가를 할 때네요."), ② 치료자의 치료 행위에 대한 비판("당신 말 중에는 쓸모 있는 것이 하나도 없습니다.", "당신은 제 문제를 도와줄 만큼 경험이 있는 것 같지 않습니다."), 혹은 ③ 치료 자체에 대한 비판("이 치료가 저에게 그다지 도움이 되지는 않는 것 같습니다.", "제가 듣기로는 심리치료의 가치가 그렇게 강력하지는 않다고 하던데요.").

이런 발언에 직면했을 때 치료자는 두 가지 질문을 고려해야 한다. 첫째, 환자가 말한 내용 중 현실에 근거를 둔 것은 얼마만큼이고, 전이로 인한 현실의 왜곡은 얼마만큼인가? 둘째, 환자의 행동에 현실과 전이가 혼합되어 있더라도 특정한 순간에 각각 어떤 요소를 추구하는 것이 가장 유용할까? 이 질문들에 어떻게 답할지는 10장에서 다루도록 한다. 여기서 강조해야 할 핵심은 이러한 모든 부정적 전이의 발현은 환자가 도움을 요청한 문제로부터 관심을 다른 데로 돌릴 뿐만 아니라 환자가 자신에 대해 이야기하는 것을 방해하기 때문에 필연적으로 저항 행동으로 기능한다는 점이다.

마지막으로, 전이 감정은 환자가 치료의 원래 목표들을 추구하기보다 치료자에게 감명을 주거나 처벌을 가하려는 의도를 갖게 만드는 것뿐만 아니라 환자를 불안하거나 불편하게 하여 저항으로 이어질 수 있다(Gediman, 2002). 치료자에 대한 사랑이나 미움과 같은 전이 감정을 인정하는 것이 부끄럽거나 두려울 때, 내용에 대한 저항이 유발된다. 따라서 일반적으로 애정의 직접적 표현을 꺼리는 환자는, 자유롭고 솔직하게 이야기하는 것을 포기하더라도 치료자를 향한 긍정적 감정을 부인하거나 억제한다. 아울러 감정이나 분노 표출을 꺼리는 환자는 자기자각과 자기보고의 범위가 협소해지는 대가를 치르더라도 부정적 전이를 차단하는 경향이 있다. 이처럼 직접적이든 간접적이든 표현되지 않은 전이 감정은 환자에게 생각과 그에 대한 보고를 어렵게 만드는 형식인 내용에 대한 저항 행동을 야기할 수 있다.[10]

저항의 표식

저항이 나타나는 방식들은 앞서서 기원에 대한 논의에서 설명했다. 그러나, 제공된 예시처럼 환자가 치료에 참여하기를 꺼린다는 모든 표식이 명백한 것은 아니다. 그렇기 때문에 행동 유형을 체계적으로 분류하는 것이 저항을 식별하는 방법을 배우는 데 더 도움이 된다. 심리치료에서 저항을 드러내는 환자 행동은 다섯 가지 범주, 즉 ① 치료에 쓰는 시간을 줄이기, ② 대화의 양이나 범위의 제한, ③ 실생활에서 떼어 치료를 격리하기, ④ 행동화(acting out), ⑤ 갑작스러운 개선을 보이는 건강으로의 도피(flight into health)이다.

....

10 Gill(1982, 2장)은 전이 반응이 심리치료에서 의사소통을 방해하고(전이 저항), 환자가 인식하거나 의사소통을 피하려고 하는 고통스러운 경험(전이에 대한 저항)을 구성하는지에 대해 상세히 개념화하고 다양한 예시를 제공한다. Bauer(1989)는 환자와 같이 치료자가 전이에서 지금-여기의 문제를 다루는 데 저항하는 방식에 대해 언급한다.

치료에 쓰는 시간을 줄이기

환자가 치료계약을 명백히 포기하지 않으면서 심리치료의 영향력에 저항하는 가장 간단한 방법은 치료 시간을 줄여야만 하는 "이유"를 만드는 것이다. 특히 회기에 늦게 오거나, 일찍 가야 한다고 하거나, 약속을 취소하거나 나타나지 않고, 조기 종결을 제안하는 환자는 치료에 대한 노출을 제한하여 전적으로 참여하는 데 저항할 가능성이 높다(Meissner, 2006 참조).

그러나 환자가 회기를 취소하거나 지각할 때 저항과 현실을 구별하는 것이 항상 쉬운 것은 아니다. "길이 막혀서"라며 10분 늦게 들어오는 여성이 사과하거나, "남편이 아파서요."라며 남편의 아내가 전화로 취소하기도 한다. 치료자는 이런 사건을 어떻게 해석해야 할까? 정시에 오고자 하더라도 누구나 길이 막혀 늦을 수 있다. 하지만 그 여성이 교통체증을 예측하고 미리 출발할 수 있었을까? 아니면 교통체증보다는 평소보다 늦게 출발해서 늦었을까? 교통체증에도 불구하고, 주차장에서 아는 사람을 만나 대화하지 않았다면 정시에 도착할 수 있었을까?

아파서 취소하는 것은 분명 저항이 아닌 현실일 수 있다. 하지만 환자가 아픈 상태가 약속을 지키지 못할 만큼 심각하다고 할 수 있는 것일까? 아니면 "질환"이 불안이나 공포 반응이거나, 두통이나 다른 신체적 호소로 나타나는 치료에 대한 혐오 반응은 아닐까? 환자가 치료자에게 약속을 지키고 싶지 않다는 말을 직접적으로 하지 않기 위해 아프다고 꾸며 낸 것은 아닐까?[11]

사건의 기저에 저항 또는 현실적인 이유가 얼마나 깔려 있는지는 맥락에 따라 달라진다. 치료자가 사례별로 판단을 내릴 때, 맹신하는 순박함이나 무자비한 회의론 모두 도움이 되지 않을 것이다. 치료자는 환자가 치료 참여

....

11 치료의 초기 단계에서 명시적 계약 합의에 도달하는 것의 중요성에 관한 6장의 권고를 반영하여, Gans와 Counselman(1996)은 명확하고 모호하지 않은 취소 기준을 치료계약에 포함할 것을 촉구한다. 취소 기준이 잘 설명되어 있고 너무 엄격하지도 관대하지도 않은 경우, 회기를 놓치는 것의 중요성을 탐구할 귀중한 기회를 제공한다.

를 제한하는 어떠한 이유를 대더라도 저항의 요소가 포함된 것은 아닌지 충분히 의심해야만 한다. 동시에, 현실을 충분히 인식하고 근접 및 원격 파생물의 차이를 이해함으로써, 일부 설명은 액면 그대로 받아들이고, 다소 설득력이 부족해 보이는 설명일지라도 탐구를 유보해야 할 경우도 있음을 충분히 인식하고 있어야 한다.

취소하거나 회기 시간을 줄이려는 것에 대한 환자의 설명은 일반적으로 다음 세 가지 중 하나이다. 어떤 설명은 매우 현실적이고 저항과 거리가 멀기에 더 깊이 살펴볼 이유가 거의 없다. 아프다고 회기를 취소했고 다음 회기에 왔을 때도 심한 감기 기운으로 괴로워하는 환자라든지, 또는 어쩔 수 없었던 이유를 대며 늦은 환자에게 저항의 요소가 있다고 몰아붙이지 말아야 한다.

두 번째는 다소 모호한 것으로 개방형 탐색을 요구한다. 한 남성이 출장 때문에 회기를 취소한다고 가정해 보자. 출장으로 회기를 취소하는 것은 정당해 보이지만, 눈에 보이는 것 이상의 다른 것이 있지는 않을까? 환자가 회기가 있는 특정 날짜에 가야만 했을까, 아니면 그가 치료를 받지 않기 위해서 출장 계획을 선택한 것은 아닐까? 여행 일정을 바꾸지 못한다면 정오에 떠나서 오전에 치료 약속을 지키는 것이 가능하지 않았을까? 이러한 모호한 상황에서의 진실은 저항이거나 현실적 이유일 것이다. 환자의 설명이 둘 중 한쪽을 명확히 가리킬 때까지 탐색해야 한다.

세 번째는 환자 행동이 저항을 반영하고 있으므로 그에 따라 반응해야만 하는 것이 의심의 여지가 없는 경우이다. 환자의 행동이 합리적 설명이라 받아들이기엔 너무도 투명하게 저항적이거나, 모호한 행동에 대한 설명이 처음부터 뻔한 거짓이기에 어떠한 모호성도 없는 경우이다. 취소 없이 약속 시간에 나타나지 않거나 회기를 일찍 끝내 달라고 요청하는 것은 거의 언제나 저항의 발현에 해당한다. 환자의 생활 속에서 큰 위기가 아니라면 현실에서 그러한 행동은 정당화되지 않기 때문이다. 아들이 병원에 가야만 하는 응급 상황이 발생하여 전화 없이 회기에 오지 않은 것을 저항이라 할 수는 없겠지만, 아들의 치과 정기 검진을 위해 빨리 끝내야 한다는 여성은 흔히 저항한다고 할 수 있다. 설명의 질적 수준과 관련해서 "오늘은 움직일 수가 없네요."라면서 늦게 오거나 "오늘은 말할 기분이 아니네요."라며 약속을 취소하는 환자도 저항하고 있는 것이 거의 확실하다(그리고 두 경우 모두 제공된 설명이 너무 허술하기에 치료자는 결국 이에 대하여 이의를 제기할 필요가 있다).

충분히 진행되지 못한 치료를 조기 종결하겠다는 제안에는 특히 주의를 기울여야 한다. 이는 치료에 쓰는 시간을 돌이킬 수 없을 정도로 감소시킬 가능성을 예고하기 때문이다. 치료 종결 문제를 제기하는 환자는 일반적으로 다른 지역으로 이사하는 것과 같은 상황이나 심리치료의 필요성을 더 이상 느끼지 못하기에 치료가 계속되기를 원치 않는 것일 수 있다. 또한, 환자가 아무런 설명 없이 예약 시간에 그저 나타나지 않는 경우도 있다. 단, 환자와 치료자가 일정 기간 동안 건설적으로 함께 작업해 왔다면, 대개 이러한 무모한 행위는 거의 나타나지 않는다.

종결과 관련된 위의 세 가지 경우 모두 저항과 현실의 요소를 포함할 수 있다. 더 이상 치료를 지속할 수 없다는 환자의 경우, 학교를 다니거나 새로운 직장 때문에 수백 킬로미터 이상 떨어진 곳으로 이사를 가야 하기 때문일 수 있다. 반면, 치료실에서 좀 더 먼 곳으로 이사하거나 정기적 약속을 약간 불편하게 만드는 새로운 의무가 생긴 이유일 수도 있다. 전자의 상황은 현실이지만, 후자의 두 상황은 치료를 제한하기 위한 핑계일 수 있으므로 가능한 저항의 요소를 탐색해 보아야 한다. 이와 유사하게, 치료가 더 이상 필요하지 않다는 환자는 저항을 나타내거나 치료 경과에 대한 정확한 평가를 보여 주는 것일 수 있다. 적절한 평가였다면 종결을 제안하는 것이 시기상조라기보다는 적절한 것일 수 있다. 예고 없이 치료를 중단하고 추가적 심리치료에 대해 저항적인 환자 중 일부는 치료 목표를 달성했으며 더 이상 치료를 지속할 필요가 없다고 치료자에게 말하는 것을 망설이는 것일 수도 있다(이는 치료자가 좀 더 기민하고 덜 소유적인 태도로 환자의 진전을 인식하고 종결을 제안했어야 함을 의미할 수 있다).

아마도 치료자가 신속하고 효과적으로 대처해야만 할 가장 결정적인 저항 행동은 조기 종결을 암시하는 전조라고 할 수 있다. 이는 다음 기회가 없을 수도 있기 때문이다(이 문제에 대한 논의는 Arkowitz & Engle, 2007 및 Horner, 2005 참조). 파악하지 못해 지나치거나 해결되지 못한 저항으로 인하여 치료계약이 파기되면, 다음번에 이를 더 빨리 인식하여 더 효과적으로 대응할 기회는 없다. 환자는 치료를 중단하고 관계를 끝낸다. 현실적 고려사항으로 인한 적절한 치료 종결과 저항을 의미하는 조기 종결에 대해서는 12장에서 자세히 설명된다.

대화의 범위 및 총량의 제한

심리치료에 쓰는 시간을 줄이는 것이 심리치료의 영향을 최소화하는 가장 간단한 방법이겠지만, 환자들이 치료에 저항하는 가장 일반적 방법은 대화의 양이나 범위를 제한하는 것이다(Callahan, 2000). 치료 시간을 줄이는 것은 치료실에서의 환자 삶과 일상의 환자 삶 사이의 접점을 바꾸는 것과 관련되며, 시간을 줄이는 것이 저항인지는 현실적으로 참작할 만한 요인이 있는지에 달려 있다. 이에 비해, 대화의 제한은 전적으로 심리치료의 맥락 내에서 존재하여, 환자가 무엇을, 얼마나 이야기를 할 것인지를 제한하려는 노력은 자동적으로 저항의 표현으로 간주될 수 있다. 이런 제한이 나타나는 때를 인식하기 위해서, 치료자는 침묵의 언어, 고착의 언어와 회피의 언어와 같은 세 가지에 유의해야 한다.

침묵 환자가 평소보다 눈에 띌 정도로 자유롭게 이야기하지 못하거나 전혀 말을 하지 않을 때, 불편함을 피하고자 하는 욕구 때문에 일시적으로 치료과정에 소홀해졌다고 추론할 수 있다. 대화를 하지 않는 것은 불편한 주제를 회피하고 심리치료에서의 변화를 제한하는 데 효과적으로 쓰일 수 있기에, 상대적이거나 절대적인 침묵은 치료에 저항하는 수단으로 자주 사용되며, 발생할 경우 저항을 의미한다(Gabbard, 2007).

환자가 자신의 행동에 대해 말을 아낄 때, 자발적으로든 또는 침묵에 직면하여 반응한 것이든 "오늘은 뭔가 말할 기분은 아니네요."나 "별로 할 말이 없네요."라며 설명하려 할 수 있다. 그것이 어떤 진술이든 치료자는 침묵에 대한 현실적 설명으로 받아들여서는 안 된다. 환자가 동의한 치료 계획에 따르면, 환자는 말하는 것에 대한 느낌이나 삶에서 일어나는 일과 상관 없이 마음속에 떠오르는 것을 이야기해야 한다. 그렇다고 환자가 말하기를 꺼려 할 때마다 치료자가 서둘러서 꾸짖으라는 것은 아니다. 이 상황에서 필요한 것은 소통하고자 하는 환자의 능력이나 의지를 방해하는 것이 무엇인지를 인식하여 환자가 특정한 저항의 기원이 무엇인지를 인식하고 해결하도록 돕는 건설적 노력이다.

때때로 침묵하는 환자는 단순히 할 말이 없다거나 "머릿속이 텅 비었다."고 말할 수 있다. 그러나 현실에서 의식이 완전히 "텅 빈" 상태일 수는 없다. 머릿속이 텅 비었다고 이야기하는 환자는 생각이나 감정이 떠오르는 것을 회피하거나, 그냥 침묵을 정당화하기 위해 애쓰는 것일 수 있다. 어느 쪽이든 할 말이 없다고 주장하는 것은 저항의 표시이며, 솔직한 고백만큼이나 환자가 자신의 마음속에 있는 것에 관한 대화를 꺼리고 있음을 의미한다.

고착 8장에서 언급했듯이 심리치료에서 환자가 말하는 내용은 네 가지 차원에 따라 변할 수 있다. 환자는 과거나 현재 사건에 대해 말할 수 있으며, 구체적 및 추상적 용어로 표현할 수 있다. 또한 환자는 사고 및 감정에 대해, 그리고 치료과정과 구체적으로 관계가 있거나 없는 것에 대해 말할 수 있다. 이러한 내용의 차원 중 어느 한 극단을 지나치게 강조하는 것은 생략된 극단, 즉 환자가 이야기하지 않는 것에 대한 주의를 요구한다. 이 장에서 전개된 개념을 적용하면, 한 극단에 대한 지나친 강조는 환자가 이야기를 제한함으로써 저항하려는 고착으로 인식될 수 있다. Busch(1995, 5장)는 이와 관련하여 환자가 말하거나 행동하는 것과 말하지 않거나 행동하지 않는 것 모두 저항으로 사용될 수 있다고 했다.

환자가 자유롭게 이야기할 때는 보통 과거와 현재 두 측면을 모두 다루고, 추상적 및 구체적 관점, 생각과 감정, 치료 상황과 관련된 내적 및 외적 경험의 양 측면을 모두 이야기한다. 치료자는 환자가 이런 식의 대화 방식을 줄이거나 없애는 방식으로 대화의 초점을 좁혀서 이야기하는 걸 들을 때마다 고착의 언어를 듣는 것이다. 따라서 어린 시절에 대해 끝없이 이야기하지만 자발적으로 현재 삶에 관한 정보에 대해서는 거의 제공하지 않는 환자는 저항하는 것이다. 즉, 아동기의 추억이 아무리 가슴 아플지라도, 현재 사건들에 관한 이야기를 최소 한도라도 포함하기를 명백히 꺼린다면, 이는 환자에게는 현재가 더 이야기하기 어렵고 도움을 요청한 문제와 더욱 관련성이 있을 수 있음을 시사한다.

마찬가지로, 치료관계를 고려한 언급을 절대 하지 않는 환자는 다른 주제에 대해 거의 이야기할 수 없는 사람들과 마찬가지로 저항하는 것이다. 내용의 추상적-구체적 및 사고-감정 차원과 관련된 고착 역시 동일하다. 그러나 고착의 언어를 저항의 단서로 인식할 때 치료자는 환자가 어떤 주제에 대해 이야기할 때마다 그것이 저항을 의미한다고 결론 내리지 않도록 주의해야 한다. 환자가 어떤 것은 이야기하지 않기로 선택한 것일 수 있기 때문이다. 여기서 환자의 전반적인 언어 표현 양상이 중요하며, 다른 방식은 배제하고 특정 대화 방식에만 지속적으로 또는 배타적으로 관계된 경우에만 저항의 요소가 반영된다.

회피 내용 고착이 일종의 회피 행동이지만, 심리치료에는 보다 구체적인 회피의 언어가 있다. 이는 환자가 어떤 것에 대해 말하지 않는 방식보다는 일차적으로 무엇에 대해 말하지 않는지와 주로 관련된다. 예를 들어, 대인관계적 친밀감을 두려워하는 어떤 환자는 자신의 문제를 과거 사건에만 관련지어, 추상적 용어로만, 어떠한 감정 표현도 없이, 또는 치료적 관계는 전혀 언급하지 않으면서 이야기할 수 있다. 각각의 경우처럼, 환자가 문제에 대해 어떤 면에만 고착되어 이야기하면 다른 면에 대해서는 저항하는 것이다. 환자가 친밀감에 대한 두려움을 네 가지 내용의 차원 중 어느 것에 따라서도 언급하지 않고 있다면, 회피의 언어를 통해 저항을 발현하고 있다고 할 수 있다.

회피는 때때로 환자가 자기 관심의 중심이 되는 주제에 대해 이야기하지 않고 끊임없이 주위를 맴돌 때 쉽게 발견된다. 결혼 생활에 문제가 있는 여성이 남편과 관계의 여러 측면에 대해 이야기하다가도 성생활에 대해서는 말을 멈추거나 주제를 바꾸거나 다른 이야기로 빠져드는 경우가 예가 될 수 있다. 잠재적으로 중요한 주제를 회피하는 것은 치료 작업에서 저항하고 있다는 신호이다.

환자가 자기의 생각, 감정 및 경험에 대해 유창하게 이야기하며 아무것도 생략하는 것처럼 보이지 않는 편안한 면담을 하는 경우라면, 아마도 회피의 언어는 명백하지 않을 것이다. 단, 그럴 때도 심리치료는 생각하거나 이야기하기 불편한 문제에 주의를 기울이기 위한 작업이라는 것을 명심해야만 한다. 일반적으로 저항 없이 치료과정에 개방적인 태도로 참여하는 환자라면 어떤 시점에는 쉽게 이야기하지만 다른 시점에는 머뭇거리며, 어떤 회기에서는 편안하지만 다른 회기에서는 불안하거나 우울하거나 짜증을 낸다. 이런 변동이 나타나지 않는다면, 환자는 겉으로는 개방적으로 보일지라도 저항의 가능성이 높다고 할 수 있다. 어떤 사안들이 회피되고 있는 것 같다는 아주 작은 낌새도 없다면, 치료자는 계속되는 경쾌함으로부터 잠재적으로 중요한 어떤 생각과 감정이 검열되고 있다고 추측해 볼 수 있다.

그럼에도, 치료자는 회피의 언어가 발현되는 모든 경우에 집착하지는 않도록 주의해야 한다. 만약 환자가 이야기하기를 좋아하는 문제만 다룬다면 심리치료에서 많은 것을 달성할 수 없겠지만, 환자의 불안이나 당혹감, 후회, 실패에 대해서만 끊임없이 다룬다면 이 역시 효과적이기 어렵다. 모든 학습과 마찬가지로 심리치료에서 자신에 대해 배우는 과정도 새로운 내용을 살펴보고, 어느 정도 간격을 두고 기존 내용을 통합할 기회가 있을 때 가장 잘 진행된다. 환자는 자신을 바라보는 다른 방법과 자신의 경험을 숙고할 시간이 필요하고, 그런 대안에 직면했을 때의 고통에서 회복할 시간도 필요하다.

심리치료를 받는 환자는 해석 작업을 하고 나면 전형적으로 비교적 평상적인 이야기로 자신의 대화 내용을 제한하며서 물러서고 재정돈(regroup)하는 시간을 갖는다. 이런 제한은 저항이 아니라 해석 과정에서 예상할 수 있는 "잠깐 쉬기(taking a breather)" 방법으로 여겨져야 한다. 이러한 짧은 휴식은 회피 행동과는 다른데, 회피는 해석 작업과 상관없이 나타나거나 또는 해석과정에 이어지는 재정돈에 필요한 시간 이상으로 더 길게 지속된다. 이런 회피 패턴에 대해서는 별도의 개입을 준비해야만 하지만, 잠깐 쉬기는 필요하고 예상되는 사건에 해당하므로 별다른 언급 없이 지나가도록 허용해야 한다(Ingram, 2000; Schlesinger, 2003 참조).

심리치료를 실생활에서 떼어 격리하기

환자가 심리치료의 영향력에 저항하는 매우 효과적인 방법의 하나는 치료과정에서 생긴 것이 무엇이든 그것이 치료실 밖의 삶 속으로 일반화되는 정도를 최소화하는 것이다. 이러한 저항의 양상은 나중에 보면 쉽게 식별할 수 있다. 겉보기에는 환자가 자신을 이해하는 데 진전하는 것처럼 보이지만, 그것이 더욱 효과적이거나 의미 있는 생활방식으로 전환되지 않음이 명백해지기 때문이다. 단, 이런 저항이 생길 때, 이의 발현은 면담실 안에서 심리치료 환자로서의 경험과 다른 맥락에서의 경험을 떼어 놓으려는 미묘한 노력으로써만 나타난다.

치료를 실생활에서 떼어 격리하는 환자는 일반적으로 치료자와의 "심리치료 관계"와 "실생활 관계"라는 두 가지 관계를 분리하여 유지하려 한다. 심리치료 관계에서는 치료계약서에 명시된 대로 자신의 역할을 수행하지만, 실생활 관계에서는 치료자와의 계약에 위배된 방식으로 상호작용이 가능한 시간을 차단하려고 시도한다. 이러한 분리를 유지하는 데 성공할수록 심리치료 환자로서의 생활과 치료 밖의 생활 사이의 인위적 경계를 수립하게 되고, 전자의 진전이 후자의 행동 변화에 영향을 미치는 데 더 많이 저항할 수 있다.

환자들이 때때로 두 가지 분리된 관계를 어떻게 수립하려 하는지 몇 가지 예시를 통해 심리치료를 실생활에서 떼어 격리하는 것에 대한 개념을 명료화할 수 있다. 어떤 남성 환자가 면담실에 들어와, 치료자와 함께 서 있는 동안에는 비공식적인 친근한 태도로 "아, 우리 박사님, 어찌 지내셨을까요?"라며 인사했다. 그런 다음, 둘 다 자리에 앉은 뒤에는 침울해지고 가라앉아서 "오늘은 제게 있었던 정말로 좋지 않은 일에 대해 이야기하고 싶습니다."라고 말했다. 이 발췌에서 진짜 환자는 어느 편일까? 활기차고 경쾌하게 비공식적인 태도로 시작한 사람일까, 아니면 걱정하며 어려움을 겪고 그날의 주제에 관하여 공식적인 예고로써 대화의 문을 열려는 사람일까? 명백히 둘 다일 수는 없으며, 우리가 접한 환자는 치료자에게 인사의 형식으로써 일면을 보여 주고 본론으로 들어가면서는 또 다른 얼굴을 보여 준다. 분명, 인사는 단지 강제된 비공식적인 태도로 이해될 수 있으며, 이는 보고될 괴로운 사건이 영향을 미치는 것에 대한 완충작용을 의도한다 할 수 있다. 하지만, 여기에는 저항의 씨앗이 숨어 있다. 환자가 자신의 실생활 문제가 치료자와의 관계에 침투되면 안 된다고 느끼고, 화났더라도 치료자에게는 웃으며 인사해야만 한다고 생각한다면, 그는 치료를 통해 배운 것에서 영향받는 것에 대하여 치료 밖의 행동에 쉽게 보호막을 치는 것이다.

치료자와 두 가지 분리된 관계를 유지함으로써 심리치료를 실생활에서 떼어 격리하는 유사한 노력이 다음의 예들에서도 나타난다. 환자가 대기실에서 치료실로 가는 도중에 치료자를 멈춰 세우고 "저기("저기"를 불길하게 강조하며) 들어가기 전에 물어볼 것이 있어요."라고 말한다. 회기 중간에 환자가 "잠시만 치료자로서가 아니라 진짜 기분이 어떤지 말해 주었으면 좋겠어요."라고 이야기한다. 별일 없었던 회기가 끝나고 문으로 향하던 환자가 "이제 치료 시간을 마쳤으니, 당신에게 중요한 뭔가를 이야기하고 싶어요."라고 말한다. 환자가 전화로 "회기에서는 이런 일을 하지 않는다는 것을 알고 있지만 제가 새롭게 제안받은 직장을 받아들여야 할지에 대한 조언이 지금 당장 필요해요."라고 이야기한다. 이러한 예들에서, 환자는 치료계약에 따라 규정한 시간 및 장소, 역할 행동의 경계를 넘어 일부 문제를 심리치료 관계에서 분리하려고 시도하고 있다.

따라서 심리치료를 실생활에서 떼어 격리하는 경우를 식별하기 위해 치료자는 환자가 치료 관계를 구획화(compartmentalization)하려는 모든 경향을 주시하고 있어야만 하는데, 특정한 주제나 대화 방식, 역할 행동이 회기의 시작이나 끝부분에, 치료실 외부에서, 전화 통화에서 또는 미리 정하지 않은 임의적인 다른 시간이나 장소에서 나타난다. 이런 일이 일어나면, 환자의 치료자에 대한 역할 관계가 (치료계약에 의하지 않고) 임의적으로 변함으로써, 특정 주제는 특정 시기에만 또는 특정 방식으로만 어렵사리 이야기된다. 더욱이, 치료를 자신의 생활에서 떼어 고립시키려 저항하는 환자는 자신의 치료자와 구조적 또는 개념적으로 뻔히 심리치료 관계로 볼 수 없는 "실생활"의 상호작용을 만들고자 의도적으로 노력한다.

다음의 10장과 11장에서 자세히 설명하는 치료관계는 실상 현실 요인과 전이 요소, 환자-치료자 작업동맹이 서로 섞여 증류된 결과물이다. 환자는 치료관계의 세 가지 측면 중 어느 하나 또는 다른 면을 강조할 수 있다. 이에 따라 무엇을 말할지, 어떻게 말할지를 선택하는 데 뚜렷한 변화가 있을 수 있지만, 필연적으로 이들을 구획화하지는 않는다. 이런 강조점의 변화는 치료과정에서 자연스럽게 이어지며, 치료과정에서 시간, 장소 또는 역할 행동 면에서 어떠한 임의적인 영역의 구분도 포함하지 않는다.

Oremland(1991, 3장)는 환자에게 치료관계의 구획화를 의도치 않게 조장하지 말아야 한다고 치료자들에게 경고했다. 그는 치료자가 "우리가 시작하기 전에 제가 이야기해야만 하는 일이 있습니다."와 같이 말하면 회기 "안"와 "밖"의 재료가 있음을 전달하고, 환자-치료자 상호작용에서 치료 작업에 유용한 것과 그렇지 않은 것 간의 인위적 경계를 부추기게 된다고 했다. 회기 스케줄을 변경하는 데 부인할 수 없는 현실 요소가 있다 하더라도, 환자가 이에 어떻게 반응하는지는 치료과정의 일부이다. 그래서 치료자는 단어를 선택할 때 치료관계가 (어떤 요소와는) 전혀 관련되지 않은 무언가로 구성된다는 식으로 암시하지 말아야만 한다.

행동화

행동화는 불안-유발 충동을 직접적인 방출 행위로 번안함으로써 심리적 갈등을 해결하는 것을 말한다. 행동화는 내적 갈등을 완화하기 때문에 일시적으로 불안을 감소시킨다. 하지만 이는 일반적으로 충동적이며 계획적이지 않기 때문에 새로운 불안의 원천을 생성하는 경향이 있다. 행동화하는 사람들은 대개 죄책감이나 수치심을 느끼거나, 다른 사람의 분노나 조롱을 유발하는 방식, 또는 자기패배를 증명하는 방식으로 행동한다.

행동화는 저항의 방식으로 치료과정을 방해한다. 무엇보다도 행동화하는 사람은 자신의 생각에 대한 성찰과 감정에 대한 개방성을 모두 거부하고 계획되지 않은 행동을 선호한다. 성급한 행동은 자신을 경험하고 관찰할 수 있는 기회를 압류하며, 행동 그 자체에는 최소한의 자기자각만이 포함된다. 따라서 행동화는 증진된 자기이해를 바탕으로 보다 효과적인 행동을 계획하려는 노력을 즉각적 만족감으로 대체하는 것이기에 본질적으로 심리치료 과정과는 정반대의 행위이다. 어떤 문제를 행동화하는 것은 문제에 관한 대화를 배제하는 것이다. 심리치료 중인 환자의 행동화 행위는 그의 중요한 관심사가 직접 행위로 번안된 것으로 아직은 토의될 만하지 않음을 시사한다.

이와 관련하여 Levy(1990, 142쪽)는 "행동화는 치료에서 어떤 재료의 직접적인 도입을 회피하는 수단이자 그러한 재료가 현재 존재함을 의사소통하는 간접적인 수단으로 기능하는 특정 형식의 저항으로 이해되고 해석되어야 한다."라고 했다. 그러므로, 저항 행동의 내용은 그것이 행동화의 형식을 취할 때 특히 잘 드러날 수 있으며, 환자의 행동화에 담긴 메시지를 치료자가 인식하고 반응할 수 있어야 그러한 행동 패턴을 끝내거나 적어도 확대되는 것을 방지하는 데 도움이 될 수 있다.[12]

때때로 행동화는 치료에서 논의하는 내용에 의해 특정적으로 자극된 불안에 대한 반응으로 나타난다. 따라서 자신의 삶에서 골치 아픈 문제를 검토하거나 이전에 문제를 다루던 방식에 대한 불안을 유발하는 해석의 훈습을 진행할 때, 환자는 행동을 통해 문제를 "끝내고" 그 문제에 대한 논의를 중단하고 싶은 유혹을 받을 수 있다. 결혼 생활에 문제가 있는 여성의 예시로 돌아가 보면, 그녀가 괴로운 성생활 문제를 논의하기 직전에, 갑자기 남편과 별거하기로 결정했고 남편은 이미 집을 나가 아파트를 임대했다고 보고하는 경우를 따져 볼 수 있다. "결혼 생활 문제를 당분간은 해결했다."는 그녀의 행위는 아마도 "더 이상 그 문제에 대해 이야기할 필요가 없다."를 함축하고 있다고 할 수 있다.

심리치료에서 매우 흔한 행동화의 한 가지 변형은 특히 언급할 가치가 있으며, 이는 때때로 환자가 치료에 참여하는 데 저항하고 있다는 유일하게 명료한 표식을 제공할 수 있다. 이 저항의 패턴은 치료와 관련된 문제에 대해 치료자보다는 다른 사람들과 이야기하는 것으로 구성된다. 물론 치료를 받는다고 해서 정상적인 사회적 및 대인관계를 단절하라고 기대하지는 않

....

12 정신건강 전문가와 일반 대중들 사이에서 "행동화"는 느슨하게 사용되는 용어라는 점을 유의해야 한다. 이 논의에서 사용된 전통적인 정신역동적 개념은 Fenichel(1945b)이 정교화했으며, 행동화의 특성과 심리치료에 대한 함의는 Abt와 Weissman(1965), Boesky(1982), Milman과 Goldman(1973), Roughton(1995)을 참고할 수 있다.

는다. 실제로 심리치료에서 관심사와 걱정을 논의할 수 있는 지인의 범위를 넓힐 수 있도록 돕는 것을 목표로 하는 경우도 많다. 하지만, 배우자나 친척 또는 친구와 심리치료 회기의 내용을 정기적으로 시연하고 고찰하며 재해석하면 안 되는데, 이는 특히 치료자가 공유하지 못한 정보가 포함된 대화를 할 때 더욱 그렇다.

이 같은 "보조적인" 치료자를 소리 공명판처럼 (의견을 나누는 대상으로) 사용하는 것은 심리치료에서 의사소통을 방해하는데, 치료 면담에서 이야기된 내용 및 생성된 내용 모두를 희석하기 때문이다. 환자가 심리치료 밖의 대화에서 자신의 문제를 더 많이 이야기할수록 치료에서 자발성은 떨어지고 치료자가 신선한 아이디어와 생생한 감정에 대해 작업할 기회도 줄어든다. Freud의 말에 따르면, 이때 치료에서 "가장 가치 있는 것이 빠져나가게 두는 누출"(1913/1958a, 136쪽)이 생길 수 있다. 마찬가지로, 환자가 자신의 생각과 감정에 대한 다른 사람의 반응을 더 많이 얻으려고 할수록, 치료자의 논평과 관찰이 갖는 영향력은 줄어들게 된다. 환자가 치료자가 아닌 다른 사람과 정기적으로 치료에 대해 논의하거나, 치료에서 고려 중인 문제에 대해 외부 의견을 구하거나, 치료자가 아닌 다른 사람에게 관련 정보를 보고하는 것은 저항일 가능성이 있으므로 주의해야 한다. 어떤 경우에는 환자가 심리치료와 동시에 다른 전문가와의 관계를 고려하고 있거나 시작한 것으로 드러날 수 있다. 예를 들어, 언급 없이 결혼 상담사를 만나기 시작했거나 성직자에게 개인적 지도를 구했거나 주치의에게 항정신성 약물치료를 요청했을 수 있다.

심리적 문제가 있는 사람은 다양한 접근 방식을 통해 도움을 받을 수 있으며, 일부 환자는 개인 심리치료와 집단이나 가족 회기, 결혼 및 직업 상담, 목회 상담, 약물치료가 결합된 치료 프로그램을 통해 가장 큰 효과를 얻을 수 있다. 그러나 개인 심리치료가 주된 치료 방식인 경우, 다른 관계가 주 치료의 효과를 지속하기보다는 방해하는 상황을 피하도록 주의를 기울여야 하며, 다른 방식은 환자와 치료자가 함께 작업하는 데 필요한 보조 수단임에 동의하고 있어야 한다. 자신의 문제에 대해 (상의 없이) 일방적으로 다른 형식의 심리적 도움을 구하는 환자는 심리치료의 효과를 희석시키는 행동을 취함으로써 심리치료에 저항하는 것이다.

건강으로의 도피

심리치료를 받는 환자는 보통 치료 초기 단계 동안 기분이 좋아지거나 더 효과적으로 행동하기 시작한다. 이러한 초반의 이익은 치료 그 자체보다는 심리치료를 받는 것에 대한 환자의 긍정적 태도와 이러한 태도가 만들어 내는 기대감에서 유래된다. 환자들과 함께 작업하겠다는 치료자의 헌신과 도움을 줄 수 있다는 치료자의 역량을 나타내는 표식에 반응하여, 대부분 환자는 심리적 어려움을 해결할 수 있다는 낙관성을 가지게 된다. 또한 환자들은 전문가의 도움을 받기 위해 주도적인 입장을 취한 것에 스스로 만족해하는 경우가 많으며, 그들의 자존감은 치료자의 관심으로 더욱 북돋아질 수 있다. 높은 기대감에 부풀고 향상된 자기존중이 박차를 가하게 되면, 초보 환자는 갑작스러운 증상의 완화와 문제 행동에 대한 통제력이 증가함을 경험할 수 있다.

어떤 경우에는 이러한 빠른 개선이 실제로 치료계약을 하기 이전인 평가 기간에 생기기도 하며, 심지어 최초의 예약을 하고 평가 면담에 오기 전까지의 기간에도 일어날 수 있다. 다시 말하자면, 어떤 사람의 경우에는 자신의 걱정을 논의하고 그에 대하여 전문적으로 평가받는 기회를 갖는 것만으로도 안심한다. 최초 접촉은, 비록 예약을 잡는 통화에만 국한되더라도, 환자에게 자신의 문제를 해결하기 위해 무언가 확실한 행위를 취했으며 도움을 받게 될 것이라는 신호로 여겨진다. 이러한 치료 시행 이전의 접촉과 연합된 희망적 기대와 성취감은 그 자체만으로도, 일시적일지라도, 그들의 걱정을 완화하고 더 효과적으로 기능하도록 도울 수 있다.

그러나 어떤 경우에는 심리치료에서 일찍 나타나는 갑작스러운 개선이 치료를 받게 되는 것으로 인한 실제 이익이 아닌 치료에 대한 저항으로 나타날 수 있다. 심리치료를 계속 받기를 꺼리는 환자는 갑자기 기분이 훨씬 좋아지거나 보다 효과적으로 행동하곤 한다. 이러한 개선이 치료자에게 보고될 때, 함축된 메시지는 명료하다. "나는 이미 더 나아지고 있어서 이 치료를 계속할 필요가 없다." 이런 식으로 도피를 위한 이유로 사용되는 즉각적인 증상 완화는 애초에 건강으로의 도피라는 용어로 명명되었으며, 저항의 의도를 나타내기 위하여 쓰인다(Frick, 1999; Oremland, 1972; Train, 1953 참조).

치료로 인한 실제적이고 지속적인 개선과 건강으로의 도피에 기반한 착각적이고 단기적인 개선은 신중하게 구분되어야 한다. 치료자는 심리치료에서 의미 있는 조기 개선의 가능성을 간과해서는 안 되며, 이를 반사적으로 저항이라고 해석하여 그러한 개선이 훼손될 위험을 감수해서도 안 된다. 그러나 초반의 빠른 개선에 영향을 미칠 수 있는 저항 요소에 대해서도 주의를 기울여야 하며, 저항이 치료의 지속성을 위태롭게 하기 전에 환자의 주의를 환기시킬 수 있어야 한다.

조기 개선의 저항 요소는 개선을 보고한 일의 종류, 발생 시기 및 그 의미를 관찰하여 식별할 수 있다. 개선이 더 적당하고, 믿을 만하며, 지속적일수록 건강으로의 도피가 아닌 실제 이득을 나타낼 가능성이 커진다. 반면, 믿을 수 없는 변화("20년 동안 저를 괴롭혔던 자의식이 완전히 없어졌어요.")에 더한 극적인 보고("저는 완전히 새사람이 되었어요.")가 금방 사라지는 경우("지난주 잠시 동안 저는 제가 모든 것을 바로잡았다고 생각했지만 지금은 예전처럼 자의식을 느끼고 있어요.")는 착각적 개선을 가리키며 아마도 치료를 계속하는 것에 대한 저항을 반영하는 것일 수 있다.

조기 개선의 시점과 관련하여, 심리치료 회기의 내용과 무관하게 환자의 정상적 생활과정에서 발생한 것처럼 보일수록 실제 개선일 가능성이 크다. 그에 비해, 불안을 유발하는 주제에 대해 논의하고 치료자가 몇 가지 분명한 직면이나 해석을 제공한 회기 이후에 개선이 보고된 것처럼 보인다면, 행동 변화의 저항 요소를 강력히 의심해 보아야 한다. 이러한 특정 형식의 저항을 Wheelis(1949)는 통찰로부터의 도피(flight from insight)라 칭했다.

조기 개선에 관련된 사항으로, 치료에 대한 열의가 높아졌다고 긍정적 변화를 보고한 환자는 어떠한 실제적인 이득을 경험했을 가능성이 크다. 자기 안에서 변화를 겪은 사람은 심리치료를 통한 장기적 효과를 기대할 수 있게 되며, 개선이 보고된 직후의 면담에서 저항의 표식을 나타내지 않을 가능성이 현저하게 높다고 할 수 있다. 반면, 환자가 개선된 뒤에 그래서 심리치료가 더 이상 필요하지 않다고 결론 내리는 것처럼 보이거나, 개선 속도가 빨랐기에 애초부터 치료가 불필요했다고 판단하는 경우, 이러한 개선은 건강으로의 도피를 통한 저항을 나타내는 것일 수 있다.

이 부분을 마무리하면서, 해석에 대한 거부는 저항의 표식으로 포함하지 않았다는 점을 언급해야만 할 것이다. 치료자들은 종종 환자가 해석을 받아들이지 않는 것을 저항 행동으로 간주하려는 유혹에 빠진다. 그러나 (저항 행동이라는) 추가 증거가 없는 상황에서 그러한 유혹에 빠지는 것은 치료자를 전지전능한 존재로, 환자를 항상 과실이 있는 존재로 간주하는 것이다. 해석은 절대적 진리가 아니라 가설로서만 존재하며, 8장에서 강조했듯이, 이는 치료자가 무언가에 대해 그래서 그렇게 되었다고 말하는 것이 아니라, 환자가 자신의 경험과 일치하는 것을 발견하는 것이다. 환자가 해석을 거부하는 것은 해석이 부정확하거나, 시기가 적절하지 않거나, 표현방식이 좋지 않았기 때문일 수 있다. 따라서, 이때 치료자가 주의를 기울여야만 하는 것은 환자의 행동 속에 있을 수 있는 저항의 요소가 아니라 환자가 해석을 받아들일 수 있도록 준비시키는 치료자 자신의 민감성과 기술의 향상이다.

저항에 반응하기

치료자가 저항 행동에 반응하는 방식은 심리치료의 과정과 성과에 큰 영향을 미친다. 매 경우 저항에 반응하기와 저항을 해석하기는 동의어가 아니다. 그래도, 8장에 제시된 것처럼 해석을 선택적이며 적절한 시기에 해야만 한다는 일반 원리에 따라 저항도 언제 어떻게 해석할 것일지를 결정해야 한다(Horner, 2005; Schlesinger, 2003 참조). 이런 원리의 틀 안에서 ① 저항 형성을 허용하기, ② 저항을 우회하기, ③ 저항을 탐색하기, ④ 저항을 돌파하기와 같은 네 가지 반응이 가능하다.

저항 형성을 허용하기

치료자가 문서화하여 증빙할 충분한 정보가 없는 경우 해석을 자제해야 하는 것처럼, 현재 저항이 있다고 확신할 때까지 저항 행동에 적극적으로 반응해서는 안 된다. 환자가 저항하는 방법과 이유를 확신하더라도, 먼저 환자가 실제로 저항하고 있다는 사실을 인식하게끔 치료자가 돕지 못한다면, 이러한 이해의 의사소통은 거의 진전이 없을 것이다.

환자가 자신의 일부 행동이 저항의 목적에 이용되고 있다는 사실을 인식하려면 보통 견고한 증거가 필요하다. 환자의 지각에 대한 전형적인 예로 다시 돌아가서, 평소 시간을 잘 지키는 환자가 "길이 막혀" 회기에 5분 늦게 도착했다고 하자. 이러한 경미한 사례는 저항에 대한 해석이 정확하더라도 환자에게는 하찮고 불합리하다고 생각될 수 있다. 새로운 주제를 꺼내기를 약간 망설이거나, 상담실에 들어올 때 "안녕하세요?"라고 묻는 환자도 마찬가지일 수 있다. 그에 비해 3번이나 연속해서 면담에 15분씩 늦게 도착하거나, 어떤 주제에 대해 더 이상 말을 하지 않거나, 치료자의 건강 상태에 관한 구체적인 질문을 많이 하는 환자(저항의 표식이 노골적이거나 반복적인 경우)에게는 그의 행동이 치료과정에 온전히 참여하기를 회피하려는 소망에 의해 아마도 동기화되었을 것임을 비교적 쉽게 보여 줄 수 있을 것이다.

따라서 저항에 반응하는 첫 번째 단계는 환자에게 저항을 허용하여 스스로 그러한 저항에 대해 자각하고 유익하게 탐색할 수 있는 지점이 형성되게끔 하는 것이다. 경미하게 지각하는 것과 같이 저항을 암시할 수 있는 행동이 현저해지지 않고 반복 확대되지 않으면서 빠르게 사라진다면, 환자가 치료에 참여하기를 꺼릴 가능성은 적을 것이며 또한 문서화되어 증빙되기도 어려울 것이다. 상당한 저항은 금방 사라지지 않고 점점 더 반복적이고 뚜렷한 저항 행동을 유발하는 경향이 있으며, 이는 쉽게 제시되고 탐색될 수 있다.

저항이 형성되도록 허용함으로써 치료자는 약간의 희생을 감수하고 저항 행동을 효과적으로 해석할 가능성을 키울 수 있다. 이를 위해 치료자는 일반적으로 너무 일찍 또는 너무 자주 해석을 제공하지 않도록 경계해야 하듯이, 저항의 단서를 발견할 때마다 성급하게 판단하지도 말아야 한다. 치료자의 임무는 영리하게 구는 것보다는 도움이 되는 것이 더 중요하다는 점을 명심하고 시점과 처방 용량(dosage)에 주의를 기울이면 이러한 자제력을 발휘하는 데 도움이 된다.

저항을 우회하기

저항의 발현이 명백하고 제시할 만한 지점에 이르렀을 때, 치료자가 수동적으로만 대응하면 방치하는 실수를 저지르게 된다. 치료자가 뚜렷한 저항을 무시하고, 가용한 면담 내용만을 가지고 진행하면서 저항이 저절로 사라지기를 희망하는 것은 자신의 책임을 방기하는 것과 같다. 뚜렷한 저항을 내버려 두면 곪아 터지게 되고, 치료를 계속하겠다는 환자의 적극적 헌신과 치료 효과에 대한 기대에 곧바로 영향을 미칠 수 있다. 비록 환자가 치료를 중단하거나 자신감을 잃지 않고 저항이 저절로 사라지더라도, 심리치료의 의미 깊은 과정 측면을 탐색할 기회를 놓치게 된다. 저항 행동이 나타날 때마다 치료자는 적극적 관심을 가질 필요가 있다. 그렇지 않다면 치료가 진전되지 않거나 진전을 촉진할 기회가 사라질 수 있기 때문이다.

그러나 저항에 적극적으로 반응한다는 것이 저항을 우회하는 것을 배제한다는 이야기는 아니다. 경우에 따라 치료자는 환자가 저항을 이해하고 배우도록 돕는 노력이 다른 특정한 관심 주제를 다루도록 돕는 것보다 얻는 것이 적다고 느낄 수 있다. 대개 이런 경우 못 본 척하기에는 너무도 뚜렷한 내용 저항이 포함되곤 하는데, 이런 경우 환자의 불안을 줄여 주기 위한 지지를 제공한다든지 또는 불안하더라도 환자가 계속 진행하도록 격려하는 수단으로써 저항에 대한 주의를 촉구하기로 대응하는 것이 가장 유용할 수 있다.

지지 제공 환자가 너무 당황하거나 부끄러워서 마음속에 있는 것을 말하기 어려워 저항하는 경우, 환자의 망설임을 덜어 주기 위해 치료자가 안심시켜 줄 필요가 있을 수 있다. 내용 저항을 우회하기 위해 안심시켜 주는 논평은 다음 두 가지 예시 중 첫 번째 예시처럼 심리치료의 본질을 거론하거나, 두 번째 예시처럼 인간 행동의 본질을 거론하는 것이다.

예시 1

환자: 제가 한번 가졌던 성생활과 관련된 일이 막 생각났는데요, 그것에 대해 말하기가 정말 힘드네요.

치료자: 우리가 초점을 둬야 할 일은 바로 그렇게 말하기 어려운 것입니다. 말하기 쉬운 것들은 당신에게 문제를 일으킬 만한 것이 아닙니다.

예시 2

환자: 제 아이들을 해치는 끔찍한 생각을 했던 것에 대해 말할 수 없어요. 선생님은 제가 끔찍한 사람이라고 생각하실 거예요.

치료자: 좋은 사람 또는 나쁜 사람을 만드는 것은 그 사람이 무슨 행동을 했느냐지, 그 사람이 무슨 생각을 했느냐가 아닙니다.

이러한 예시에서 지적되듯이, 지지적으로 반응할 수 있는 저항들에는 보통 다양한 접근 방식을 사용할 수 있다. 따라서 앞의 첫 번째 예에서 치료자는, 내용의 정교화를 격려하기 위해 시도하는 대신, 환자가 성적인 문제에 관해 대화하기 어려워하는 것에 초점을 맞출 수 있으며, 두 번째 예에서는 끔찍한 사람으로 여겨질 거라는 환자의 우려에 초점을 둘 수도 있다. 이런 경우들에서, 저항을 무시하지 않은 채 유의하고 있는 한, 이를 우회할지 탐색할지는 치료의 해당 특정 시점에 어떤 접근 방식이 최선일지 치료자가 추측하여 결정한다. 이러한 결정은 환자가 자신에 대해 잘 배우도록 도울 수 있는지에 근거해야만 한다.

저항에 대한 주의를 촉구하기 내용 저항은, 지지를 제공하거나 그 기원과 의미를 탐색하지 않고 단순히 주의를 촉구하는 것만으로도 흔히 우회할 수 있다. 치료자는 "당신이 말하기 꺼리는 무언가가 있다는 느낌을 받습니다."라는 진술 정도만 하면 된다. 이런 관찰이 정확하다면 환자는 어려운 주제에 뛰어드는 데 필요한 용기를 얻을 수 있다. 환자는 "음… 맞아요. 그게 … 그래요. 말씀드릴게요."라고 할 수 있다. 혹은 저항을 지적받았을 때 바로 내용을 말하는 대신 "저는 보통 무언가를 숨기려고 할 때 말이 많아져요.", "내가 생각하는 것을 말하면 당신이 저를 존중하지 않을까 봐 두려워요."와 같이 저항하는 방법이나 이유에 대해 성찰할 수 있다. 단순히 저항에 주의를 촉구하는 것은 환자가 어려움을 겪고 있는 내용이나 내적 갈등의 본질과 기원을 추구하는 선택의 여지를 남긴다는 장점이 있다.

그럼에도 불구하고 저항의 가능성에 주의를 촉구하는 것은 환자의 현재 자각 수준을 넘어 해석이 될 수 있으므로, 치료자는 관찰한 내용을 기록으로 증빙할 준비가 되어 있어야 한다. 환자가 "제가 뭔가 말하기 꺼린다고 생각하시나요?"라고 묻는 경우 치료자는 그러한 거리낌의 증거를 제시할 수 있어야 한다. "평소에는 이야기를 어렵지 않게 하셨는데, 두 회기나 연속해서 아무 말 없이 그냥 있으셨어요."가 예가 될 수 있다. 그러한 증거가 준비되어 있지 않은 한, 저항 행동의 가능성에 대한 주의를 촉구하려고 노력하면 성급히 해석하여 불이익이 생기는 경우와 같은 위험성이 생긴다.

저항을 탐색하기

환자가 말하는 (또는 말하지 않는) 내용에 초점을 맞춰야 할 부득이한 이유가 없는 경우, 제시할 수 있는 저항의 부분은 우회하기보다는 탐색되어야 한다(Satten, 2002 참조). 저항을 효과적으로 탐구하려면, 8장에서 제시된 해석적 접근을 구성하기 위한 지침들을 면밀히 따라야 한다. 그래서, 저항에 대한 해석은 환자가 자신의 행동의 일부 양상이 치료 과정에 참여하는 데 대한 유보를 반영하고 있음을 점차적으로 인식하도록 준비시키는 일련의 명료화와 직면 과정의 정점이 되어야만 한다.

저항에 대한 해석적 탐색은 환자가 자신의 행동 방식과 치료계약에서 동의한 행동 방식 사이의 불일치를 인식하도록 돕는 것에서 시작된다. 저항하는 환자가 자신의 행동이 기대되는 바와 다르고 치료의 진전에 반대된다는 사실을 인정할 수 없다면, 저항의 기원과 의미를 탐색하는 것은 불가능하다. 저항에 대한 해석을 시작하는 첫 번째 단계는 다음과 같은 직면으로 환자가 자신의 행동을 관찰하도록 격려하는 것이다.

- 오늘은 평소보다 말씀을 훨씬 적게 하시는 것 같군요.
- 회기 중에 화내는 일이 있을 때마다, 그 직후에는 부인분과 긴 이야기를 나누시는 것 같습니다.
- 매번 시작하고 처음 몇 분간은 날씨 이야기와 같은 소소한 이야기를 하셨습니다.
- 지난 몇 달간 자주 회기를 취소하셨는데, 그전에는 이런 일이 거의 없었습니다.

환자는 이런 관찰에 대한 반응으로 자신의 행동에 저항의 요소가 있음을 인정하거나, 또는 이에 대하여 합리화하려는 설명을 시도할 수 있다("정말 오고 싶었지만, 추가로 할 일이 너무 많아서 그러질 못했어요."). 후자의 경우, 치료자는 합리화에 반박하기 위해(이는 저항이 제시 가능한 부분에 이를 때까지 허용되었다면 가용할 수 있게 되었을 것이다.) 추가 보충 자료를 활용해야만 할 수도 있다("하지만 전에 당신이 말씀하신 적이 있는데, 직장에서 똑같이 바빴던 경우가 몇 번 있었는데 그때는 한 번도 회기에 오지 않은 적은 없었습니다.").

저항 행동에 대한 환자의 '설명'을 세부적으로 검토함으로써 그것이 환자가 가지고 있는 치료에 전적으로 참여하지 않으려는 기저의 거리낌을 감추기 위한 것이었음을 드러낼 필요가 있을 수도 있다. 지각, 예약 취소, 다른 사람과 치료에 대해 논의하는 것, 갑작스러운 개선 등 행동과 관련된 사건에 대한 세심한 분석을 통해 환자가 자신의 행동이 저항을 반영한다는 것을 인식할 수 있다면 그만한 가치가 있다. 그러나 이러한 노력에도 명백한 저항의 요소에 대한 인정을 이끌어 내지 못한 경우, 치료자는 그 저항이 자신의 상상 속에만 있거나 아직은 효과적 해석을 진행할 만큼 충분히 발달하지 않았음을 인식할 준비가 되어 있어야만 한다.

환자가 저항 행동을 정당화하려고 하는 아주 흔한 방법 중 하나는 치료에서 자신의 역할에 대한 왜곡된 개념화를 끌어들이는 것이다. 예를 들어, 침묵에 대해 직면한 환자는 "저는 제 몫의 이야기를 다 한 것 같으니, 이제는 당신 차례예요."라고 말하거나, 회기를 일찍 끝내고자 하는 환자가 그날 하고 싶은 말을 다 했다고 하거나, 예약을 취소한 환자가 "제가 보기에 정말 괴로운 일이 있을 때만 상담실에 와서 이야기해야 해요."라고 주장할 수 있다. 이러한 모든 진술은 말하는 것은 환자의 몫이고 경청하는 것은 치료자의 임무이며, 논의되는 내용과 관계없이 정해진 시간 동안 회기는 지속되며, 환자의 기분과는 무관하게 상담 예약은 정기적으로 진행된다는 심리치료의 통상적인 계약을 왜곡하는 것이다. 이런 식으로 반응하는 환자가 자신의 행동이 납득할 수 없는 것임을 인식할 수 있도록 치료자는 환자의 설명과 치료계약 조건을 대비시켜야 한다("하지만 처음 치료계획을 세울 때 매번 회기마다 50분 동안 만나기로 했으니, 특정 주제에 대한 이야기가 끝나면 회기를 마쳤다고 생각하는 것

말고도 일찍 가려는 이유가 있을 것도 같습니다.").

이 후자의 예는 저항 행동을 겨냥한 해석과정의 두 가지 중요한 특징을 보여 준다. 첫째, 6장에서 언급했듯이, 명시적으로 진술되고 상호 승인된 치료계약은 종종 환자가 저항하고 있음을 제시하는 근거를 제공한다. 이미 명시된 역할 행동과 참고할 치료계약이 없다면, 환자가 치료 참여를 제한하는 방식이 통상적이지 않다고 설득하기 어려울 수 있다. 앞의 예를 계속 이어가보면, 이전에 회기 길이가 정해져 있다고 명확히 밝히지 않았다면, 환자가 일찍 끝내자고 요청하는 것에 중요성을 부여하려는 근거가 불확실해진다. 환자는 "항상 50분 동안 만날 거라고 말한 적이 없잖아요. 알았더라면 지금 끝내자고 말하지는 않았을 거예요."라고 말할 수 있다. 따라서 저항 해석이 환자의 현재 행동과 치료에서 수행하기로 동의한 역할 간의 명백한 불일치에 근거할 때, 적절히 체결된 치료계약은 귀중한 동반자가 될 수 있다.

둘째, 저항의 표식을 겨냥한 해석과정은 보통 환자가 자신의 행동에 대한 호기심을 불러일으키는 것에서 시작해야 한다. 이러한 호기심은 저절로 생겨날 수도 있지만, 단계적으로 촉진해야 하는 경우가 많다. 첫 단계에서는 겉으로 드러나는 저항 행동에 대해 환자의 주의를 촉구하여 그것을 인정하도록 한다("맞아요, 오늘은 평소처럼 말이 많지는 않았어요."). 두 번째 단계에서는 이성적으로 설명할 수 없거나 이전에 동의한 치료계약에 위배되기 때문에 환자가 그 행동이 통상적이지 않음을 인식하도록 한다. 세 번째 단계에서는 통상적이지 않은 것으로 인정된 행동을 탐색할 가치가 있는 주제라 확인한다.

환자: 그래서, 제가 지금처럼 행동하는 데에는 다른 이유가 있을 거예요.

치료자: 우리는 당신이 이런 식으로 느끼는 것이 무엇을 의미할지에 대해 생각해 봐야만 할 것 같습니다.

저항에 대한 해석이 이 지점에 도달하고 저항 행동을 탐색할 가치가 있다고 인식하면, 환자는 그 기원과 의미를 이해하기 위한 작업을 시작할 준비가 된 것이다. 이미 저항을 감지하고 이에 대해 말하기 직전의 상태일 수도 있는데, 이 경우 치료자의 초기 관찰("오늘은 매우 조용해 보이네요.")만으로도 저항에 대한 탐색을 유도하기에 충분하다("우리가 하고 있는 것에 대해 알고는 있지만, 말하고 싶지 않아요.", "당신에 대해 말하기 부끄러운 감정이 들어서 말을 많이 안 하고 있어요."). 그러나 좀 더 일상적으로 저항을 풀기 위해서는 단순히 환자의 호기심을 불러일으키는 것 이상으로 치료자의 도움이 더 많이 요구된다.

치료자가 저항의 기원에 대한 인상이나 직관을 가지지 못했다면, 해석과정은 단순히 치료 진행을 저해하는 행동이 발생했다는 사실을 언급하는 것에서 더 나아가지 못할 수 있다. 그러나 치료자가 환자의 인격적 스타일, 행동 변화에 대한 환자의 태도, 면담 내용 또는 치료자 개인과 관련하여 저항 행동을 고려할 근거가 있다면, 환자가 행동에 대한 이해를 공유하도록 이끄는 명료화, 직면과 부분적 해석을 사용할 수 있다. 다음 두 가지 예, 첫 번째는 내용에 대한 저항, 두 번째는 전이 저항과 관련된 해석과정을 보여 준다.

환자: 제가 오늘 이렇게 늦게 온 데는 분명 뭔가 더 있는 것 같지만 그게 뭔지 모르겠어요.

치료자: 말을 많이 하고 싶지 않은 것같이 보입니다.

환자: 무슨 뜻이죠?

치료자: 당신이 여기 있는 시간이 짧을수록, 당신이 말할 수 있는 시간도 줄어들겠죠.

환자: 알았어요, 그건 제가 말하고 싶지 않은 게 있다는 뜻인 것 같네요. 그게 아닐까요?

치료자: 지난번 상담 때 감정이 격해 보이셨어요.

환자: 제가 그랬나요? 네, 기억나요, 제가 약혼했을 때 남편 몰래 한 일, 그 성적인 거요, 그리고 그것에 대해 얼마나 죄책감을 느끼는지에 대해 말하기

시작했는데… 그거였나 보네요. 떠날 때 그 주제에 대해 더 많은 이야기를 해야 한다면 다시는 돌아오고 싶지 않다는 생각이 들었던 기억이 나네요.

환자: 평소와 다르다는 건 알지만 오늘은 말하고 싶지 않아요. 할 말이 있을 것 같긴 한데 그냥 조용히 있고 싶어요.

치료자: 조용히 있고 싶다는 것이 어떤 의미일까요, 이에 대해 어떤 생각이 드나요?

환자: 조용히 지낸다는 것은 자신의 일에 신경 쓰고, 관계를 맺지 않고, 자신의 감정을 숨기는 것을 의미한다고 생각해요.

치료자: 그럼 지금 이 순간에도 관계 맺기를 피하면서 혼자만 간직하고 싶은 감정이 있을 수 있겠네요.

환자: 어… 아니요… 그런 것 같지 않아요. 별다른 생각은 없는 것 같아요.

(환자가 몸을 움찔거리며 불편한 표정을 지음)

치료자: 저에 대해 말하기 어려운 어떤 감정이 있는 건 아닌지 궁금합니다.

환자: 글쎄요, 꼭 아셔야만 한다면, 당신에 관한 꿈을 꿨는데, 친밀한 종류의 꿈이었는데, 오늘 여기 오면서 마치 애인과 데이트하거나 만나는 것 같은 기대감이 들었어요. 이걸 어떻게 이해해야 할지 모르겠어요.

이 사례는 환자가 저항 행동을 탐색하는 데 도움이 되는 두 가지 유용한 기법을 보여 준다. 첫 번째 사례에서는 저항이 시작되기까지의 사건을 재구성하고 두 번째 사례에서는 가능한 의미를 연상하도록 하는 것이다. 환자가 언제, 어떤 상황에서 치료 참여에 대해 의구심을 느꼈는지 기억할 수 있다면, 특히 그러한 의구심을 촉발한 사건을 정확히 찾아낼 수 있다면 저항의 기원과 의미를 파악하는 데 좋은 출발이 될 수 있다. 앞의 예에서 치료자가 이전 면담의 사건에 대한 언급에 초점을 맞춰 재구성함으로써 환자가 저항의 근원을 인식할 수 있는 길을 열어 주었다. 환자가 저항 행동의 의미를 연상할 수 있을 때, 두 번째 예와 같이 환자의 말에 그 기저의 의미에 대한 단서가 포함되는 경우가 많다. 치료자가 연관성을 탐색해 보기를 요청하자, 환자 자신의 말로 저항을 유발하는 전이 감정에 접근할 수 있는 몇 가지 행동에 대해 설명했다("관계 맺지 않기, 감정을 혼자 간직하기").

저항적인 환자가 저항 행동의 원인을 이해하도록 도움을 받으면 일반적으로 저항이 충분히 완화되어 편안하게 의사소통을 재개할 수 있다. 또한, 두 번째 예와 같이 저항의 본질 자체가 환자의 주의를 끌 수도 있다("어떻게 이해해야 할지 모르겠어요."). 예를 들어 환자가 특정 주제에 대해 이야기하는 것을 불편해하거나 부끄러워하는 이유는 무엇일까? 어떤 상황이 그녀를 불편하게 만들 때, 왜 그녀는 다른 방식이 아닌 이런 방식으로 그 상황을 피하려고 하는가? 치료에서 보이는 저항 행동은 그녀가 불편함을 느끼고 부적응적이며 방어적인 생활의 다른 상황과 어떤 관련이 있을까? 이런 질문과 기타 유사한 질문은 유익한 탐색으로 이어질 수 있으므로, 환자가 현재 치료의 내용을 지속할 수 있도록 도울 뿐만 아니라 새로운 논의 주제를 제공한다. 이는 저항에 대한 해석의 유용성을 보여 준다.

저항을 돌파하기

저항을 탐색하는 것은 때때로 극적 돌파구를 제공하기도 하지만, 일반적으로 해석과정과 마찬가지로 환자의 생각, 감정, 행동에 대해 의도적이고 낮은 단계로부터 재구성하여 점진적으로 환자의 행동에 대한 이해도를 높여야 한다. 그러나 때로는 치료자가 명확하고 단호한 해석적 진술로 직접 저항을 돌파해야 하는 상황도 있다. 예를 들어, 회기의 첫 5분 동안 의자에 구부정하게 앉아 있는 환자에게 치료자는 "오늘 저한테 화가 났군요."라고 말할 수 있다.

사전 문의나 탐색 없이 갑작스럽게 저항을 돌파하려는 시도에 대한 기준은 매우 엄격하다. 치료자는 환자가 실제로 저항하고 있고 치료에 참여하기를 꺼린다는 사실을 어느 정도 인지하고 있다는 것을 확신할 수 있어야만 하며, 저항 행동에 대한 설명("오늘 저한테 화가 났군요.")을 정확하고 쉽게 증빙할 수 있다는 확신이 있어야 한다. 환자가 치료자의 해석을 받아들이고, 이해하고, 활용할 것으로 기대할 만한 충분한 이유가 있어야 하며, 마지막으로 저항을 점진적으로 탐색하는 것보다 그 순간의 저항을 돌파하는 것이 더 유리할 것이라는 확신이 있어야 한다. 치료자가 이 모든 것에 대해 확신이 없다면, 저항 행동을 돌파하는 직접적 해석은 8장에서 설명한 성급한 해석의 몇 가지 단점을 치료에서 야기할 가능성이 크다.

거의 예외 없이, 저항을 직접 돌파하려는 시도의 기준은 이전에 그 기원을 탐색하고 추적한 반복적 저항 행동의 경우에만 충족될 가능성이 크다. 예를 들어, 때때로 치료자와의 면담에서 "안녕하세요?"라고 말문을 열고 치료자의 생활에 대해 잡담을 하던 남성 환자를 생각해 보자. 여러 차례 주의 깊게 살펴본 결과 ① 환자가 미묘하거나 어려운 주제가 있을 때만 이런 식으로 시작하는 경향이 있고, ② 이런 식으로 시작함으로써 주제에 들어가는 것을 지연시키고, 자신의 생활에서 치료자의 생활로 관심을 옮기며, 환자와 치료자의 관계를 자신의 문제에 초점을 맞춘 작업 관계라기보다는 상호 친구의 관계로 설정하려고 한다는 것이 밝혀졌다고 가정해 보자. 이런 맥락에서 환자가 "오늘은 어때요?"로 회기를 시작하면 치료자는 "뭔가 말하기 주저하는 것이 있으신가 보네요."라고 반응할 수 있다.

직접적으로 저항을 돌파하는 것이 정당화되는 경우는 드물지만, 방금 언급한 기준이 충족될 때 치료자가 이런 방식으로 진행하지 않는 것은 실수가 된다. 일반적 치료과정과 마찬가지로, 저항 해석을 반복할 때 마치 그 행동이 이전에 논의된 적이 없는 것처럼 처음부터 시작해서는 안 된다. 오히려 반복되는 것은 이전에 진행된 것을 기반으로 하여, 환자가 그 행동의 의미와 함의를 다시 파악하는 데 필요한 시간과 노력을 줄여야 한다. 앞의 예에서 치료자가 "안녕하세요?"라는 질문을 할 때마다 이것을 새롭고 설명되지 않은 치료의 과정으로 취급하면, 이에 대해 전혀 이해되지 않은 것처럼 치료가 불필요하게 길어지고, 치료자가 정말로 자신에게 주의를 기울이고 이해하고 있는지를 의심하게 할 수 있다.

또한, 일반적 해석과 마찬가지로 저항에 대한 해석도 최소한의 치료자 활동만으로도 실행될 수 있다. 환자가 자신의 행동에 대한 초기 통찰 단계에서 행동 변화를 일으키는 데 통찰을 사용할 수 있는 단계로 발전함에 따라, 저항을 돌파하는 데 "오늘 저한테 화가 나셨네요."라거나 "말하고 싶지 않은 것이 있어 보이네요."와 같은 진술이 더 이상 필요하지 않을 수 있다. 대신, "아무 생각도 없는데요."라는 환자의 언급에 대해서 치료자가 "전에도 들어본 적이 있어요."라고 말하거나, 또는 눈썹을 치켜올리는 것과 같이 표정으로 반응할 수 있다. 그 후 환자는 "네, 알아요, 제가 그렇게 말할 때마다 보통 말하기 어려운 무언가가 있다는 뜻인데, 오늘은 이야기해야 할 것이 있나 봐요."라고 말할 수 있게 된다. 결국에는 환자가 자신의 행동을 보고하는 즉시, 저항을 수반하는 경우에도 "오늘 좀 어슬렁거려서 늦게 왔던 것 같아요. 그 말은 치료에 대해 복잡한 감정이 있다는 뜻이라는 것을 알기 때문에 빨리 움직여서 제시간에 가자고 스스로에게 말했지만 그래도 무엇이 나를 괴롭히는지 알아내는 것이 중요할 것 같아요."라고 해석할 수 있는 지점까지 도달해야만 한다.

따라서 제시 가능한 명백한 저항 행동에 대응하는 가장 일반적으로 지적되는 방식은 탐색이지만, 환자가 수용하고 이해할 수 있는 저항 해석도 치료 훈습과정의 일부가 될 수 있다. 이런 식으로, 저항을 탐색하기보다는 돌파하는 직접적 발언이 점점 더 많이 제공될 수 있다. 시간이 지남에 따라 저항 해석의 작업이 완료되면 환자는 자신의 저항을 통해 자신에 대해 배울 뿐만 아니라 저항 행동을 충분히 통제하여 치료 중의 의사소통에 방해가 되지 않도록 할 수 있다.[13]

....

13 심리치료에서 저항을 다루는 기술에 대한 추가 논의는 Busch(1995, 5장, 1996), Engle & Arkowitz(2006), Horner(2005), Levy(1990, 4장), Milman과 Goodman(1987), Strean(1985), Wachtel(1982)을 참고하라.

10 심리치료 관계: 전이

전이는 한 개인의 삶에서 이전 인물에 대해 경험한 느낌, 태도 또는 충동을 현실에서는 적용되지 않는 현재 인물로 옮겨 놓는 것(전위)을 말한다. 이와 같이 전이는 모든 사람이 경험하는 관계의 일부분인데, 한 사람이 다른 사람에게 반응하는 것은 항상 이전의 대인관계 경험의 영향을 받기 때문이다. 이전의 관계는 사람들이 현재의 관계를 해석하는 데 사용하는 기본틀(또는 청사진) 역할을 한다. 연구에 따르면, 우정, 낭만적인 관계, 직장 동료 및 상사와의 관계를 포함한 광범위한 유형의 상호작용이 전이에 영향을 받는다(Andersen & Saribay, 2005; Bornstein, 1993, 1999; Miranda & Andersen, 2007 참조). 전이는 인간관계의 어디에나 있는 부분이지만, 저항과 마찬가지로 심리치료 상황과 환자와 치료자 상호작용의 고유한 역동에 의해 악화된다.

심리치료에서 전이의 역할은 Freud가 처음으로 분명하게 개념화했는데(1905/1953d, 1912/1958b, 1915/1958d), 그는 전이 반응을 유용한 정보의 원천인 동시에 치료의 진전을 가로막을 수 있는 잠재적인 장애물로 보았다. 심리치료의 한 과정적 측면으로서, 전이는 환자의 과거 및 현재 관계의 본질이 무엇인지에 대한 생생한 단서를 제공한다. 하지만 동시에 저항의 원천으로서, 치료계약에 헌신하겠다는 환자의 굳건한 마음에 깊은 균열을 초래할 수 있다.

이번 장에서는 ① 심리치료에서 전이의 원천과 조성, ② 전이 반응의 강도, 감정의 색조, 그리고 그 표현 양상 ③ 전이 현상을 탐색하고 해석하는 데 고려해야 할 기술적 고려사항들에 초점을 맞추어 통찰지향적 치료에서 전이의 역할이 무엇인지 상세히 기술한다.

전이의 개념화

전이 현상에 내재되어 있는 심리적 과정은 복잡하다. 과거의 관계에서 현재의 관계로 감정, 태도 및 충동을 옮겨 놓는 것 외에도 대부분의 전이 반응은 어느 정도의 투사(projection)를 포함한다. 환자들이 과거의 관계 경험을 바탕으로 치료자의 감정, 태도, 생각 또는 동기에 대해 내린 그 결론들은, 투사라는 그 정의상, 자신의 내부 세계의 어떤 측면을 치료자에게 투사한 것이다. 전이를 특징짓는 투사는 거의 변함없이 치료자에 대한 환자의 인식에서 왜곡을 포함하기 때문에, 환자가 치료자와 환자-치료자 관계의 어떤 측면을 잘못 인식하는 일종의 오귀인 과정으로 생각할 수 있다.

전이 반응을 전위(displacement), 투사, 그리고 오귀인 과정을 포함하는 것으로 개념화하는 것은 전이를 환자의 무의식적 기억, 소망 및 두려움을 간접적으로 표현하는 것으로 개념화했던, 전이에 대한 전통적인 정신분석적 해석과 일치한다. 이러한 맥락에서 S. Freud(1914/1956, p. 222)는 전이가 발생할 때 다음을 지적했다.

> 환자는 자신이 망각하고 억압한 모든 것을 전혀 기억하지 못하지만, 대신 그것을 행동화로써 나타낸다. 그는 그것을 기억이 아닌 행동으로 재생하는 것이다. 물론 그는 자신이 그것을 반복하고 있다는 것을 알지도 못한 채 반복한다. … 환자가 치료를 받고 있는 한 이러한 반복 강박에서 벗어날 수 없으며, 마침내 우리는 이것이 그가 기억하는 방식이라는 것을 이해하게 된다.

Freud의 이러한 설명은 전이에 기저하고 있는 역동 및 전이 반응이 치료자와 치료 상황으로 전위된 과거의 관계 특징을 반영하는 방식을 훌륭하게 포착하고 있다. 이러한 설명은 예지력이 있지만, 한 가지 중요한 점에서 불완전하다. 그것은 보다 의식적이고 접근하기 쉬운 특징들을 간과한 채 무의식적인 전이의 측면들을 강조한다는 점이다. 다음의 논의에서 자세히 설명하는 바와 같이, 환자들은 자신의 전이 반응을 자각하는 정도에서 상당한 차이를 보인다. 더욱이, 개별 환자 내에서도 회기마다, 그리고 심지어 단일 치료 시간 동안에도 전이 반응에 대한 자각은 크게 변동될 수 있다.

전이, 현실, 작업동맹

전이 반응이 지닌 특별한 의미를 제대로 평가하기 위해서는 심리치료 관계라는 더 광범위한 맥락 속에서 이해할 필요가 있다. 전이 관계란 오직 환자의 편에서 갖게 되는 치료자에 대한 감정이나 태도만을 말한다. 그러나 심리치료 관계는 환자가 한 인간으로서 치료자에게 보이는 현실적인 반응(현실 관계)뿐 아니라 치료계약의 조항들을 잘 준수하는 것(작업동맹)에 의해서도 형성된다. 심리치료에서 환자들이 치료자들과 맺는 관계는 이러한 세 가지 수준에서 동시에 진행된다. 환자와 치료자 관계의 이러한 세 가지 요소는 그것이 어떻게 출현하며 치료과정에 어떤 영향을 미치는가에 따라 달라진다(Goldstein & Goldberg, 2004; Meissner, 2007 참조). 심리치료에서 환자 행동의 많은 양상들은 주어진 시점에서 관계의 어떤 요소가 우세한지에 따라 결정된다.

전이

전이의 두드러진 특징은 한 사람으로부터 또 다른 사람으로 감정, 태도, 충동이 전위되는 것이므로, 전이 반응은 실제의 치료 상황과는 항상 맞지 않는다. 어떤 전이 반응은 그 유형이나 질에 의해서, 그리고 다른 전이 반응은 그 강도에 의해서 정당화될 수 없다. 어떤 경우이든, "전이는 합리적이고 상식적인 근거 위에서 정당화될 수 있는 그 모든 것을… 벗어난다."(S. Freud, 1912/1958b, p. 100)

먼저 질적인 면에서 부적절한 전이 반응을 예시해 보자면, 어떤 환자가 어떤 사건을 회상하던 중 갑자기 분노로 얼굴이 붉어지면서 "제가 무슨 말을 하든 인상을 찌푸리고 앉아 있는 당신의 모습이 정말 짜증 나요. 마치 제가 당신의 시간을 빼앗지 않기를 바라는 것처럼 보이거든요."라고 소리쳤다. 이 환자는 왜 화가 난 것일까? 치료계약서에 규정된 대로, 그리고 환자가 분노하지 않았던 이전 면담과 동일하게 해 왔던 대로, 치료자가 그저 앉아서 듣는 것 외에는 환자의 분노를 불러일으킬 만한 어떤 것도 하지 않았다면, 왜 그 환자는 치료자가 얼굴을 찡그리고 있고 시간을 투자하는 것을 아까워한다고 인식한 것일까? 이러한 질문에 대한 답은 현실 상황에 있지 않기 때문에, 환자의 행동은 그 속성에서 그것이 발생한 상황에 의해 정당화되지 않는 전이 반응인 것이다.

부적절한 강도의 반응을 예시하자면, 치료자가 5분 늦게 면담을 시작한 상황을 살펴보자. 치료자의 지각은 비용이 지불된 시간을 단축하는 일이며 치료계약을 성실히 지킬 것이라는 약속을 어기는 문제를 용인하는 사안인 만큼, 이 상황에서 환자는 당연히 어느 정도는 짜증이 나거나 낙담할 수 있다. 이러한 현실적인 사항에 비추어 볼 때 늦게 면담을 시작한 치료자는 환자에게 사과해야 하며 대개 치료 회기를 계약된 길이만큼 늘여서 진행해야만 한다. 그러나 이 환자가 그럴 만한 가벼운 반응을 보이는 대신 분노를 표출하며 비윤리적인 치료를 했다고 치료자를 고소하거나, 치료자의 "명백한" 관심 부족만을 이야기하면서 그것 외에는 아무 말도 할 수 없을 정도로 시무룩해하고 우울해졌다고 가정해 보자. 이 환자의 반응은 그 유형을 볼 때 실제 상황에 적절할 수 있지만 그 강도에 있어서는 정당화되지 않기 때문에 분명한 전이 반응인 것이다.

앞서 말했듯이, 이 두 사례에 내포된 함의는 전이가 치료자의 태도와 행동을 왜곡해서 지각하거나 오귀인했음을 보여 준다는 점이다. 치료자가 그러지 않는데도 찡그린다고 하거나, 그런 식으로 느끼고 있지 않음에도 치료자가 자신에게 관심이 없거나 탐탁치 않아 한다고 생각하거나, 실제로는 그렇지 않음에도 치료자가 성실하게 일하지 않고 있다고 여기는 것은 모두 부정확한 지각의 예이다. Sullivan(1954, pp. 25-27)은 과거의 대인관계 경험을 부적절하게 일반화하여 한 개인의 현재 대인관계가 왜곡되는 과정에 대해 병렬적이라는 용어를 사용했다. 비록 이 병렬적 왜곡(parataxic distortion)이 널리 사용되는 용어가 되지는 않았지만, 이는 전이 반응을 생성하고 형성하는 데 치료자에 대한 잘못된 인식이 하는 역할을 훌륭하게 포착하고 있다.

현실

현실 관계는 치료자가 말하고 행동한 것에 대해 환자가 적절하고 합리적으로 반응한 것들로 구성된다. 환자는 치료자의 학력 및 전문가로서의 업적에 대해 존경심을 가질 수 있다. 만일 치료자가 전화를 받기 위해 면담을 중단하거나 이전 치료 회기에서 말했던 어떤 중요한 정보를 잊어버린 것처럼 보인다면, 그들은 화가 날 수 있을 것이다. 환자의 취향에 따라, 치료자가 가구를 배치하거나, 옷을 선택하거나, 자격증을 전시하거나, 아니면 그 밖의 어떤 것을 하는 방식을 좋아하거나 싫어할 수 있다. 그러나 그런 반응이 비현실적으로 강렬해진다면, 예컨대 치료자에 대한 존경심이 숨막힐 듯 주눅 들어하는 태도를 유발하거나, 잠시 치료를 중단한다고 해서 격하게 화를 낸다면 그것은 전이 반응인 것이다. 하지만, 그런 반응이 사람들이 타인에 대해 적절하게 반응할 수 있는 범위 내에 있다면, 현실적인 치료적 관계의 일부분이다.

전이 반응과 현실적인 치료관계를 구분하는 것은 환자와 치료자의 상호교류 중 어떤 것이 해석되어야 할지를 선택하기 위한 중요한 지침을 제공한다. 전이 반응이 흔히 환자의 대인관계적 어려움에 대해 다른 식으로는 얻을 수 없었을 단서를 포함하고 있기 때문에, 그리고 저항에도 기여할 수 있기 때문에, 전이 반응이 무엇인지 탐색하는 것은 자기이해를 증진하는 동시에 치료의 진전을 가로막는 방해물을 극복하게 해 주는 방안이 된다. 반면, 현실적인 관계는 심리치료에서 의사소통을 거의 방해하지 않으며 환자에 관하여 바로 확인할 수 있는 것 이상의 정보는 거의 제공하지 못한다. 그렇기 때문에 치료자에 대해 환자들이 보이는 현실적인 행동을 해석하려 든다면 치료 작업에 별로 기여하지 못할 것이다.

이러한 차이가 있음에도 불구하고, 환자와 치료자의 관계에서 전이 반응과 현실적 반응을 완벽하게 분리해 내기는 어렵다. 전이 반응은 대개 현실의 어떤 사건들에 의해 촉발되며, 현실적 반응은 종종 전이적 태도로 물들 수 있다. 치료자가 전화 받는 것에 대해 분노하는 환자는, 결국 그로 인해 치료 회기를 중단할 것이며, 젊은 치료자가 유능하게 치료하기에는 너무 어리다고 비난하는 환자는 치료자의 나이와 상대적인 경험 부족을 정확하게 지각하고 있는 것이다. 치료자의 외모를 좋아하거나 가구를 배치하는 방식을 좋아하는 환자들은 그냥 그것으로 끝나겠지만, 이러한 의견에 덧붙여 "당신은 잘생겼군요."라거나 "저는 당신의 장식 취향에 감탄합니다."라고 말한다면, 치료자의 환심을 사고자 하는 소망과 같은 어떤 전이적 요인들이 행동에 영향을 미치고 있을 수 있다.

치료자는 환자들의 반응에서 전이와 현실 사이의 균형점을 찾고 전이에 가장 강하게 영향을 받는 것처럼 보이는 반응들에 집중할 필요가 있다. 전이를 추적함으로써 얻을 수 있는 것들이 더 많지만, 현실 관계를 탐색하는 것은 몇 가지 분명한 단점이 있다. 예를 들어, 한 해의 마지막 치료 회기를 "새해 복 많이 받으세요."로 마무리하거나 심한 감기로 고통받는 치료자에게 "빨리 나을 수 있기를 바랍니다."라고 말하는 환자를 생각해 보자. 비록 그런 말들이 전이적 요소를 포함하고 있을 수 있지만, 또한 일상적인 사회적인 인간관계 내에서 사람들 사이에서 통용되는 사회적 예의 중 하나이다.

심리치료에서는 그러한 사회적 예의를 액면 그대로 받아들이는 것이 가장 좋다. 아주 미미한 정보를 제공한다는 점을 제외하면, 관습적인 행동을 탐색하려고 하는 것(예컨대, "당신이 저에게 그런 말을 하는 것에 대해 어떤 생각을 하고 있는지 궁금하군요.")은 그가 존중받을 가치가 있는 한 사람이 아니라 연구의 대상이라는 느낌을 갖게 할 위험성이 있다. 그렇게 되면 환자들은 치료자와 현실적인 관계를 맺을 수 있는 기회를 거부당하게 되고, 동기를 의심받지 않고서는 치료자에게 건강이나 행복한 휴일을 기원할 수 없게 되며, 치료 상황에서 무시당하고 있다고 느낄 수 있게 되고, 결과적으로 치료의 도움을 덜 받게 될 수 있다(3장 참조). 관습적으로 행해지는 사회적 언급들이 저항으로 발전해나가거나 자신 및 자신의 문제에 관해 스스로 성찰하는 것을 방해하지 않는다면, "새해 복 많이 받으세요."라고 한다면 "당신도요."로 반응하고 "빨리 나아질 수 있기를 바랍니다."라고 했을 때 "감사합니다."라는 식으로 대응하면 된다. Schafer(1983)가 정확하게 말했듯이, "분석 작업에는 항상 예의, 따뜻함, 친절함, 진심 어린 공감적 참여, 그리고 사회적으로 친밀한 형태의 관계는 아니지만 다른 인간적 관계를 위한 여지가 있다."(p. 9)[1]

작업동맹

작업동맹은 치료계약에 따라 결정되는 환자와 치료자 관계의 측면으로 구성된다. 즉, 이는 환자의 문제를 경감시키기 위하여 일정하게 처방된 방식 속에서 함께 작업한다는 서로 간의 합의에 의한 것이다(Safran & Muran, 2000

....

1 지난 수년간 임상가들은 다양한 방식으로 전이를 개념화해 왔다. 그러나 대부분의 역동지향적인 치료자들은 전이 반응이 대인관계에서 아주 흔하다는 것(특히 심리치료 상황에서 더 잘 나타나고 강렬해질 가능성이 높지만)에 대해서, 그리고 이러한 반응은 치료관계의 현실적인 측면들과 유용하게 구별될 수 있다는 데 의견을 같이해 왔다(Blanck & Blanck, 1994, Chapter 17; Davis, 2007; Greenson & Wexler, 1969; Luborsky, Barber, & Crits-Christoph, 1990; Oremland, 1991, Chapter 3; Stone, 1995). 전이 개념의 진화와 현재의 상황에 관한 다른 검토에 대해서는 Abend(1993), Cooper(1987a), Hersch(2006), Hoglend(2004), Panken(1996)을 참조하라.

참조). 작업동맹은 환자가 자신의 생각과 느낌을 개방적으로 보고하고 치료자와 함께 그것을 관찰할 때마다 분명하게 드러난다. 전이와 현실에 의해 모두 영향을 받기는 하지만, 작업동맹은 치료관계의 이러한 다른 요인들과는 분리되어 있다.

작업동맹은 치료 상황에 대한 정확한 지각 및 치료계약의 조항들을 잘 지키겠다는 굳건한 약속을 포함하고 있기 때문에 전이와는 다르다. 작업동맹이 확고할 때, 환자는 처음에 합의한 대로 자신이 해야 할 일의 본질이나 치료자의 역할을 "잊지" 않으며 치료자와 부적절하게 친밀한 관계를 추구하거나 치료자의 행동의 의미를 왜곡하지 않는다. 대신 그들은 전위하지 않고서, 그리고 자기이해의 청취자 및 촉진자로서 계약된 사람이라는 역할 외에는 치료자를 다른 역할로 내몰려고 하지 않으면서 자신을 설명하고 관찰하는 역할을 한다. 이러한 의미에서 치료관계의 작업동맹을 구성하는 요소는 4장에서 정의된 바와 같이 환자의 관찰하는 자아와 관여되어 있는 반면, 전이 반응은 경험하는 자아의 영역에 속한다.

작업동맹이 현실지향적이고 지각적 왜곡으로부터 자유롭기는 하지만, 현실 관계와는 뚜렷하게 구분되는 의도적이고 상호적이지 않은 속성도 지니고 있다. 현실 세계에서의 대인관계는 상호성에 의해 유지되는데, 이는 사람들이 서로의 욕구를 충족시켜 줄 수 있을 때에만 인간 대 인간으로 상호작용한다는 것을 의미한다. 이와는 대조적으로, 심리치료에서 작업동맹으로 맺어진 관계에서는 그러한 욕구에 대한 이해를 높일 수 있도록 한 개인(환자)은 다른 개인(치료자)을 위해 욕구 충족을 포기하는 데 동의한다(Meissner, 2007 참조). 현실 관계에서 다른 사람들에게 결혼 여부를 묻는 사람들은 "예.", "아니요." 또는 "당신과는 관계없는 일입니다."라는 대답을 예상한다. 반면에 심리치료에서는 "당신은 그것에 대해 어떤 생각을 하고 있나요?" 또는 "어떨 것 같습니까?" 또는 "어떻게 당신이 지금 그런 의문을 갖게 되었는지 궁금하군요."라는 질문을 받는다.

작업동맹이 치료계약의 조항에 따라서 현실적으로 진행되어나가는 것이긴 하지만, 이러한 예들은 심리치료 밖의 현실 세계에 존재하는 대인관계와 단지 피상적인 유사성만을 갖고 있다는 점을 충분히 보여 준다. 한 사람은 말하고 한 사람은 듣는 것에 집중하는 것, 환자의 욕구를 충족시켜 주기보다는 환자를 이해하는 것을 강조하는 것, 어떤 언급이나 질문에 답변하기보다는 탐색하는 기법에 초점을 맞추는 것 등은 작업동맹이 치료의 목적에 기여하기 위해 만들어진 인위적 상황이라는 것을 보여 준다.[2]

일반화된 전이 반응과 특정적 전이 반응

치료관계에서 전이를 구성하는 요인은 치료자의 역할에 대한 환자의 전형적인 반응에 따라서, 그리고 자신의 인생에서 중요한 사람에 대해 각 개별적인 환자가 갖는 느낌에 따라서 영향을 받는다. 치료자의 역할에 대한 전형적인 반응은 일반화된 전이 반응을 초래하는 반면 개인의 어떤 특별한 태도는 특정적 전이 반응에 기여한다. 이러한 구분은 전이행동의 원천과 중요성을 인식하는 데 도움이 된다.

일반화된 전이 반응

일반화된 전이 반응은 거의 모든 환자들이 치료자의 과업 수행에 대하여 나타내는 특징적인 반응 방식으로 구성된다(Corradi, 2006; Pincus et al., 2007 참조). 일반화된 전이에서는, 환자 대부분이 처음에 치료자에 대해 비현

....

2 Ellman(1991, pp. 47-48)이 지적했듯이, 작업동맹의 개념은, 비록 Freud가 공식화하지는 않았으나, 그가 말한 전이의 "문제되지 않는" 부분, 즉 환자가 치료자와 협력하는 것에 대한 긍정적인 태도를 확장한 것이다. 환자와 치료자 관계의 불가결한 부분으로서 작업동맹이 어떻게 기능하는지에 대한 현대적 개념에 대해서는 Bibring(1954), Zetzel(1956), Greenson(1965; 1967, pp. 190-216), Bordin(1979)이 기여했다.

실적인 긍정적 감정을, 그리고 나중에는 비현실적인 부정적 감정을 발전시킨다. 4장과 9장에서 간략하게 언급했듯이, 심리치료 환자들은 처음에는 치료자의 전문적인 지위, 관용과 자기절제, 심리적인 민감성, 그리고 도움을 주려는 헌신에 대하여 우호적인 인상을 갖는 경향이 있다. 이런 인상들은 환자의 치료자에 대한 이상화된 이미지를 정점으로 이끌며, 그럼으로써 치료계약서에 명시된 것 이상으로 치료자로부터 애정이나 칭찬을 받고 더 강렬한 인간관계를 누리려는 소망을 갖게 한다. 시간이 흐르고, 치료자가 사랑과 칭찬을 표현하는 것을 삼가고 치료계약서의 한계 내에서 현실 관계를 유지하려고 하면, 환자는 상처받고 거부당했다고 느끼기 시작한다. 자신들이 갖게 된 긍정적 느낌에 치료자가 상호적으로 반응하지 않음으로써 좌절하고 실망하게 되면서, 치료자를 달리 보기 시작한다. 그를 민감하고 관심을 가져주며 도움을 주려는 사람이 아니라, 냉정하고 보살펴 주지 않고 사려 깊지 않은 사람으로 여기게 된다. 그렇지 않았다면 어떻게 그렇게 비인간적이고 반응이 없고 그렇게나 많은 불행을 다루는 일을 하는 사람이 될 수 있었을까?

일반화된 전이에서 나타나는 긍정적인 느낌과 부정적인 느낌에 대한 이러한 설명은 이제 현실 관계와 전이 관계를 구분 짓는 측면에서 보다 상세하게 묘사될 수 있다. 환자가 치료자에게 갖게 되는 일반화된 긍정적 태도와 부정적 태도는 전형적으로 현실과 전이를 포함하고 있기 때문이다. 치료자를 향한 일반화된 태도는 그것이 부적절해 보일 때에만 전이 반응이 된다. 예를 들어, 치료자가 치료동맹을 굳건히 하기 위해 지칠 줄 모르고 헌신하는 것을 근거로, 그를 완벽한 사람으로 이상화하거나 무정한 자동기계로 폄하할 때가 그렇다. 치료자를 향한 일반화된 태도가 상황에 적절한 것일 때, 그것은 전이가 아닌 현실을 나타낸다. 그것은 전이 반응과는 별개로 나타날 수 있고 동시에 나타날 수도 있다.

예를 들어, 치료자가 잘 들어주는 사람이고 사려 깊은 관찰자임을 인정하면서도 그런 이유로 한 인간으로서 치료자의 가치를 과장하지 않는 환자는 치료에서 자신의 규정된 역할을 수행해 나가는 치료자에 대한 현실적인 인상에 근거하여 치료자에 대해 긍정적인 감정을 갖는다.[3] 치료자의 역량과 헌신에 대한 이러한 현실적인 반응은 긍정적인 전이 반응으로 치장되지 않고서도 존재할 수 있으며, 전이에 기반한 부정적 반응이 있을 때조차도 지속될 수 있다. 부정적 전이 반응을 탐색하는 환자에게는 공통적으로 다음과 같은 점들이 관찰된다.

> 당신이 더 말하지 않는다는 것 때문에 제가 왜 화가 나는지 모르겠어요. 당신은 당신이 해야 할 바를 그대로 하고 있다는 것(작업동맹에 대한 언급)을 머리로는 알겠어요. 그리고 저는 당신이 저에게 도움이 되려고 애쓴다는 것도 인정해요(현실적인 긍정적 감정에 대한 언급). 하지만 나저는 여전히 당신에게 화가 나요. 그리고 당신이 저에 대해서 어떻게 생각하는지 더 많은 피드백을 듣기 전에는 계속 이렇게 화가 나 있을 것만 같아요(부정적 전이).

치료자에 대한 일반화된 부정적 감정은 현실적 반응이나 전이 반응의 하나일 수 있지만, 이는 긍정적인 감정보다 현실 근거가 없을 가능성이 높고, 그래서 전이일 확률이 높다. 현실적 사건이 부정적 전이 반응을 불러일으킬 수 있겠지만, 자신의 일을 능숙하게 수행하는 치료자라면 환자들이 화를 낼 만한 현실의 근거를 가급적 제공하지 말아야 한다. 환자들이 정당하게 화내게 되는 이유는 상담 취소와 지각이 빈번하고, 환자들이 하는 말에 심리적으로 민감하지 못하며, 깊이 생각하지 않고, 적절하지 않은 타이밍에 과도

....

3 치료과정에서 나타나는 협업에 대한 긍정적인 태도처럼, 치료자에 대한 긍정적인 감정은 치료 작업을 방해하기보다는 촉진하기 때문에 Freud(1912/1958b)의 "반대할 이유가 없는 전이(unobjectionable transference)"라는 개념 안에서 용인되었다. 하지만, 엄밀히 말하자면, 이런 현실에 근거한 감정은 치료자에 대한 왜곡된 인식이나 치료자가 지니고 있지 않은 속성에 대한 귀인을 포함하고 있지 않다면, 전이가 아니다.

하게 비판적인 해석을 퍼붓는 치료자와 함께하기 때문이다. 하지만, 양심적이고 적절하게 훈련된 치료자들은 좀처럼 그런 무책임함, 둔감함, 그리고 기술적인 실수를 거의 범하지 않을 것이다.

치료자에 대한 환자의 일반화된 태도 내에 존재하는 현실 요소들이 어떤 역할을 하는지 인식하게 되면, 치료관계에서 전형적인 감정적 색조의 전개과정을 보다 자세하게 살펴볼 수 있게 된다. 대부분 환자들은 치료자의 역량에 대한 존경심과 도움을 줄 수 있는 능력에 대한 기대가 어느 정도 형성된 이후에만 치료계약을 체결하기로 동의하기 때문에, 심리치료는 대개 치료자에 대한 긍정적인 현실적 태도의 맥락에서 시작된다. 이후 환자들이 치료자를 이상화하기 시작하면서 현실적 기반에 기초하여 이미 발전시켰던 긍정적인 감정과 공존하는 일반화된 긍정적 전이 감정을 키운다. 시간이 지나면 전형적으로 치료동맹이 지닌 비상호적 본질에 반응하여 일반화된 부정적 전이 감정이 발생한다. 이러한 부정적 전이 감정은 긍정적인 전이 감정을 가라앉힐 수 있지만, 그렇다고 해도 치료자에 대한 긍정적인 현실적 태도가 반드시 철회되는 것은 아니다. 친밀한 사적인 감정(전이)으로써 보답받지 못한 것에 화가 난 환자들이라 해도, 방금 언급한 사례처럼 도움이 되려는 치료자의 노력(현실)을 여전히 고마워할 수 있기 때문이다. 더욱이, 부정적 전이 반응을 탐색하고 해석하는 과정은 치료자에 대한 환자의 긍정적인 현실적 태도를 키울 수 있다. 왜냐하면 이 과정은 치료자가 공감 역량과 자발적 의지를 지니고 환자를 위하여 이러한 역량을 사용한다는 것을 좀 더 보여 주기 때문이다.

일반화된 긍정적 및 부정적 전이 감정은 치료자를 향한 현실적인 태도와 공존하거나 또는 교대하여 나타날 수 있다. 교대로 나타나는 경우, 일반화된 전이는 그저 한 번만 긍정에서 부정으로 교대되는 식으로 나타나는 경우는 거의 없다. 매 치료 회기마다 환자가 느끼는 감정에는 차이가 있으며, 환자의 기분을 좋게 하거나 실망시키는 정도가 다르다. 따라서 일반화된 긍정적 전이 반응은 일반화된 부정적 전이 반응보다 치료에서 거의 언제나 먼저 나타나는 경향이 있지만, 치료의 중기 단계에서는 두 감정 모두가 교대로 순환하는 경향이 있다.

긍정적 전이와 부정적 전이의 공존처럼 양가성(ambivalence)은 인간 감정의 특성이다. 한 사람이 다른 사람을 사랑하면서 동시에 미워할 수 있는 것처럼, 심리치료를 받는 환자들은 치료자에 대해 비현실적인 긍정적 태도와 부정적 태도를 동시에 가질 수 있다. 일반적으로 더 강하거나 충분히 의식할 수 있는 일군의 태도들이 일반화된 전이 반응이 어떤 감정적 색조로 발현될 것인지를 결정하지만, 환자의 전이행동은 긍정적 태도와 부정적 태도가 어느 정도 균형을 이루는 혼합 상태로 나타나기도 한다(Brumbaugh & Fraley, 2006, 2007; Hoglend, 2004 참조).

끝으로 일반화된 전이 반응은 특정적 전이 반응에 비해 치료자를 향한 느낌 및 태도, 충동의 전위에 보다 덜 독특하게 영향받는다. 유지되는 작업동맹 속에서 도움이 되지만 동시에 좌절감을 주는 치료자 역할에 환자가 반응하는 식이기에, 전위는 일반화된 전이 반응에 상대적으로 예측 가능하고 획일화된 특징을 띠고 영향을 미친다. 반면 특정적 전이 반응의 경우, 개별 환자의 이전 대인관계 경험의 고유한 반영으로써 전위가 일어나며, 그렇기에 치료자의 규정된 역할 수행 방식보다는 환자가 치료자를 어떻게 보느냐 하는 방식에 의해 더 많이 촉발된다.

특정적 전이 반응

특정적 전이 반응은 환자가 자신의 인생에서 중요한 특정한 사람에 대해 가지고 있는 생각, 감정 및 충동을 치료자에게 전위하는 것이다. 이러한 전위는 원래 S. Freud(1905/1953a, p. 116)가 이전의 대인관계를 치료과정에서 반복 혹은 재상연하는 것으로 기술했던 고전적인 형태의 전이 반응을 구성한다. 따라서, 특정적 전이 반응은 일반화된 전이 반응이 그러한 것보다 더 분명하게 투사의 요소들을 포함하고 있다. 특정적 전이 반응을 구성하는 투사는 환자의 부모와의 관계를 반영하는 경우가 가장 빈번한데, 그 주된 이유는 부모 역할을 했던 인물이 한 개인의 기본적인 심리적 갈등과 관련되고 그의 마음에 지울 수 없는 이미지를 새겨 놓았을 가능성이 가장 크기 때문이다(Andersen et al., 2002; Andersen & Saribay, 2005; Beretta et al., 2007). 그러한 특정적 전이 반응을 경험하는 환자가 그것에 관해 언어화하고 언급할 수 있게 되었을 때, 다음과 같은 유익한 정보를 주는 자기관찰 자료들이 나타나곤 한다.

> 가끔씩 저는 우리가 대화를 나눌 때 매우 불편해지곤 합니다. 그건 당신이 가끔씩 헛기침을 하는 방식 때문이라고 생각해요. 어머니도 그런 식으로 헛기침을 하는 습관이 있었는데, 대개 저에게 무언가 잔소리를 늘어놓으려고 하기 직전에 그러셨지요.

> 당신이 속으로는 나를 비웃고 있다고 느낄 때가 있어요, 아버지가 항상 그랬던 것과 똑같이요. 그는 가장 짜증 나는 방식으로 가르치려고 들었는데, 일종의 재미있어하는 듯, 조롱하는 듯한 표정으로 말이죠. 그런데 당신도 그와 똑같은 짓을 하고 있죠.

> 이런 말을 하면 당신은 이해할 수 없겠지만, 제가 예약된 날에 여기에 도착했을 때 다른 환자가 당신의 진료실을 떠나는 것을 본 바로 그 순간의 기억이 저를 괴롭게 합니다. 그럴 수가 없다는 것을 알지만, 저는 당신에게 다른 어떤 환자도 없었으면 좋겠다고 느껴요. 당신에게는 저만이 유일한 환자이길 바래요. 그건 마치 제가 어렸을 때, 저의 부모님이 항상 저의 오빠와 언니들에게 둘러싸여 있었고 저를 위해서는 결코 충분한 시간을 내기 어려운 것처럼 보였을 때와 비슷해요.

말씀드리기 좀 민망하지만, 당신에게 다가가서 당신의 무릎에 웅크리고 있다면 얼마나 좋을까 하는 생각이 들었어요. 어릴 때 저는 아빠의 무릎에 웅크리고 있곤 했는데, 그 시간은 제 인생에서 가장 행복한 순간이었어요.

이런 식으로, 인격 형성의 시기에 부모를 향해 경험했던 여전히 남아 있는 소망, 두려움, 원망, 갈망이 치료과정에서 치료자에게 전이될 수 있다. 어떤 경우에는, 부모의 대리자인 이모, 삼촌 혹은 어린 시절에 부모 역할을 했던 더 나이 많은 형제자매들이 특정적 전이 반응 속에서 중심인물이 될 수 있다. 유사하게, 환자들은 배우자나 고용주와 같이 현재 자신의 인생에서 중요한 사람에게 경험하고 있는 느낌과 태도를 치료자에게 전위시킬 수도 있다. 하지만, 그 개인의 인생에서 현재 관계 맺고 있는 인물들에 대해 느끼는 현재 진행 중인 느낌과 태도는 과거의 인물들로부터 나오는 것보다는 대개 더 직접적으로 표현될 수 있기 때문에, 과거의 그것보다 전위에 의해 표현될 가능성이 더 적다.

그럼에도 불구하고, 현재의 대인관계는 일반적으로 사람들에 대한 감정과 태도를 치료자에게 전위하는 데 종종 실제로 영향을 미친다. 이런 유형의 전이 반응은 Sullivan이 처음으로 기술했는데, 그는 이것을 이전에 언급했던 병렬적 왜곡의 불가피한 결과로서 모든 사람들이 경험하기 쉬운 것이라고 보았다. Sullivan은 모든 환자들이 이전의 경험에 의해 결정된 어떤 대인관계적 경향성을 안고서 치료 상황에 오게 된다고 보았다. 예를 들어, 권위적 인물상에 대한 두려움이나 원망, 의존적이거나 반의존적 욕구, 사적인 관심사를 드러내는 것에 대한 즉각성이나 주저함, 타인의 동기에 대한 신뢰나 불신 등이 그런 것이다. 치료자는 병렬적 왜곡을 통해 일반적으로 특정한 경우의 인물로 부정확하게 지각되며, 그렇게 되면 환자는 자신의 대인관계적 방향성을 형성했던 타인들에 대한 감정, 태도, 충동을 치료자에게 전이할 수

있다.[4]

환자들이 사람들에 대해 일반적으로 품고 있는 전이 태도를 언어화할 수 있을 때, 다음과 같이 언급할 가능성이 크다.

> 정당한 이유 없이, 적어도 당신이 하지 않은 것에 대해 제가 당신에게 짜증을 내왔다는 것을 알 수 있습니다. 그것은 단지 당신이 자신의 일에 성공적이고 그것을 즐기고 있는 것처럼 보였다는 이유 때문이었습니다. 저보다도 인생에서 더 많은 것을 얻고 있는 것처럼 보이는 사람이면 저는 누구에게라도 분노했습니다. 그리고 지금 그런 것에 대해 생각해 보니, 제가 대부분의 사람들을 그런 식으로 바라본 것 같고, 그것이 제가 모든 사람들을 원망하는 마음을 품고 살아온 이유일지도 모르겠습니다.

> 제가 해야 하는 말을 당신이 별로 듣고 싶어 하지 않을 거라고 여기고 있다는 점을 이번에 세 번째인가 네 번째로 지적하셨네요. 저는 그것이 바로 저의 방식이었다고 생각합니다. 저는 항상 사람들이 저에게 관심이 없거나 혹은 너무 많은 관심을 주지 않을 거라 여기고 있습니다. 제가 어떤 말도 하지 않는다면, 적어도 그들이 저를 무시하거나 깔아뭉갤 틈을 주지 않을 거라고 생각했습니다.

> 당신을 믿을 수 있다는 것은 알고 있지만, 마음을 여는 것은 저에게 여전히 어려운 일입니다. 제가 느끼는 것을 사람들이 정말 알게 될까 봐 저는 항상

....

4 병렬적 왜곡(parataxic distortion)에 대한 Sullivan의 개념과 전이에 대한 그 시사점은 Singer(1965, pp. 258-264)에 잘 요약되어 있다. 이 장의 시작 부분에서 제시된 전이에 대한 견해는 치료 상황에 고유한 현상이 아닌 광범위한 대인관계 현상으로서, 특정인에 대한 태도뿐만 아니라 사람들에 대한 전반적인 태도를 반영하며, Sullivan의 저서 곳곳에 나타난다. 대인지각에서 나타나는 이러한 그리고 그 밖의 일반화된 왜곡에 관해서 독자들은 Miranda와 Anderson(2007)이 행한 연구에 대한 논평을 참고하면 된다.

두려워요. 그들은 말하자면 저를 손바닥 위에서 가지고 놀 것이고 나를 이용할 거예요. 그래서 전 항상 불필요한 모험을 피해 왔어요.

당신이 말했듯이, 제가 당신에게 그렇게나 사적인 질문들을 많이 하고 이 상담실 밖에서 어떻게 생활하는지를 가능한 한 많이 알고 싶어했던 어떤 이유가 반드시 있을 겁니다. 멀리 있는 사람들은 제가 알 수 없기 때문이에요. 사람들을 알게 된다면, 저는 그들에 관해 모든 것을 알아야만 해요. 그래야 제가 그들과 친하다고 느낄 수 있기 때문이죠. 아마도 그것 때문에 사람들이 저를 오지랖이 넓고 지나치게 소유욕이 강하다고 비난하는 게 아닐까 싶어요.

이러한 예는 시기심과 분노, 열등감, 거부의 예상, 불신과 착취에 대한 두려움, 친밀감에 대한 과장된 욕구 등 일반적으로 사람들을 향해 품고 있는 태도가 치료자에게 전위될 수 있는 방식을 보여 준다. 환자의 전이 반응이 치료관계라는 도가니 속에서 그러한 태도를 분석하도록 해 줄 수 있다면, 환자의 대인관계에 영향을 미치는 동기를 인식하는 데 상당한 진전이 있을 수 있다.

특정적 전이 반응에 대한 이 논의를 마무리하면서 두 가지 추가적인 사항을 언급할 가치가 있다. 첫째, 심리치료 관계의 이러한 측면에 대한 Freud 연구의 많은 부분이 Luborsky, Crits-Christoph 등의 일련의 연구에서 경험적인 검증을 받았다(Beretta et al., 2007, Gelso et al., 1997; Levy et al., 2006; Luborsky & Crits-Christoph, 1991; Luborsky et al., 1991 참조). 이러한 연구들에서는 심리치료 중 전이 태도가 어떻게 전개될 것인지에 관한 임상적 예측을 확인해 주었다. 이는 다음과 같은 점을 시사한다. ① 전이는 일반적으로 성공적인 치료관계의 처음 3/4 지점에서 정점에 도달한 후 점차 감소하며, ② 감소한 경우라 하더라도, 성공적인 치료 중에 발전된 전이 태도는 일반적으로 종료 이후까지도 지속되며, 그 전이 태도를 훈습하기 위해 치료자로부터 어느 정도 떨어져 생활할 수 있게 되기까지는 좀처럼 완전하게 해소되지 않는다.

반면, 치료 실패 사례에서는 최고 수준의 강도를 통과해서 그 이후에는 감소되는 과정을 보이지 않은 채, 전이 태도가 치료 기간 내내 계속 증가한다(Hoglend, 2004; Hoglend et al., 2006).

두 번째 사항은, 환자와 치료자 간의 민족 문화적 유사성과 차이점이 전이 반응에 미치는 영향에 관한 Bhat와 Davis(2007) 그리고 Comas-Díaz와 Jacobson(1991)의 관찰에 관한 것이다. 연구 결과에 따르면, 환자와 다른 민족적 배경을 가진 치료자들에게 치료받는 환자들은 과도한 치료적 순응과 친근감에서부터 의심과 적대감에 이르기까지 특정한 전이적 태도를 보일 수 있다. 자신과 같은 민족적 배경을 가진 치료자를 볼 때, 그들은 어떤 경우에는 치료자에 대한 이상화된 태도를 보일 수 있고, 다른 경우에는 평가절하, 편견 및 양가감정을 보일 수 있다(Bhat & Davis, 2007). Comaz-Díaz와 Jacobson(1991)은 그러한 민족 문화적인 영향을 받은 전이 반응의 다양한 치료적 함의를 논하고 있다.

전이 반응을 조성하기

감정과 충동이 전이되는 것은 모든 인간관계의 일부분일 수 있지만, 심리치료 상황은 전이 반응을 조성하고 그 반응을 뚜렷하게 경감시켜 주는 고유한 경향이 있다. 심리치료에서 이렇게 전이가 조성될 수 있는 것은 작업동맹이 지니고 있는 비대칭적이고 비상호적인 속성 때문이다. 치료자는 환자로 하여금 말하도록 격려하고, 그 말을 허용적으로 청취하며 판단하는 과정을 놓치지 않으며, 그들이 말한 것이 어떤 함의를 지니고 있는지 이해하도록 돕는 데 집중한다. 치료자는 자신에 관해 말하거나 자신의 견해를 표현하거나 또는 환자들과 사적으로 관여하지 않는다. 그렇게 하는 것이, 윤리적 한계 내에서 작업동맹을 강화하고 환자의 최선의 이익에 봉사할 것이라고 믿는 경우를 제외하면 말이다.

치료자는 결과적으로 모호한 자극이다. 즉 그의 개인사, 취향과 선호도, 인생에 대한 철학, 쾌락과 불쾌의 원천, 그리고 미해결된 관심사가 치료가 수개월 진행된 다음에야 환자에게 미약하게만 드러나기 시작하는 그런 인물인 것이다. 지각의 장에서 나타나는 외적인 구조의 양이 줄어들면 지각하는 사람의 내적인 욕구나 성향에 따라 구조화되는 정도가 증가한다고 알려져 있다. 따라서 치료자는 그러한 모호함 속에서 투사검사와 같은 역할을 하게 되며, 환자가 자신의 두려움, 소망, 기대, 편견에 따라 인상을 형성할 수 있는 상당한 여지를 마련해 준다. 이 현상에 대해서는 Bass(2007)와 Bornstein(1993, 1999)이 상세하게 논의했다.

심리치료자들이 전이 반응을 조성하는 방식을 개념화할 때, Tarachow (1963, 2-3장)는 현실(real) 대상으로서의 치료자와 가상적(as-if) 대상으로서의 치료자 역할의 차이를 유용하게 구분해 주고 있다. 치료자들은 그들의 외모, 행동 방식, 말하는 방식, 사교적 예의에 대한 반응, 그리고 전문가적인 정체성 때문에 항상 어느 정도는 현실의 대상이다. 그러나 앞서 언급했듯이, 도움이 되는 치료관계를 유지하기 위해서 치료자는 자신과 환자들 사이의 현실 관계를 세심하게 통제된 최소한의 상태로 유지하면서 함께 일하는 동맹관계를 강조해야 한다. 치료자가 환자에게 반응하는 데 가상의 존재로서 역할을 하는 것은 작업동맹에 헌신하는 것이며, 환자에게 도움을 주려는 의도이다. 하지만 그들이 대인관계 상황에서 일반적으로 행동하는 방식과는 다르다.

> 치료자는 현실에 대한 장벽을 설정한다. … 현실의 상황은 주의와 이해를 요구하는 가상의 상황으로 변환된다. … 상호작용에서 발생하는 그 어느 것도 현실로 여겨지는 것은 허용되지 않으며, 모든 것은 양측 모두에 의하여 정밀하게 검토된다(Tarachow, 1963, p. 9)

치료자의 익명성 및 비관여적인 입장을 통해서, 그리고 자신이 들은 이야기에 대해 어떤 반응보다 이해를 강조함으로써, 치료자는 환자가 자신의 소망, 두려움, 그리고 수용할 수 없는 감정을 투사하는 하나의 스크린이 된다. 그런 스크린이 되는 것이 지닌 유용성에 대해서는 Freud(1912/1958b)가 처음으로 기술했는데, 그는 치료자가 "자신의 환자에게 불투명한 존재가 되어야 하며, 마치 거울처럼 환자에게 보여진 것 외에는 아무것도 보여 주어서는 안 된다(p. 118)."고 말했다. 유감스럽게도, 이 "불투명한 거울"이라는 권고는 마치 빈 스크린처럼 치료자가 초연하고, 비인격적이고, 항상 감정적으로 무반응적인 자세를 유지해야 한다는 의미로 해석되어 왔다. 하지만 치료자가 환자의 고민에 대해 논의하고 도움이 필요한 경우 응답할 때 깊이 관여하지 않고서는 심리치료에서 좋은 결과에 기여하는 따뜻함, 공감 및 진솔성을 효과적으로 보여 줄 수 있는 다른 방법이 없다.[5]

거울이 된다는 것을 올바르게 이해하자면, 치료자가 환자에게 무관심하거나 감정적으로 떨어져 있지 않으면서도 현실적 대상으로서의 참여는 최소화해야만 하며 그러면서 가상적 대상으로서의 역할에 치중하며 작업동맹을 유지한다는 의미일 것이다. 만일 도움받기를 원하는 환자의 욕구가 오직 현실 관계에 의해서만 충족될 수 있다면 그런 욕구는 친구나 사랑하는 사람에 의해 충족될 수 있으며, 환자는 전문적인 도움이 필요하지 않을 것이다. 다시 말해, 만일 환자의 사적 관계들이 그들의 어려움을 해결하는 데 도움이 될 만큼 충분하지 못하다는 것이 밝혀지면 우정과는 다른 무언가가 요청되는 것이다. 정보 교환보다는 이해를 강조하며, 상호 만족적인 관계를 형성하기보다는 환자의 도움받고자 하는 욕구를 중시하는 심리치료가 다른 방안으로 계획될 수 있을 것이다.

....

5 수많은 저자들이 관찰한 바와 같이, 심리치료를 수행하기 위한 "빈 스크린" 접근법은 Freud 자신이 환자와 실제로 상호작용했던 따뜻하고 참여적인 태도와 상당히 다르다(Blanton, 1971; Gay, 1988; Lipton, 1977; Wortis, 1954).

전이 반응이 치료에서 진전을 촉진하는 정보를 제공할 수 있지만, 전이를 조성하는 것이 치료자가 담당해야 할 특별한 활동으로 간주되어서는 안 된다. 전이 반응을 일으키거나 만들어 내려는 의식적 노력은 환자에게 진솔하지 못하다고 인식될 것이며, 이러한 노력에 대한 그들의 반응은 유용한 정보가 될 수 있을 만큼의 충분한 자발성을 빼앗게 될 것이다. 치료자는 치료계약에 규정된 역할에 충실함으로써, 자연적인 사건의 과정에서 전이 반응이 출현하고 표현될 수 있는 대인관계적 환경을 조성할 것이다.

치료계약을 충실히 준수하는 것은 전이를 보호하는 방법으로 볼 수 있으며, 이는 전이 반응이 치료의 진행을 촉진하기 위해 충분한 정도의 자발성, 횟수 및 명료성으로 표현될 가능성이 있는 분위기를 유지하는 것을 의미한다. 하지만, 치료관계가 지니고 있는 복합적인 특성으로 인하여, 작업동맹뿐만 아니라 현실 관계를 보호하는 것도 세심하게 다루어져야만 한다. 즉, 치료자는 관계의 세 가지 구성 요소 모두를 보호하는 방법과 시점을 인식할 수 있어야만 한다.

전이의 보호

치료자는 환자에게 현실에 근거하여 자신을 향한 감정, 태도 및 충동을 형성할 수 있는 기회를 가능하면 적게 제공함으로써 전이를 보호할 필요가 있다. 치료자에 대한 환자의 반응에 근거가 적으면 적을수록 이러한 반응은 전이와 관련될 가능성이 높고 환자의 고유한 성향에 대해 더 많은 정보를 제공할 것이다. 치료자가 여러 차례 하품을 참는 것을 보고 그가 지루해한다고 결론짓거나, 자녀가 여러 명 있다는 사실을 알게 된 후 그를 부모 같은 존재로 여기기 시작한다면, 이는 그들이 객관적인 사실에 일반적인 방식으로 반응하고 있는 것이고 환자의 개인적인 욕구나 태도에 관해서는 알려 주는 것이 거의 없다. 하지만, 치료자가 분명하게 하품을 하지 않았는데도 지루히하고 있다고 여기거나, 치료자의 가족생활에 대해 아무것도 알지 못하면서 그를 부모 같은 인물로 여기는 환자가 있다면, 첫 번째는 스스로를 재미없는 사람이라고 생각하고 있음을, 그리고 두 번째는 그들이 의존해야 할 부모상을 찾고 있음을 의미한다고 볼 수 있다.

전이가 적절하게 보호되지 않으면, 현실 요인들이 그것을 "오염"시킬 수 있다. 그러한 오염이 생길 때, 현실의, 그리고 전이의 요소들은 치료자에 대한 반응 속에서 너무 뒤엉켜서 이러한 반응의 부적절한 측면을 모호하게 만들고 그들에 관한 생산적인 탐색을 방해할 수도 있다. 이러한 이유 때문에 일반적으로 치료자는 환자 앞에서 하품을 하거나 자녀가 얼마나 있는지를 말해서는 안 되며, 그렇게 해야 할 만한 특별하고도 세심하게 고려된 이유가 있지 않는 한 어떤 감정을 표현하거나 자신에 관한 어떤 정보를 제시해서도 안 된다. 대신, 치료자는 한결같이 그리고 일관되게 가상적 대상으로서 존재하는 데 집중해야 한다. 이런 식으로, 그들은 치료에서 현실 관계에 대한 근거를 최소화하고 환자가 자신에게 임상적으로 의미 있는 전위 반응을 하는지 추적할 수 있는 가능성을 최대화할 수 있다.

자신에 관한 정보를 제공할지 여부와 시기를 결정하는 것은 치료자의 자기공개(self-disclosure)의 일반적인 쟁점과 관련이 있으며, 이에는 몇 가지 도움이 되는 지침이 있다. Jourard(1964)의 영향력 있는 저서에서는 치료자의 개인적인 자기드러냄이 그들의 인간적인 면모를 증가시키고 환자가 이와 유사하게 공개하는 것을 촉진한다는 견해를 발전시켰다. 이러한 견해는 광범위한 논의의 여지를 남겨 두고 있지만, 이어진 연구에서는 치료자의 자기공개가 환자들이 자신에 관해 말할 수 있는 가능성을 얼마나 높여 줄 수 있는지에 관하여 일관적인 영향을 미치지 않으며 심리치료의 결과에 별다른 변화를 주지 않음을 보여 주었다(Orlinsky at al., 2004; Watkins, 1990; M. Weiner, 1978 참조). 치료자가 환자에게 매력을 느끼는 감정을 공개하는 것과 관련하여, 임상적 관찰과 연구 결과는 그러한 공개가 좀 더 비관여적인 자세로 대할 때보다 치료적일 가능성이 더 적음을 일관되게 나타내고 있다(Barglow,

2005; Gabbard, 1996; Goodyear & Shumate, 1996).

현재로서는, 조사자료와 문헌들의 무게 추는 치료자가 자신에 관해 말하는 것이 환자의 주의를 자기관찰로부터 딴 데로 돌리고, 그들의 전이 반응에 대한 정보적 가치와 치료적 활용의 기회를 손상시킬 수 있는 이중의 불리함이 있다는 데 광범위하게 동의하는 쪽으로 기울고 있다(Ackerman & Hilsenroth, 2001; Farber, 2006; Lane & Hull, 1990; Levy, 1990, Chapter 6; Wachtel, 1993, Chapter 11). 하지만, 치료자가 사적인 것들을 드러내는 것이 서로 친밀감을 나눔으로써 그것을 치료적으로 유용하게 사용할 수 있다고 기대할 만한 합리적 근거가 없더라도, 자기보고가 도움이 될 수 있는 상황이 있다는 것, 그리고 그것이 절대적인 익명성이라는 제단 위에서 희생물이 되어서는 안 되는 상황도 존재한다는 것에 동의하는 사람들도 많다.

특히, 치료자가 치료와 관련이 없는 삶의 경험이 아니라 치료가 진행되는 동안 있었던 일들에 대한 반응을 공개할 때, 그리고 환자가 자신을 더 잘 이해할 수 있도록 돕는 방법으로 그렇게 하는 경우에는, 이러한 자기공개를 도입할 만한 충분한 이유가 있다. 환자의 자기이해를 증진시키려는 의도로써 치료 회기 동안에 행해지는 이러한 자기공개의 한 예로서, 환자가 일반적으로 사람들에게 어떻게 보여질 수 있는지를 자각하도록 도움을 주기 위해서 치료자가 치료 회기 동안 환자로부터 받은 인상과 관련된 피드백을 제시해 줄 수 있다. 이러한 마지막 사항들은 치료자들이 자신의 역전이 반응을 관리해 나가는 데에도 시사점을 갖는다. 이는 11장에서 논의된다.

현실 관계의 보호

전이를 보호하고 치료의 해석적 작업을 촉진하는 데 열성을 다하면서도, 치료자는 자신과 환자 사이의 현실 관계에서 발생하는 모든 불씨가 꺼지지 않도록 조심해야 한다. 어떤 시점에서 가상적 존재가 아닌 현실적 존재로서 환자와 상호작용하지 못하면 치료자의 진솔성이 손상되고, 한 인간으로서 존중받는다는 환자의 느낌을 훼손시키며, 전이 반응의 최종적인 해소를 방해할 수 있다.

진솔성과 관련하여, 무엇보다도 치료자는 자신에 관해서 누가 봐도 명백한 요인들은 인정하고 어떤 감정적 반응들은 표현될 수 있도록 허용해야 한다. 만일 어떤 환자가 "벽에 걸린 학위증을 보면 당신은 OO 대학을 다닌 것으로 되어 있던데, 맞나요?"라고 말한다면, 적절한 답변은 "예, 맞습니다." 이다. 그 학위증에 사실이 분명하게 적시되어 있음에도 환자의 질문에 담긴 의미를 탐색하려고 직접적으로 답변하는 대신 "어떻게 되기를 원하십니까?"라거나 "어느 쪽이든 당신에게 어떤 의미가 있는지 궁금하군요."라는 식으로 반응하는 것은 긴장을 유발하고, 진솔하지 못하고 아마도 비생산적인 방식으로 현실을 가상적 관계에 종속시키는 일이 될 것이다.

현실을 가상적 관계에 종속시키는 식으로 치료자의 관심을 표현하는 것이 환자의 문제에 관하여 이야기하는 것에 대한 저항으로 나타난 것인지 여부는 또 다른 문제로서, 그 자체로 따로 검토될 것이다(9장 참조). 하지만 치료관계와 관련된 요점은, 명백한 사실이 존재함에도 그것을 흐리게 만드는 것은 건설적인 목적에 기여할 수 없으며 불리한 것이었다고 밝혀질 수 있다. 마찬가지로, 치료자가 유머러스한 언급에 대해 미소 짓거나 또는 환자의 삶에서 불행한 사건이 발생했을 때 동정심을 표현해야만 할 때가 있기 마련이다. 환자가 뭔가 우스운 이야기를 왜 했는지 혹은 불행한 사건에서 환자가 어떤 역할을 했는지를 알아보려 했다 하더라도, 가상적 행동이 아닌 현실적 행동이 요구되는 상황에서 치료자는 우선 현실의 한 인간으로서 반응하게 될 것이다. 사실을 인정하지 않고 그렇게 하는 것이 자연스러운 상황에서도 감정을 표현하지 않는다면, 환자는 치료자의 진솔성을 비롯하여 치료자의 삼차원성(three-dimensionality), 즉 느끼고, 돌봐주고, 반응하는 사람에 대해

서 의혹을 품을 수 있다.[6]

존중과 관련하여, 현실 관계를 무시하는 것은 필연적으로 환자가 한 인간으로서 존재할 수 있는 당연한 권리를 박탈하는 것이다. 앞서 예시했듯이, 의례적인 투로 "새해 복 많이 받으세요."라고 말하는 환자는 그와 유사하게 의례적으로 "당신도요."라는 식의 응답을 받는 게 당연하다. 치료자에게 진솔성이 결여되었음을 알게 된 환자와 마찬가지로, 치료자가 자신을 인격적으로 대할 만한 가치가 있다고 생각하는지 의심하는 환자는 치료자의 진솔성과 존중을 인식하고 있는 환자보다 심리치료로부터 이익을 얻을 가능성이 더 적다(3장 참조). 해로운 심리치료 경험을 한 적이 있다고 믿고 있는 47명의 환자들을 면담했던 한 연구에서, Grunebaum(1986)은 그들이 부정적 평가를 내린 가장 일반적인 이유는 치료자가 거리를 두고 관여하지 않았기 때문이라는 점을 발견했다. 이후 Curtis, Field, Knaan-Kostman, 그리고 Mannix(2004)가 유사한 결과를 보고했다. 동일한 맥락에서, Hillsenros와 Cromer(2007), Mohl, Martinez, Ticknor, 그리고 Huang(1991)은 심리치료를 초기에 중단하는 환자들은 치료를 계속해나가는 환자들보다 치료자가 자신을 덜 좋아하고, 덜 존중하며, 덜 충분히 이해하고 있다고 느낀다는 것을 발견했다.

전이 반응의 해소에 관해서는 이전에 언급했던 두 가지 사항을 염두에 둘 필요가 있다. ① 치료관계는 심리치료의 과정 동안 다중적 수준에서 병렬

....

6 환자와 치료자의 관계, 특히 그들 사이에서 현실적인 것들이 얼마나 많이 통용될 수 있고 그래야만 하는지에 관한 것은 그들로 하여금 이중적이거나 심지어 다중적 관계를 전적으로 피할 수 없도록 막는 상황에서 복잡해질 수 있다. 이러한 복잡한 관계는 치료자가 "현실적" 방식으로 행동하도록 요구하는 사회적 또는 업무 상황에서 환자와 우연히 만나게 되는 상황을 포함할 수 있으며, 치료자가 심리치료 회기의 제약을 넘어 환자와 상호작용할 수밖에 없는 소규모 또는 긴밀하게 연결된 지역사회 공동체에서 흔히 발생할 수 있다. 이러한 상황에서 발생할 수 있는 역할갈등의 본질과 그것을 심리치료 속에서 윤리적으로 그리고 건설적인 방식으로 다루기 위한 지침은 Borys와 Pope(1989), Faulkner와 Faulkner(1997), Gody(1996), Schank와 Skovholt(1997), Sweezy(2005)에서 논의된다.

적으로 진행되며 ② 성공적인 치료에서는 치료의 후기 단계에서는 전이가 점진적으로 감소하고 환자와 치료자 간의 상호작용 내에서 현실이 증가한다(Goldstein & Goldberg, 2004 참조). 이는 환자와 치료자가 치료 작업의 당사자가 아닌 지인으로서 시간을 보내면서, 치료 작업을 극적으로 다른 분위기에서 함께 종결한다는 것을 의미하지 않는다. 치료계약은 여전히 유효하며, 이후에 서술된 바와 같이 작업동맹은 계속 보호된다. 그럼에도 불구하고, 치료가 성공적으로 끝날 무렵이 되면 치료 종결 문제 외의 쟁점에 대한 해석적 작업은 대부분 완료되며, 치료자는 가상적 관찰자로서 기저의 문제를 탐색하는 데 이전에 비해 훨씬 덜 관여하게 된다.

치료 종결이 가까워지면 환자와 치료자의 현실 관계가 점진적으로 전이 관계를 대체할 수 있도록, 치료자는 관계 속에서 전이의 요소에 주로 집중하면서도 현실 관계가 심리치료의 중기 동안 계속 살아 있도록 해야만 한다. 이러한 세 가지 이유, 즉 삼차원성을 지닌 사람으로서 치료자가 진솔성을 유지하고, 환자가 단지 탐색되고 치료받는 것만이 아닌 존중받고 있다는 느낌을 계속 유지하도록 하며, 결국에는 전이 관계를 대체할 수 있는 치료적 관계의 현실적 측면들을 길러낼 수 있도록 치료자는 전이 관계를 보호하고 그것로부터 배울 수 있도록 노력하는 동시에 현실 관계도 보호해야만 한다.

작업동맹의 보호

작업동맹은 전이 반응과 현실 관계가 서로 침범하지 않도록 치료자가 취하는 조치들에 의해 암묵적으로 보호된다. 전이 반응의 부적절성을 지적하거나 상호 친밀한 관계로 진입하는 것을 피하려고 할 때마다, 치료자는 환자가 치료계약에 명시된 역할 행동을 하도록 방향을 전환한다. 하지만 가끔씩, 작업동맹을 위한 그러한 암묵적 지원은 명시적인 재확인을 통해 어느 정도 강화될 필요가 있다(Taft & Murphy, 2007 참조).

예를 들어, "이건 공정하지 않아요, 저는 말하고 당신은 듣습니다. 그리고 저는 저에 관해 모든 것을 당신에게 말해야 하는데 당신은 자신에 관해 아무것도 공개하지 않는 이런 방식 말입니다."라고 말하는 어떤 환자에 대해 생각해 보자. 이러한 불평에 대해 전이를 보호하는 치료자의 반응은 이를 부당한 것으로 간주하고 치료적 관계라는 맥락 내에서 그 불평의 잠재적 의미를 탐색하기 시작하는 것이다. 하지만, 이 불평은 치료 상황을 정확하게 묘사하고 있으므로, 이를 액면 그대로 받아들이기를 거부하고 그것에 대해 어떤 숨겨진 의미를 덧붙이는 것은 공허하게 들릴 가능성이 높다.

게다가, 작업동맹의 속성에 대해 환자가 현실적인 언급을 하는 것을 해석 가능한 전이 행동으로 간주하는 것은 치료계약에서 고지된 동의를 하고 자발적으로 참여한 환자로서 그들의 권리를 부인하는 것이다. 처음에 환자가 치료계약을 수용하거나 거부할 권리를 가지고 있었던 것과 똑같이, 그들은 치료과정에서 그 계약을 다시 검토하거나 수정할 수 있는 권리도 가지고 있는 것이다. 환자들은 약속시간을 변경하길 원하거나, 치료의 목표를 바꾸고 싶다거나, 치료자가 사용하는 몇 가지 치료 절차에 대해 비판하고 싶어할 만한 충분한 이유가 있을 수 있다. 치료계약과 관련된 이런 문제나 이와 유사한 문제에 대해 객관적으로 논의할 수 없다면, 이러한 문제에 전이 요소가 포함되어 있는지의 여부와 관계없이, 작업동맹에 대한 그들의 헌신은 심각하게 훼손될 수 있다.

하지만 작업동맹을 보호한다는 것은 치료계약과 관련된 문제가 오직 현실 관계의 수준에서만 고려되어야 한다는 것을 의미하지는 않는다. 치료적 관계가 지니고 있는 비상호성에 대해서 앞서 예시했던 불평에 대해 현실적으로 반응하기 위해서, 치료자는 "그렇습니다. 그것은 불공정합니다. 따라서 우리는 더 이상 그런 식으로 작업하지 않겠습니다."와 같은 식으로 말할 수도 있다. 분명히 그런 식으로 환자의 불평에 굴복하는 것은 작업동맹을 특징짓고 심리치료를 다른 인간관계와 뚜렷하게 구분 짓는 해석적 접근을 훼손하는 것일 수 있다.

작업동맹을 현실의 반치료적 측면들로부터 보호하기 위해서, 치료자는 치료계약에 관한 질문이나 논평에 대해 환자가 그런 의문을 제기할 권리가 있다는 것을 인정하기는 하지만 치료의 목적을 달성하기 위한 수단으로서 확립되어온 비상호적 관계를 계속 유지해 온 방식으로 반응할 필요가 있다. 따라서 비상호성에 관한 불평에 대해 치료자는 "그렇지요. 그것은 불공평하지요, 어떤 면에서는 당신이 말한 대로입니다. 하지만 그것이 우리가 작업하는 방식입니다. 당신이 당신 자신과 당신의 문제를 이해하도록 도와드리기 위해 우리가 필요로 하는 정보를 줄 수 있는 방식이 그것이란 말씀입니다." 라고 반응할 수 있다.

강도 및 감정적 색조, 표현에서 전이 반응의 변이성

전이 반응은 모든 심리치료 환자에게서 나타날 수 있지만, 강도와 그 반응에 수반되는 긍정적 감정과 부정적 감정의 균형, 그것이 직접적 혹은 간접적으로 표현되는 범위는 크게 다르다. 이러한 세 차원에서의 변이성을 통해 치료적 관계에 대해 특정한 환자가 특정한 시점에 어떻게 반응하는지에 개인차가 크다는 것을 알 수 있다.

전이 반응의 강도

심리치료 상황이 전이 반응을 조성하기 때문에, 대개 환자들을 더 자주 오래 볼수록 대체로 이러한 반응의 강도가 더 증가한다. 치료 회기의 빈도가 충분하고 오래 지속된다면, 전이 반응은 전이 신경증(transference neurosis)으로 알려진 상태로 발전할 수 있다. 환자가 치료적 관계 내에서 많은 것들이 그들의 유년기의 경험들에 뿌리를 두고 있는 신경증적 갈등의 장면을 재상연할 때, 그리고 누적된 전이 반응이 너무 만연해서 치료와 치료자가 그들

삶의 관심의 중심이 되었을 때, 전이 신경증이 존재한다고 할 수 있다.[7]

일반적 원리에도 불구하고, 심리치료의 빈도 및 기간과 전이 반응의 강도 사이의 관계는 사람마다 상당히 다르다. 감정에 몸을 맡기는 사람, 친구를 매우 빨리 사귀고 쉽게 친해지는 사람, 그리고 자기 자신을 관찰하기보다는 경험하는 쪽으로 기우는 사람들은 심리치료에서 전이 반응을 형성하기 쉽다. 반대로, 성격적으로 자신의 감정을 억누르고, 타인들과 거리를 두고 관계를 맺으며 오랜 기간 교제한 후에만 친해지고, 자신을 경험하기보다는 관찰하는 쪽으로 기우는 사람들은 상대적으로 전이 반응으로부터 차단되는 경향이 있다.

전이 경향성 면에서 성격에 기반한 이러한 차이점은 환자들이 전이 반응을 발전시키는 속도와 심리치료의 특정한 빈도와 지속 기간에 반응할 때 나타나는 강도 모두에 영향을 미친다(Shubs, 2008; Yeomans et al., 2002). 경계성 혹은 히스테리성 성격 유형을 지닌 환자를 포함하여 전이를 일으키기 쉬운 사람들의 경우, 일주일에 한 번 심리치료를 받을 때 첫 몇 달 또는 심지어 몇 주 동안이라도 뚜렷한 전이 반응을 일으키기에 충분하다. 회피성 혹은 강박성 성격 유형을 지닌 환자를 포함하여 전이 반응으로부터 상대적으로 차단되어 있는 사람들은, 일주일에 한 번의 치료 회기로는 전이의 희미한 속삭임만 이끌어 낼 수 있으며 그 정도로는 효과적인 해석을 지원하기가 충분하지 않다(Porcerelli et al., 2007). 이런 환자들의 경우, 치료적으로 유용한 전이 반응을 이끌어 내기 위해서는 수개월 혹은 그 이상의 기간 동안 주당 두 번 혹은 그 이상의 회기를 가질 필요가 있다.

7 전이 신경증이라는 개념의 유용성은 그것이 출현했을 때 이를 규정할 수 있는 어떠한 정확한 기준이 없다는 점에 의해 제한된다. 그럼에도, 전이 신경증은 대개 강렬한 전이 반응과 동의어로 사용되며, 강렬한 전이가 형성된 것은 정신분석과 다른 형태의 역동적으로 지향된 심리치료를 구별해 주는 현상으로 종종 제안되어 왔다. 어떻게 전이가 형성되는지에 그리고 그것이 치료적 과정에서 하는 역할과 관련된 정신분석적 관점의 논의는 Cooper(1987b), Little(1981), Reed(1994), Wallerstein(1995, 14장), Yeomans, Clarkin, 그리고 Kernberg(2002)에서 제안되었다.

이와 관련된 또 다른 점은 사람들과 감정적으로 빨리 관계를 맺는 사람들은 느린 사람들보다 대인관계적 정동이 더 빨리 최고조에 달하고 더 쉽게 사그러드는 경향이 있을 가능성이다. 그러므로 많은 히스테리성 환자들에게서 신속하게 나타나는 전이 반응은, 때로 극적이긴 하지만 피상적이고 적절한 해석을 받으면 사라지는 경향이 있다. 대조적으로, 많은 강박성 환자들의 느리게 전개되는 전이 반응은, 종종 조용한 방식으로 표현되긴 하지만 강렬하게 경험되며 오랜 동안의 해석과 훈습을 통해서만 사라지는 경향이 있다.[8]

이러한 개인 차이는 전이 경향을 지닌 환자들을 심리치료할 때 전이로부터 차단된 환자를 유사한 방식으로 치료할 때보다 매주의 치료 회기뿐 아니라 총 치료 시간이 더 적을 수 있다는 점을 설명해 준다. 애초에 치료를 시작할 때부터 이러한 점들이 고려되어야 하는데, 환자의 전이 경향성은 치료 회기의 빈도가 어느 정도여야 하고 치료가 얼마나 지속되어야 하는지에 대한 근거를 제공해 줄 것이기 때문이다. 그러나 그러한 초기의 평가가 완벽하지는 않으며, 치료가 진행되고 나서야 어떤 특정한 환자들의 경우 전이 반응을 이끌어 내기에 충분할 정도로 치료 회기를 계획하지 못했다는 점이 분명해질 수 있다. 이런 경우 회기의 빈도를 늘려야만 한다.

분명히 다른 하나의 가능성으로서, 어떤 경우에는 치료 상황에서뿐 아니라 그 상황의 밖에서도 효율적으로 기능할 수 있는 환자의 역량을 방해할 정도로 심리치료가 전이 반응의 강도를 활성화할 수도 있다(Gabbard et al., 1994; Reznik & Andersen, 2007 참조). 그러한 환자는 회기 중에 전이 감정에 너무나 압도당하여, 치료자의 노력에도 불구하고 그것이 현실적인지를 구분하지 못하거나 작업동맹을 더 이상 유지할 수 없는 상태가 될 수 있다. 치료

....

8 이전에 인용된 S. Johnson(1994), Millon(1996), Millon와 Grossman(2007), Shapiro(1989), Stone(1993)의 저술들은 이러한 대조적인 성격 유형 및 대인관계 감정을 다룰 때 개인 차이와 관련하여 그러한 성격 유형이 지니고 있는 시사점들을 상세히 다루고 있다. 이와 관련해서는 Horowitz(1991), Mueller와 Aniskiewicz(1986), Salzman(1968)의 저술도 유용하다.

상황 밖에서, 그들은 치료자에 대한 환상에 너무나 사로잡혀 있어서 자신이 늘상 해야 할 일들에 주의를 기울이거나 일상의 사회적 역할을 수행할 수 없게 될 수도 있다.

전이 반응이 너무 강력하여 그것이 현실이라고 주장하고, 치료의 목표를 달성하는 쪽으로 한 걸음 더 다가서는 방식으로 전이 반응을 관찰하고 논의할 수 없으며, 전이 반응에 방해를 받아 일상적 역할과 책임을 수행해나가기 어려울 때, 환자들은 전이 정신증(transference psychosis)을 겪고 있다고 일컬어진다. 거의 예외가 없을 정도로, 전이에 의한 정신증적 반응은 그러한 반응을 일으켰던 치료자에게 고통스러울 정도로 뚜렷하게 나타난다. 환자들은 사랑과 증오의 강렬한 감정을 치료자에게 표현하며 이러한 감정이 현실에서는 정당화될 수 없다는 것을 고려하길 거부한다. 그들은 불가능한 요구를 하며("당신은 저를 매일 만나 주셔야 하고, 다른 환자를 봐서는 안 돼요.") 이런 요구가 충족되지 못할 때 격노하거나 침울해지고, 불안과 혼란 혹은 치료관계에 관한 환상이나 백일몽과 연합된 자기통제력의 상실 상태에 빠져 있는 기간을 자주 보고한다.

정신증적 전이가 이런 식으로 혹은 다른 방식으로 나타나고 있다는 것은 환자의 성격 조직에 퇴화가 일어나고 있다는 것을 의미하는데, 이는 감정 경험을 조절하고 환상과 현실을 구분할 수 있는 역량이 감소한 상태와 관련이 있기 때문이다. 이렇게 되면 치료의 진전이 어려워지는데, 환자의 관찰하는 자아가 경험하는 자아에 완전히 뒤덮여 있기 때문이다. 그러므로, 정신증적 전이 반응은 필연적으로 심리치료에서 파괴적인 상황이기 때문에, 가능한 한 피해야 하며 발생할 때마다 되돌려 놓아야 한다. 이 중요한 고려사항은 Yeomans 등(2003)이 더 상세하게 논의했다.

정신증적 전이 반응에 빠질 수 있는 취약성은 대개 치료의 초기 평가 단계에서 확인될 수 있는 성격적 손상으로부터 유래하며, 이런 취약성이 있다면 표현적 심리치료를 계획하고 있는 치료자들은 치료 작업을 조심스럽게 진행해 나가야만 한다. 하지만, 이따금씩, 특히 경계성 환자들과 작업할 때, 감정 경험을 조절하고 대인관계에서의 적절한 거리를 유지하는 데 내재된 문제들이, 성격이 적절하게 통합되어 있는 것처럼 보이는 피상적인 겉모습에 가려질 수 있다. 그럴 경우 강렬한 전이 반응의 경향성은 그러한 반응이 실제로 드러나기 시작할 때까지는 알아차리지 못하고 지나갈 수 있다. 이런 일이 생긴다면 치료 전략을 더 지지적이고 덜 심층탐색적인 접근 방식으로 바꿀 필요가 있는데, 이러한 방식은 치료 초기에 좀 더 정밀한 평가를 함으로써 우선적으로 선택될 수 있을 것이다.

상대적으로 심층탐색적 접근을 견딜 수 있고 그런 접근을 통해 이득을 이끌어 낼 수 있지만 초기에 선택된 치료 회기에 반응할 때 작업동맹의 범위 내에서 수용할 수 있는 것보다 전이 강도가 크게 나타나는 환자에 대해서도 치료 전략을 조정할 수 있다. 그런 경우라면, 예를 들어, 주당 두 번 만나고 있는 전이 경향성이 높은 환자는, 심층탐색적 심리치료를 지속해 나갈 수는 있지만 전이 반응이 파괴적 수준의 강도에 도달하는 것을 막기 위해 주당 한 번의 회기를 갖는 것으로 바꿀 수 있을 것이다.[9]

전이에서의 긍정적 태도와 부정적 태도

모든 전이 반응은 치료자를 향한 어느 정도의 긍정적 혹은 부정적 감정을 포함하고 있다. 덧붙여서, 환자들이 치료 상황에서 보여 주는 이전의 경험과 성향에 따라, 그들의 전이 반응이 지니고 있는 평균적인 혹은 전형적인 감정의 색조는 다르다(Beretta et al., 2007; Brumbaugh & Fraley, 2006). 자신

....

9 정신병적 전이 반응의 출현과 해소에 관한 부가적인 읽을거리와 사례 예시는, Little(1981), Wallerstein(1967), 그리고 Yeomans 등(2002)을 추천한다. 이런 조건을 가진 사람들의 강렬한 전이 경향성을 포함하여, 경계성 성격조직의 특성은 Chessick(1983), Gabbard 등(1994); Goldstein(1996); Kernberg(1967); Kernberg, Selzer, Koenigsberg, Carr, 그리고 Appelbaum(1989); Rockland(1992)에서 상세하게 논의되었다.

의 인생에서 중요했던 사람들을 향해 상당한 악의를 품고 있는 까칠하고 남을 잘 믿지 못하는 환자들은 전이에서 주로 부정적 태도를 나타낼 가능성이 높은 반면, 대인관계 양식이 남들을 이상화하거나 그들의 비위를 맞추려는 쪽으로 맴돌고 있는 환자들은 주로 긍정적인 색조의 전이 반응을 보이는 경향이 있다. 치료자에게 보이는 환자들의 반응의 감정적 색조가 그러한 차이를 보이는지 정교하게 관찰해 보면 그들이 과거나 현재의 인생에서 타인들을 향해 갖는 감정의 치우침의 정도에 대해 유용한 단서를 얻을 수 있다. 게다가, 비현실적으로 긍정적이거나 부정적인 대인관계 태도가 환자가 지니고 있는 심리적 문제의 한 부분을 구축하는 데 얼마나 기여하고 있는지의 정도에 따라, 시간이 지남에 따라 그 개인이 보이는 전이 반응의 지배적인 색조의 변화는 더 균형 잡힌 타인과의 감정적 관계를 향하여 얼마나 전진해나갈 수 있는지를 알려주는 지표 역할을 할 수 있다.

환자의 전이 반응이 주로 긍정적인 태도 또는 주로 부정적인 태도를 포함하는지에 관한 치료자의 평가는 최선의 개입 방법을 결정하는 데 지침이 될 수 있다. 긍정적이거나 부정적인 전이 반응은 상이한 치료 전략을 요구하는데, 특히 부정적 전이 반응에 집중하고 긍정적 태도의 탐색과 해석에는 어느 정도 신중한 태도를 취하는 것이 일반적으로 더 유리하기 때문이다.

전이의 직접적 표현과 간접적 표현

전이 반응이 직접 표현되는 방식은 상당히 다양하며, 환자들이 치료자에 대해서 긍정적 혹은 부정적 감정을 경험하는지를 드러내는 행동들은 매우 미묘한 것에서부터 명백한 것까지 포함한다. 첫째, 가장 간접적인 것으로, 전이 태도를 경험하는 환자들은 그에 대한 언급 없이 행동이나 외모에서 어떤 암시적인 변화를 나타낼 수 있다. 예를 들어, 긍정적인 전이 태도의 영향으로, 환자들은 치료 회기에 일찍 오기 시작하거나 치료가 끝나고도 떠나길 망설이거나, 마치 그렇게 하는 것이 치료자와 더 친밀한 관계를 갖기 위한 수단인 것처럼 치료자의 접수원이나 비서와 친분 관계를 시작할 수 있다. 그들은 치료자의 칭찬이나 성적인 관심을 이끌어 내기 위해 치료 회기에 특별히 잘 차려입고 치장한 채 나타날 수 있다. 또는 자세, 동작, 얼굴 표정에서 치료자와 더 가깝고, 더 매력적이거나 더 반응적이고 싶은 소망을 담고 있을 수 있다(예를 들어, 의자에서 치료자가 앉아 있는 쪽으로 몸을 기울이거나, 의자를 더 가깝게 옮기거나, 유혹적인 몸동작을 취하거나, 자주 웃고 고개를 끄덕여 동의를 표현하는 등의 행동을 통해서).

부정적 태도의 영향으로, 환자들은 이와는 반대 형태의 이런 미묘한 전이의 표식을 나타낸다. 치료에 늦게 오거나, 일찍 가려고 하거나, 대기실에서 분명하게 누구와도 대화하지 않을 수 있다. 마치 치료자의 인상에 대해 경멸감을 전달하거나 치료나 치료자 앞에서 잘 보이려고 노력할 가치가 없다는 것을 말하려는 듯이, 옷차림에 신경을 쓰지 않고 치료 회기에 엉성하고 흐트러진 차림으로 도착할 수 있다. 또는 치료자로부터 멀찍이 떨어진 위치에 의자를 옮겨 놓거나 가장 멀찍이 몸을 뒤로 젖혀 앉거나, 경직되고 양보하지 않는 자세를 취하거나, 쏘아 보거나, 입꼬리를 내리고 고개를 좌우로 가로 젓거나, 그렇지 않으면 시무룩하거나 거리감을 느끼게 만들 수 있다.

두 번째이자 다소 덜 간접적인 전이의 표현 방식으로서, 환자들은 치료자의 전문성 및 그 전문성을 장식하고 있는 것들에 관해 언급할 수 있다. 장식물에 관한 것으로, 환자들은 치료자의 치료실에 있는 어떤 그림을 좋아한다거나, 치료 회기에 앉는 의자처럼 편안한 의자가 집에 있으면 좋겠다거나, 대기실에 있는 잡지 목록을 좋아한다거나, 치료자의 건물 바로 앞에 있는 버스 정류장이 편리하다는 등의 말을 할 수 있다. 반면, 만일 전이에서의 감정 색조가 주로 부정적이라면, 환자들은 은근하게 험담이나 불평을 장황하게 늘어놓을 수 있다. "이곳을 너무 덥지 않게 해 주셨으면 좋겠어요.", "당신 치료실로 올라오기까지는 확실히 계단이 너무 많아요.", "당신도 아시겠지만, 접수원이 아주 친절하지는 않아요.", "더 편리한 건물이 아니라 너무 아쉬워요.” 긍정적이든 부정적이든, 치료자를 둘러싸고 있는 그런 상징적인 확장 대상에 관한 언급은 한 인간으로서의 치료자를 향한 유사한 색조의 감정을 직접적으로 경험하거나 표현하지 않은 채 숨기고 있는 것이다.

마찬가지로, 치료자의 전문성에 대해 언급된 수용과 거부는 전이를 표현하기 위한 간접적인 통로로 사용될 수 있다. 예를 들어, 환자들은 심리치료를 통해 도움을 받았던 어떤 친구에 관해서, 사회에 정신건강 전문가들이 더 많아야 될 필요성에 관해서, 또는 사람들의 말을 귀 기울여 듣고서 그들의 문제를 도와준다는 것이 얼마나 흥미롭고 만족스러운 것인지에 관해서 이야기할 수 있다. 대신에, 심리치료에서 거의 도움을 받지 못했던 지인을 직접 목격했던 어떤 이야기를 전달해 주거나, 심리치료의 효과에 대해 의문을 제기하는 신문기사를 언급하거나, 심리치료자로서 직업을 찾는 것이 얼마나 지루하고 보람이 없는 일인지에 관해 말할 수 있다. 항상 현실의 왜곡을 포함하는 이러한 간접적인 언급들이 표현하는 전이 감정과는 달리, 언급한 내용 그 자체는 사실 상당한 근거를 지니고 있을 수 있다. 치료자의 치료실이 정말로 불편할 정도로 덥거나 편리하지 못한 곳에 위치하고 있을 수 있으며, 확실히 심리치료에서는 성공적인 결과도 있고 그렇지 않은 경우도 있을 뿐 아니라 그 효과성에 관한 언론의 논쟁도 있다. 그러므로 그러한 언급에 대해서는 전이보다는 현실의 관계나 작업동맹을 다루는 직접적인 답변을 해 주어야 할 때가 있다. “계단에 관해서 미안합니다만, 엘리베이터가 다음 주까지 수리된다고 합니다.”(현실 관계), “우리가 함께하는 작업의 결과에 대해서는 보장할 수 없습니다. 하지만 심리치료가 당신에게 도움이 될 것으로 기대할 수 있는 충분한 이유가 있습니다. 그리고 우리가 합의한 내용에는 심리치료가 유익한 것처럼 보이는 동안까지만 지속될 것이라는 항목도 포함되어 있지요.”(작업동맹)

하지만, 대부분은 치료자의 전문성이나 그것을 둘러싼 것들에 관한 현실적인 언급들이라 할지라도 그 자체로 탐색되어야만 할 전이의 표현이다. 그러한 언급들에 전이의 근거가 있는 것인지를 확인할 수 있는 하나의 도움이 되는 방법은 "왜 그 환자가 이 특정한 시점에 그런 쟁점을 제기하고 있는 것일까?"라고 스스로 질문해 보는 것이다. 이 질문에 대해 현실의 관계나 작업동맹을 강화할 필요가 있어 보이는 합당한 답변이 떠오르지 않는다면, 고려하고 있는 그 특정한 언급은 긍정적 혹은 부정적 전이 태도의 간접적인 표현으로 간주되어야 할 것이다.

간접적 표현의 모호함과는 대조적으로, 상대적으로 직접적인 전이의 표현은 그 감정과 태도가 명시적으로 언급되지 않았다 하더라도 치료자를 향한 비현실적인 감정과 태도에 근거하고 있음은 의심할 여지가 거의 없다. 이와 관련하여 가장 흔한 것은 한 인간으로서의 치료자나 치료과정에 관하여 환자가 표현하는 평가적 언급이다. 긍정적인 감정을 지니고 있다면, 치료자에게 흥미나 인정을 표현할 수 있고("당신이 결혼했는지 궁금해요.", "당신의 미소가 보기 좋군요.", "당신이 자신을 다루는 방식이 좋군요."), 치료자가 등장하는 유쾌한 꿈이나 환상을 보고하거나, 치료자를 기쁘게 하기 위하여 치료에 대해 칭찬할 수 있다("저는 여기서 정말 많은 것을 얻고 있어요.", "당신은 항상 무엇을 말해야 하는지 정확하게 알고 있는 것 같아요."). 반대로, 부정적으로 느끼고 있는 환자는 치료자에 대해서("당신이 저에게 관심을 가지고 있다고 생각되지 않아요.") 혹은 치료에 대해서("이렇게 시간과 돈을 다 들여도, 치료가 저에게 크게 도움이 되는지 모르겠습니다.") 흠집을 잡아내려고 하거나, 치료자가 적대감이나 거부감의 주체나 대상이 되는 꿈과 환상을 보고할 수도 있다.

마지막으로, 네 번째의 직접성 수준으로서, 환자들은 전이 태도를 공개적이고 명시적으로 표현할 수 있다. 이런 식으로 긍정적 전이 태도를 표현할 때, 환자들은 단순히 치료자 쪽으로 몸을 기울이거나, 치료실의 장식을 칭찬하거나, 치료 기술을 칭찬하는 것으로 자신의 감정을 표현하지는 않는다. 대신에, "당신을 좋아합니다.", "당신을 사랑합니다.", "당신을 더 잘 알았으면 좋겠어요."라거나 "당신이 (부모님) (배우자) (연인)이었으면 해요."라는 취지의 말을 하기까지 이른다. 부정적 전이 태도를 직접적으로 표현할 때, 그들은 늦게 오거나, 자신이 들었던 이야기를 통해 치료 실패 사례를 언급하거나, 치료자의 유능성에 의문을 표시하는 식으로는 드러내지 않는다. 대신, "당신에게 화가 나요.", "당신이 하는 모든 말이 저를 짜증 나게 해요." 또는 "저는 당신을 더 이상 좋아하지 않아요."와 같은 말들을 치료자에게 많이 한다.

표현의 직접성과 전이의 자각 전이 표현의 직접성에서 변이성을 인식하는 것은 치료자가 전이의 발현을 인식하고 또한 환자 입장에서 그가 자신의 감정을 얼마나 자각하고 있는지 가늠하는 데 도움이 된다. 전이가 명시적으로 진술될 때, 환자의 감정은 치료자에게 그것이 분명한 것처럼 환자에게도 분명하다. 전이의 발현이 덜 직접적일수록, 전이를 일으킨 환자의 감정들이 그의 자각에서 벗어나 있을 가능성이 더 높아지게 된다.

간접적 표현과 전이에 대한 자각의 결여 사이의 이러한 관계를 예시하자면, 치료가 진전되지 않는다고 불평하는 환자는 만일 그 불평이 사실과 다른 것이라면 자신이 치료자에게 화가 났고 이러한 불만으로 치료자를 처벌하려 시도하고 있다는 것을 알 수 있다. 그러나 환자가 치료에 대해 표현하고 있는 부정적인 태도가 현실에서는 부당하며 치료자를 향한 부정적인 태도를 반영하는 것이라는 사실을 인지하지 못하는 경우도 있을 수 있다. 일반적으로 심리치료의 가치는 확정할 수 없다는 것에 대해서만 언급하고 자신의 치료에 관해서는 언급하지 않는, 혹은 치료자로부터 거리를 더 두기 위해 몸을 뒤로 기울이는 자세를 취하는 환자들은, 전이 감정에 내재된 원천으로부터 더 멀어지고 아마도 그 감정과 의식적으로 훨씬 덜 연결되는 방식으로 행동하고 있는 것이다.

그렇다고 해서 전이 감정을 간접적으로 표현하는 환자들이 그것을 전혀 자각하지 못한다는 것은 아니다. 특별히 짧은 스커트나 깊이 파인 블라우스를 입고 치료 회기에 온 여성 환자는 남성 치료자의 시선을 빼앗기 위해 그렇게 옷을 입었다는 것을 충분히 잘 알고 있을 수 있다. 하지만, 일반적으로 전이의 표현이 더 간접적일수록 환자들은 자신의 행동이 지닌 의미와 시사점을 제대로 평가하지 못할 가능성이 높다. 따라서 전이 감정의 직접적인 표현과 간접적인 표현을 구분하는 것은 8장에서 언급한 근접 파생물과 원격 파생물을 구분하는 것과 동일선상에 놓여 있으며 해석을 위한 유사한 지침을 제시한다. 근접 파생물을 원격 파생물보다 더 즉각적으로 해석할 수 있는 것과 마찬가지로, 상대적으로 직접적인 전이 표현이 상대적으로 간접적인 전이 반응보다 해석하기에 더 유용하다고 밝혀졌다.

전이의 행동화 전이가 발생할 경우 알아채야만 할 전이 표현의 마지막 한 가지 차원은 전이가 발현될 때 사건의 일반적인 순서가 뒤바뀌는 것이다. 전이 반응은, 이전에 정의된 바와 같이, 원래는 환자의 인생에서 타인들에게 경험했던 생각, 감정, 충동을 치료자에게 전위하는 것이다. 이런 식으로 치료자를 향하여 강력한 정동과 태도가 형성되면, 그것은 많든 적든 치료자가 있을 때 직접적으로 표현되고, 이후 일상생활에서 상호작용하는 사람들에게 전가될 수도 있다. 따라서 치료자에게 화가 나 있는 어떤 남자는 회기 이후 바로 그날 아내에게 불합리하게 짜증을 낼 수 있고, 남성 치료자에게 성적인 감정을 경험하는 여성은 나이, 외모 혹은 어떤 다른 특성에서 자신의 치료자와 닮은 어떤 남자와 관계를 시작할 수 있다.

이렇게 치료자를 향한 태도가 치료 밖의 다른 사람에게 옮겨지는 것(전위)은 전이의 행동화(acting out of the transference)로 알려져 있다(Greenson, 1967, pp. 258-263). 치료 안에서 전이 감정이 직접적 혹은 간접적으로 표현되는 것과 동시에 외부로 행동화될 수 있기는 하지만, 그러한 외부로의 행동화는 치료자가 있는 경우 발현되는 전이를 대체하는 경우가 보다 일반적이다. 따라서, 전이의 행동화는 항상 치료에 대한 저항을 포함하고 있는데, 환자에게 그러한 외부로의 전이의 행동화는 자신의 전이 태도가 치료자의 주의를 끌지 못하도록 방지해 주기 때문이다.

이 저항을 방지하기 위해서, 치료자는 전이의 행동화를 암시하는 환자 행동의 특징에 면밀하게 주의를 기울여야 한다. 치료 회기 동안에 전이의 출현에 저항하고 있는 환자의 경우, 치료 외부에서 다른 식으로는 설명하기 어려운 어떤 행동을 한다면, 특히 그것이 치료 회기 동안에 드러날 것으로 예상할 수 있었던 전이 반응과 색조가 유사하다면, 그것은 확인되고 탐색되어야만 할 전이 반응이 존재한다는 유일한 단서가 될 수 있다. 유사하게, 전이 감정을 점점 더 직접적으로 표현하던 환자가 갑자기 치료관계에 관해 이야기하지 않고 전형적이지 않은 행동을 하기 시작하며 그 행동이 치료자를 향해 막 표현하려고 했던 그런 종류의 감정을 반영하는 것처럼 보인다면, 전이의 행동화를 고려할 수 있다.

전이 반응의 탐색과 해석

전이 반응의 발현에 대응하여 효율적인 해석 절차를 구축해 나가려면, 치료자는 8장에서 제시한 해석의 일반적인 지침을 따라야 한다. 이러한 지침은 환자 행동의 어떤 측면이 해석을 위해 선택되어야 하는지, 언제 이런 해석을 해야 하는지, 해석 절차는 어떻게 구성되어야 하는지에 초점을 맞추고 전이 현상의 해석을 특별히 참조하여 자세하게 기술될 수 있다.[10]

해석할 전이의 양상 선택하기

전이를 해석할 때 두 가지 우선적인 고려사항이 있다. 이전에 언급했듯이, 치료자는 ① 긍정적 태도에 대한 해석보다 부정적 태도에 대한 해석을

....

10 잘 고안된 전이 해석의 효과성과 유용한 영향에 관한 연구 자료는 Hoglend(2004), Joyce와 Piper(1993); Luborsky 등(1990), Piper, McCallum, Azim, 그리고 Joyce(1993)에서 보고되었다. Strupp(1996a)의 의견에 따르면, 심리치료의 연구와 실습을 통해 학습한 두드러진 교훈은 환자와 치료자 관계에서 숙련된 치료자 관리의 모든 성공적인 사례에서 결정적인 역할을 해 왔다.

② 상대적으로 간접적인 표현보다 상대적으로 직접적인 전이의 표현을 먼저 다루어야 한다.

해석의 주제로서 긍정적 전이보다 부정적 전이를 먼저 다루는 것은 치료자를 향한 긍정적 감정을 해석하는 것이 갖고 있는 몇 가지 잠재적인 불이익에 기반하고 있다. 첫째, 모든 해석은 암묵적으로 비판적이고 도전적인 것이므로, 긍정적 전이를 해석하는 것은 비하하고 거부하는 것으로 경험될 수 있다. "매주 당신을 보러 오는 것이 즐겁습니다."라고 말하면서, 치료의 초점이 되고 있는 문제들에 관해 생산적이고 저항이 없는 태도로 대화를 이어가고 있는 환자를 생각해 보자. 이런 즉흥적인 발언을 치료에 이용하려고 대화의 흐름을 방해하는 것은 곧 그 언급이 치료계약과 어긋난다는 점을 드러냄으로써(환자는 결국 개인적인 문제들에 대해 작업해야지, 즐기려고 해서는 안 된다) 환자의 면전에서 모욕하는 것과 같다. 환자는 그런 인사치레가 경박한 것이고 치료자에게는 아무런 개인적인 흥미도 없는 것이며, 자신의 발언의 유일한 가치는 그런 말들의 배후에 잠복되어 있는 숨은 동기(예: "왜 당신은 저에게 그 말을 하려고 했을까요?")라고 생각하면서 바보처럼 느끼게 될 수 있다.

순간순간 표현되는 전이를 탐색하는 것으로는 좀처럼 배울 것이 많지 않으며, 그런 전이가 긍정적인 색조를 띠고 있을 때 그렇게 해석하게 되면 환자의 자존감에 상처를 주고 치료에 참여하려는 열의를 약화시키게 된다. 경미한 긍정적 전이는 해석에 의해 희생되기에는 치료에서 너무나도 유용한 동맹군이다. 특히 이런 노력으로부터 얻어진 해석적 산물이 환자에게 유발할 수도 있는 불편함을 정당화하기에는 불충분한 것일 때 그러하다.

둘째, 해석은 환자가 무엇을 생각하고 느끼는지에 대해 각별히 관심을 갖고 있다는 것을 전달하는 것이기 때문에, 긍정적인 전이 반응에 대한 탐색은 유혹적인 효과를 줄 수도 있다. "당신을 보러 오는 게 즐거워요."라는 환자의 말에 대해, 예를 들어 치료자가 기분 좋은 미소를 지으며 의자에서 몸을 앞으로 기울이면서 "그것에 대해 더 이야기해 보세요."라고 말한다면 이는 환자가 치료자에게 좋은 말을 하는 것을 듣는 것이 기쁘다는 것을 전달하는 것일 수밖에 없다. 그러한 기쁨은 치료자가 치료관계에 전문적으로만 관여하고 있다는 것 이상을 의미하기 때문에, 긍정적 전이 감정을 표현하는 것에 대해 관심을 표현하는 것은 치료자가 곧 보답할 것이라는 기대를 갖고서 긍정적 태도를 계속 보고하도록 환자를 유혹하는 것일 수 있다. 이런 식의 유혹은 긍정적 전이를 최고의 강도에 이르기까지 자극함으로써 비생산적인 저항을 불러일으키고, 치료자가 보상하지 않으리라는 것을 결국 깨닫게 될 때 더 강하게 걸려 넘어지고 더 강렬한 부정적 전이 반응을 일으키도록 한다.

하지만, 긍정적 전이 반응에 주목하는 것이 이러한 잠재적인 단점을 갖고 있다고 하더라도, 작업동맹을 훼손할 위험이 있을 때에도 그것을 무시하는 것을 정당화하지는 않는다. 수많은 긍정적 전이를 동반하면서 치료가 잘 진행되고 있는 환자가 있는데, 이 환자가 치료자의 나이를 묻고 있고 이 질문에 대한 답변이 곧바로 나오지 않을 경우 크게 상심할 것처럼 보인다고 생각해 보자. 동시에 이야기하기에는 고통스럽고 난처한 어떤 중요한 주제에 관해 이야기하기를 그 환자가 피하고 있는 것이 치료자에게 명백해 보인다고 해 보자. 치료 상황에서 이 환자의 긍정적 감정을 유지하기 위해, 치료자는 자신의 나이를 이야기해야만 할 수도 있으며 중요한 주제를 계속 회피하도록 허용할 수 있다. 어떤 쪽을 택하건 치료계약을 위반하는 타협점을 만들게 될 것이다. 치료자의 그 행동은 잠시 동안 환자를 기분 좋게 해 주는 데 도움이 될 수 있겠지만 자기이해를 고취하지는 못할 것이다.

긍정적 전이 태도에 주목함으로써 환자를 거부하거나 유혹할 수 있는 잠재적인 단점은 부정적 전이 감정을 해석하는 데에는 해당되지 않는다. 부정적 전이를 경험하고 있는 환자들은 이미 치료관계에서 언짢은 기분을 느끼고 있기 때문에, 이런 부정적 감정을 탐색한다고 해도 환자의 참여 방식에서 잃을 것이 별로 없다. 게다가, 정확한 해석은 치료자의 관심과 공감을 보여 주는 것이기 때문에, 그런 해석이 긍정적 전이 태도를 강화해 주는 것과 동일한 방식으로 환자의 부정적인 태도를 강화할 가능성은 별로 없다. 반대로, 부정적 전이가 치료에서 불쾌한 감정교환을 유발하고 있거나 치료를 완전히 중단하는 것 같은 위험한 상황에 처하게 한다면, 적절한 시점에 전이 행동을 해석해 줌으로써 환자의 자기이해가 증진될 뿐 아니라 치료 작업에 새롭게 헌신할 수 있는 전기가 마련될 수도 있다.

해석의 주제로서 간접적이기보다 직접적인 전이 표현을 선호하는 것에 관해서는, 표현의 직접성과 전이의 자각에 대한 논의를 통해 해석할 때 내재된 감정과 태도에 상대적으로 명확하고 밀접하게 연결된 전이 행동을 우선적으로 다루어야 한다는 결론이 도출된다. 이전에 설명했던 직접성의 단계와 관련하여, 이 점은 치료자를 둘러싸고 있는 장식물들과 전문성에 관한 암시적 행동과 언급들은 일반적으로 전이를 해석하기 위한 주된 주제가 아니라는 것을 의미한다. 치료 회기에 늦게 오거나 심리치료의 부정적인 효과에 관해 이야기한다면 충분히 명백하게 저항을 해석할 필요가 있지만, 그러한 저항 행동의 전이 원천은 상대적으로 더 멀리 떨어져 있고, 성격적 저항, 내용 저항 혹은 변화에 대한 저항에서 보이는 행동의 전이 원천보다 해석을 위해 설득력이 덜한 초점을 제공할 가능성이 있다.

하지만 치료자에 대해 개인적으로 언급하고 감정과 태도를 개방적으로 표현하는 것은 전이 반응의 존재를 직접적으로 나타내며, 그런 반응의 정확한 속성과 강도에 관해 대부분 많은 것을 이야기해 준다. 그러므로 그런 행동에 대한 전이 해석은 정확하고 쉽게 언어화하고 환자의 의식적 자각에 접근하기 위해 상대적으로 좋은 전망을 지닌다. 따라서 상대적으로 직접적인 전이 표현을 하기 위해서는 전이 해석을 유보해 두고, 상대적으로 간접적인 표현에 대해서는 해석을 하더라도 드물게 적용해야 한다.

언제 전이를 해석할지 결정하기

일반적인 해석과 마찬가지로, 전이 해석은 환자가 그 전이를 자각하고 고려하려는 수용적인 마음 체제를 형성하려는 지점에 가까이 이르렀을 때, 그리고 치료자가 그런 해석에 대해 합리적으로 확신하고 있고 그것을 입증할 수 있을 때 이루어져야 한다. 덧붙여, 전이 해석은 이전의 해석과 너무 근접해서 이어지면 안 되며, 논의를 위한 적절한 기회가 뒤따라야 한다. 8장에서 논의된 바와 같이, 적절한 시점과 적절한 양을 위한 일반적인 필요조건에 대해 확신을 가지고 있어야 한다. 그리고 이와 함께 전이 해석은 ① 그 전이가 현재 뚜렷한 저항을 불러일으키고 있으며, ② 전이 반응이 중간 정도의 강도이며, 드러내기에는 충분하지만 견딜 수 없을 정도로 강렬해서는 안 되고, ③ 그 해석적 절차로부터 의미 있는 정보가 출현할 것처럼 보일 때까지는 유보되고 있어야 한다.

전이가 뚜렷한 저항을 불러일으키고 있을 때 모든 전이는 환자들이 도움을 구하는 그 문제들로부터 그들의 주의를 분산시키는 작용을 하기 때문에, 어느 정도 저항을 불러일으킨다. 하지만, 전이를 효율적으로 해석할 수 있기 전까지는 저항이 구축되는 것을 허용해야 한다. 이와 마찬가지로, 전이는 그것이 환자가 자기 자신과 자신의 어려움에 대해 이야기하는 것을 뚜렷하게 방해하고 있을 때 가장 잘 해석된다(Corraldi, 2006; Goldstein & Goldberg, 2004). 전이 해석의 적절한 시점에 관한 이러한 고려사항들을 예시하기 위해, 치료자가 지각한 그 치료 회기 동안에 어떤 남성 환자가 사람들에게 너무 많은 것을 기대하고 있다고 이야기하면서 누군가가 자신을 기다리게 할 때 과도하게 짜증을 내는 경향이 있다는 것을 그 예로 들었다고 가정해 보자. 또한 그가 이런 예를 들면서, 자신에게 어떤 대인관계 문제가 있는지에 대해 자유롭고도 의미심장한 이야기를 계속해 나가고 있다고 해 보자.

이 상황에서, 치료자는 합리적인 확신을 가지고 다음과 같이 전이 해석을 시작할 수 있다. "오늘 제가 늦게 와 당신을 기다리게 해서 짜증이 나시지는 않았는지 궁금하군요." 하지만, 짜증을 직접적으로 표현할 만큼 충분히 압박받지는 않았거나 치료 작업을 방해하지는 않았기 때문에, 그러한 해석은 별로 효과가 없을 것이다. 이 환자가 지각 상황에 너무나 화가 나서 아무 말도 하지 않으려 하거나 어떤 다른 방식으로 분명한 저항을 보이고 있을 때에만, 그것이 비정상적이며 탐색해 볼 가치가 있는 전이 행동은 아닌지 살펴보도록 돕는 적절한 근거가 된다.

뚜렷한 저항이 일어나고 있는 그 시점에 전이를 해석하는 것은, 그렇게 함으로써 전이 해석의 잠재적인 효과가 증진될 수 있다는 점 외에도, 저항이 일시적으로 발생하고 있을 때 전이를 해석하는 것에 어떤 불리한 점들이 있을 수 있다. 특히, 단지 최소한의 저항만을 유발하고 있는 전이의 요인들을 해석하기 위해 치료자가 생산적이고 과업지향적인 행동을 방해할수록, 환자는 치료자를 까다롭고 비판하기 좋아하며 자신에게 도움이 되기보다는 똑똑한 사람이 되는 데 더 관심이 있고, 자신이 말하려고 하는 현실 생활의 경험과 사건들이 갖는 중요성에 대해서는 민감하지 못한 사람으로 지각할 가능성이 높다.[11]

전이가 중간 정도의 강도일 때 전이에 포함된 태도, 감정, 충동에 대한 해석은 이런 반응들을 환자들이 금방 자각하고 치료자에 대한 실제 감정과 구분할 수 있을 만큼 충분히 강해질 때까지는 일반적으로 유보해야만 한다. 자

....

11 전이 해석을 뚜렷한 저항이 나타나고 있는 시점과 일치시켜야 한다는 데 모든 치료자들이 동의하는 것은 아니다. 예를 들어, Gill(1982)은 사실상 기회가 될 때마다, 치료를 시작할 때 그리고 저항의 요소가 명료하게 발현되고 있는지에 관계없이 환자가 하는 말과 행동에 저항의 함의가 있다면 그것을 해석하도록 권장한다. 부분적으로는 Gill의 영향을 받은 결과, Kernberg(1993)가 관찰한 바와 같이, 역동지향적인 심리치료의 현대적 실무에서는 전통적으로 권장해 왔던 것보다 더 전이에 초점을 맞추고 있고 전이를 더 일찍 해석하는 것을 포함하고 있다. 그럼에도 불구하고, 여기에 제시된 견해에 대해서도 지지하는 사람들이 상당수 있다. 상당한 정도로 저항이 구축된 상황에서 전이 해석을 가장 효과적으로 제시하고 활용할 수 있으며, 전이를 초기에 해석하는 것은 강력한 기저의 감정을 드러내기 위한 심층적 노력보다는 그러한 관심을 치료관계를 정당화하기 위한 피상적인 방법으로만 사용해야 한다는 것이다(Levy, 1990, 5장 참조).

신을 기다리게 하는 사람들 때문에 짜증이 난다고 말하면서도 곧바로 생산적인 대화를 이어나갔던 그 남자 환자 사례의 경우, 치료자가 늦게 온 것 때문에 화가 났다고 스스로를 납득시키기 위해서 상당한 노력이 필요했을지 모른다. 비록 이를 확신하게 되더라도, 치료자가 늦은 것에 대한 반응으로 그가 경미하게 짜증을 낸 것은 그 상황에서 부적절하며 따라서 탐색해 볼 만한 가치가 있다는 것은 거의 논쟁의 여지가 없다.

그렇다면, 전이 반응이 효율적으로 해석될 수 있으려면 대체로 상대적으로 직접적인 행동으로 표현되고 그 결과 저항 행동을 유발만큼의 강도가 필요하다. 하지만, 해석할 만한 강도가 될 정도로 전이가 구축되는 것을 허용하려면, 전이 반응이 작업동맹을 손상시킬 정도에 이르는 동안 하릴없이 앉아만 있어서는 안 된다. 전이 신경증이 형성되는 것을 의도적으로 허용하는 것이 치료계획에 포함되어 있다 하더라도, 단 하나의 혹은 일련의 전이 반응을 환자가 더 이상 그것을 이해하려고 노력할 수 없을 정도로 강렬해질 때까지 허용해서는 안 된다. 단지 치료자와 사랑을 나누기만을 원한다거나 치료자에게 너무 화가 나서 치료를 지속하지 않으려는 환자는 그가 여전히 전이 형성 단계에 있을 때라도 이러한 긍정적이거나 부정적인 감정을 해석함으로써 전이를 피해야 할 정도의 전이 강도를 발전시킨 것이다.

전이 감정이 환자의 자각 없이 간접적으로 표현되고 있을 때마다 전이 강도를 정확히 평가하는 것이 특히 중요하다. 예를 들어, 치료 회기 동안 치료자에게 또는 치료자에 관하여 사적인 것을 전혀 이야기하지 않으려 애쓰면서도 치료자에게 선물을 가져오는 환자, 치료자의 치료실에서 개인물품을 "잊는" 환자, 그리고 치료자의 어떤 반복되는 습관적 행동에 영향을 미치기 시작하는 환자는 강렬한 전이 감정을 목전에 두고 있는 것일 수 있다. 그러한 행동들이 반영하는 감정의 강도 때문에 그러한 행동은 해석할 필요가 있긴 하지만, 긍정적 전이의 간접적인 표현으로서 그런 감정 표현들은 일반적으로 해석을 위한 주제로서는 우선순위가 낮다. 강렬한 부정적 태도의 간접적인 표현은 그 전이가 파괴적인 강도로 구축되기 전에 유사한 방식으로 인식되고 대응되어야 한다.

지금까지 제시한 전이 해석에서 고려해야 할 점들을 요약하자면, 해석에서 가장 우선적으로 주목해야 할 것은 부정적 전이가 직접적으로 표현된 경우이고, 긍정적 전이 태도가 경미하게 표현된 경우는 제일 후순위에 놓인다고 할 수 있다. 긍정적 전이 요소가 부정적인 것의 그림자가 되어 감에 따라, 경미한 전이 반응이 중간 정도의 강도가 됨에 따라, 그리고 전이의 간접적 표현이 점점 직접적인 표현으로 바뀌어 감에 따라 전이 해석의 적절성과 잠재적 유용성이 증가한다.

해석적 순서에서 유의한 정보가 출현할 가능성이 있을 때 정확하게 인식되고, 적절한 시점을 찾고, 적절하게 표현된 해석을 통해서 항상 배울 것이 있기는 하지만, 환자 행동의 전이 요소들에 대한 해석들은 달리 해석될 수 있는 그 밖의 행동과 비교해서 대체로 유용한 정보를 준다. 그 감정의 색조, 직접성, 강도에 상관없이, 전이 반응은 해석을 위해 선택되기 전에 그것이 갖는 잠재적인 정보의 가치가 어느 정도인지 평가되어야만 한다.

전이 반응의 "정보 가치"가 무엇을 의미하는지 명확히 하기 위해, 전이의 해석 그 자체가 심리치료의 목표는 아니며 가능할 때에만 실행되어야만 한다는 점을 우선 강조할 필요가 있다. 전이 해석은 치료의 진전을 촉진하기 위한 수단으로, 저항을 줄이는 데 도움이 되거나 인식되지 않을 경우 놓칠 수 있는 환자의 대인관계 생활의 측면들을 확인하려고 할 때 사용된다. 전이 요소가 지엽적인 역할만 하는 저항이 있고 또 환자가 이미 인식하고 있는 것 이상의 어떤 것도 드러내지 않는 전이의 표현이 있다. 그렇기 때문에, 비록 가능하다고 하더라도, 해석 절차의 초점으로 전이를 선택함으로써 배울 것이 거의 없는 그런 상황도 있을 것이다.

치료 회기에 늦게 온 치료자와 기다리는 것에 짜증이 났던 환자의 예는 전이 해석이 거의 정보 가치를 갖지 않는 두 가지 상황을 모두 설명하는 데 사용될 수 있을 것이다. 이 사례의 환자는 사람들이 자신을 기다리게 할 때 짜증을 낸다며 지나가는 투로 말한 다음에 뒤이어 대인관계 문제에 관해 자유롭고 의미 있는 이야기를 했고, 이런 식으로 치료 작업이 생산적으로 진행되었기 때문에 치료자가 개입할 필요가 전혀 없었다. 하지만, 이 남자가 계속 다음과 같이 말했다고 가정해 보자. "바로 지난주 어느 때가 기억나요. … 그것에 대해서는 생각조차 하기 싫어요. … 어쨌든 그건 정말 이와 같은 일이 아니었던 것 같아요." 이런 경우라면, 그의 말은 저항을 암시하는 것일 수 있고 해석을 요하는 것이지만, 아직 저항을 해석한 것은 아니다. "그것에 대해서는 생각조차 하기 싫어요."라는 말에 포함된 가장 가능성이 높은 저항의 유형은 내용에 대한 저항이지, 전이 저항은 아니다. 그러므로 전이 해석은, 환자가 보인 행동의 어떤 측면들에 적합하다고 하더라도, 이런 경우에는 그 순간에 그가 저항하고 있는 것을 이해하거나 해소하는 데 거의 도움이 되지 않을 것이다.

이 예에서 환자가 이미 자각하고 있는 것에 관해서 보자면, 치료자가 그를 기다리게 했을 때 짜증이 났던 것으로부터 도출될 수 있는 주된 추론은 그가 사람들에게 너무 많은 것을 기대하기 때문에 대인관계 상황에서 일반적으로 짜증을 내기 쉽다는 것이다. 이것이 바로 치료자의 개입으로 도움을 받지 않고도 이야기해 나갈 수 있었던 점이다. 전이 반응이 환자가 이미 충분히 잘 이해하고 자유롭게 이야기할 수 있는 대인관계 태도와 성향을 반영하고 있다면, 해석으로 끼어드는 것은 명백한 것을 오히려 흐리는 것 이상을 제공해 주지 못할 것이다.

하지만, 전이 저항이나 이전에 언급하지 않은 대인관계 태도를 시사하는 행동은 전이 해석을 통해 무엇인가를 배울 수 있는 상당한 잠재력을 제공해 준다. 예로 든 그 환자가 치료 회기를 시작하기로 약속된 시간보다 5분 늦게 치료자의 치료실로 안내되었고, 잠시 동안 조용히 앉아 있다가 "오늘 당신에게 뭔가 말하고 싶은 것이 있었지만, 지금 저는 그렇게 하고 싶지 않아요. 그 대신 당신에게 지금 짜증이 나네요."라고 말했다고 해 보자. 이 반응은 저항을 포함하는 있는 것이면서(치료 작업을 제쳐두는 것이기 때문에) 그 저항의 원천으로서 전이를 확인해 주는 것(치료자를 향한 감정에 사로잡혀 있어서 해야 할 일을 하지 못하고 있기 때문에)이기도 하다. 게다가 단지 5분 늦은 것 때문에 환자가 뿌루퉁해진 것은 마치 "나에게 못되게 굴었으니까, 이제 말 안 할 거야."라고 말하는 것처럼 치료 상황 밖의 비슷한 상황에서도 과잉반응할 수 있음을 시사한다. 따라서 치료자에 대한 환자의 과장되고 부적응적인 반응에 해석적 초점을 맞추는 것은 그의 저항을 해소해 주고 다른 대인관계에서 느낄 수 있는 즐거움과 효율성을 제한해 왔던 성격 경향을 인지하는 데에도 도움이 될 수 있을 것이다.

전이를 겨냥하여 해석적 순서 구성하기

전이 반응을 효율적으로 해석하는 것은, 환자가 치료자를 향한 비현실적 감정, 태도, 그리고 충동에 영향을 받고 있는 자신의 행동 측면들을 명료화하고, 탐색하며, 이해하도록 돕는 일련의 개입을 필요로 한다. 전이를 해석하기 위한 구체적인 절차를 고려할 때, 무엇을 그리고 언제 해석할 것인지에 대해 앞서 논의했던 기준이 충족되었을 때에만 어떻게 전이를 해석할 것인지에 관한 질문과 관련성을 갖는다는 점을 염두에 두어야 한다.

전이 반응을 명료화하기 해석하기에 적합하다고 생각되는 상대적으로 직접적인 전이의 표현에 대해 치료자는 우선 그것이 현실을 왜곡하고 있고 따라서 환자의 호기심과 주목을 끌 만한 것인지를 명료화하는 것으로 반응해야 한다. 앞서 언급했듯이, 전이 행동에 내재된 왜곡은 치료자나 치료계약에 대한 부정확한 지각을 포함할 수 있다. 그리고 전이 반응이 경험될 뿐 아니라 관찰될 필요가 있는 특이한 행동을 포함하고 있다는 것을 인식하는 데 환자들이 도움을 받을 때, 둘 중 하나 또는 둘 모두 다룰 수 있다.

전이 반응이 치료자에 대한 잘못된 지각을 포함하고 있을 때, 치료자의 과업은 환자의 지각이 현실로부터 어떻게 이탈되어 있는지를 지적하는 것이다. 다음의 두 예는, 비슷한 유형이고 모두 치료 회기를 시작할 때 얻은 것이다. 이는 상대적으로 직접적으로 표현된 전이 감정을 초기에 명료화하는 과정을 보여 준다.

환자: 당신은 오늘 기분이 안 좋아 보여요. 마치 제 머리를 물어뜯을 준비가 된 것만 같군요.

치료자: 그것이 당신에게 무엇을 의미하는지 궁금하군요.

환자: 모르겠어요. 그냥 느낌이 안 좋아요. 당신이 그냥 기분이 좋지 않은 것일 수도 있고 저에게 실망하신 것일 수도 있고요.

치료자: 제가 기분이 나쁘다거나 당신에게 실망했다는 느낌을 저는 잘 모르겠어요. 당신에게 그런 식으로 보인 어떤 이유가 있지 않을까 싶군요.

환자: (잠시 침묵, 생각에 잠긴 듯) 예, 뭔가 이유가 있을 것도 같아요. 당신에게 말해야 할 뭔가가 있었는데, 당신이 그것을 어떻게 받아들이실지 모르겠어요. (침묵) 남자 친구와 동거하기로 했는데, 당신이 못마땅해 할 것 같아요.

환자: (긴 침묵) 오늘은 무엇에 대해 이야기해야 할지 모르겠어요. (침묵) 말을 시작하는 게 어려운 것 같아요. (침묵) 당신이 긴장되고 불안한 것처럼 보여요.

치료자: 당신은 이야기를 시작하기 어렵다고 하셨지만 제가 긴장되고 불안한 것처럼 보인다고 하시는군요.

환자: (재빨리 그리고 크게) 오, 말할 수 있어요, 확실해요, 저는 말하는 데 어떤 문제도 없어요(말을 끊는다, 그러고 나서 더 부드럽게 이어 나간다.). 당신이 맞는 것 같아요. 제가 지금 불안한데 당신에게 말해야만 할 무언가가 있기 때문이지요, 그리고 저는 그것에 대해 당신이 무슨 말을 하실지 걱정이 돼요.

이 두 사례는 모두 심리치료 과정의 측면에서 풍부한 것을 드러낸다. 두 가지 모두 말하기 꺼리는 저항의 표현을 보여 준다. 두 사례에서 저항은 전이 염려에서 파생된 것처럼 보인다. 즉, 치료자가 어떤 생각을 하고 치료자가 어떻게 반응할지에 대한 염려이다. 그리고 각 사례에서 전이 반응은 주로 긍정적인 것처럼 보이며, 치료자의 동의를 얻어 내고자 하는 소망을 중심으로 맴돌고 있다. 부가적으로 첫 예에서, 남자친구와 동거하겠다는 환자의 언급은 미묘하게 유혹적이거나(치료자의 질투나 성적인 환상을 일깨우려는 의도로서), 전이의 행동화를 암시하는 신호일 수 있다.

전이가 치료계약을 왜곡할 때, 치료자는 우선 환자의 감정과 원 계약의 관련 조항을 비교해 줄 필요가 있다. 흔히 일어나는 일로, 치료자가 더 이상 말하거나 충고해 주거나, 또는 질문에 대답하지 못하도록 환자가 끼어드는 경우를 생각해 보자. 이때 치료자는 이렇게 반응할 수 있다.

> 뭘 할지 당신에게 말하지 않기 때문에 화가 난다고 하시는군요, 마치 제가 당신을 도와드리는 데 관심이 없는 것처럼 말입니다. 하지만 심리치료를 진행해 나갈 때 우리가 동의한 기본 원리는 제가 당신 스스로를 더 잘 이해할 수 있도록 도와드려야 한다는 것입니다. 당신은 무엇을 할지 스스로 결정을 하고, 제가 당신에게 조언하지는 않습니다. 따라서 제가 실제로 하고 있는 것 이외에 저에게 화가 난 뭔가 다른 이유가 있을 것입니다.

저항 행동의 사례에서와 마찬가지로, 치료의 중기에 발생하는 이러한 전이 현상은 명시적이고 상호적으로 동의한 치료계약이 얼마나 중요한지를 보여 준다. 나중에 다시 참조해 보아야 할 사전 동의사항들 없이 작업하는 치료자는 환자가 전이 반응이 치료상황의 현실과는 맞지 않는 감정과 태도를 갖는다는 점을 인식할 수 있도록 도와주는 데 어려움을 겪게 될 것이다. 자신의 전이 행동이 비현실적이며, 따라서 일견 분명해 보이는 동기가 아닌 다른 것에서 비롯된 것임을 환자가 만족할 정도로 보여 줄 수 있을 때에만 이 행동을 효과적으로 활용하여 자기이해를 증진할 수 있을 것이다.

전이 반응을 탐색하기 환자가 전이 반응이 지금의 현실에 근거한 것이 아니며 따라서 이해해야 할 가치가 있는 것이라고 지각할 수 있도록 충분히 잘 표현되었다면, 그 전이 행동의 있을 수 있는 원천과 함의가 무엇인지 탐색되어야만 한다. 예를 들어, 정당한 근거 없이 화를 내며 치료자가 자신에게 관심이 없다고 탓하는 어떤 여자 환자를 생각해 보자. 이 여자는 무엇 때문에 화를 내는 것이며, 그 경험과 관련된 환상은 무엇인가? 과거와 현재의 어떤 다른 상황에서, 이 여성은 다른 사람이 자신에게 관심이 없다는 지각과 관련된 분노를 경험했는가? 그녀는 다른 누구에게 그런 분노를 느꼈으며, 그것을 보통 어떤 식으로 표현해 왔는가? 이와 같은, 그리고 이와 유사한 질문에 대한 답은, 전이 속에서 재상연되고 있는 대인관계 갈등의 원천이 되었던 상황을 분명하게 드러내는 데, 그리고 현재는 치료자에게 전가되고 있는 환자의 인생에서 중요했던 사람들을 향한 기저의 감정과 태도를 확인하는 데 도움이 된다.

물론 전이 반응의 차원, 이력, 그리고 더 광범위한 표현들을 탐색하는 것은 환자가 자신의 기억 속으로 들어가서 사건을 보고할 준비가 되어 있을 때에만 진행해 나갈 수 있다. 부분적인 해석 후 그와 관련되는 연상을 더 요구하는 것은, 처음에는 끝날 것처럼 보이는 지점을 넘어서는 곳까지 그 질문이 나아가도록 압박하는 데 도움이 될 수 있을 것이다. 그러나 환자들이 전이 반응에 포함된 가용한 관념들을 더 이상 탐색할 수 없을 정도로 충분히 탐색했다면, 그 특정한 반응을 다른 식으로 표현할 수 있기 전까지는 그 탐색을 중단해야 할 것이다.

전이 반응을 이해하기 전이 반응의 탐색을 통해 적절한 해석을 지지할 수 있을 만큼 충분한 정보를 얻었다면, 그것이 대인관계 경험 전반에 대해 알려

주는 방식으로 환자들이 자신의 전이 경험을 이해하는 데 도움이 될 것이다. 이 과정의 핵심 요인은 환자들의 전이 반응으로부터 지금까지 형성해 왔지만 이전에는 인식할 수 없었던 태도, 감정, 충동으로까지 자신의 전이 행동을 일반화해 나갈 수 있도록 환자를 도와주는 것이다.

환자가 자신의 통상적인 대인관계 경험에 관해 어떤 추론을 이끌어 내도록 하기 위해 치료적 관계를 사용하도록 도와주는 것을 겨냥한 해석은 환자의 삶에서 있었던 과거 또는 현재의 사건에 초점을 맞추게 될 것이다. 과거의 경험을 되찾는 데 전이를 사용하는 예를 보여 주기 위해, 특히 남성과의 관계에서 만성적인 열등감을 갖고 있는 어떤 여성 환자와 그녀가 지닌 몇 가지 부정적인 반응이 전이라는 것을 방금 명료하게 알게 된 남성 치료자 사이에 있었던 다음의 대화를 살펴보자.

환자: 당신이 지적하고 나니, 당신은 평소와는 전혀 다르게 행동하지 않았고, 아마도 별다른 표정도 없었다는 것을 알 수 있어요. 하지만 오늘 제가 말을 시작하려고 했을 때, 당신은 뭔가 일종의 우월감이 어린 표정을 짓고 있다는 인상을 정말 받았거든요. 마치 저를 비웃고 있는 것 같았고, 저는 정말 기분이 나빴지요. 그런 감정은 어디서 온 것일까요?

치료자: 당신의 인생에서 그와 동일한 인상을 준 다른 사람은 없었는지 궁금하군요.

환자: 다른 사람이요? 잠시만 생각해 볼게요. (침묵) 하, 이런 것에 대해 오래 생각해 본 적은 없지만, 아버지가 항상 저에게 그랬죠. 제가 뭔가를 말하려고 하거나, 또는 제가 한 일을 자랑하려고 할 때마다, 그런 거만한 미소를 띠면서 등을 뒤로 기댄 채 앉아 있었죠, 조롱하고 뭣같이 잘난 체하는 듯한 표정으로 말이죠. 그러면 저는 마치 하찮은 벌레가 된 것 같은 기분이었죠. 그게 정말 저를 괴롭혔어요. 더 화가 나는 건지 아니면 더 주눅이 드는 건지 모르겠는데, 그 두 가지 다 느꼈다고 생각해요.

치료자: 그래서 방금 당신은 마치 제가 당신의 아버지이고 당신은 여전히 어린 꼬마 아이였던 것처럼 반응하고 있었던 것이군요.

환자: 바보 같지만, 그게 맞아요.

치료자: 당신은 지금 다 큰 여성인데, 여전히 자신을 하찮은 작은 소녀로 보고 있고 남자들은 당신보다 우월한 것처럼 보고 있기 때문에 남자에게 열등감을 느끼는군요, 당신 아버지에게 그랬던 것처럼 말입니다.

이 예에서, 전이 현상은 아마도 성인으로서의 심리적 문제들을 형성하는 데 기여했던 환자의 과거 인생의 실제 경험을 알려 주는 단서로 사용되고 있다. 그리고 치료자는 환자가 그것을 회상하고 아동기부터 관련되어 있고 해결되지 못한 어떤 갈등을 다시 경험할 수 있도록 해 줄 수 있었다. 이 예에서 해 볼 수 있는 다른 시도는 환자가 제시된 전이 해석으로 직접 들어가기보다는 아버지에 대한 기억을 더 탐색하고 아버지에 대한 억눌린 감정을 더 많이 발산하도록 격려하는 것이다. 하지만, 전이를 해석할 때처럼, 과거 경험을 재작업하는 것은 심리치료의 최종목표가 아니라 현재의 상태에서 자기이해와 긍정적 행동 변화를 증진시키는 수단일 뿐이다. 그러므로 이 예에서 강조하고 싶은 첫 번째는 관련된 질문을 했을 때("그런 감정이 어디서 온 것일까요?") 그녀가 치료자에 대해 왜곡된 지각을 하고 있다는 것을 언급해 줌으로써 그 질문에 답변하도록 도움을 주는 것이다. 두 번째는 현재의 경험에 포함된 유사한 왜곡들을 제대로 평가할 수 있도록 도와주는 것으로서, 그것은 현실에서 정당화되었던 시점을 넘어선 아동기의 감정과 태도에 기반하고 있고, 아마도 남성들과의 관계에서 현재 지속적으로 어려움을 초래하고 있다.

전이 반응은, 과거의 사건들을 회상해나가는 작업을 진행하지 않고도, 그것을 치료 상황 밖의 현재 대인관계에 직접적으로 일반화해 줌으로써 동일한 방식으로 사용될 수 있다. 이전의 예에서 치료자가 "당신의 인생에서 그와 동일한 인상을 준 다른 사람은 없었는지 궁금하군요."라고 말하는 대신, "당신이 여기서 그런 인상을 받았다면, 어떤 현실적 근거가 없음에도 비슷한 반응을 했던 다른 상황이 있을 겁니다."라고 했다고 생각해 보자. 그러면 환자는 현재 진행 중인 남자와의 어떤 관계에 관해 말하기 시작했을 수 있다. 자신이 치료자와의 관계에서 그랬던 것과 똑같이 정말로 충분한 근거 없이 무시당하고 있고 열등하다는 느낌을 갖는 경향이 있다는 것을 그 과정에서 알아차리면서 말이다.

이 후자의 예에서, 환자는 자신이 현재의 대인관계 경험을 어떻게 왜곡하고 있는지 자각하는데 도움을 받게 되는 반면, 앞선 원래의 예는 전이 감정을 일반화하려고 시도하기 전에 그 감정의 근원을 역으로 추적하는 과정을 포함하고 있으며, 환자는 자신이 타인들의 태도를 어떻게 오지각하는지 뿐 아니라 왜 오지각하는 경향이 있는지도 이해할 수 있게 된다. 전이의 해석에서 과거에 초점을 맞출 것인지 아니면 현재에 초점을 맞출 것인지의 선택은 대화의 두드러진 내용이 무엇인지 그리고 치료의 강도가 어떠한지에 따라 달라질 것이다. 대화의 내용과 관련해서, 과거나 현재의 관심사들에 초점을 맞추는 것이 환자의 자각과 더 가깝고 따라서 탐색을 추구하는 데 더 시의적절할 수 있다. 이 사례의 그 여성이 아동기 경험에 관해 이야기하기 시작했는데 가족구성원 이야기를 하면서도 아버지만 분명히 제외하고 있다면, 그녀의 전이 반응에 대한 해석 방향을 더 이른 시기의 사람들과의 경험 쪽으로 돌릴 만한 충분한 이유가 있을 것이다. 특히 아버지에 대해 이전에 억압된 감정이 출현할지 모른다는 기대를 하면서 말이다. 하지만, 아동기에 관해서는 이야기하지 않고 현재의 대인관계에서 겪는 어려움에 대해서만 잔뜩 불평을 늘어놓고 있다면, 전이로부터 현재 진행 중인 그런 상황으로 일반화하려고 했을 것이다.

치료의 강도와 관련해서, 전이 반응을 만들어 낸 원천들은 현재의 행동이 갖는 의미보다는 대개 환자의 자각으로부터 더 멀리 떨어져 있다. 그러므로, 가려진 근원을 탐색하는 데 상대적으로 더 초점을 맞추는 치료적 접근에서는, 그 근원적인 것이 현재의 행동에 어떤 영향을 미치고 있는지를 해명하는 것뿐 아니라 그 전이가 파생된 과거의 근원으로 추적해 들어가는 것이 더 적절할 수 있다. 반면에 상대적으로 더 지지적인 치료 접근이라면, 전이의 해석을 현재 진행 중인 사건들에만 국한하는 것이 적절할 것이다.

이러한 고려사항에도 불구하고, 치료 전략을 계획하고 있는 치료자는, 환자들이 자신의 대인관계 태도의 근원을 풀어헤칠 만한 흥미와 역량을 갖고 있건 아니건 관계없이, 전이 반응으로부터 현재의 대인관계 행동으로 일반화하는 작업에 더 만족감을 느끼는 경우도 있다는 것을 알고 있어야 한다. 전이에서의 경험을 통해 자신이 현재 자신의 삶에서 다른 사람들을 잘못 지각하고 있다는 사실을 깨닫는 것만으로도 사람들이 자신의 지각을 현실과 더 잘 조율하고 그럼으로써 치료를 받으러 오게 되었던 그 문제를 해결하는 데 도움이 될 수 있다. 치료자는 그런 개선을 의미 있는 것으로 평가하고 환자가 갖고 있는 문제의 원인을 알기 위해 항상 그 초기의 근원까지 추적해 들어가야 된다고 고집하지 않을만한 준비가 되어 있어야 한다. 행동이나 자신에 대한 태도에서 어떤 변화를 원하는지에 따라 표현된 그 치료의 목표가 전이 반응을 현재 진행 중인 것들의 맥락에 초점을 맞추어 달성되었다면, 그 기원에 대한 역사적 설명까지 추구해야 할 이유는 거의 없다. 전이의 해석과 관련된 이러한 관점은 언제 심리치료를 종결할 것인지 결정하는 데 시사점을 갖는다. 이는 치료관계에 대한 치료자 측면(역전이)을 다루는 12장에서 고려하게 될 주제이다.

11 심리치료 관계: 역전이

역전이는 치료자가 환자의 행동에 대해 부적절하거나 비합리적인 반응을 보이는 것을 말한다. 역전이 반응은 본질적으로 전도된 형태의 전이 반응이다. 이는 치료자가 자신의 생각, 감정, 충동을 내담자가 했던 말이나 행동과 무관하게 내담자에게 전위한다는 점에서 그러하다.

전이와 마찬가지로, 역전이는 원래 치료의 진전을 위해 피해야만 할 심리치료의 방해물로만 여겨졌다. S. Freud(1910/1957b)는 "어떤 정신분석가도 자신의 콤플렉스와 내적 저항이 허용하는 것 이상으로 더 나아갈 수 없기"(p. 145) 때문에 치료자들에게 "자신의 내부에 있는 이 역전이를 인식하고 그것을 극복해야 한다"고 강력하게 권고하였다. 하지만, 이후의 연구와 임상경험에 의하면 역전이 반응이 때로는 이점이 될 수 있다는 것을 보여 주는데, 그 역전이 반응들이 치료자로 하여금 자기 자신과 자신의 부모에 대해 언어화하지 못한 감정과 태도에 관해 가르쳐 줄 수 있는 잠재력을 지니고 있기 때문이다. Luborsky와 Barrett(2006, p. 7)는 "최근까지, 역전이는 치료자의 사적인 경험이 내담자의 치료과정 안으로 들어간다는 의미로 간주되어 피해야 할 것으로 여겨졌다. 하지만 역전이는 현재 치료과정에서 불가피한 것으로 보이며, 환자의 전이를 인식하고 더 잘 이해할 수 있는 방법으로서 포용되고 있다"고 말했다.

전이와 마찬가지로, 역전이도 아무런 외부의 영향 없이 그냥 발생하는 것은 아니며, 치료관계의 현실적 측면 및 환자-치료자 작업동맹과 상호작용한다. 또한 전이와 마찬가지로, 역전이가 발전하고 발현되기 시작하는 방식은 일반화된 반응과 특정한 반응으로 구분하고, 그 반응들이 표현되는 강도, 감정의 색조, 방향성에서 나타나는 개인차를 정교화함으로써 설명될 수 있다.[1]

역전이 반응의 본질과 통제

역전이 반응은 전이 반응을 거울에 비춘 것과 같다. 따라서 사실상 환자가 치료자에게 보이는 부적절하거나 비합리적인 반응들(전이)에 관해 10장에서 말한 모든 것이 치료자가 환자에게 보이는 부적절하고 비합리적인 반응들(역전이)에 동일하게 적용된다. 이 두 가지 현상 사이의 유사점을 다시 반복하지 않고, 여기서의 논의는 전이 반응의 본질과 통제를 역전이의 언어로 바꾸어 놓겠다.

역전이, 현실, 그리고 작업동맹

역전이를 치료자가 환자의 행동에 대해 갖는 부적절하거나 비합리적인 반응으로 정의하는 것은 치료관계가 환자뿐 아니라 치료자의 관점에서도 복합적이고 다면적이라는 점을 시사한다. 일부 임상가들이 모든 치료자들이 환자에 대해 갖는 감정은 역전이를 형성한다고 말해 왔지만, 역전이를 환자에 대한 현실적 반응(즉, 현실 관계)이나 작업동맹에 뿌리내리고 있는 태도로부터도 구분하는 것이 일반적으로 더 유용하다고 여겨지고 있다(Blum & Goodman, 1995; Hayes & Gelso, 2001 참조).[2]

....

1 전이와 병행하지만 방향이 반대인 현상으로서, 그리고 심리치료에서 유사하게 널리 퍼져 있고 불가피한 현상으로서의 역전이에 대한 공식화는 Gabbard(2001a), Giovacchini(1989, Chapter 2), Loewald(1986), Renik(1993), Stone(1995)에 의해 상세하게 기술되어 있다.

2 역전이 반응의 정의와 본질에 관한 추가적인 논의를 위해, Abend(1989); Gabbard(1995, 2001a);

현실 관계 모든 치료자는 일련의 가치관을 지니고 치료실에 들어선다. 그들은 인종적인 편견을 가지고 있는 환자들에 대해 개인적인 혐오감을 느끼거나 자녀를 학대해 온 환자들에 대해 분노할 수 있다. 그들은 사랑에 실망한 환자보다 재정적인 어려움에 빠진 환자에게 더 동정심을 느낄 수도 있고, 그 반대일 수도 있다. 그들은 어떤 환자들은 육체적으로 매력적이라고 생각하고, 어떤 환자들은 그들의 재능이나 성취에 대해 특히 존경심을 가질 수 있으며, 어떤 환자들은 사교적인 맥락에서 만났다면 그들과 친교를 쌓는 것이 즐거운 사람으로 여길 수도 있다.

이러한 반응들은 치료자의 가치관과 환자들이 지니고 있는 실제 특성이 잘 맞기 때문에 파생되는 것으로서 현실을 구성하는 것이다. 이는 역전이와는 달리 환자에 대한 왜곡된 지각이나 정당하지 않은 동의나 비난을 환자들에게 전가하는 것을 포함하지 않는다. 이러한 현실적인 반응들을 탐색함으로써 얻을 수 있는 것은 많지 않지만, 치료자는 그것이 작업동맹에 대한 자신의 헌신을 약화시키지 않도록 이에 대해 충분히 자각하고 있을 필요가 있다. 현실적 반응이 치료자의 효율성을 저해할 우려가 있을 때, 예를 들어 치료자가 특정 환자를 한 인간으로서 존중하기 어려운 경우에는 그 환자를 다른 치료자에게 맡기는 것을 진지하게 고려해야 한다.[3]

치료 회기 중 환자의 특정한 행동, 특히 그가 전이를 표현했을 때 현실적으로 반응해야 하는 상황 역시 마찬가지로 불가피하다. 치료자는 치료실 안

....

Gorkin(1987, Chapters 1-3); Marcus, Buffington, 그리고 Jacqueline(2005); Racker(1968); A. Reich(1951, 1960); Shahar(2004); R. Tyson(1986)의 연구를 참고할 수 있다.

3 Henry와 Strupp(1991) 및 McClure와 Hodge(1987)의 연구에 따르면, 개인적으로 느끼는 강한 혐오 반응은 치료자가 환자를 실제보다 더 다른 사람으로 여기고, 그들에 대해 비호의적인 임상적 판단을 내리며, 그들과 공감적 방식으로 소통하지 못하게 만든다는 것이 확증되었다. 이러한 결과는 사회심리학에서 오랫동안 잘 정립되어 온 발견을 떠올리게 한다. 다른 사람에 대한 감정적 반응은 그 원천이 어디인지에 관계없이 태도, 평가적 판단 및 대인관계 행동에 강력한 영향을 미친다. 더욱이, 이러한 감정적 파급 효과는 종종 거의 자각할 수 없는 상태에서 발생하며, 조절하고 제어하기 어렵다(Bornstein, 2005; Greenwald & Banaji, 1995 참조).

에 진흙을 묻혀 오는 환자에게 짜증을 낼 수 있고, 자신의 통찰력에 대해 칭찬받을 때 기뻐하며, 이해력 부족으로 공격받을 때 불쾌감을 느낄 수도 있다. 또한, 환자들이 치료를 잘해 나갈 때 만족감을 느끼고, 치료에 진전이 없을 때 실망할 수 있다. 이러한 종류의 반응들이 때때로 역전이로 발전할 수 있지만, 환자를 향한 치료자의 감정이 그 속성과 강도에 있어서 적절하다면, 치료자와 환자 사이의 현실 관계의 수준에서 머무를 수도 있다.

이 마지막 사항을 보다 상세하게 설명하자면, 치료자가 치료실에 진흙을 묻히며 들어온 내담자에게 현실적으로 화가 날 수 있지만, 이에 대해 격노하게 된다면 그는 아마도 역전이 반응을 경험하는 것일 수 있다. 치료자는 현실적으로 칭찬을 즐길 수 있고 비판에 분개할 수 있다. 그러나 환자가 칭찬했다고 황홀한 기쁨에 빠지거나 비난했다고 크게 충격을 받는다면, 이는 역전이를 경험하고 있는 것이다. Weisman(1991, p. 118)은 "우리가 화나고, 낙담하고, 격노하고, 만족감을 느끼고, 유난히 좌절하거나 그밖의 다른 방식으로 자신이 개인적으로 처리해야만 할 것들을 전가할 때" 치료자들은 역전이 왜곡을 반영하는 방식으로 환자들에 대해 느끼고 반응하는 것일 가능성이 높다는 점을 지적했다. 나아가 이를 통해 현실과 역전이 사이의 경계선을 알려주는 단서가 무엇인지에 관해 요약하고 있다(이 문제에 관한 논의는 Wishinie, 2004도 참조).

현실적 근거에 바탕을 두고 환자에게 감정적으로 반응하는 것 외에도, 10장에서 기술한 바와 같이 치료자는 환자들이 치료자와의 현실 관계의 특정한 측면 때문에 혹은 그것에 반응하여 역전이를 나타낼 수 있다. "안녕하세요.", "안녕히 가세요."라고 말하고, "메리 크리스마스."에 대해 "당신도요."라고 응답하고, 우스운 일이 있을 때 미소를 짓고, 환자의 인생에서 비극이 생겼을 때 애도를 표현한다. 이러한 인간성의 표현이 적절하게 조절되었을 때, 이는 그들을 도와주려는 치료자의 소망과 역량에 대한 환자의 믿음을 지속시켜 주며, 환자와 치료자 사이의 현실 관계를 전이 혹은 작업동맹과 구분할 수 있도록 해 준다.

작업동맹 치료자의 관점에서 볼 때, 작업동맹은 치료계약에 헌신하려고 노력하는 가운데 치료자가 환자에 대해 어떻게 느끼고 행동하는지에 따라 구성된다. 치료자는 환자들이 스스로를 더 잘 이해하고, 그들의 심리적인 어려움을 해결하고, 자신의 인간적인 잠재력을 실현할 수 있도록 돕는 데 헌신한다. 그들은 환자가 더 효과적이고 보람 있는 존재방식을 찾도록 도와주고 있을 때에도 자신의 환자들이 지닌 자율성과 전인성을 존중할 의무가 있다. 치료자는 비교적 비판단적 방식으로 듣고, 주로 환자의 자기이해를 심화시켜 줄 목적으로 반응하며, 치료관계를 치료자 자신의 개인적 필요를 채우기 위해 사용하지 않도록 해야 한다.

이러한 점에서 치료자의 행동은 합리적이고 적절해야 하며, 역전이를 형성하지 않아야 한다. 그럼에도, 작업동맹은 환자에게서와 마찬가지로 치료자에게 있어서도 현실 관계라고 볼 수는 없다. 어느 정도의 자발성과 상호 욕구 충족을 포함하는 현실에서의 대인관계와는 달리, 작업동맹은 비대칭적이고 비상호적인 관계이며, 언제 어떻게 양자가 상호작용해야 하는지에 대한 특별한 지침을 규정한다. 대부분의 개인적 감정은 내면에 간직하고, 미리 판단하지 않으며, 전문적인 필요에 의해서만 만족을 추구하고, 내담자의 말에 대해 해석적으로 반응하고, 약속 일정을 정하고, 환자가 원하는 한 오래도록 관계를 유지해 나가면서, 치료자는 그들의 대인관계에서 일상적으로 행동하는 그러한 방식이 아닌 심리치료의 목적과 목표를 달성하기 위해 고안된 방식으로 행동한다.

역전이 치료자가 환자에 대해 느끼거나 행동하는 방식이 현실 관계의 일부분이 아니고, 상황에 의해 합리적으로 정당화될 수 없으며, 치료계약의 조건에 맞는 작업동맹의 일부가 아닌 경우, 이는 역전이의 징후이다. 치료자는 현실 관계나 작업동맹보다 오히려 이러한 역전이 측면을 통해, 자신과 자신이 도움을 주려는 사람들에 대한 이해를 증진시킬 기회를 얻게 된다. 치료자는 현실 관계와 작업동맹에서 자신이 맡은 역할에 충분히 주의를 기울여야 하며, 이를 통해 전자를 조절하고 후자를 유지해야 한다. 그러나 이 둘은 치료의 맥락에서 이미 분명해진 것 이상의 정보를 제공하지는 않는다. 하지만, 역전이 반응은 그 자체가 환자의 행동에 대해 부적절하고 비합리적인 반응을 하는 것이므로, 환자와 치료자 모두가 지니고 있는 내재된 동기나 관심사에 대해 다른 방식으로는 얻을 수 없는 단서를 종종 제공해 준다.

치료자의 왜곡이 어떤 방식으로 환자의 성격에 관한 정보를 제공해 주는지 처음에는 생각하기가 어렵다. 하지만 역전이는 전이와 마찬가지로, 정당화될 수 없는 감정이나 태도라는 구조가 세워지는 어떤 현실적 근거를 항상 지니고 있다. 하품을 참고 있는 치료자를 보고 치료에 관심을 두지 않는다고 비난하는 환자들은 그 상황에 대해 과잉반응하고 있는 것이지만(전이), 그들은 결국 지루하거나 관심이 없을 때 일반적으로 보이는 방식으로 치료자가 행동하는 것을 보았던 것이다(현실). 이와 비슷하게, 현실에서 역전이 반응을 촉발하는 환자 행동의 특징들을 자세히 관찰해 보면, 이전에는 탐지되지 않았던 환자 성격의 측면들이 드러나는 경우가 종종 있다(Parsons, 2007; Schaeffer, 2007 참조).

예를 들어, 치료자가 그 전날에 충분히 잠을 잤고, 자유롭게 이야기하고 있는 환자와 함께 앉아 있음에도 치료 회기 중에 졸음을 느끼기 시작한다고 가정해 보자. 이 치료자가 졸기 시작하는 것에 대해 아무런 현실적 근거가 없고, 또한 작업동맹은 치료자에게 균질적으로 확산되어 있는 주의상태를 요구하는 것이기 때문에, 환자가 하는 말에 대해 치료자가 흥미를 잃어가는 것은 비합리적이고 부적절하며, 따라서 역전이 반응에 해당한다. 하지만 치료자가 왜 부주의해질 수밖에 없었고, 특정한 시점에 환자가 하는 어떤 행동이 치료자의 부주의를 유발하였던 것일까? 이에 대한 답은 그 환자가 아마도 일견 중요해 보이는 문제들에 관해 자유롭게 이야기하고 있었음에도 불구하고, 사실은 치료작업에 핵심적인 어떤 문제들(에 관해서가 아니라) 주변만

빙빙 맴돌고 있기 때문일 수 있다. 이것이 사실이라면, 치료자가 주의를 기울이기 어려웠던 것은 환자의 저항행동에 대한 단서가 될 수 있다.

이와 비슷한 맥락에서, 치료자가 어떤 특정한 환자에 대해서 짜증이 난다는 것을 알게 되었고, 그러한 감정이 어떤 현실적인 상황들과도 맞지 않으며 약속된 비판단적 역할과도 상반되는 것일 수 있다. 그가 부적절하게 짜증을 내기 시작한 이유와 그를 짜증나게 만든 환자의 행동은 무엇인가? 환자는 치료자로 하여금 짜증을 유발하려는 어떤 기저의 동기를 가지고 있는 것은 아닐까? 이것이 무의식적으로 치료자를 도발하여 환자를 퇴원시키도록 하여 치료를 중단하려는 의도를 지닌 저항의 표현, 아니면 환자가 치료자로 하여금 자신을 징벌하도록 유도함으로써 만족시키고 싶은 어떤 피학적 욕구를 지니고 있는 것은 아닐까? 이러한 질문을 제기하고 그이러한 가능성을 고려해 보는 것은 치료자가 자신의 역전이 반응을 활용해 환자가 언어화하지 않은 욕구와 충동이 무엇인지 파악하는 데 도움이 될 수 있다.

역전이를 인식하고 통제하기

10장에서 치료관계의 전이 요소를 보호하는 것이 왜 중요한지 주목하였다. 이는 환자가 치료자를 어떻게 지각하는지를 통해 최대한 많은 것을 파악하기 위해, 치료자는 그것이 얼마나 많은 것을 드러내는지 세심하게 살펴봐야 함을 의미한다. 하지만, 역전이에 관해서는 그러한 보호가 가능하지도 않고, 바람직하지도 않다. 치료자는 환자에 대해 가능한 한 많은 것을 찾아낼 필요가 있으며, 사실로 인해 인상이 오염되는 것을 피하려고 무지의 그늘에 머물지 않아야 한다. 이러한 과업에서 더 효율적으로 기능할수록, 치료자가 환자의 감정과 태도의 진정한 본질을 확인하면서 역전이의 기반 위에서 그러한 감정과 태도를 잘못 지각할 가능성은 더 줄어든다.

그러므로 치료자가 그 역전이를 보호하기 위해 아무 것도 할 수 없음에도 불구하고, 그들이 작업동맹에 헌신하는 것을 방해하지 못하도록 역전이 반응을 여전히 방지할 필요가 있다. 이는 전이 반응으로 인해 환자가 치료에 헌신하는 것이 침범당하지 않도록 노력했던 것과 같다. 자신의 역전이 반응을 통제하려면, 치료자는 그 반응이 발생했을 때 그것을 알아챌 수 있어야 하며, 그것이 치료계약에 미칠 수 있는 예상치 못한 영향도 제거할 수 있어야만 한다.[4]

예를 들어, 치료자가 한 환자에게 이상하게도 동정하거나 염려하는 마음이 들어서 치료 회기가 몇 분이나 지나도록 시간을 연장하고 있다고 가정해 보자. 이는 심지어 그것이 환자의 인생에서 발생한 어떤 위기나 긴급상황에 대한 반응이 아니고, 단지 환자가 그것을 요청하고 있다거나 치료자가 회기를 끝내기에는 "너무나 흥미로워서" 그렇게 하고 있는 것이다. 이러한 상황에서 치료자는 긍정적인 역전이 반응을 경험하고 있을 가능성이 크다. 이때 치료자는 즉각적으로 통제력을 회복하고 약속된 치료 회기 시간을 지켜야 한다. 치료계약에서 요구되거나 어떤 긴급한 상황에 의해서 필요한 것보다 더 많은 것을 해 주기 위해 치료자가 역전이에 대한 민감성을 잃은 채 치료를 계속할 경우, 환자로 하여금 치료자와의 관계에 대해 비현실적인 긍정적 기대를 품게 할 위험이 있으며, 그로 인해 전이의 해소가 더 복잡해질 수 있다.

역전이를 통제하는 또 다른 예로, 환자가 이전에 여러 번 상세하게 해석하는 과정을 거쳤던 주제를 언급하면서 "저는 그것이 무엇과 관련된 것인지 전혀 모르겠습니다."라고 말했고, 치료자가 그에 대해 "우리는 그것에 대해 수십 번 이상 이야기해 왔는데, 당신은 우리의 치료작업에서 전혀 얻은 게 없나 보군요."라고 윽박지르듯 소리쳤다고 해 보자. 이 예에서 환자가 보인 행동이 정말로 저항이나 통찰지향적 심리치료로는 도움을 받기 어려운 무

....

4 Powell(1995)은 치료자의 행동에 부정적인 영향을 미치는 역전이 사고와 감정이 일부분 영향을 미쳤던 것으로 보이는 심리치료 실패 사례를 제시한다. Robbins와 Jolkovski(1987)의 연구에 따르면, 치료자가 자신의 역전이 반응을 더 잘 인식할수록 환자의 치료에 덜 몰입하게 되는 것과 같은 역전이 행동이 부지불식간에 일어날 가능성을 감소시켰다.

능함을 반영하는 것일 수 있다 해도, 치료자가 그러한 불쾌감을 표현하는 것을 정당화하지는 않는다. 이러한 상황에서 치료자가 실망하고 좌절하는 것은 현실적인 반응일 수 있지만, 환자에게 느끼는 분노감은 적절하지 않다. 이는 역전이로 인식되어야 하고, 그것에 치료자의 말이나 어조에 섞여 들어가지 않도록 해야 한다. 그렇지 않으면 치료자는 환자가 자신을 이해하는 것을 돕는 데 전념하지 못하게 하는 방식으로 반응할 위험이 있다.

따라서 역전이는 치료자가 그로부터 무언가를 배울 수 있을 뿐 아니라, 건설적인 작업동맹을 유지하고 환자에게 치료적 분위기를 제공하는 데 있어서 치료자가 헌신해야 하는 것이기도 하다. 따라서 역전이를 인식하고 통제하는 것이 치료에 있어서 중요하다. 하지만 치료자는 역전이를 표현하지 않으려고 노력하다가 현실 관계의 맥락에서 보일 수 있는 적절한 반응까지 억제하지 않도록 주의해야 한다. 9장과 10장에서 논의했듯이, 자신의 모든 사적인 언급과 반응을 강하게 억누르고 있는 치료자는 현실 관계를 유지해 나가는데 핵심적인 인간적 자질을 보여 주지 못한다. 또한, 치료자가 자신의 환자에게 반응하는 데 있어서 자유를 전적으로 억압하는 것은 치료를 현실 생활로부터 고립시키며, 이는 치료자와 환자 모두에게 불리한 방식으로 작용한다(이 문제에 관한 논의는 Meyers & Hayes, 2006 참조).

역전이의 기원과 발현

역전이 반응은 환자의 성격특성과 행동이 치료자에게 내재된 욕구와 관심사에 정동을 유발하는 방식(affect-arousing manner)으로 영향을 미칠 때 발생한다(Gabbard, 2001a; Gelso, Latts, Gomez, & Fassinger, 2002 참조). 이 상호작용의 속성에 따라, 역전이 반응은 일반화된 것이거나 특정적인 것일 수 있고, 감정의 색조에 있어서 긍정적이거나 부정적일 수도 있으며, 직접적으로 혹은 간접적으로 경험되고 표현될 수 있다.

일반화된 역전이 반응과 특정적 역전이 반응

모든 치료자는 그들의 일반적인 대인관계를 특징짓는 욕구나 태도에 기반하여 역전이 반응을 나타내기 쉽다(Ligiero & Gelso, 2002). 예를 들어, 돌봐주고 싶은 욕구가 강한 치료자는 자신에게 의존하려는 환자에게 특히 이끌릴 수 있으며, 의존적인 관계에 저항하는 환자들은 멀리하고 싶어질 수 있다. 관음증적 욕구를 지닌 치료자는 자신의 성생활에 대해 기꺼이 상세하게 말하는 환자와의 작업에 그렇지 않은 환자보다 더 열광적으로 참여하고 싶은 마음을 가질 수 있다. 권위적 대상과 해결되지 않은 문제를 지니고 있는 치료자는 겸손하고 공손한 사람을 치료할 때보다 거만하고 위압적인 환자를 심리치료하는 동안 더 짜증 내고 방어적인 상태가 될 수 있다.

치료자의 성격과 환자의 태도 사이의 이러한 유형의 상호작용은 일반화된 역전이 반응을 만들어 내며, 치료의 진전을 방해하는 잠재적 요인이 된다. 돌봄에 대한 강한 욕구를 지니고 있으면서 역전이를 통제하지 못하고 있는 치료자는 의존적인 환자에게 비정상적으로 지지적이고, 환자에게 도움이 될 해석을 충분히 제공하지 못할 수 있다. 관음증적 치료자는 자신의 호기심을 만족시켜 줄 수 있는 세부 사항들을 캐내는 데 몰두하지만, 환자의 자기이해를 증진시키는 데 있어서는 거의 도움을 주지 못할 수 있다. 권위상에 대해 미해결된 문제를 지니고 있는 치료자는 환자가 위압적인 행동의 본질과 시사점을 깨닫도록 도움을 주기보다는 환자의 거만함에 대해 방어적이고 응징적인 방식으로 반응하는 데 더 많은 시간을 소모할 수 있다.

치료자는 자신의 성격이 과업을 수행하는데 미치는 영향력을 인식하고 통제함으로써, 도움을 줄 수 있는 역량이 역전이에 의해 손상되지 않도록 방지할 수 있다. 또한, 치료관계의 초기에 자신의 일반화된 역전이 경향성이 환자를 통제할 수 있는 능력을 넘어설 가능성이 있는 환자를 미리 가려냄으로써, 치료자는 자신이 직접 치료를 시도할 수 있는 사람과 다른 치료자에게 의뢰해야 하는 사람을 더 잘 판단할 수 있게 된다(Fink, 2007 참조). 사실상 치료자가 갖고 있는 어떤 성격특성이라도 환자의 성격유형과의 상호관계 속에서 일반화된 역전이를 발생시킬 수 있다. 즉, 환자의 나이, 성별, 문화적 배경, 사회경제적 지위, 외모, 습관과 같은 특징들, 또는 치료과정에서 환자가 반응하고 진행해 나가는 그 방식에 대해 치료자가 반응할 수 있다. 치료자가 자신을 더 잘 이해하고 다양한 유형의 환자들과 더 많은 경험을 쌓을수록, 자신의 일반화된 역전이를 더 잘 예상하고 그것이 발생했을 때 더 능숙하게 통제할 수 있게 된다.[5]

일반화된 역전이 반응과는 대조적으로, 특정적 역전이 반응은 환자의 말이나 행동이 치료자가 과거에 겪었거나 아직 해결하지 못한 문제를 건드릴 때, 그에 대한 부적절하거나 정당화될 수 없는 사고, 감정, 행동으로 나타난다. 예를 들어, 권위적 대상에 대해 견딜 수 없고 효과적으로 대처할 수 없는 미해결된 문제를 지니고 있는 치료자는 윽박지르는 감독자와 만났던 일을 이야기하고 있는 환자의 말을 들을 때 불안해질 수 있으며, 부부문제로 씨름하고 있는 치료자는 자신의 결혼생활에서 겪는 어려움을 자세히 늘어놓는 환자의 이야기를 평정심을 유지하며 경청하기 어려울 수 있다.

그러한 역전이 반응을 알아차리고 통제하지 못할 때, 치료자는 부지불식간에 자신의 한계점을 환자에게 투사하여 그가 어떤 문제들을 더 효율적으로 다루지 못한다며 환자를 못마땅하게 생각하거나, 환자가 자신을 불안하게 만드는 어떤 주제를 치료 회기에 가지고 온 것에 대해 화가 날 수 있다.

....

5 Roth(1987, 3장)는 환자의 일반적인 성격특성이 치료자의 기본적인 특성과 어떻게 상호작용하여 잠재적으로 해로울 수 있는 역전이 반응을 형성하는지에 대한 몇 가지 좋은 예를 제시한다. 이 점에서 수많은 연구자들이 치료자가 인지하고 적절하게 통제할 수 있는 역량에 도전하는 경계성 환자들의 강력한 분노, 적대감, 그리고 좌절의 역전이 감정을 불러일으키는 빈도에 특히 주목한다(Brody & Farber, 1996; Gabbard & Wilkinson, 1994; Livesley, 2005; Masterson, 1992). 치료자의 경험에 대해, Brody와 Farber(1996)는 336명의 치료자를 대상으로 한 설문조사에서 아직 수련 중에 있는 치료자들이 충분히 수련을 마친 임상가들보다 방어해야 할 환자들에 대해 갖는 강한 감정적 반응에 대해 더 염려가 크다는 것을 발견했다(관련 연구 결과는 Ackerman & Hilsenroth, 2001 참조).

또는, 자신이 느끼는 불안이 어디서 유래하는지를 깨닫지 못한 채, 논의 주제를 바꾼다거나 환자가 무엇인가에 대해 말하기를 거부하고 있다는 암시를 주는 것과 같이, 환자가 불안을 유발하는 주제를 계속 다루어 나가지 못하게 하는 방식으로 개입하여 그를 좌절시킬 수도 있다. 또 다른 경우에, 역전이는 치료자로 하여금 환자를 나쁘게 생각하기보다는 좋게 생각하는 방향으로 이끌거나, 환자가 자신을 기분 좋게 해 주도록 하기 위해 그에게 친절하게 대하거나, 이미 정해진 치료적 필요 이상으로 어떤 즐거운 주제에 대해 더 깊이 탐색하도록 부추기는 것일 수 있다. 그러면, 특정적 역전이의 영향으로 인해, 치료자는 환자를 이해하거나 그에게 도움이 되기보다는 환자에 대해 방어적이고 자신에게 만족감을 주는 그러한 방식으로 생각하고, 느끼고, 행동할 수 있다(Dalenberg, 2004, Schaverian, 2006).

특정적 역전이 반응은 단기간에 끝나는 경향이 있으며, 환자가 치료자를 격동시키는 논의 주제에 관해 이야기를 시작하거나 끝냄에 따라 나타나거나 사라진다. 그러므로, 그러한 반응들은 일반화된 역전이 반응보다 심리치료 과정에 대해 장기적인 영향을 미치는 함의는 적으며, 특정한 치료자가 특정한 유형의 환자를 더 효율적으로 치료할 수 있는지 여부에 대해 갖는 함의도 적다. 그러나 치료자가 자신의 개인적인 관심 사항에 영향을 미치는 소재와 마주쳤을 때 작업동맹에 효과적으로 헌신해 나가기 위해서는 특정적 역전이 반응과 일반화된 역전이 반응을 그때 그때 알아차리고 통제할 필요가 있다는 점은 분명하다.

긍정적 역전이와 부정적 역전이

역전이 반응은 항상 환자를 호의적이거나 비호의적으로 바라보게 만드는 지배적인 감정 색조를 포함한다. 하지만 긍정적 전이와 부정적 전이에서처럼, 긍정적 역전이와 부정적 역전이는 치료자가 환자에 대해 갖는 주된 태도와 감정을 지칭하는 것이지, 따로 분리된 두 가지 형태를 말하는 것은 아니다. Singer(1965)는 긍정적 · 부정적 전이-역전이의 공통 요소에 대해 다음과 같이 잘 표현했다. "그것은 왜곡으로서, 환자에 의한 것이든 치료자에 의한 것이든 그리고 그 명백한 형태가 비합리적인 찬양이든 비합리적인 혐오이든 상관없이, 개인적 자각의 감소를 나타내는 동시에 타인에 대한 폭력을 포함하고 있다는 점에서 필연적으로 부정적이고 병리적이다."(p. 295)

그럼에도, 역전이 반응의 우세한 감정 색조가 무엇인지 분별해서 살펴보면 그것을 통제하는데 도움이 되는데, 특히 환자에 대해 갖게 되는 부적절한 긍정적 또는 부정적 감정이 치료자가 범할 수 있는 각기 다른 종류의 실수에 기여할 수 있기 때문이다(Rabin, 2003; Wishnie, 2004). 긍정적 역전이에 의해 영향받고 있는 치료자는 과도하게 배려하고, 해석하기를 미루며, 회기 시간을 초과하거나 치료 기간을 지나치게 오래 잡으며, 또는 유혹적이거나 환자의 환심을 사려는 식으로 행동하기 쉽다. 부정적 역전이에 의해 영향받고 있는 치료자는 무시하거나 비반응적이기 쉽고, 특히 저항이나 전이에 대한 해석으로 환자를 괴롭히거나, 회기에 늦거나 빠지는 것에 대해 지나치게 무심하며, 치료가 끝나게 될 가능성을 과도하게 빨리 포착하기 쉽다.

치료자가 이러한 긍정적이고 부정적인 역전이가 일반적으로 나타나는 다른 방식에 대해 더 잘 경계할수록, 치료자는 그 영향을 예상하고 대응할 준비를 더 잘 갖출 수 있다. 따라서 자신의 욕구에 의해 환자에 대해 긍정적인 감정을 갖고 있음을 자각하고 있는 치료자는 환자에게 도움이 되지 않을 정도로 배려하거나 유혹적이지 않도록 미리 주의해야 한다. 반대로, 자신이 환자에 대해 부정적인 감정을 지니고 있음을 자각하고 있는 치료자는 환자에게 너무 거리를 두거나 차갑게 대하지 않고, 이해의 전달 수단이 아닌 분노의 배출 수단으로 해석을 사용하지 않도록 주의해야 한다.

역전이의 직접적 표현과 간접적 표현

역전이 반응은 그것이 표현되는 직접성과 그 의미의 명백성 정도에 따라서 다양하다. 가장 직접적인 역전이 반응은 환자에 대해 사랑, 미움, 분노, 질투, 혐오, 성적 흥분, 자부심, 부모와 같은 마음 등을 의식적으로 경험하는 것이다. 이처럼 강한 정동의 역전이 기반은 대개 누가 봐도 알 수 있을 정도인데, 치료자가 그것을 현실 관계의 정당화할 수 있는 일부분으로 잘못 간주하지 않는다면 말이다. 심리치료에서의 상호작용은 비대칭적이다. 기껏해야 일주일에 단지 몇 시간의 접촉으로 한정되어 있고, 일련의 역할 행동만을 하기로 미리 약속되어 있으며, 치료자나 환자 모두에게 한 개인이 또 다른 개인에게 진정으로 강한 감정을 발전시킬 수 있는 종류의 서로 공유할 수 있는 경험을 제공하지 않는다. 따라서 좋아하거나 싫어하는 어떠한 강한 감정도 만일 환자가 지니고 있다면 전이로, 치료자에게 나타난다면 역전이로 간주해야 한다.

이 점이 강조되는 이유는 경험 많은 치료자조차도 환자에 대해 강렬한 긍정적 혹은 부정적 감정을 발전시키는 것이 환자가 훌륭하거나 야비한 사람이라는 현실적인 근거에 기반한 것이라고 믿게 되는 덫에 종종 빠질 수 있기 때문이다. 하지만, 사실상 환자가 다른 관계에서 아무리 훌륭하거나 야비한 사람이든 상관없이, 치료자와의 관계에서 그들은 그러한 사람일 수 없다. 환자는 치료자와 상대적으로 한정된 시간만 함께하고, 그 시간은 치료작업에만 사용해야 하므로, 환자가 치료자의 개인 생활에 훌륭하게 혹은 야비하게 끼어들 기회는 거의 없다. 마찬가지로, 치료관계라는 현실은 치료자가 자신의 환자에게 강렬한 긍정적 혹은 부정적 감정을 발전시킬 만한 충분한 근거를 제공해 주지 않기 때문에, 치료자가 그들을 달리 어떤 식으로 간주하려는 유혹에 얼마나 빠져 있건 상관없이, 그러한 감정의 기원은 항상 역전이 내에서 찾아야 한다.[6]

....

6 이 일반적인 지침의 예외는 환자가 직접적으로 치료자의 생활에 끼어드는 방식으로 행동화할 때 발생한다. 예를 들어, 환자가 치료자를 위협하고, 스토킹하고, 밤늦게 집으로 전화하고, 거주 지역에 예고 없이 나타나는 경우이다(Doctor, 2003). 이러한 예는 상대적으로 드물지만(그러나 특정 환자 집단에서는 더 자주 발생한다; Livesley, 2005 참조), 한번 발생하기만 하면, 일반적으로 정의할 수 있는 역전이의 범위를 벗어나는 강한 부정적 감정을 치료자에게 유발할 수 있다.

약간 덜 직접적이지만 꽤 분명하게 표현되는 역전이로는 암시되기는 하지만 분명하게 말로 표현된 것이 아닌, 치료자의 긍정적 · 부정적 태도인 환자에 관한 감정 혹은 환상들이 있다. 이러한 점에서 흔하게 볼 수 있는 것은 환자에 관해 꿈을 꾸거나 환상을 갖는 것으로서, 이 두 가지는 모두 환자가 치료자에게 실제적 관계에서나 작업동맹에서 기대할 수 있는 것보다 환자가 치료자에게 영향을 주고 있다는 명백한 증거를 수반한다(Hillman & Stricker, 2001; Rabin, 2003). 정확히 이해될 수만 있다면, 그 꿈과 환상의 내용은 그 사람에 대해 치료자가 갖는 역전이 반응의 본질에 관해 상당한 것을 말해 줄 수 있다.

역전이 감정은 치료에 대한 긍정적 혹은 부정적 태도와 같이 희미하게 위장된 형태로 나타날 수도 있다. 예를 들어, 치료자는 특정 환자와 작업하는 데 있어서 흥미가 고조되거나 떨어지는 것을 경험할 수 있으며, 환자와 함께할 다가오는 치료 회기를 기꺼이 혹은 절망적인 마음으로 기다리고 있는 자신을 발견할 수도 있으며, 또는 그 치료 회기가 끝나고 불편하거나, 우울하거나, 고조되거나, 안도하는 감정을 느낄 수도 있다. 이와 비슷하게 간접적이지만 분명하게 표현되는 역전이는, 앞서 언급한 바와 같이, 환자가 치료자의 민감성과 유익함에 대해 칭찬할 때 큰 만족감을 느끼거나 자신의 유능성이나 헌신이 의심받을 때 나타난다. 그 만족감과 실망감이 자신의 노력이 성공적인지 실패한 것인지를 관찰하면서 전문인으로서의 자격을 인정받게 하는 것이긴 하지만, 이러한 노력을 환자가 평가한 것에 대해 긍정적 혹은 부정적 감정을 강하게 경험하는 것은 치료자가 자신에 대한 환자의 의견에 특별한 중요성을 부여하고 있음을 나타낸다.

덜 분명하게 표현되는 역전이 표현의 또 다른 유형은 환자나 치료를 향한 감정이나 태도가 동반되지 않지만 자세히 살펴보면 그러한 감정이나 태도로부터 파생되었을 가능성이 매우 높아 보이는 치료자의 행동들이다. 예를 들어, 부정적 역전이의 경우, 치료자가 환자에게 갖는 의무사항에 부주의해질 수 있으며, 약속시간을 "잊는다"거나, 곧 있을 휴가에 대해 무례하게 짧게 알려만 주거나, 한 회기에서 다음 회기로 이어질 때 연관되는 세부 사항들을 놓치거나, 면담 도중에 마음이 딴 곳으로 가 있거나 할 수 있다.

역전이는 치료자가 특정 환자와의 치료에 대해 동료들과 논의하고 싶은 마음이 들 때에도 작동할 수도 있다. 심리치료자들 사이에서 비공식적으로 자신의 경험을 공유하는 것이 전문성 향상을 유지해 나가는 데 도움이 되지만, 그것이 다른 방식으로는 자각하지 못한 환자에 대한 태도를 간접적으로 표현하기 위한 수단으로 사용될 수도 있다(Fink, 2007 참조). 예를 들어, 어떤 환자와 치료작업을 해 나가는 것에 대해 기쁨과 열정을 담아 이야기할 때, 치료자는 긍정적 전이를 경험하면서 사실상 "내가 얼마나 멋진 환자를 만났는지, 그 환자가 얼마나 큰 진전을 이루고 있는지, 그리고 내가 얼마나 치료를 잘 수행하고 있는지 보라!"라는 말을 하고 있는 것일 수 있다. 역전이가 주로 부정적인 색조를 지니고 있다면, 치료의 어려움, 환자가 보이는 저항의 강도, 또는 환자가 지니고 있는 문제의 "우스운" 측면들에 초점을 맞추어 동료와 의사소통하게 될 수 있다. 환자에 대해 불평하거나 그의 특이한 면을 웃음거리로 삼는 것은 부정적 역전이에 그 원인이 있는 것은 아닌지 세밀하게 살펴볼 필요가 있다. 일반적인 원리로서, 진행 중인 치료 사례에 관해 치료자들 사이에서 행해지는 모든 논의는 그것이 순전히 동료 간 자문이나 임상경험을 공유하고자 하는 것인지, 아니면 그 논의에 참여 중인 한 명 혹은 그 이상의 치료자들이 경고해야만 할 역전이 감정을 표현한 것은 아닌지 검토해야 한다.

가장 덜 직접적으로 나타나는 역전이는 치료 수행을 다양하게 변형시키는 것이다. 이는 쉽게 합리화할 수 있으므로, 치료자가 이에 대해 민감하지 않으면 역전이의 표현으로 주목하지 않을 수 있다. 예를 들어, 앞서 기술했듯이, 치료자가 치료과정의 다양한 시점에 불필요하게 재확인해 주거나 불충분하게 정서적 지지를 해 줄 수 있고, 지나치게 잠정적인 표현을 써서 해석을 너무 적게 해 주거나, 지나친 확신으로 표현된 해석을 너무 자주 해 줄 수도 있다. 또한 너무 일찍 치료의 종결을 고려하도록 조장하거나, 아니면 그러한 고려를 부적절할 정도로 너무 미룰 수 있으며, 자신의 행동계획에 대해 자신감을 갖거나 어떻게 해야 최선의 치료를 해야 하는 것인지 확신을 못하는 시기를 오가며 갈피를 잡지 못할 수도 있다.

이러한 측면에서 그리고 이와 유사한 측면에서, 치료자의 판단은 어떻게 하면 심리치료를 효율적으로 수행할 수 있을지에 대해서만 이루어져야 한다. 하지만, 역전이로 인해 치료 상황에 대한 지각이 왜곡되고 있다면, 어떤 기술적 절차를 사용해야 할지 알려 주는 지표를 식별하는 데 어려움을 겪을 수 있다. 환자가 정말 치료의 종결을 생각하기 시작했는가, 아니면 어떤 어려운 환자가 치료 중단 가능성에 대해 가볍게 언급한 것에 대해 치료자가 너무나 기꺼이 동조하고 싶은 마음에 사로잡혀 있는가? 환자가 정말로 해석을 요하지 않는 무미건조한 정보를 제공하고 있는 것인가, 아니면 환자가 자신을 좋아해 주었으면 하는 소망 때문에 환자가 불안하거나 화를 낼 것 같은 적절한 해석을 간과하고 있는가?

자신의 행동을 이러한 욕구에 대한 역전이 왜곡이 아니라 환자의 욕구로 향하도록 만드는 데 도움이 되기 위해, 치료자는 항상 이러한 질문들을 염두에 두어야 한다. 자신의 행동이 치료 상황이라는 현실에 의해 완전히 정당화되었다고 스스로 만족할 수 없을 때마다, 치료자는 자신의 행동에 혹시 역전이가 깔려 있는 것은 아닌지 의심하고, 그 영향을 줄이기 위한 조치를 취해야만 한다.

역전이 반응으로부터 배우기

역전이에 대한 민감성을 연마하기 위해, 치료자는 자신과 작업하는 모든 환자에 대해 자신이 어느 정도는 역전이 반응을 발전시킬 것이라고 예상해야 한다. 또한, 자신에 대한 이해와 임상경험을 바탕으로, 치료자는 자신이 환자들에 대해 일반적으로 갖게 되는 역전이와 특히 특정 유형의 환자에게만 갖게 되는 역전이가 무엇인지 그 유형에 대해서도 잘 예상할 수 있어야만 한다. 3장에서 언급했듯이, 훈련된 전문가일지라도 심리치료자로서 효과적으로 기능하기 위해 모든 신경증적 문제에서 자유로울 필요는 없다. 그러나 자신의 개인적 특성과 문제점이 임상작업을 방해하지 않도록 충분히 자각하고 있을 필요는 있으며, 어떤 유형의 환자들에게 자신이 도움이 될 수 있고 어떤 유형의 환자들은 동료에게 맡겨야 하는지 인식하고 있어야 한다.

예를 들자면, 치료자는 특정 연령, 성별, 사회적 계층, 문화적 배경 또는 성격유형의 환자들과 작업할 때 효율성을 손상시킬 수 있는 자신의 속성들이 무엇인지 자각하고 있어야 한다(Dalenberg, 2004; Hillman & Stricker, 2001; Javier & Herron, 2002; Schaverian, 2006 참조). 치료자는 위압적인 환자에게 위축될 것인지 아니면 소심한 환자에게 화를 낼 것인지 미리 알고 있어야 하며, 의존성이 높은 환자에게 만족감을 느끼거나 아주 독립적인 환자에게 깊은 인상을 받는지, 성적으로 매력적인 환자에게 흥분되거나 거리감을 느끼는지, 지적으로 뛰어난 사람에게 질투심을 느끼거나 매혹되는지 등을 알고 있어야 한다. 마찬가지로 치료자는 자신의 인생에서 일어난 개인적 사건들(예: 사랑하는 사람의 죽음, 부부갈등, 재정적 어려움)이 어떤 방식으로 특정 유형의 환자들과 효율적으로 작업할 수 있는 능력을 감소시키는지 예상해야 한다(Hayes, Yeh, & Eisenberg, 2007 참조).

전이 반응을 일으키기 쉬운 자신의 특성과 이러한 반응들이 어떤 방식으로 나타날 수 있는지를 자각하고 있으면, 치료자는 환자에 대한 자신의 감정과 태도가 현실에서 혹은 작업동맹의 본질에 의해서 정당화되지 않을 때 이를 인지할 수 있게 된다. 역전이를 신속하게 알아차리게 되면, 치료자는 잘못 받아들인 인상을 교정하고 불리한 치료 전략을 피하거나 줄일 수 있다. 예를 들면, 약속을 계획하는 데 예전보다 더 사려 깊은 태도를 취함으로써, 또는 해석을 더 적게 혹은 많이 하거나, 치료의 종결 가능성에 대해 더 많이 혹은 더 적게 초점을 맞춤으로써 그렇게 할 수 있다.

또한, 역전이 반응을 알아차리게 되면 치료자는 자기 자신과 환자에 대해서 훨씬 더 많이 배울 수 있게 된다. 일반화된 역전이의 경우, 참여적 관찰자로서 환자와 관계하면 전형적으로 자기 자신의 대인관계 태도가 행동과 믿음에 어떤 영향을 주는지를 치료자가 더 깊이 이해할 수 있게 해 준다. 이는 부분적으로 심리치료를 수행하는 데 있어서 경험이 유능성에 기여하는 이유가 된다. 더 많은 환자들과 작업할수록, 치료자는 심리치료를 수행하는 방법에 영향을 미칠 수 있는 자신의 특성을 스스로 확인할 수 있는 기회를 더 많이 갖게 되며, 어떤 유형의 환자들이 자신과 함께 치료를 함으로써 이익을 얻을 수 있는지 더 많이 발견하게 된다.

특정적 역전이 반응의 경우, 치료자는 자신에게 내재된 미해결된 갈등 영역에 대한 단서로서 치료 회기 동안에 경험하는 모든 주관적 불편함을 이용할 수 있다. 예를 들어, 환자가 주장적이거나 성적으로 반응하는 문제를 설명할 때 불편함을 느끼거나 대화의 주제를 바꾸는 치료자들은 이러한 영역에서 그들 자신의 문제를 가지고 있을 수 있다. 적절하게 훈련된 치료자라면, 자신이 환자를 지각하고 심리치료를 수행하는 데 영향을 미칠 수 있는 개인적 문제가 무엇인지 이미 잘 파악한 후 임상작업을 시작할 수 있을 것이다. 그럼에도 불구하고, 심리치료의 다양한 경로는 때때로 치료자가 이전에 자기 자신에 대해 인지하지 못했던 갈등 영역을 넘나들 수 있다. 이러한 경우 자신이 경험하는 역전이 반응을 관찰하여 배운 것은 치료자의 자기이해를 높이고 이후에 그러한 반응이 일어났을 때 이를 예상하고 통제할 수 있는 준비를 할 수 있게 해 준다.

환자에 대해 배우는 것과 관련하여, 자신의 역전이 반응에 대해 치료자가 민감성을 갖추게 되는 것은 환자의 비언어적 태도와 충동에 대해 알아차릴 수 있게 해 줌으로써 그 반응을 유발해 낸 사람(환자)에 대한 이해를 높이는 소중한 원천이 될 수 있다(Hayes & Gelso, 2001; Luborsky & Barrett, 2006 참조). 역전이를 이렇게 사용하려면, 치료자는 우선 자신이 갖고 있는 부적절한 감정과 태도를 알아차리고, 그 다음에는 환자의 행동에서 그 특정적 역전이 반응을 촉발했을 가능성이 있는 주제를 탐색해 볼 필요가 있다. 예를 들어, 어느 회기에서 환자가 치료를 통해 얼마나 큰 진전이 있었는지를 이야기하던 중, 치료자가 슬픔을 느꼈다고 가정해 보자. 더 나아가 치료의 종결을 상실로 경험하는 방식으로 환자에게 애착을 갖거나 만족감을 느끼게 되었음을 치료자 자신이 자각하고 있다고 해 보자. 비록 환자가 만족스럽게 그리고 현실적으로 치료의 진행 과정에 대해 말하는 것으로 보아 치료를 끝낼 생각을 품고 있을 가능성이 꽤 분명해 보이지만, 치료자가 자신의 역전이에 민감하다면 환자의 그러한 말에 대한 의미를 달리 인식하기보다는 더 빠르고 명확하게 인식할 수 있다. 특히 치료자가 치료에 대해 애착을 품고 있는 치료적 관계가 환자에게 최선의 이익이 아닌 경우라면 더 그렇다.

환자의 언급이나 행동이 앞서 본 사례의 경우보다 언어화되지 않은 주제나 충동을 덜 분명하게 반영하는 것이라면, 역전이는 그러한 주제나 충동에 치료자가 주목하게 해 주는 수단이 될 수도 있다. 환자가 일견 치료의 종결에 관한 생각과 관련성이 있어 보이는 어떤 행동이나 말도 하지 않았지만, 치료자가 그럼에도 불구하고 치료관계의 종결이 임박했다는 것과 관련하여 자신에게 다가오는 어떤 우울감을 경험하고 있다고 가정해 보자. 그러면 치료자는 최소한 그 주제를 탐색의 시험대 위에 올리기 위한 적절한 근거를 갖게 된 것일 수 있다. "우리가 얼마나 더 오래 작업을 계속해 나갈 것인지에 관해 당신이 어떤 생각을 해 본 적이 있는지 궁금하군요."

환자가 언어화하지 않은 태도나 충동에 대해서 치료자의 역전이 반응이 이러한 식으로 자신을 민감하게 할 때마다, 치료자는 이전에는 놓쳤던 이러한 태도와 충동에 대해 다른 미묘한 단서를 종종 인식하기 시작한다. 같은 예로 계속 이야기해 보자면, 치료과정에 대해 만족감을 느끼는 환자는 치료 회기 중에 그것에 관해 그다지 말할 것이 없고, 자신이 한 말을 탐색하고 이해하는 것이 별다른 도움이 되지 않을 수 있으며, 치료 회기를 취소할 필요가 있는 상황에 관해서 크게 염려하지 않을 것이다. 이러한 행동이 어쩌면 환자가 치료의 종결로 가고 있음을 나타내는 신호일 수 있다. 그러나 12장에서 자세히 서술하겠지만, 환자와 작업을 지속하기 위해 역전이 투자를 하는 것은 환자의 시야를 가릴 수 있다. 그러면 환자가 경험한 슬픔은 다른 유용한 단서들에 대해 치료자가 갖고 있는 둔감성을 보상해 줌으로써 환자가 치료의 종결을 고려하고 있을지 모른다는 경고를 제공해 줄 수 있다.

역전이는 이렇게 환자가 경험하는 정서와 태도가 무엇인지 알려주는 지표를 제공하며, 다른 지표들이 가용하지 않거나 치료자가 놓치고 있을 때 치료관계의 전반적인 분위기를 잘 살펴보는 데 도움을 준다. 하지만, 치료자가 민감하고 지식을 갖춘 관찰자이기 때문에 감지할 수 있는 환자의 염려와 동기에 대한 모든 미묘하고 간접적인 단서들을 역전이와 동등한 것으로 간주해서는 안 된다. 이를 동일한 것으로 간주한다면 역전이를 공감과 동의어로 만드는 것과 같으며, 이로 인해 역전이가 지닌 고유한 의미가 제거될 수 있다.[7]

역전이와 공감을 구분하는 것이 왜 중요한지 알아보기 위해, 다음 예시를 살펴보자. 병원 장면에서 어떤 치료자가 심각하게 혼란에 빠진 환자와 이야기를 나누던 중 갑자기 두려움을 느꼈고, 그의 턱을 겨누던 주먹을 피하기 위해 제때에 물러섰다고 가정해 보자. 또는 칵테일 파티에서, 특히 여자와 이야기를 하는 중일 때, 자신의 음료를 서투르게 반복해서 엎지르는 것에 대해 이야기하는 남자 환자의 말을 어떤 치료자가 듣고 있다고 가정해 보자. 그는 조루증과 관련된 연상을 떠올렸고, 조루는 일종의 음료를 쏟는 행위이

....

7 Bloom(2002), Fauth(2006), Glenn(1992), Moore와 Fine(1990)는 치료자의 공감과의 차이를 유지하기 위해 좁은 의미로만 역전이를 정의하는 것이 더 좋다고 강조하였다. 공감적 이해뿐 아니라 역전이 반응을 '치료적으로 이득이 되는 개입방법들(therapeutically beneficial interventions)'로 바꾸어 사용해야 한다는 것에 대한 추가적인 지침은 Blum과 Goodman(1995), Bohart 등(2002), Levy(1990, 제6장), Schaeffer(2007), Tansey와 Burke(1989), Wishnie(2004)을 참조하면 된다.

며, 탐색 끝에 조루증은 그가 여태껏 언어화할 수 없었던 그 환자의 중요한 관심사였다는 사실이 드러났다고 해 보자.

이러한 상황에서는 역전이가 아닌 공감이 치료자의 역하지각(subthreshold perception)을 결정했다. 첫 번째 사례에서 그 환자가 막 주먹을 날리려고 하는 것을 예상할 수 있었던 것은 환자가 이를 악물고 주먹을 살짝 움켜쥐거나 표정의 강도에 변화가 있었다거나 하는 것과 같은 몇 가지 가시적인 단서에 민감했기 때문일 수 있다. 무엇이 치료자의 두려움을 촉발시켰던 간에, 치료자는 그 환자의 충동을 정확하게 지각하고 있었고, 그가 느낀 두려움이나 몸을 뒤로 뺀 행동은 모두 그 상황에서 적절한 반응이었다. 그렇다면, 현실에 근거한 하나의 반응으로서, 이전의 성향에 의해서 영향받은 지각적 왜곡이든 아니면 미해결된 개인적 갈등에 의해서 영향을 받은 지각적 왜곡이든 상관없이, 그 치료자의 행동은 역전이가 아닌 공감적 이해였을 것이다.

두 번째 사례에서도 마찬가지로, 치료자가 음료수를 흘리는 것으로부터 정액을 흘리는 것을 연상한 것은 조루와 관련된 환자의 언어화되지 않은 염려를 확인하는 데 기여했고, 왜곡된 것이 아닌 정확한 지각을 포함하고 있으며, 갈등으로부터 자유로운(conflict-free) 방식으로 치료자의 환상을 치료 목적을 위해 사용한 것이다. 후자의 유형과 같은 민감성은 자신의 환자에 대한 이해를 풍부하게 하기 위해 환자가 만들어 낸 것에 대해 치료자 자신의 연상을 사용하는 것이었는데, Reik(1948)가 이전에 언급했던, 치료자 자신의 내면의 목소리에 조율된 그러한 귀를 의미하는 제3의 귀로 경청하기(Listening with the Third Ear)에서 상세하게 논의되었다. 치료자의 정서적 반응이 치료 상황의 현실에 적합한 것이고 그의 연상이 자기 자신의 미해결된 갈등에 의해 방해받고 있는 것이 아니라면, 미세한 단서에 주목하고 제3의 귀로 듣는 것은 공감이지, 역전이가 아니다.

4부

심리치료의 최종 단계

12 치료의 종결

치료가 얼마나 긍정적이고 항구적인 효과를 갖게 될 것인지 그 정도를 결정하는 중요성에 있어서 심리치료의 마지막 단계를 능가하는 것은 초기 단계밖에는 없다. 치료의 중간 단계는, 해석과 저항의 사용, 전이, 그리고 역전이 현상을 통하여 이해를 소통하는 것에 주안점을 두면서 치료의 주된 작업이 이루어진다. 하지만 이 작업은 환자가 심리치료를 통해 어느 정도 이득을 얻을 수 있는지 그 가능성을 정확하게 평가할 수 있을 때와 그 작업에 참여하기 위한 적절한 치료계약을 실행할 수 있을 때에만 가능해진다. 마찬가지로, 치료를 종결하는 방식은 치료의 중간 단계에 있었던 자기학습이 인생을 풍부하게 하는 원천으로서 계속 지속될 것인지, 일시적으로 흥미롭긴 했으나 더 이상 의미 있는 경험은 아닌 것으로 빛을 잃을 것인지를 결정한다.

심리치료를 효과적인 종결로 이끌기 위해, 치료자는 종결의 적절한 시점이 다가왔는지 그리고 형성된 이득을 공고화할 수 있는 최선의 절차가 무엇인지를 판단할 수 있어야 한다. 이러한 과업은 단순하지 않다. 언제 심리치료를 끝내야 하는지에 대한 고정된 기준은 없으며, 치료를 종결할 수밖에 없게 만드는 치료 외부의 상황들이 흔히 발생한다. 하지만, 얼마 동안 심리치료를 지속할 것인지와 관련된 많은 고려사항들은 치료자로 하여금 적절한 종결을 평가하는 데 안내자가 될 수 있으며, 자발적인 종결과 강요된 종결의 상황 모두에서 치료의 마지막 단계를 효율적으로 수행하기 위해 필요한 많은 절차들이 구체화될 수 있다.

심리치료의 필수적인 실시 기간

'심리치료는 그 치료의 목표가 달성될 때까지 지속되어야 한다'고 말하기란 너무나도 쉬운 일이다. 그렇지만 실제 치료 장면에서 환자에게나 치료자에게나 심리치료의 목표가 달성되었는지 확인할 수 있는 시점을 충분히 설명하기란 어렵다. 처음의 치료계약이 자기이해를 높여 심리적 문제를 해결하는 것으로 정했다면, 환자는 자신의 문제를 얼마나 완전히 해결할 수 있어야 할까? 또한, 그러한 목표를 달성하려면 얼마나 철저하게 자신에 대해 이해해야만 하는 것일까? 불안이나 우울 증상의 완화, 사회적 상황이나 직장 상황에서의 기능 향상, 특정 충동이나 감정에 대한 더 나은 통제와 같은 좀 더 구체적인 세부목표를 염두에 두고 치료를 시작했다면, 증상 완화, 기능 향상 또는 통제력이 얼마나 향상되어야만 그에 부합된다고 하겠는가? 더욱이 결혼 문제 해결이나 대학 졸업과 같이 분명하게 정의된 목표를 가지고 치료를 시작했다 하더라도, 치료에 들어온 환자는 치료가 진행되어감에 따라 흔히 더 광범위한 문제를 추구하는 데 관심을 가질 수도 있다. 따라서 이러한 환자들 역시 치료가 충분히 진행된 것인지를 결정하는 데 모호함을 직면하게 될 것이다.

심리치료가 그 목표를 달성했다는 것을 나타내는 지표로 완벽한 이해, 증상의 전적인 완화, 완전한 자기실현, 완벽한 자기통제력을 상정한다면 이러한 모호성이 제거될 수 있다고 생각할 수 있을지 모르겠다. 하지만, 그렇게 완벽한 조건을 갖춘 인간적인 상태는 존재하지 않는다. 그것은 한 개인의 잠재력을 실현하고 대인관계에서 만족할 수 있는지에 대한 물음에 대해서 측정될 때 주로 하나의 추상적인 상태로서 존재한다. Freud(1937/1964)는 그의 마지막이자 가장 기억할 만한 논문인 「종결 가능한 분석과 종결 불가능한 분석(Analysis Terminable and Interminable)」에서, 만일 환자가 신경증적 억제 상태나 염려로부터 완벽하게 자유로운 상태가 될 때까지 치료자가 치료를 지속한다면, 그 치료는 결코 끝나지 않을 것이라고 경고했다. 더 현실적으로, Freud는 환자가 증상, 불안, 그리고 억제에서 자유로운 상태가 "거의 달성되었을 때" 치료는 필수적인 기간에 도달했을 것이라고 주장했다 (p. 219).

> 우리의 목적이 도식적인 "정상성"을 위해 인간 인격의 모든 특이한 점들을 지워서 없애버린다거나, 어떤 사람이 어떠한 충동도 느끼지 않고 어떠한 내적 갈등도 발전시키지 않는 "완벽하게 분석된" 상태여야 한다고 요구하는 것은 아닐 것이다. 분석작업이란 것은 자아의 기능을 위해 최선의 가능한 심리적 조건들을 확보하는 것이며, 그것과 함께 분석과업은 완수된다(p. 250).

달리 말하자면, 성공적인 심리치료는, 목표를 향해 의미 있는 진전을 이룬 것으로 생각해야 하지, 그 목표의 최대치에 도달한 것으로 간주해서는 안 된다. 모든 세부목표가 실현될 때까지 치료를 연장하는 것은 환자를 평생 심리치료에 묶어 두는 것일 수 있는데, 그것은 가장 드문 상황에서만 최선의 관심사가 될 수 있을 것이다. 심리치료는 결국 비현실적인 관계로서, 처방된 비상호적인 역할이 참여자에게 부여되며(10장, 11장 참조), 치료를 수행하기 위해 환자가 얼마나 많은 책임을 떠맡고 있는지에 상관없이, 심리치료 상황에 놓여 있다는 것은 그들이 온전히 자신의 두 발로 서 있기보다는 여전히 그들을 의존적인 관계 속에 두는 것이다. 심리치료 상황에 있다는 것은 사람들이 더 완전하고 더 만족스러운 삶을 살아가는 하나의 수단이지, 그것이 하나의 생활방식이 되어서는 안 된다.

심리치료가 완전히 완료될 가능성이 거의 없고, 그 목표를 완전히 달성하는 것이 아니라 목표를 향해 나아가는 지점에서 치료가 종결되는 것이라는 사실이 이 치료를 제한적이거나 결함이 있는 절차로 낙인찍지는 않는다. 심리치료의 가장 중요한 성과 중 하나는 환자가 자기 자신을 바라보고 관찰하는 방식을 가르쳐 주는 데 있다. 치료를 하는 동안에 환자가 어떤 자기지식, 자기통제력, 또는 증상해방을 얻게 되었는지 외에도, 심리치료를 통해 자기 자신에 대해 생각하는 방법과 과거와 현재의 경험에 대해 숙고하는 연습 경험을 얻어 냄으로써 미래의 경험을 다루어 나가는 보다 효과적인 방식을 배울 수 있다(Akhtar, 2007; Beitman & Soth, 2006 참조).

환자들이 심리치료에서 받은 교육과 훈련은, 특히 자기관찰 기술의 측면에서, 그 치료가 종결된 이후라 할지라도 계속해서 진전해 나갈 수 있게 해 준다. 종결 이전에 해석을 잘 훈습할 수 있었다면, 이러한 해석이 자신의 행동을 이해하고 수정하는 데 도움을 줄 수 있는 새로운 상황에 환자가 마주치면서 그 해석의 훈습은 지속된다. 심리치료를 받으면서 증진된 자존감은 환자들이 치료의 이득에 의해 개인적인 야망을 실현해 가면서 심리치료 이후에도 계속 증진된다. 이렇게 심리치료는 일단 작동하기 시작하면 공식적인 치료관계가 종결된 이후에도 환자가 더 풍부하고 더 보람 있는 인생을 향해 전진해 나갈 수 있도록 도움을 주는 하나의 과정을 만들어 낸다.[1]

이와 동일한 맥락에서, 환자가 치료를 개시할 때 도움을 얻고자 가지고 온 어려움을 그가 결코 다시 겪지 않을 것이라고 치료자가 확신할 때까지 치

....

1 심리치료의 유익한 효과가 치료 종결 이후에도 계속 누적된다는 근거는 임상경험과 경험적 연구를 통해 도출되었다(Falkenstrom, Grant, Broberg, & Sandell, 2007; Quintar, 2001). 30년보다 더 이전에 Kubie(1973)는 "어떤 환자들에게는 지속적인 심리적 변화와 성숙과정으로서의 심리치료가 공식적인 치료가 종료된 이후에야 시작되는 것 같다"고 언급했다(p. 882). 후속 연구의 결과들은 Kubie의 결론을 반영한다. 예컨대, Schramski 등(1984)은 치료가 종결된 6개월 후의 환자들에 자기보고 측정치 배터리를 실시했고, 그들 대부분은 치료 후의 기간 동안에 치료의 이득을 유지하거나 지속하고 있다고 결론지었다. Weiner와 Exner(1991)는 치료의 시작 시점과 12, 30, 48개월 이후에 심리치료를 받는 환자들에게 로르샤흐 검사를 실시했다. 집단으로서, 이 환자들은 폭넓은 범위의 적응지표에서 지속적이고 유의미한 개선을 보였고, 거의 대부분이 치료를 종결한지 한참 지났을 때에도 부가적인 개선이 지속되는 양상을 보였다.

료 종결을 미룰 필요는 없다. 물론 치료의 종결 이전에 더 효율적이고 보람 있는 생활방식을 향해 상당한 진전이 있어야 하겠지만, 새로운 문제가 생기거나 기존의 심리적 문제가 반복될 가능성이 있다고 해서 치료 종결을 결정하지 않아야 한다는 것은 아니다. 완벽함이 달성할 수 없는 이상인 것과 마찬가지로, 심리적인 어려움은 완벽하게 피할 수 없는 것이며, 치료를 종결했다고 해서 환자가 언제든 필요로 하게 될 모든 도움을 받았음을 나타내는 것으로 간주해서는 안 된다. 미래의 상황으로 인해 치료자를 다시 방문하거나 다른 치료과정이 도움이 될 수 있는 어려움이 생길 수 있다. 추가 예방접종과 마찬가지로, 그러한 추후 치료기간은 개선된 기능을 유지하는 데 도움이 되며, 처음의 심리치료가 실패했음을 나타내는 것은 아니다(Cummings, 2001 참조).

언제 심리치료를 끝내야 할지에 관한 고정된 기준이 없는 것과 마찬가지로, 환자가 어느 정도 심리치료를 받아야 하는지를 미리 정확하게 결정하기 위한 임상적으로 건전하며 경험적으로 확립된 지침이 있는 것은 아니다. 환자가 더 오랜 기간 심리치료를 받고 더 많은 회기를 가질수록, 어느 정도까지는 그 심리치료를 통해 더 많은 이익을 얻게 될 가능성이 높아진다는 분명한 근거가 있다. 하지만, 치료의 지속기간과 심리치료의 효과 사이의 이러한 관련성이 그 특성상 선형적인 것은 아니다. 심리치료를 통해 이익을 얻는 대부분의 환자들은 치료의 첫 6개월 동안에 그들이 얻을 수 있는 최종적인 이익의 상당 부분을 달성하며, 그 이후에는 추가적인 개선이 더 느리고 적다. 그럼에도, 6개월 이상 심리치료를 받은 환자들은 6개월 미만의 치료를 받은 환자들보다 증상발현, 직업이나 사회적 상황에서의 기능, 그리고 대인관계에서 현저하게 더 개선되었다고 보고했다. 게다가, 지속적인 개선이 심리치료 이후 2년 혹은 그 이상이 지나도 발생할 수 있다는 것은 가용한 자료들이 확증해 준다(Bowman, Scogin, Floyd, & McKendree-Smith, 2001; Goldenberg, 2002; Lambert et al., 2004; Orlinsky et al., 2004; Seligman, 1995, 1996; Whiston & Sexton, 1993 참조).

이러한 연구들은 분명 가치가 있지만, 이 결과들은 심리치료 환자 일반에 대해서 말하고 있을 뿐, 최적의 치료기간이 가능하면 항상 길어야 한다는 것을 보여 주는 것은 아니다. 대신에, 치료 기간이 얼마나 지속될지에 영향을 미치는 특정한 요인들을 고려하여 개별 사례를 통해 지침으로 삼을 필요가 있다(Martin, 2002; Millon & Grossman, 2007). 덧붙여, 성공적인 결과는 대개 목표를 달성했는지가 아닌 그 목표를 향해 얼마나 나아갔는지를 통해 측정해야만 하는 것이라 해도, 적절한 치료의 종결을 고려하기 시작할 수 있는 최소한도의 어떤 분명한 기준이 심리치료 과정 동안에 적용될 수 있을 것이다.

심리치료의 기간에 영향을 미치는 요인

개별 사례에 있어서 심리치료의 지속기간은 보통 치료 내부의 세 가지 요인, 즉 ① 치료의 깊이와 강도, ② 치료자의 지향점과 기술, ③ 환자의 욕구와 역량의 영향을 받는다.

치료의 깊이와 강도 통찰지향적 심리치료는 환자가 완전히 자각하지 못한 것 그리고 그들이 도움을 요청한 그 문제와 관련된 생각과 감정들을 떠올려 보는 방식으로 진행된다. 치료의 강도는 회기의 빈도에 의해 측정되는데, 더 집중적인 치료를 추구할수록 그러한 숨겨진 사고와 감정이 더 많이 드러나며, 이를 적절히 논의하기 위해서 더 많은 시간이 요구된다. 게다가, 치료가 더 집중적일수록 치료관계는 더 깊이 관여하게 될 가능성이 높고, 그 관계의 전이적 요소를 탐색하고 해결하기 위해 더 많은 시간을 필요로 하게 될 것이다. 따라서 어떤 식으로든 회기의 빈도가 늘어나면 치료의 영역은 확장되고 깊어지며, 그 강도 역시 덩달아 증가하는 것이기 때문에, 치료의 강도

가 더 강할수록 더 오래 지속될 수밖에 없는 것이 일반적이다.[2]

회기의 빈도와 심리치료의 지속기간 사이의 일반적인 관계에 대해 두 가지 예외가 있다. 이는 모두 주로 지지적인 치료와 관련된다. 첫째, 위기 개입의 경우, 치료 회기가 매우 많지만 그 위기가 사라질 때까지 단기간만 지속되는 치료계획을 세울 수 있다. 예를 들어, 자살 위험이 매우 높은 환자는 단 1~2주 동안 매일 만날 수 있고, 그 이후 급박한 자살 위험이 줄어들면 덜 만나게 되는 식으로 치료계획을 세울 수 있다. 둘째, 어떤 상황에서는 상대적으로 회기 빈도가 낮지만 기간 연장을 예상하며 지지적 치료를 계획할 수 있다. 특히 만성적인 심리적 어려움을 지닌 환자인 경우, 수년에 걸쳐 2주에 한 번 혹은 한 달에 한 번 진행하는 심리치료가 더 효율적인 생활방식이나 심리적인 평형상태를 유지해 나가는데 가장 적절한 방식일 수가 있다. 하지만, 이러한 두 가지 예외가 있다 하더라도, 심리치료 회기의 빈도와 필요한 치료기간 사이에는 일반적으로 직접적인 관계가 있다.

치료자의 지향점과 기술 몇몇 심리치료자들은 사람들이 선천적으로 탄력적이고 개인의 성장과 자기실현을 촉진시킬 수 있는 자각이 아주 조금만 향상되어도 그것을 기반으로 자신의 인생 방향을 바꿀 수 있다는 Rogers(1951)의 전통적인 신념을 따라 자신의 작업에 임한다. 다른 치료자들은 자신의 환자가 더 충만한 삶을 살 수 있도록 도움을 주는 데 있어서 똑같이 헌신하지만, 신경증적 억제와 갈등은 완고하게 지속되며 광범위하고 힘들게 자기이해력이 향상될 때에만 그것이 물러선다는 Freud(1937/1964)의 덜 낙관적인

....

2 10장의 전이 경향성에 대한 논의에서 언급했듯이, 심리치료의 주어진 빈도 내에서 얼마나 강하게 몰입할 수 있는지의 정도는 환자마다 다르다. 따라서, 상대적으로 표현적인 사람이 주 1회 진행되는 심리치료를 할 경우 상대적으로 숙고적인 사람이 주 2회 심리치료를 하는 경우보다 더 강하게 치료에 관여할 수도 있을 것이다. 하지만, 대체로 환자를 더 자주 볼수록, 심리치료의 강도는 더 증가하며 기간은 늘어날 수밖에 없다.

견해를 공유한다. 전자의 신념을 지닌 치료자들은 심리치료가 비교적 짧은 시간 내에 만족스러운 종료 시점에 도달할 수 있다는 기대를 가지고 치료를 진행하는 경향이 있는 반면, 후자의 견해를 견지하고 있는 사람은 일반적으로 적절한 종료 시점에 도달하기 전에 장기간의 심리치료를 예상한다.

222명의 심리학자를 대상으로 그들이 지니고 있는 신념과 태도에 대해 조사한 결과, Bolter, Levenson, 그리고 Alvarez(1990)는 심리치료에서 장기적인 접근을 선호하는 사람들은 성격이 본질적으로 정태적이며 잘 변하지 않기에, 타성과 변화에 대한 저항을 극복하려면 치료는 상당한 노력을 요구한다고 간주하는 경향이 있음을 확인하였다. 대조적으로, 이 조사에서 단기적 접근을 선호했던 응답자들은, 사람들이 본래 개인적 성장을 향해 나아가며 이 과정에서 그들을 돕기 위해서는 그다지 많은 치료적 개입이 필요하지 않다고 보았다. "장기적인 것의 가치"와 "단기적인 것의 가치"를 구분하는 것이 개념적으로는 타당할지라도, 이러한 구분은 몇 가지 임상적인 위험성을 수반하는데, 이러한 가치들을 대체 가능하고 동등하게 고려할 만한 관점이 아닌 대립적이고 정반대되는 관점으로 간주할 때 특히 그렇다.

이와 관련하여 Miller(1996b)는 장기치료를 무시하면서 단기치료의 가치를 더 높이 평가하는 것은 환자들이 받게 되는 치료를 "배급"하고 환자의 요구보다 관리의료회사의 비용절감 지시에 따라 반응하게 되는 근거가 될 수 있다고 우려를 표했다. 반대로, Budman과 Gurman(1983), Cummings(2001)은 장기치료를 지나치게 신성시하면 환자들이 도움이 되거나 필요한 기간보다 더 오래 치료받도록 유도하고, 환자들에게 심리적 이익이 되기보다는 치료자에게 재정적 이익이 되도록 지속시키게 될 수 있다고 했다. 두 경우 모두 환자의 욕구는 희생될 수 있으므로, 심리치료자는 자신이 어떤 심리치료 철학을 가지고 있든 임상적으로 필요해 보이는 만큼의 치료를 제공할 때 도움을 최대화할 수 있을 것이다.

이 점은 제쳐두고, 치료적 지향점의 차이는 치료자들이 생각하는 종결의 기준에 있어서 치료자들마다 그에 상응하는 차이를 만들어 낸다. 환자가 지니고 있는 자기성장의 역량에 대해 긍정적인 관점을 지닌 치료자는 치료 초기에 증상해소가 나타나고 더 효율적인 대처를 향해 치료가 나아가기 시작하는 것을 치료 종결의 충분한 근거로 받아들이는 경향이 있으며, 이 시점을 넘어 치료를 연장하는 것은 환자의 의존성을 조장하고 그가 자율적으로 기능하는 것을 좌절시키는 것이라고 간주하는 경향이 있다. 성격변화에 대한 기대에 있어서 비교적 보수적인 치료자들은 처음 치료 진전이 나타나면 그것은 향상을 향한 첫 단계에 불과한 것이며, 그것에 근거하여 치료 종결을 고려하는 것은 미숙한 것이고 치료에서 얻은 이득을 다시 되돌릴 위험을 무릅쓰는 것으로 간주하는 경향이 있다(Todd, Deane, & Bragdon, 2003 참조).

심리치료를 얼마나 짧게 할 수 있을지와 관련하여 한 가지 주목할 만한 낙관론이 반영된 것으로, 어떤 치료자들은 처음 치료계약을 할 때 어느 정도 혹은 그 이상의 치료 회기를 가질 것이라거나 치료가 얼마나 오래 지속될 것인지 그 기간을 명시하도록 권고한다. 이러한 시간 제한적 치료는 치료에 대한 긴급성을 만들어 내고, 이렇게 하지 않았을 때보다 환자나 치료자 모두에게 그들이 가진 시간을 더 효율적으로 사용하도록 고무시키며, 환자가 치료자에게 의존하는 것을 줄이는 데 도움이 된다고 여겨진다.[3] 흥미롭게도, 심리치료에 있어서 전적으로 장기적 혹은 단기적이거나 특정한 이론적 접근에 얽매이지 말아야 함을 상기시키는 것으로서, 시간 제한적 치료에 관한 생각은 정신분석 이론에서 거의 Freud까지 거슬러 올라간다. 예를 들어, Rank(1945)는 환자가 분리와 개별화를 향해 나아갈 수 있도록 고취하는 하나의 방법으로 분석치료의 기간에 구체적인 시간 제한을 추천하였다. 또

....

3 시간 제한적 치료를 위한 이론적 근거와 절차는 Mann(1973)에 의해 처음으로 상세하게 기술되었다. 심리치료에서의 변화를 가속화하는 데 있어서 시간 제한이 주는 잠재적으로 긍정적인 영향을 보여 주는 연구는 Eckert(1993), Hilsenroth(2007), Reynolds , Stiles, Barkham, Shapiro, Hardy, 그리고 Rees(1996)이 서술하였다.

한 정신역동 지향 임상가들도 단축형의 심층탐색적 심리치료를 위한 폭넓은 방법들의 목록을 개발했는데, 이는 Alexander와 French(1946, 4장)의 "교정적 감정 경험"을 통해 통찰을 빠르게 얻을 수 있다는 설명을 시작으로 단기 표현적 심리치료를 위한 많은 상세한 기법과 매뉴얼로 확장되었다.[4]

시간단축을 위한 특정 기준이 없는 상황에서, 비교적 단기적인 치료이든 장기적인 치료이든 만족스러운 종결지점을 향한 치료 과정의 속도는 치료자의 이론적 지향뿐 아니라 치료자의 기술에 의해서도 영향을 받는다. 환자와의 대화를 더 빨리 이해하고 그러한 이해를 더 기민하게 소통할수록, 치료는 더 빨리 이득을 만들어 내고 기간은 더 짧아질 것이다. 하지만 3장에서 말했듯이 치료자의 기술은 환자와 한 쌍으로 상호작용하는 변인이지, 고정된 특성이 아니라는 점을 기억해야 한다. 일반적인 능력 수준이 어느 정도이든, 치료자는 다른 환자들보다 특정한 유형의 환자들과 그리고 환자가 지닌 특정한 유형의 문제들과 작업하면서 더 기술을 발휘할 수 있을 것이다. 그러므로 심리치료에서 어느 정도의 기간이 필요한지에 대해서는, 각 치료자가 다른 환자가 아닌 몇몇 유형의 환자들과 만족스러운 치료과정을 완수하려고 할 때 더 많은 시간이 필요할 것이라고 말할 수 있다.

환자의 욕구와 역량 비교적 심각하고 오랫동안 지속된 문제를 지니고 심리치료를 시작하는 사람은 비교적 가볍고 최근에 시작된 문제를 지니고 도움을 받으려는 사람보다 더 긴 치료기간을 필요로 할 것이다. 마찬가지로, 심리치료를 통해 성격을 완전히 개조하려는 것을 목표로 하는 사람은 그보

....

4 정신역동 지향의 단기 표현적 심리치료에 대하여 신중하게 고려되고 폭넓게 인정받는 방법은 Binder(2004), Davan-loo(1980), Della Silva(1996), Malan(1976), Sifneos(1987), Strupp과 Binder(1984)가 설명했다. 이러한 방법들에 대하여 전반적으로 개관해 보려면 Bauer와 Kobos(1987), Bloom(1992), Crits-Christoph와 Barber(1991), Groves(1996), Messer와 Warren(1995), Wells와 Gianetti(1990)를 참조하면 된다.

다 덜 야심찬 목표를 지닌 사람들보다 대개 더 긴 치료기간을 필요로 한다. 그렇다면, 일반적으로 말해, 한편으로는 환자가 지니고 있는 문제의 심각도와 만성도, 그리고 다른 한편으로는 그들이 성취할 수 있을 것으로 기대되는 향상된 성격기능의 상태 사이를 메우기 위해 더 많은 근거가 존재할수록 그들의 심리치료는 더 오래 지속될 것으로 예상해 볼 수 있다.

이러한 일반적인 원리를 세울 수는 있지만, 치료를 끝내기에 충분하다고 생각하는 치료 기간과 치료의 유형은 치료자뿐 아니라 환자들 역시 다르게 인식한다. 어떤 환자들은 더 좋아질 수 있는 자신의 역량에 대해 의심을 품는다.이러한 환자들은 처음으로 치료의 진전 신호가 나타났을 때 이를 불신하고, 자신이 지닌 어려움이 재발할 것으로 예상하며, 치료상황 내에서 훈습을 아주 오랫동안 진행하고 치료 상황 밖에서 충분히 오랫동안 개선이 이루어질 때까지 치료의 종결에 대해 생각하는 것을 망설인다. 다른 환자들의 경우, 치료자가 자신을 올바른 방향으로 이끌어 준다면 자신이 빠르게 향상되고 그 향상을 유지할 것이라는 점에 대해 낙관적인 태도를 갖는다. 이러한 환자들은 첫 치료효과가 나타날 때까지 잘해 나가며, 일단 자신의 대처 효율성이 향상되기 시작하면 치료 종결을 미루지 않으려 한다.

개별 환자의 역량은 치료자의 기술과 거의 같은 방식으로 심리치료의 기간에 영향은 미친다. 치료 상황에서 자신에 관해 더 자유롭게 이야기할수록 자신의 욕구와 태도를 더 민감하게 다룰 수 있고, 자신의 자각능력을 확장시키기 위해 치료자의 개입을 더 민감하게 받아들일 수 있다. 또한, 다른 상황에서의 자신의 행동에 심리치료가 영향을 미치는 것을 더 기꺼이 허용할 것이고, 치료를 통해 더 빨리 좋아질 것이며 치료를 더 빨리 완수할 것이다.

각 환자들의 욕구와 역량이 어느 정도인지 주의해서 잘 살펴보면, 임의로 몇 회기를 해야 하는지 또는 몇 개월 동안 치료해야 하는지에 근거하여 "장기"치료인지 "단기"치료인지를 구분하는 것은 최소한 임상적 관점에서는 무의미한 일일 것이다. 광범위한 연구를 통해 환자들이 더 좋은 기분을 느끼고 자신의 삶에서 마주치는 사건들에 더 효과적으로 대처하도록 도와주는 데 있어서 제한된 기간 동안만 진행되는 심리치료가 잠재적으로 효과적이라는 사실이 확인되었다(Anderson & Lambert, 1995; Binder, 2004; Charman, 2004; Crits-Christoph, 1992; Goldfried, 2004; Koss & Shiang, 1994 참조). 하지만, 단기 치료방법을 옹호하는 대부분의 사람들은 시간 제한적 치료가 모든 치료자에게 좋은 것은 아니라는 Strupp(1996)의 의견에 동의할 가능성이 높다.

> 시간 제한적 정신역동적 심리치료를 위한 매뉴얼을 개발하고 … 경험 많은 치료자에게 그것을 사용하는 훈련이 얼마나 효과적인지 연구하기 위한 … 프로젝트를 지도하면서, 나는 많은 사례에서 사람들이 이러한 방식으로 의미 있는 도움을 받을 수 있을 것이라는 점에 대해 의심하지 않는다. 더구나, 상당수의 사람들이 매우 제한된 형태의 전문적 도움 이상을 원하지 않는다. 하지만, 연구자이자 치료자 그리고 의식 있는 시민으로서, 우리는 최소한의 노력으로부터 마법 같은 결실을 기대할 수는 없다. 또한 더 길고 더 집중적인 심리치료적 노력이 어떤 경우에는 필요하다는 점도 간과해서는 안 된다(p. 1021).

Strupp이 관찰한 것과 같이, 15~20회기보다 적은 치료 기간은 경미하고 상황적인 문제를 지닌 환자들의 욕구에 적합하지만, 심각하게 혼란을 겪고 있는 환자들과 복합적이고 성격적으로 결정된 문제를 지닌 사람에게는 좀처럼 도움이 되지 않으며, 그들이 효과적인 치료동맹을 형성하고 개선을 나타내기 위해서는 일반적으로 더 긴 치료적 관계가 필요하다는 데 광범위한 의견의 일치를 이룬다(Garfield, 1995, 제11장; Hoglend, 1993; Schwartz, 2003; Steenbarger, 1994.) 그러므로, 심리치료의 기간이 어느 정도여야 하는가는 그것이 환자의 욕구에 충분히 부합할 수 있는 정도의 기간인지에 의해 가장 잘 정의될 수 있다. 결국, 도움을 청하는 사람의 심리적 환경에 맞춰진다면 효과적인 심리치료는 반드시 너무 짧거나 길지 않아야 할 것이다.

종결을 고려하기 위한 최소 기준

많은 요인들이 심리치료의 필요한 기간에 영향을 주지만, 치료의 종결을 고려하기 전에 충족되어야 할 세 가지 최소한의 기준이 있다.

1. **치료 목표의 달성을 향해 상당한 진전이 이루어짐** "상당한 진전"에 대해서는 상이한 해석이 있을 수 있지만, 환자와 치료자는 그들이 정한 목표를 향한 진전이 무엇인지 그리고 그러한 진전이 일어났는지에 대해 동의할 수 있어야 한다. 아무런 진전이 일어나지 않았기 때문에 치료를 중단하기로 환자와 치료자가 동의한 경우를 제외하면, 치료계약상의 양 당사자가 치료 목표를 향해 상당히 앞으로 나아가고 있다고 지각하는 데 동의할 때까지 치료 중단을 고려해서는 안 된다는 원리가 일반적으로 유효할 것이다.

2. **자신의 문제를 이해하고 경감시키는 데 있어서 환자가 독립적으로 작업할 수 있는 능력을 보여 줌** 성공적인 심리치료는 환자에게 내용뿐 아니라 방법을 가르쳐 준다. 그들은 한 인간으로서의 자신에 관해 배울 뿐 아니라, 자신의 행동을 관찰하고 자신의 이익을 위해 자기지식을 적용하는 방법에 대해서도 배운다. 종결을 고려하기 전에, 환자는 치료자의 도움 없이도 갈등과 기회 상황에서 자신의 행동을 관찰하고, 이해하며, 재조정할 수 있는지 그 역량을 보여 주어야만 한다. 그래야만 치료에서 얻은 이득을 유지하고 쌓아 나갈 수 있는 충분한 가능성이 있을 것이며, 그것이 종결 결정을 보증해 줄 것이다.

3. **전이관계가 실질적으로 해소됨** 전이관계를 해소하는 데 있어서 충분한 진전이 있으면 환자와 치료자 사이의 현실 관계가 우세해질 것이다. 10장에서 언급한 바와 같이, 이는 전이 감정이 완전히 사라졌다거나 환자와 치료자가 이제 치료계약을 초월하거나 윤리적인 경계를 위반하는 식으로 개인적으로 관여하게 되었음을 의미하는 것은 아니다. 그렇다기보다, 이는 전이

반응이 더 적게 발생하고, 그에 따라 치료관계에서의 상호작용 대부분이 현실지향적 대화로 이루어짐을 뜻한다. 즉 환자가 자신의 경험을 거의 왜곡의 증거 없이 말하고, 치료자는 해석적인 입장을 거의 이용하지 않으면서 듣고 논평할 수 있는 대화로 구성되었음을 의미한다. 만일 그러한 전이 관계의 해소에 이르기 전에 치료가 종료된다면, 환자가 치료자에게 표현하지 못한 감정은 미래에 중요한 인물과의 관계에서도 문제를 일으킬 수 있다. 이는 환자가 중요한 사람에 대해 갖고 있는 미해결된 감정이 그들 사이에 문제를 일으키는 것과 동일한 방식으로 나타난다. 불충분하게 해소된 전이감정을 지닌 채 치료를 떠난 환자는 추가 치료가 도움이 될 만한 불충분하게 해결된 다른 문제를 남겨 놓았을 가능성이 있다.

심리치료에서 치료 종결을 고려하기 위해 필요한 이 세 가지 최소 기준(치료의 목표를 향한 상당한 진전, 자기 자신을 관찰하고 자기 자신에 대해 배우는 역량, 전이의 실질적 해소)은 종결을 계획하고 실행하는 것과 관련하여 이 장의 나머지 부분에서 상세하게 설명된다. 이상적인 조건이라면, 함께 작업해 온 환자와 치료자가 적절한 중지 시점에 도달했다는 것에 충분히 만족하게 되었을 때 치료는 종결된다. 하지만, 종종 달성한 진전의 정도와는 관계없이 외적 조건들이 종결을 강제할 수도 있다. 종결을 계획하고 실행하는 데 있어서 고려할 점은 자발적인 근거에서 발생한 것인지 아니면 강제된 근거에서 발생한 것인지에 따라 달라질 수 있기 때문에, 이 두 가지 시나리오는 분리해서 논의되어야 한다.

자발적으로 종결할 때 고려할 점

심리치료를 자발적으로 종결하는 경우는 치료계약상의 양자가 치료를 끝내야 한다고 동의할 때 발생한다. 치료계약이 부적절하게 고안되어 치료를 시작한 지 얼마 되지 않아 종결을 결정하게 되는 것이 아니라면, 치료를 끝내야 한다고 두 사람이 동의하는 시점은 대개 환자가 자기 자신에 관하여 더 많은 것을 배우고 자신의 향상된 자기지식의 의미에 대해 훈습을 충분히 거친 기간 이후에 찾아오는 것이 보통이다. 그때 치료를 종결해야겠다는 최초의 제안은 환자가 할 수도 있고 치료자가 할 수도 있는데, 이는 그들의 치료관계의 속성과 상황의 요구에 달려 있다.

환자가 종결을 제안하는 경우

종결에 이르게 되는 가장 바람직한 방식은 환자가 심리치료에서 자신의 목표를 달성했다고 믿고, 더 많은 어려움을 자신의 힘으로 다루어 나갈 수 있다고 느끼며, 치료가 얼마나 더 필요한지 논의하고 싶다고 자발적으로 말하는 것이다. 환자의 이러한 제안은 방금 앞서 언급했던 종결을 고려하기 위한 최소한의 기준을 충족한다. 그들은 상당한 치료의 진전이 있었다는 것, 그러한 진전을 계속 유지할 수 있다는 긍정적 전망을 지니고 있다는 것, 그리고 종결이 실행되는 시점과 방법에 대해 현실 관계의 수준에서 검토할 수 있는 준비가 되어 있다는 것을 보여 줄 것이다.

환자가 종결에 대한 관심을 이처럼 직접적으로 표현할 때 치료자가 대응해야 할 첫 번째 과업은 그것이 치료의 진행과정을 정확히 평가한 것을 나타내는지 아니면 더 진행되어야 할 치료에 대한 저항을 감추고 있는 것인지 생각해 보는 것이다. 9장에서 언급한 바와 같이, 변화에 대한 저항, 면담 내용에 대한 저항, 그리고 전이 태도와 관련된 저항이 모두 환자가 조기에 치료 종결을 제안하는 데 기여할 수 있다. 분명한 저항의 맥락에서 종결이 제안되었다면 그 제안은 저항의 징후로 해석되어야 하며, 명백한 저항의 징후가 없을 뿐 아니라 환자가 개선되었다고 느낄 만한 증거도 없는데 그러한 제안을 한 것이라면, 그 제안이 혹시 달리 표현되지 않았지만 실제로 존재할 수 있는 다른 형태의 저항에서 비롯된 것은 아닌지 탐색해 보아야 한다.

하지만, 치료 종결을 요청하는 환자가 저항하는 것 같지 않고 사실상 치료의 목표를 향해 상당한 진전을 이룬 것이 사실이라면, 그들의 요청을 있는 그대로 받아들여야 한다. 이는 발생한 변화와 그러한 변화가 치료 목표를 달성한 정도에 대하여 철저하고도 현실지향적인 검토가 개시되어야 함을 의미한다. 그러한 검토를 통해 환자나 치료자가 모두 만족하는 결론이 도출된 것이라면, 두 사람이 치료 종결에 대한 계획을 세우기 시작해야 하는 시점이 도래한 것이다.

환자의 요청에 의해 치료 진행과정에 대한 검토를 시작했을 때 환자가 추측한 것보다 덜 긍정적인 상황으로 판단된다면, 유리한 종결 시점에 도달하기 전에 어떤 종류의 변화가 더 성취되어야 하는지를 확인하는 기회로 삼을 수 있다. 하지만, 미해결된 것을 확인하는 작업이 그 시점에 치료를 종결한다면 환자에게 끔찍한 결과가 나타날 수 있다고 제시하라는 의미는 아니다. 환자가 치료를 계속하도록 설득하는 것은 그들이 치료에 들어오도록 유혹하는 것만큼이나 효과적인 치료계약에 있어서 적절한 방식이 아니다. 대신에, 치료자는 치료를 통해 달성해야 할 성취와 지금까지 치료를 통해 성취한 것 사이에 여전히 존재하는 간극을 최대한 현실적으로 제시할 필요가 있으며, 이렇게 여전히 남아 있는 목적을 향하여 그들이 작업을 계속해 나가기 원하는지 여부를 결정하는 것은 그 이후에 환자가 결정해야 하는 문제이다.

환자가 생각하는 것만큼 치료가 실질적으로 진전되지 않았다는 것을 그가 인지할 수 있도록 도와주어야 하는 상황과는 반대로, 환자의 요청에 의해 지금까지의 치료과정을 검토하기 시작한 경우에는 치료자가 지금까지 인지한 것보다 더 치료가 잘 진행되고 있다는 것을 종종 보여 줄 수도 있다. 치료 종결을 요청함으로써 치료자를 놀라게 하는 환자들은 저항하고 있거나 아니면 자신이 이룬 치료의 진전을 과대평가하는 것일 수 있지만, 치료자가 평가한 것을 훨씬 뛰어넘는 치료적 이득을 실제로 만들어 낸 것일 수도 있다. 특히 치료자의 개인적인 욕구가 그의 판단을 흐리고 있는 것이라면 말이다.

후자의 상황에서, 치료자는 주저하지 말고 환자의 진전에 대한 자신의 평가를 재고해 보아야 하며, 치료 종결 계획을 더 앞당겨야 한다.

종결의사의 간접적 표현 종결에 대한 의지가 큰 환자들도 그것을 직접적으로 말하기 꺼리고 대신 어떤 간접적인 방식으로 그들의 의지를 표현할 수 있다. 예를 들어, 자신이 얼마나 잘해 나가고 있는지를 길게 이야기하거나, 치료자가 주목할 만한 긴급한 문제를 꺼내지 않을 수 있다. 그들이 우선 치료자에게 잘 보이려고 노력하지 않고 또 치료에 대해 저항하려고 하는 것도 아니라면, 그 행동은 치료작업이 끝났다는 자신의 믿음을 전달하려는 수단일 수 있다. 그러한 경우라면, 그 다음은 이를 알아차리고 이러한 의사전달에 대해 "당신이 원했던 것을 치료에서 얻었다고 말씀하시는 것처럼 들리는군요."와 같은 말로 응답하는 것은 치료자의 몫이다.

때로는 갑자기 치료에 오지 않음으로써 치료가 끝났다는 감정을 간접적으로 전달할 수도 있다. 종결에 대한 결심을 논의하지 않은 채 치료에 오지 않는 환자는 치료의 초기에 굳건한 작업동맹이 형성되기 전 그렇게 한다. 치료의 중기 과정으로 접어들고 유용한 해석 작업에 참여한 후에 환자가 오지 않는 경우, 그들의 일방적인 종결이 꼭 치료에서 성공적인 결과를 얻지 못했다는 것을 나타내는 것은 아니다. 심리치료를 통해 충분한 도움을 얻었다고 진정으로 느끼는 환자들 또한 치료자에게 자신이 진전을 이루었음을 납득시키려 하거나 장기간의 분리과정을 거치지 않고도 그저 치료 회기에 나타나지 않을 수 있다.[5]

....

5 심리치료에서 초기탈락의 위험성을 높일 수 있는 부적절하게 발전된 작업동맹과의 관련성을 보여 주는 연구는 Beckham(1992), Mallinckrodt, Porter, 그리고 Kivlighan(2005), Tryon과 Kane(1993)이 보고했다. 하지만 Hynan(1990) Mueller와 Pekarik(2000)이 수집한 자료에 따르면, 치료에서 나중에 탈락하는 환자들은 종종 치료관계에 긍정적으로 관여했지만 그들이 이룬 진전에 근거하여 중단을 결심한 것임이 확증되었다.

물론 환자가 행동으로 옮기기 전에 종결 계획에 관해 이야기를 하는 것이 더 좋고, 또한 그렇게 하기를 주저하는 것은 주목할 필요가 있는 어떤 해결되지 못한 염려를 나타내는 것일 수도 있다. 예를 들어, 왜 환자는 치료자와 치료진행 경과에 대해 검토하기를 꺼리며, 작별인사를 하기 어려워 그냥 오지 않는 것일까? 그럼에도, 일방적인 종결이 치료목적을 달성했다는 그들의 판단에서 옳은 것일 수 있으며, 그들은 훨씬 좋아졌고 그러한 개선을 유지할 수 있는 상당한 역량도 갖춘 상태에서 치료를 떠난 것일 수 있다.

치료를 중단한 환자가 의미 있는 이득을 얻었을 가능성에 대해 주의 깊게 살펴볼 필요가 있는데, 이는 치료자가 일방적 종결을 권장하거나 그 종결에 만족해야 하기 때문이 아니라 자동적으로 그것을 부정적인 결과로 간주하는 것을 피해야 하기 때문이다(Arnow et al., 2007; Rawlings, 2005 참조). 몇몇 연구에서 그렇게 치료를 중단하는 모든 환자를 "실패한 사례"로 낙인찍으려는 안타까운 경향이 있었다. 하지만 일방적인 종결자가 치료를 그만두기 전에 개선되었을 수 있다는 사실에도 불구하고, 전에 인용했던 치료 종결 후의 이득에 관한 증거는 그 어느 쪽도 신뢰할 만하지 않다는 것을 보여 준다. 세심한 추적연구만이 어떤 일방적인 종결자가 심리치료에 이득이 없었고 어떤 종결자는 지속적인 향상이 있었는지를 밝혀 줄 것이다.

천장효과로서의 종결하려는 소망 환자들이 치료 종결을 제안하는 지금까지 논의했던 상황들은 그들이 치료과정에 대해 만족감을 느끼고 더 이상 도움을 필요로 하지 않을 때 예상되는 것이었다. 자신이 원하는 만큼의 진전이 있어서가 아니라, 자신이 가능한 만큼 나아졌다고 느끼기 때문에 치료중단을 요청하는 상황 또한 존재한다. 자신이 더 이상 목표로 삼은 만큼 좋아질 수 없을 것이라고 생각하기 때문이 아니라 자신이 설정한 만큼 충분히 달성했다고 믿기 때문에 치료를 종결하는 것이 더 좋겠지만, 그럼에도 불구하고 "천장효과(ceiling effect)"로 부를 수 있는 전자의 경우가 적절한 종결 시점임을 나타내는 것일 수 있다.

심리치료에서 도움을 받는 데 있어서 환자가 자신의 상한에 도달했다는 그 느낌이 얼마나 적절한 것인지는 그 치료의 목적이 사실상 성취된 것인지의 정도와 달성되어야 할 나머지 것들이 그럴 만한지 여부에 달려 있다. 지금까지 꾸준히 호전되어 왔고, 남은 목표가 이미 달성한 것들과 유사한 환자라면, 자신이 이룰 수 있는 만큼 충분히 이뤘다고 느끼는 것은 비현실적이다. 하지만, 그가 치료에서 얻고 있는 이득이 점점 작아지고 있는 환자가 심리치료를 통해 얻을 수 있는 것이 거의 없다고 지각하고 있다면, 그들이 여전히 어떤 적응상의 어려움을 지니고 있다고 할지라도, 이는 꽤 정확한 지각일 수 있다.

심리치료가 그 효과 면에서 천장에 도달했는지를 환자들이 평가할 수 있도록 도와주는 것 외에도, 치료자는 이미 성취한 것을 바탕으로 그 위에 또 다른 형태의 도움이 구축되어야 하는 시점을 인지할 필요가 있다. 자신을 이해하고 자신의 경험을 더 효과적으로 다루는 심리치료를 받고 있는 환자가 결혼과 관련된 어떤 문제를 해결하기 위해 결혼 상담이 필요할 수 있고, 자신의 포부와 재능에 맞는 직업 선택을 하기 위해 직업 상담이 추가로 필요할 수 있다. 또는 자신의 자아상과 능력을 활용하는 역량을 증진시켜 온 환자라 하더라도, 체계적 둔감화와 같이 특별한 치료가 도움이 되는 특정 공포증과 같은 특정 증상으로 고통받고 있을 수 있다.

치료에 최대한의 진전이 있어서 종결을 바라는 환자를 평가할 때, 치료자는 모든 심리치료가 결국은 이득이 감소하는 지점에 도달하게 됨을 명심해야 한다. 심리치료 과정 전반에 걸친 향상률 감소와 관련하여 이전에 인용한 연구 결과와 일치하는 바에 따르면, 최소한도로 가장 낮게 잡은 목표조차도 천장효과에 기여할 수 있다는 결과가 있다. 이는 그러한 목표를 향한 상당한 진전을 이루었을 경우, 남아 있는 이득을 더 얻어 내는 것이 오히려 더 어렵게 되는 경향이 있다는 점에서 그렇다고 볼 수 있다. 현재까지의 경과와 향후의 전망은 각 개인의 사례별로 평가되므로, 그것을 달성하는 데 필요한 시간, 노력, 비용의 측면에서 더 달성해야 할 것이 무엇인지 가늠해 볼 필요가 있다. 더 심리치료를 하더라도 얻을 수 있는 것이 별로 없다는 환자의 판단에 치료자가 동의한다면, 그들은 종결을 위한 계획 수립에 착수해야 한다. 진행 속도가 느리긴 하지만 치료를 멈출 만한 근거가 아직 없다면, 환자는 앞으로 더 얻을 수 있는 이득이 향후 치료를 계속하는 데 드는 비용의 값어치를 할 수 있을 것인지 검토하는 시간을 가져야만 한다.

심리치료를 받음으로써 얻을 수 있는 이득에 비하여 치료에 드는 시간, 노력, 비용이 어느 정도인지를 현실적으로 저울질해 보는 것을 운명론적 굴종으로 간주하거나 자기이해의 증진이라는 심리학적 가치를 실제적인 문제들에 종속시키는 것으로 간주해서는 안 된다. 오히려 치료 종결을 요청하는 환자와 손익 분석을 해 보는 것은 그들이 얻은 이득을 부각시키고 그것을 보존하데 도움이 된다(Corning & Malofeeva, 2004; Quintar, 2001 참조). 그뿐 아니라, 이득이 점점 감소하는 시점을 넘어서 치료를 계속 연장하는 것은 이전까지 얻은 이득마저 잠식하는 위험을 무릅쓰는 것이다. 부가적인 이득이 거의 없어 보이는 시점까지, 그리고 그러한 이득을 얻으려면 엄청난 노력을 투입해야만 하는 시점까지 치료를 해 온 환자는 그 치료와 치료자에게 점차 환멸을 느낄 수 있다. 한때는 얻었던 보상을 더 이상 얻을 수 없는 과업에 매진하게 되면, 예전에는 그렇게 생각했지만 이제는 언제 그것이 도움이 된 적이 있었는지 의문을 품을 수 있다. 또한 이제는 더 이상 보람을 얻을 수 없는 과업을 계속하도록 격려하게 되면 격려하는 사람이 과연 자신이 무엇을 하는지 알기나 하는 것인지 그리고 그가 정말 최선의 이익을 마음에 두고 있기나 한 것인지 의심하게 만들 수 있다.

치료가 계속되어야 하는지를 결정하는 데 있어서 환자가 잘 알려진 근거에 의하여 참여할 수 있도록 하기 위한 일환으로, 치료자는 치료과정이 환멸의 단계로 연장되도록 내버려 두는 것을 경계해야 한다. 환자가 자신이 해 온 치료의 진전에 대해 완전히 만족한다는 느낌 없이 치료를 떠나야만 한다면, 가능한 최대 범위 내에서 치료가 잘 진행되었다는 느낌을 지니고 치료를 떠나는 것이 얻은 것 없이 치료가 흐지부지되었다는 느낌으로 치료를 떠나게 하는 것보다 낫다. 전자의 감정은 대체로 후자보다는 환자가 치료에서 얻은 이득을 계속 유지하고 치료에 참여함으로써 배운 자기관찰에 계속 참여하게 해 주는 결과를 맺게 해 줄 가능성이 더 높다.

치료자가 종결을 제안하는 경우

대부분의 환자들이 치료의 진전이 어느 정도인지를 면밀하게 검토하고 곧이어 치료를 얼마나 더 지속해야만 하는지 질문하는 반면, 어떤 환자들은 자신이 치료에서 이룬 진전의 증거를 무시하거나 그것에 주목하려고 하지 않는다. 그러한 행동은 대개 어떤 형태의 저항을 반영한다. 예를 들어, 성격적 저항의 측면에서, 치료에서 상당한 진전을 이룬 환자들이 그 진전을 현실로 수용하고 그 과정에서 즐거움을 누리지 못하게 막는 끈질긴 피학적 성향을 지니고 있을 수 있다. 이러한 자기학대적인 태도에 직접 직면해야만 자신의 향상을 평가하고 치료 작업이 이룬 것을 고려하기 시작할 것이다.

변화에 대한 저항의 측면에서, 치료 상황에 머물러 있는 것으로부터 파생되는 이차 이득은 처음에 치료에 들어오는 것에 대한 것만큼이나 치료를 종결하는 것에 대해 강한 저항을 만들어 낼 수 있다. 환자들은 드물지 않게 치료자와의 관계에 애착을 갖고 그것을 포기하는 것을 싫어한다. 변화에 대한 저항은 환자들이 자신의 치료자에 대해 갖고 있는 특정한 감정에서 파생되는 것이 아니라, 삶에서 다른 일이 일어나더라도 계속 치료를 받으면 언제든 자신을 도울 준비가 되어 있고 유능하며 민감한 사람을 정기적으로 만나는 기회를 가질 수 있다는 위안에서 비롯된다.

이차 이득도 심리치료에서 자신이 동실시하고 있는 환자의 역할과 관련하여 종결에 대한 저항을 만들어 낼 수 있다. 심리적으로 고통을 겪고 있는 상태에서 얻을 수 있는 어떤 이득을 희생하길 주저하기 때문에 치료를 시작하기를 꺼릴 수 있는 것과 마찬가지로, 환자들은 치료를 종결하면 치료에 계속 머물러 있음으로써 얻는 어떤 이득을 빼앗길 것이라 생각하여 종결을 미룰 수 있다. 자신의 가족, 친구, 그리고 고용주에게 "치료 중" 혹은 "누군가를 만나는 중"인 것으로 알려진 사람은 가정에서 특별한 관심을 받고, 직장에서 휴가를 얻으며, 친구들에게는 공감적인 격려를 받게 될 것이다. 만약 치료를 끝낸 사람이 된다면 그러한 이득이 위태로워질 수 있다는 점에서, 환자는 치료를 마친 뒤 자신에게 허락되었던 것을 더 이상 받을 필요가 없는 사람이 되는 것에 대해 재차 고민하게 된다.

마지막으로, 환자들은 전이 저항 때문에 아주 특정한 이유로 치료자와의 관계를 포기하길 주저할 수 있다. 치료자에 대한 특정한 호감이나 존경의 감정은 치료관계의 종결을 앞당길 수 있는 치료의 진전을 보거나 그 진전에 대해 말하기를 피하게 만드는 동기가 될 수 있다. 긍정적 전이를 아직 해소하지 못한 환자도 관계 종결에 대한 질문을 자신이 먼저 제기함으로써 치료자에게 상처를 주거나 기분을 상하게 할까 봐 염려할 수 있다.

환자가 종결을 생각해 볼 만큼 충분한 치료의 진전을 이루었는데도 자발적으로 그렇게 하지 않는다면, 이러한 문제에 대해 탐색하는 것과 종결을 제안하고 치료의 현 상황에 대해 검토해 보기 시작해야 하는 책임은 이제 치료자의 몫이다. 예를 들어, 치료에서 의미 있는 이득을 성취한 환자가 현재는 충분히 혼자서 통찰력 있게 생각하고 새로운 어려움을 해결하고 있음에도 불구하고, 이따금씩 오래된 문제들을 다시 꺼내고 있다고 해 보자. 그렇다면 치료자는 다음과 같이 언급할 필요가 있는지 고려해 보아야 한다.

> 지금 얼마 동안은 치료가 꽤 순조롭게 잘 진행되어 온 것 같고, 당신이 가지고 있던 어떤 문제들도 당신 스스로 잘 대처해 왔습니다. 함께 더 이야기하거나 작업해야 할 것들이 정말 별로 없고, 따라서 저는 얼마나 더 우리가 만남을 지속해야 하는지 생각해 봐야 할 시점에 이른 것이 아닌가 생각되는군요.

이 표준적인 언급이 보여 주듯이, 종결을 결심한 치료자는 친절하게 환자가 성취해 온 과정의 긍정적인 측면을 언급하고, 이러한 향상을 스스로 지각하고 언급하지 않은 점을 비판하지 않아야 한다. 더 나아가 치료자는 이러한 향상이 단지 자신의 인상일 뿐 확립된 사실이 아니며, 종결은 단지 생각해 볼 문제이지 기정 사실이 아닌 것으로 말할 필요가 있다. 이처럼 친절하게, 긍정적인 색조로, 결말이 열려 있는 방식으로 종결에 대한 이야기를 꺼내야 환자가 치료의 진행 과정을 검토하는 데 능동적으로 참여하도록 촉진된다. 마치 그들이 치료 종결을 제안해 왔던 것처럼 말이다. 치료 진전 상황을 검토하는 데 있어서 환자가 참여하지 못하게 되면, 치료자가 이 결정을 하고 있다거나 자신과의 작업을 빨리 끝내려고 한다고 생각하게 함으로써 종결을 복잡하게 만들 수 있다.[6]

따라서 치료자가 종결을 제안하는 것은 단지 논의의 주제를 제기하는 것 이상의 과정으로 구성되어야 하지만, 단지 그 주제를 제기하는 것 자체만으로도 좋은 종결 시점에 도달했다는 판단에 영향을 줄 수 있다. 그러므로, 이 점에 있어서 치료자는 어떤 제안이든 꺼내는 시점을 신중하게 고려해야 한다. 특히 스스로는 그러한 문제를 제기하기를 꺼리는 환자에게 너무 일찍 혹은 늦게 종결을 제안하게끔 영향을 주는 역전이 감정에 대해 주의할 필요가 있다. 만일 환자가 실망스러울 정도로 느린 진전을 보여왔고, 그와 함께 작업하기가 어려웠으며, 치료자가 다른 목적으로 비워 둔 시간에 치료 약속을 잡거나 그 밖의 다른 방식으로 치료관계에서 부정적인 감정을 불러일으켜 왔다면, 만족할 만한 진전이 있었다고 서둘러 결론을 내릴 수 있다. 환자가 함께 작업하는 기쁨을 느끼게 했고, 치료목적을 신속하게 달성하였으며, 칭찬할 만한 삶의 성취를 보여 주었고, 그 밖의 다른 방식으로 흥미롭고 즐

6 종결을 개시하는 데 있어서 환자와 치료자의 역할 및 심리치료의 마지막 단계에서 그것이 갖는 중요성에 대한 더 상세한 논의를 보려면, Blum(1989), Kramer(1990), Kupers(1988), Quintar(2001), Sandler(2007), P. Tyson(1996)을 참조하라.

거운 관계를 제공했다면, 치료자는 자신도 모르게 치료의 진전을 간과하고 치료에서 얻는 것이 별로 없어지는 지점을 넘겨서까지 치료를 연장하게 될 수 있다. 그러한 역전이 감정을 인식하는 것이 치료자로 하여금 이러한 모든 부적절한 방식으로 행동하는데 영향을 미치지 않도록 방지해 준다(Roe, 2007; Ruderman, 1999 참조).

치료 종결을 진행하거나 미루고자 하는 자신의 결정이 현실적인 고려사항에 기반한 것이며 역전이를 반영한 것이 아님을 확인하면서, 치료자는 종종 진행과정을 검토할 것을 제안하는 기회로 삼아 치료하는 동안 자연스러운 중단을 취할 수 있다. 질병, 휴가, 사업 약속으로 인해 환자나 치료자가 불가피하게 치료 회기를 취소해야 하는 경우가 종종 있다. 치료 종결을 생각해 볼 수 있는 시점에 도달한 것으로 보이는 환자가 치료를 중단한 시간 동안에도 계속 치료의 진전을 유지한다면, 다음과 같은 방식으로 언급하는 것이 적절할 수 있다.

> 제가 휴가를 가게 되어, 우리는 지난 이주일 동안 만나지 않았습니다. 당신이 저에게 말한 것으로 볼 때 그 이주일 동안 당신에게 큰 불편이 없었고, 스스로 일을 잘 처리할 수 있었던 것 같습니다. 아마도 이 점이 지금까지 치료에서 무엇을 얻었고 얼마나 더 치료를 계속해야 하는지를 생각해 보아야만 한다는 것을 의미하는 것 같습니다.

이전의 예와 같이, 여기서의 어조도 친절하고 개방적이며, 이루어진 진전에 대해 환자를 칭찬하고 있고 그 시사점에 관해 어떤 결론으로 성급하게 넘어가지 않고 있다. 치료하는 동안 잠시 치료를 중단하는 것을 치료자가 매번 그러한 검토의 목적으로 사용해서는 안 되지만, 치료중단을 고려할 수 있는 시점에서 잠시 치료를 중단해 보는 것은 종결을 제안하기 위한 자연스러운 기회가 될 수 있다.

종결의 실행

환자와 치료자가 만족스러운 진전이 이루어졌다는 데 동의한다면, 치료자는 ① 종결하려는 결정을 공고화하기, ② 마지막 회기로 나가기 위해서 시간 제한적 또는 시간 간격화된 방법을 정하기, ③ 환자의 자기관찰 능력을 강화하기, ④ 전이의 해결을 조성하기를 통해 치료계약에 따른 실제 종결을 실행할 필요가 있다.

종결 결정을 공고화하기

치료의 진행 상황에 대한 검토 결과, 종결 시점이 다가왔음이 아무리 분명해 보인다 하더라도 이러한 결론을 재검토하고 공고화 하는 시간을 가져야 한다(Joyce, Piper, Ogrodniczuk, & Klein, 2007; Schlesinger, 2005 참조). 심리치료의 수행이 대체로 절대적이기보다는 상대적인 원리에 의해 통제되는 것이긴 하지만, 종결과 관련된 어떤 절대적인 약속을 문서로 남겨둘 수 있다. 그것이 아무리 동의하기에 적절해 보인다 하더라도, 종결에 대해 처음으로 논의하게 된 치료 회기에서 심리치료를 종결해서는 안 된다. 이 원리를 엄격하게 고수해야 할 만한 네 가지 강력한 이유가 있다.

1. **상당한 치료의 진전을 이루었다는 처음의 인상은 오류일 수 있다.** 가끔, 환자나 치료자 혹은 두 사람 모두 환자가 종결할 준비가 되었다고 잘못 믿고 있을 수 있다. 처음으로 치료의 진행과정을 검토해 볼 때 모든 관련 요인들이 머리에 떠오르지 않을 수 있으며, 한 번 더 숙고해 보면 종결의 적절성에 대해 다른 관점이 생길 수 있다. 또한, 전이와 역전이 태도가 모두 치료를 끝내야 한다는 미숙한 결론을 내리는 데 영향을 미칠 수 있다. 치료자에게 긍정적인 감정을 갖고 있다면 치료자에게 보상하는 수단으로서, 강한 부정적 전이를 경험하고 있다면 치료로부터 도망치는 수단으로서, 환자들은 더 이

상의 치료가 필요하지 않다고 주장할 수 있다. 치료자들은 자신이 환자를 "치료했다"고 믿음으로써 만족감을 느끼기를 원하거나 어려운 치료적 관계를 끝내는 것을 정당화하고 싶기 때문에 치료작업이 성취되었다고 잘못 결정할 수 있다. 양자가 종결의사를 다시 생각해 볼 수 있는 추가 회기를 가질 경우에만 그러한 전이 또는 역전이 요소를 확인하고 조정할 수 있다.

2. 현재의 진전이 앞으로도 계속 유지될 수 있다고 보장할 수 없다. 치료가 더 이상 필요하지 않거나 이득이 되지 않는다고 결론 내리는 그 시점을 환자와 치료자가 정확하게 판단한 것이라 할지라도, 다른 방식으로 다뤄야 할 수도 있는 후속 사건들을 그들이 예상하지 못할 수 있다. 심리적인 기능은 순환적이다. 사람들은 어떤 날에는 자신이 더 나아졌다고 느끼고 다른 날에는 나빠졌다고 느끼며, 어떤 경우에는 자신의 경험을 더 효과적으로 다룰 수 있다고 느끼지만 다른 경우는 그렇지 않을 수 있다. 그러므로, 심리치료가 종결 지점에 도달했다고 아무리 확신할 수 있다고 하더라도, 환자가 미래에 어떻게 될 것인지에 주의를 기울여 그 확신을 더 철저히 검토해 보아야 한다. 환자가 이미 충분한 장기간의 호전 시기를 거쳐 온 것이 아니라면, 그들이 향상된 것처럼 보이는 것이 직면할 이후의 문제들 앞에서 꺾이거나 개인적 효능성이 감소하는 자체의 순환상태에 빠지지 않도록 특별한 주의를 기울여야 한다. 종결을 처음으로 고려하기 시작했던 회기를 넘어서서 치료를 진행할 때에만 치료자는 환자가 얻은 이득이 정말로 얼마나 지속될 것인지를 결정할 수 있을 것이다.

3. 종결은 과정이지, 하나의 사건이 아니다. 환자의 호전이 실제 일어난 것이고 지속적이라 할지라도, 종결의 가능성이 논의에 등장하는 시점에 처음으로 치료의 종결을 제안하는 치료자는 그 관계에 거부의 분위기를 주입하는 위험을 감수해야 한다. 치료 작업을 완수한 것에 대해 환자들이 아무리 만

족감을 느낀다 해도, 예고 없이 한순간에 치료를 중단하는 것을 기꺼이 받아들이지는 못할 것이다. 실제로, 심리치료의 종결 단계는 환자에게는 분리 기간, 즉 친한 사람들, 장소, 그리고 활동으로부터 분리되는 다른 경우에 겪는 것과 동일한 방식으로 슬픔을 겪는 시간이다(예컨대 Roe, Dekel, Harel, Fennig, & Fennig, 2006 참조). 그러한 분리의 고통은 이를 미리 준비할 수 있는 기회를 가짐으로써 완화되는 경향이 있는데, 분리에 대한 감정이 배출되고 마지막이 되기 전에 훈습과정을 거침으로써 그렇게 될 수 있다.

그 가능성이 고려되자마자 치료가 종결된다면, 환자들은 치료관계로부터 분리되기 위한 준비 기회를 가질 수 없고, 치료자의 선제적인 행동의 배후에 다른 동기가 있는지 의심할 만한 충분한 이유를 갖게 된다. 그것은 마치 환자가 "당신을 더 이상 볼 필요가 없다고 생각해요."라고 말했을 때 치료자가 즉각적으로 "알겠습니다. 안녕히 가세요."라고 대답하는 것과 같다. 환자로 하여금 점진적으로 분리되도록 해 주고 그들을 거부하는 인상을 주지 않도록, 치료자는 종결을 처음 고려했던 시점을 넘어서 치료를 연장해야만 한다.

4. 급작스러운 중단은 치료에서 터져 나온 많은 활동들을 매듭짓기 위한 소중한 기회를 차단한다. 치료를 끝내기에 좋은 시점에 도달했다는 것에 대해 서로 간에 동의가 이루어지면, 환자가 그 결정을 한 시점과 그 결정이 실행되는 시점 사이의 시간을 효율적으로 사용하는 기회가 되는 경우가 너무나도 많다. 치료가 곧 끝난다는 사실을 알게 되면, 환자는 아직 다루어지지 못한 주제를 제기하고 이전의 논의에서 느슨하게 마무리된 것을 매듭지으려 하게 된다. 그렇게 되면, 어떤 기간이 최종단계를 구성하는 것으로 특정화될 때 많은 치료작업 상황에서 발생하는 일종의 유용한 통합적 요약이 이루어진다(Joyce et al., 2007 참조). 치료 종결이 적절할 것으로 처음 고려된 시점에서 종결이 실행된다면, 이처럼 유용한 작업을 할 수 있는 매듭짓는 기간을 제공할 만한 시간이 없어진다.

이러한 네 가지 이유 때문에, 심리치료를 종결하려는 결정을 공고히 하기 위해 항상 몇 번의 회기가 배당되어야 한다. 치료자는 종결을 급작스럽게 실행하지 않아야 하며, 환자가 그렇게 하려는 압력에도 저항해야 한다. 후자의 경우와 관련하여, 어떤 환자가 필요한 치료 작업이 완료된 것처럼 보이는 경우 어떻게 할 것인지에 대해 처음에 합의한 내용을 따라서 "그럼 이번이 마지막 회기가 될 것 같군요. 왜냐하면 제가 다시 올 필요가 없다고 생각하기 때문입니다."라고 말한다고 생각해 보자. 치료자는 그 요청에 대해 다음과 같이 언급하면서 항상 그러한 결정을 유예하도록 해야 한다. "비록 지금 당장은 모든 것이 당신이 치료를 완료한 지점에 도달한 것처럼 보인다 해도, 우리가 받은 인상이 정확한 것인지 확인하기 위해 약간의 시간을 갖는 것이 대개 도움이 됩니다. 그래서 제가 지금부터 치료를 중단하겠지만 우리가 완전히 중단하기 전에 몇 번의 회기를 더 갖기 위한 계획을 세워 보기를 제안합니다." 이러한 식의 답변은 현실적인 고려사항들의 측면에서 맞춘 것이며, 환자가 종결을 결정한 것에 대해 공고화하는 작업을 시작하도록 초대하는 것으로서 급작스러운 종결을 피하고 환자로 하여금 종결 과정을 훈습하도록 촉진하는 데 도움을 준다.

시간 제한적 또는 시간 간격화된 종결 방식

심리치료의 마지막 단계, 즉 치료 종결에 동의가 이루어진 시점과 마지막 회기 사이의 기간은 두 가지 방식에 따라 배당될 수 있다. 시간 제한적 종결(time-limited termination)에서는 고정된 기간이 정해지고, 그 동안 늘 해 왔던 빈도로 치료 회기를 지속하다가 일정 시점이 되면 중단한다. 예를 들어, 일주일에 두 번 만나던 환자는 종결 동의가 이루어지고 종결이 발생한 시점 사이에 일주일에 두 번 만나는 2개월의 시간을 계획할 수 있다. 간격화된 종결(spaced termination)에서는 회기 사이의 시간 간격이 점차로 늘어나는데, 그 동안에 마지막 회기 날짜는 미리 정하지 않는 식으로 접근한다. 간격화된 종결 방식을 따를 때, 매주 한 번 보던 환자를 최종 종료 전에 처음에는 2주에 한 번 보고 그 다음에는 한 달에 한 번 보는 식으로 계획할 수 있다.

환자의 입장에서 볼 때, 시간 제한적 종결과 시간 간격화된 종결 사이의 가장 두드러진 차이는 종결 시점에 관한 것이다. 전자는 언제 종결하게 되는지 명확한 반면, 후자는 그렇지 않다는 것이다. 따라서 시간 제한적 종결은 환자가 적절하게 자신의 길을 갈 수 있는 준비가 된 것처럼 보이지만, 느슨한 끝을 매듭짓기 위해 도움이 되는 얼마간의 마지막 기간을 찾게 될 것임을 의미한다. 반면 시간 간격화된 종결은 기다리고 보는 기간이 설정된다는 것을 의미하는데, 그 기간 동안 환자는 점점 더 긴 기간에 걸쳐 자신이 이룬 향상을 유지해 나가면서 치료에서 점진적으로 벗어나게 됨을 의미한다. 하지만 간격화된 종결에서도 결국 다음번의 정기적인 치료 회기가 마지막이 되는 시점이 오게 된다("지금부터 두 달 후에 한 번만 더 만나기로 합시다. 그리고 나서도 문제없이 잘 되어 간다면, 그 회기를 우리의 마지막 회기로 삼기로 하지요.").

서로 다른 의미를 지니고 있지만, 시간 제한적 종결이든 시간 간격화된 종결이든 변경 불가한 방식으로 간주되어서는 안된다. 효율적인 시간 제한적 종결에서 환자는 대개 느슨한 끝을 매듭짓는 기간을 거치게 되고, 그 후에는 이야기할 것이 점점 줄어들며 치료 회기가 점차 즐겁기는 하지만 일상적인 이야기나 나누는 시간으로 흘러간다. 이렇게 되지 않고 만일 환자가 마지막으로 계획된 회기에 아직 해결되지 못한 논의 주제를 계속 가지고 온다면, 치료자는 당연히 시간 제한적 종결 계획을 수정할 것을 제안해야 할 수도 있다. "지난 마지막 몇 주간 있었던 모든 것을 생각해 볼 때, 우리가 치료 중지 시점을 너무 빠르게 잡은 것이 아닌가 싶군요. 당신이 최근에 제기해 왔던 논의 주제들을 철저하게 생각해 봐야 하는 것이 아닌지 확인해 볼 만한 얼마간의 추가 시간이 필요할지도 모르겠습니다."

말할 것도 없이, 지난 시간에 환자가 한바탕 쏟아 냈던 논의 제기에 대한 반응으로 시간 제한적 종결을 연장해야 할 것인지의 여부를 결정하려면, 환자의 증가된 활동 수준이 저항을 나타내는 것일 가능성에 대해 생각해 보아야 한다. 치료작업을 완수했지만 그럼에도 환자 역할이나 치료자와의 관계를 계속 유지하려는 환자들은 누가 봐도 분명한 "재발"을 하거나 종결이 다가오면서 "긴급한" 문제들을 다시 되살려 내려고 할 수 있다. 그러한 행동에 담긴 메시지는 "보세요, 내가 정말 얼마나 많은 문제를 지니고 있고, 이야기해야 할 것이 얼마나 많은지 말입니다. 그러니 어쨌든 종결하지 않는 게 좋겠어요."라는 것이다. 만일 탐색해 보았을 때 재발했다는 그 말이 과장된 것이고 문제가 그렇게 긴급한 것도 아니라면, 치료자는 예정된 계획대로 시간제한적 종결을 계속 진행해 나가야 한다. 환자가 치료 종결에 관해 특별한 염려가 있는지를 철저하게 생각해 보도록 도와주는 것이 필요해 보일 경우에만 예정된 시간에 추가하여 몇 회기를 더 가질 수는 있을 것이다.

이와 유사하게 간격화된 종결도 언제 최종 회기를 가질 것인지 결정하는 데 있어서 유연성을 가지고 이끌어 나가야 한다. 정기적으로 진행되어 온 치료 회기에서 지속적으로 논의점이나 염려사항을 제기하는 일이 줄어든다면, 간격을 둔 종료는 그에 상응하게 회기 사이의 간격을 더 늘리고 마지막 추후 방문 일정을 향해 진행해 나갈 수 있다. 하지만 이 기간에 새롭거나 긴급한 문제가 출현한다면, 종결 계획을 수정하는 것이 필요할 수 있다. 그러한 경우라면, 매주 보던 간격을 이주에 한 번 보는 것으로 축소했던 치료자는 "이야기해 보는 것이 유용해 보이는 몇 가지 새로운 문제를 최근에 당신이 제기하였으므로, 잠시 동안은 예전처럼 매주 한 번씩 회기를 갖는 것이 어떨까 싶습니다."라고 말할 수도 있을 것이다. 마찬가지로, 마지막 방문이 될 줄 알았던 회기에서, 환자가 이전에 얻은 호전을 유지하는 데 있어 예상치 못한 어려움을 지니고 있었고, 몇 번의 이어지는 회기를 더 가지는 것이 필요하다는 것이 드러날 수도 있다.

시간 제한적 종결의 경우와 마찬가지로, 치료자는 그 간격을 둔 종결 기간 동안 어떤 어려움이 명백하게 지속되거나 다시 나타나지는 않는지 평가하면서 환자가 종결에 대한 저항 때문에 지속되는 문제를 경험하거나 보고하는 것은 아닌지 그 가능성을 고려해 보아야 한다. 하지만 치료자는 이 경우에도 환자의 문제가 실제로 지속되고 있을 때 귀를 막고 있지 않도록 신중해야 하며, 종결하려는 결심이 원래의 종결 약속에 너무 얽매여 있지 않도록 해야 한다. 만에 하나 환자가 이룬 개선을 지속해 나갈 수 있을지에 대해 약간의 염려를 가지고 있지만 그래도 종결이 실행되어야 한다고 느낀다면, 치료자는 환자가 다시 돌아올 필요가 있다고 느낄 때 들어올 수 있도록 문을 열어 두고 있다는 점을 분명히 해 두어야 한다.

시간 제한적 종결과 시간 간격화된 종결 사이에서 선택하기 시간 제한적 종결과 시간 간격화된 종결 사이에서 무엇을 선택할 것인지는 치료계약의 유형에 따라 달라진다. 일반적으로 말해서, 시간 제한적 종결은 통찰 지향적 심리치료에서 가장 효과적인 반면, 시간 간격화된 종결은 그 치료에 지지적인 요소가 많아질수록 더 적절한 방법이 된다. 시간 제한적 종결은 환자에게 끝내야 할 고정된 기간을 주는 것이기 때문에, 그들이 이 시간을 유용하게 활용하여 치료를 중단할 할 수 있는 상당한 역량을 지니고 있다는 것을 전제로 한다. 통찰 지향적 심리치료에 참여하는 데 있어서 지켜야 할 의무사항들을 충족해 온 환자들에게는 이러한 요구가 이전에 이미 기대해 왔던 것과 상응하는 것이다. 하지만, 더 지지적으로 환자를 치료해 왔을수록, 시간 제한적 치료에서의 요구사항은 치료에서 그들이 이전에 지고 있었던 역할 책임으로부터 벗어나게 되고, 이러한 새로운 책임 사항을 그들이 충족해 나가는 것에 대해 불안감을 갖게 만드는 짐을 떠맡기는 일이 될 것이다.

다시 말해, 시간 간격화된 종결은 치료에서 점진적으로 벗어나고 치료 없이 기능할 수 있는 자신의 역량을 신중하게 시험해 볼 수 있는 개방된 기간을 허용함으로써 비교적 지지적인 심리치료에서 환자들의 욕구를 충족시킨다. 통찰지향적 심리치료에서 환자들에게 치료에서 점진적으로 젖을 떼어

가는 기회를 제공한다는 것은, 그들이 처음 치료에 참여했을 때와 같이 책임감 있게 치료를 끝낼 수 있는 능력에 대해 치료자가 확신을 갖지 못하고 있는 듯이 그들을 아이 취급하는 것처럼 보이게 할 수 있다는 단점이 있을 수 있다. 그렇다면, 치료의 이전 기조와의 일관성을 유지하기 위해, 그리고 그 이전 기조로부터 부드럽게 변경해 나가도록 하기 위해, 시간 제한적 종결이든 간격화된 종결이든 이전 치료에서 탐색과 통찰에 상대적으로 더 초점을 두어 왔는지 아니면 지지적인 것에 초점을 두어 왔는지에 따라 선택해야 한다. 또한, 종결 기간의 길이는 그 이전에 치료해 왔던 빈도와 지속기간에 맞추어 조정되어야 한다(Schwartz, 2003 참조). 주로 통찰지향적 방식으로 치료를 해 왔든, 지지적으로 치료를 해 왔든, 그동안의 치료 회기가 더 빈번하게 이루어졌고 더 오랫동안 지속되어 왔을수록, 환자는 느슨한 끝을 매듭짓고 치료로부터 분리되는 것을 훈습하기 위해 더 많은 시간이 필요할 것이다. 그러므로 통찰지향적 심리치료의 시간 제한적 종결을 위한 시간의 간격설정은 일주일에 한 번 보았던 환자보다 일주일에 두 번 보았던 환자에게, 그리고 1년 동안 치료받았던 환자보다는 2년 동안 치료받았던 환자에게 통상적으로 더 길게 잡아야 한다. 이와 유사하게 지지적 심리치료인 경우, 10개월 동안 매주 보아왔던 환자는 5개월 동안 2주에 한 번 보아 왔던 환자보다 더 점진적으로 증가하는 간격으로 더 긴 기간에 걸쳐 종결하도록 해야 할 것이다.

자기관찰 능력 강화하기

심리치료를 종결하려는 결정은 환자가 자신의 향상을 유지할 뿐 아니라 지속적인 자기관찰을 통해 그 향상을 그 위에 구축할 수 있다는 확신과 함께 이루어져야만 한다. 치료의 마지막 단계에서 환자가 자신의 경험에 대해 점점 더 스스로 주도하고 적응적으로 되돌아볼 수 있게 되면서, 치료 회기에 치료자가 해석적 논평을 해야 할 필요가 있는 논의 주제들을 점점 더 적게 가져오는 것이 일반적이다. 이는 환자를 대신해서 치료자가 해야 할 일들이 점점 줄어들수록, 환자들은 치료 종결을 정당화할 만큼 자신의 향상을 유지하고 구축해 나갈 수 있게 될 가능성이 점점 더 높아짐을 의미한다.

하지만 종결에 대한 저항이 없는 상태에서 종결 작업을 해 나가기로 합의한 이후에 중요한 새로운 어려움이 출현하게 되었다면, 이는 환자의 미해결된 문제의 범위가 충분히 평가되지 못했거나 치료를 끝내기에는 아직 환자가 혼자서 문제에 직면할 만한 능력이 굳건하게 확립되어 있지 못했음을 보여 주는 신호일 수 있다. 첫번째 경우라면, 새로운 해석 작업이 필요할 수 있으며, 따라서 치료 종결을 연기하고 중기단계에서 치료를 계속해 나가야 할 수 있다. 두 번째 경우라면, 치료자의 과업은 새로운 해석 작업에 참여하는 것이 아니라 환자들이 자신의 행동을 이해하고 수정하기 위해 이전에 개발한 역량을 더 잘 활용할 수 있도록 돕는 것이다.

자기관찰 역량을 더 잘 활용할 수 있도록 환자를 도와주기 위한 기법들은 스스로가 치료자 역할을 할 때 그들을 강화하고, 그렇지 못할 때 직면하도록 해 주는 것이다. 효율적인 자기관찰을 강화하기 위해, 치료의 마지막 단계에 있는 치료자는 다음과 같은 유형의 논평을 자유롭게 사용할 수 있어야 한다.

> 이번 주에 있었던 일에 대해 당신이 특별히 주목해 보는 것이 중요하다고 생각합니다. 당신은 월요일에 우리가 함께 작업을 시작했을 때, 당신이 지니고 있었던 그 많은 문제들과 유사해 보이는 어떤 문제에 놓였습니다. 하지만 당신은 불안에 빠지지 않고서도 그것을 철저하게 생각해 볼 수 있었고, 이를 잘 해결할 수 있는 어떤 대처 방법을 찾아낼 수 있었습니다. 따라서 수요일인 오늘, 치료 회기에 온 당신은 그 모든 것을 혼자 힘으로 잘 마무리했고, 이제 그 문제에 대해 우리가 따로 이야기할 필요가 없게 되었습니다.

그들이 할 수 있을 것처럼 보이는 자기관찰을 주저하거나 시작하지 못하고 있는 환자에게 그것을 직면시키려면, 다음과 같은 유형의 논평이 권고된다.

오늘 당신이 논의 주제로 제기한 문제는 정말 우리가 여러 번 이야기했던 것이고, 당신이 꽤 잘 이해하고 있는 것입니다. 사실 저는 그 문제들에 대해 우리가 함께 논의할 필요가 없다는 생각이 처음으로 들면서, 당신이 스스로 몇 가지 비슷한 문제들을 처리했던 지난 몇 달 동안 있었던 일들을 떠올릴 수 있습니다. 그래서 저는 이 특별한 상황에 대해 당신 스스로 훈습해 나갈 수 있는 모든 능력을 당신이 지금 사용하지 않고 있는 것은 아닌지 의구심을 갖고 있습니다.

이 논평 중 첫 번째는 분명히 종결하려는 결정을 공고화하는 것을 목표로 하고 있고, 나아가 이를 강화하고 있다. 두 번째 논평은 환자가 일견 자기관찰 역량을 활용하지 못하고 있는 것처럼 행동하고 있다는 사실에 직면시키고 있을 뿐 아니라, 이전에 진전을 이루었던 증거에 관해서도 언급하고 있다. 다시 말해, 강조하고 싶은 것은 환자가 현재 하지 않고 있는 것을 비판하지 말고 과거에 얼마나 할 수 있었는지에 대해 상기시키고, 이전에 성취한 것을 유지하지 못하도록 방해하는 것들에 대해 관심을 가지도록 해야 한다는 것이다. 정확한 시점을 잡을 수 있고 적절하게 표현할 수 있다면, 그러한 직면은 환자가 독립적인 자기관찰을 위해 필요한 자신의 역량을 방해할 수도 있는 어떠한 영향도 생산적으로 탐색해 볼 수 있도록 해 준다.

전이의 해소 조성하기

10장에서 논의했듯이, 성공적인 심리치료에서는 치료의 마지막 단계에서 전이 반응이 점진적으로 줄어드는 것이 특징이다. 종결이 다가오면서, 전이는 주로 전이 해석을 훈습해 나감으로써 해소된다. 자신이 치료자나 치료 상황을 잘못 지각하는 경향이 있다는 것을 인식하면서, 환자들은 이러한 경향을 수정하거나 적어도 그것을 예견하고 조절해 나갈 수는 있게 된다. 환자가 치료의 완료 시점에 이르면, 전이 행동이 나타나는 상황은 점점 줄어들고, 얽매여 있는 전위의 속성에 대해 정확하고도 자기 주도적으로 인식하며 자신의 전이 행동을 관찰할 수 있는 상황이 점차 늘어난다.

전이의 해소는 환자 자신으로부터 흘러나와야 하는 하나의 과정이지만, 그것을 조성해 나가는 데 있어서 치료자가 중요한 역할을 한다. 10장에서 치료자가 치료관계의 세 가지 요소(전이, 현실 관계, 그리고 작업동맹)를 보호하기 위해 행해야 할 수단들에 대해 주목하였다. 치료의 마지막 단계에서 전이가 해소되고 현실 관계가 부상하게 되는 시점이 다가오면, 치료자는 전이를 보호하려는 노력을 줄이고 대신 현실 관계를 보호하는 데 집중함으로써 이 변화를 촉진시킬 수 있다.

치료자가 전이를 해소시켜 현실 관계를 고취하려면, 가상의 대상이 아니라 점점 더 현실의 대상으로서 행동할 필요가 있다. 예를 들어, 이제 어떤 질문들에 대해 그것이 탐색되거나 이해되어야 할 행동으로 해석하기보다는 있는 그대로 받아들일 수 있다. "제가 영업사원으로는 절대 살 수 없다는 것을 왜 빨리 깨닫지 못했는지 모르겠군요."라고 말하는 환자에게 더 이상 "당신에게 그러한 생각이 든 것에 대해 어떻게 생각하세요?"라고 반응해서는 안 되고, 대신 "우리가 알게 되었듯이, 당신은 오랫동안 자신이 영업사원 하면 떠올릴 법한 자신만만하고 뻔뻔한 사람처럼 되어야 한다고 여겨왔습니다."라고 말해야 한다. 마찬가지로, 이제 치료자는 더 이상 치료관계에 영향을 주지 않으려고 애쓰지 않고 자신의 어떤 사적인 감정을 직접적으로 표현할 수 있다. "직장에서 승진했어요."라거나 "주말에 약혼했어요."라고 말하는 환자에게 더 이상 "그것이 당신에게 어떤 느낌으로 다가왔는지 궁금하군요."라는 식으로만 말하지 않고 "그 말을 들으니 참 기쁘군요."라거나 "행운을 빕니다."라고 말할 수 있다.

그러한 식으로 말해야 한다는 것은 치료자가 자신의 환자와 친밀한 개인적 관계로 돌진해 들어가야 한다는 것이 아니라, 치료계약에 의해 미리 약속된 역할의 한계 내에서 미묘한 방식으로 강조점에 변화를 두어야 한다는 의미일 뿐이다. 자신을 하나의 모호한 자극으로 유지해 나감으로써 전이를 보호하는데 계속 주의를 기울이기보다는, 현실적인 근거가 없는 것에 기반하여 치료자에 대한 인상을 형성할 기회를 줄여 주는 방식으로 대응해야 한다(Ruderman, 1999; Schlesinger, 2005 참조).

환자의 인생에서 조금 더 현실적인 대상이 되어감으로써, 치료자는 그들이 전이 반응을 해소하는 지점으로 나아가고 치료관계로부터 조금 더 덜 고통스럽게 분리해 나가는 데 도움을 줄 수 있다. 하지만 이 과정에서 환자가 여전히 해소해야 할 예상치 못했던 전이 반응을 치료자가 자신도 모르게 억누르고 있지 않도록 주의해야 할 필요가 있다. 만일 치료의 마지막 단계로 들어가겠다는 처음의 결정에 뒤이어 전이 감정이 쇄도한다면, 비록 그것이 종결을 미루는 것을 의미할지라도 해석 작업이 더 필요할 수 있다.

강제된 종결에서의 고려사항

심리치료는 그 자체의 흐름에 따라 점진적으로 자연스럽게 마지막 단계로 접어드는 것이 바람직하지만, 치료자는 그 치료가 목표를 실현하기 이전에 어쩔 수 없이 종결을 하게 만드는 외적인 상황에 대비해야 한다. 예를 들어, 환자들은 학교에 들어가거나, 군에 입대하거나, 새로운 직업을 잡기 위해 살던 곳을 떠날 수도 있고, 치료를 계속하기 어렵게 만드는 재정적 문제에 봉착할 수 있다. 치료자 역시 개인적 혹은 전문적인 이유로 떠날 수 있으며, 만일 아직 수련 과정에 있다면, 계약 기간이 완료되거나 소속기관을 떠나거나 또는 다른 서비스로 교대해야 할 수도 있다.

강제된 종결이 항상 치료에서 얻은 이득을 약화시키는 것은 아니지만, 그것이 지니고 있는 파괴적인 영향을 방지하기 위해 특별히 주의해야 한다. 자발적으로 종결하는 경우와 마찬가지로, 때 이르게 끝내야만 하는 심리치료의 마무리 단계도 느슨하게 남아 있던 사항들을 매듭짓고, 전이 관계를 줄이며 현실 관계를 부각하고, 환자가 향상된 상태를 유지하고 구축해 나갈 수 있도록 독립적인 역량을 북돋아 주는 일에 주안점을 두어야 한다. 또한 강제된 종결에서는 어떤 목표가 실현되었고 그렇지 않았는지에 대해 세심하게 검토해 볼 필요가 있을 뿐 아니라, 환자의 미래 계획에 대하여, 특히 그들이 배운 것을 어떻게 활용할 것인지 그리고 심리치료를 더 받아야 하는지의 측면에 대하여 현실적인 논의를 해 볼 필요가 있다. 강제된 종결을 실행하기 위한 특수한 기법들은 그 종결이 환자에 의해 강제된 것인지 치료자에 의한 것인지에 따라 다소 차이가 있으며, 이 두 가지 가능성은 각각 분리해서 논의될 것이다.

환자에 의해 강제된 종결

환자가 특정한 날짜 이후부터 심리치료를 더 이상 계속할 수 없다고 말한다면, 치료자는 우선 이 말이 실제로 그럴 만한 일이 있어서인지 혹은 저항의 표현인지 판단할 필요가 있다. 일방적인 종결 결정이 저항에 의해 나타난 것처럼 보인다면, 환자가 그 결정의 원천을 인식하고 더 깊이 생각할 때까지 행동하지 않도록 설득하기 위해 모든 노력을 기울여야 한다. 하지만, 치료 외적인 상황이 환자로 하여금 특정한 날짜 이후부터 치료를 계속하는 것이 어렵거나 불가능하게 만들고 있는 것이라면, 그때까지 이루어진 환자의 진행상황으로는 종결을 보증할 수 없는 것이라 할지라도 종결 작업을 개시할 필요가 있다.

치료가 자연스럽게 진행되기 이전에 치료를 마지막 단계로 옮기려면, 치료자는 다음과 같은 말로 시작할 수 있다. "당신이 이곳을 떠나야 하기 때문에, 우리가 작업할 수 있는 기간이 앞으로 두 달밖에 남지 않은 것 같습니다. 그러니 우리는 지금까지 심리치료에서 해 온 것들, 특히 우리가 생각은 했었으나 끝맺음하지 못했던 문제들이 무엇인지 검토해 보아야 하겠습니다." 이렇게 서론을 꺼내면 재검토 과정을 작동시킬 수 있고, 환자가 더 주목해 볼 필요가 있다고 느끼는 문제나 염려사항들에 대해 초점을 맞출 수 있도록 촉진할 수도 있다.

이렇게 환자를 조기 종결과정으로 안내하여 미해결된 문제들을 추적해 보도록 하는 과정에서, 치료자는 남은 시간 내에 충분히 훈습과정을 진행할 수 없는 새로운 쟁점들이 부각되는 것에 대해 조심할 필요가 있다. 심리적 문제를 풀어헤치도록 방치하고 이를 해결하지 못한 채 치료를 마치게 하는 것은 환자에게 도움이 되지 않는다. 치료자가 일단 강제된 종결을 앞두고 있는 상태에서 검토와 공고화를 위한 기간을 제안했다면, 환자들이 새로운 주요 탐색 주제를 여는 것을 막아야 한다.

이를 위해 치료를 진행하는 치료자는 강제된 종결과 함께 마지막 치료 단계에서 이전에 환자의 자발적인 연상을 촉진하기 위해 사용해 온 비교적 애매하고 비구조화된 접근방식 대신, 치료 작업을 요약하고 결론짓는 데 초점을 맞춘 접근방식으로 전환해야 한다. 새로운 관심 영역을 탐색하지 않으면서, 현실 관계의 수준에서 이미 성취한 진전을 재검토하고 아직 성취하지 못한 치료 목표가 무엇인지 확인해야 한다. 또한 환자의 향후 계획에 대해 논의하고, 완결된 치료작업과 완결되지 못한 치료작업이 향후에 환자에게 어떤 영향을 미칠 수 있는지에 대해서도 조언해 주어야 한다. 다음은 이에 관한 예시이다.

> 우리가 함께 작업하는 동안, 당신을 가로막던 많은 방해를 극복해 낼 수 있었습니다. 당신이 그렇게 진전한 것을 보여 주는 하나의 결과는 당신이 승진을 이루었다는 것이고, 그 때문에 당신은 다른 도시로 가야 합니다. 그러나 우리는 또한 당신이 새로운 일이나 도전적인 과제를 맡게 될 때 처음에는 자신을 의심하는 경향이 있다는 것을 알게 되었으며, 우리는 그 특정한 문제를 해결할 시간이 없었습니다. 따라서 당신이 새로운 직장에서 처음에는 약간의 자기 의심을 경험할 수 있으며, 그로 인해 낙담에 빠지지 않도록 해야 한다는 점을 명심해야 합니다.

이러한 조언이 환자가 경험하는 지속적인 신경증적 염려에 대한 방어막이 되기에는 너무 피상적이거나 소용없어 보일 수 있다. 특히 이전에 치료적 이득을 전혀 얻지 못한 경우라면 더욱 그러할 수 있다. 하지만, 치료를 종결해야만 하는 환자가 이전에 자기 자신에 관해 새로운 것을 알게 되고 이를 공고화하는 작업에 참여해 왔다면, 치료자로부터 주어지는 이별의 조언이 치료가 끝난 후에 자신이 성취한 향상을 유지하고 증진시키는 데 도움을 이끌어 낼 수 있을 것이라 기대할 만하다. 자발적으로 종결하는 환자들이 치료에서 얻은 이득을 계속 구축해 나가야 하는 것과 같이, 조기에 종결할 수밖에 없는 환자들도 치료자가 약간의 안내를 해 준다면 치료 이후에도 자신의 힘으로 진전을 이루어 나가야 한다.

심리치료를 끝내야만 하는 환자와 향후의 계획에 대해 검토해 볼 때 고려할 만한 주요 사항은 추가적인 치료를 받도록 고려할 것인지의 여부이다. 더 치료를 받아야 할 것인지에 대한 판단은 도움을 필요로 하는 환자의 욕구가 어느 정도의 범위인지 그리고 심리치료가 얼마나 그러한 도움을 제공해 줄 수 있을지를 포함하여 치료의 초기평가에서 고려했던 동일한 사항들에 따라 달라진다(5장 참조). 다른 지역의 다른 치료자와 함께하거나 피할 수 없는 치료 중단 시기 이후에 동일한 치료자와 함께하는 식으로 치료가 재개되어야 한다는 데 환자와 치료자가 동의한다면, 치료자는 진행상황을 재검토해 보고 현실 관계에 초점을 맞추는 작업을 축소할 필요가 있다.

이전 진행상황과 관련하여, 치료과정을 검토하고 요약하는 과정을 훌륭하게 마무리지었지만 치료가 재개될 경우에는 노출된 채로 남겨져 있어야 할 우려 영역까지 그 마무리로 인해 봉쇄될 수 있다. 앞서 든 예에서, 치료자가 환자에게 자기 자신을 의심하는 지속적인 경향성에 대해 분명하게 설명하였는데, 이는 치료가 재개되지 못할 때 도움이 될 수 있는 절차를 보여 준다. 하지만, 일반적으로는 환자가 그러한 이해에 도달하는 데 적극적으로 참여하는 것이 치료자가 환자에게 그 작업을 해 줄 때보다 더 많은 이득을 이끌어 낼 수 있다. 그러므로, 얼마 지나지 않아 곧 다시 치료를 시작하게 될 환자들과 작업할 경우, 미래에 생겨날 수 있는 어떤 문제를 다루는 것과 관련된 특별한 충고는 피해야 한다. 그러한 문제들이 이어지는 치료에서 자발적으로 드러나도록 하고, 그 문제들에 대한 이전의 사례개념화나 판단과는 무관한 바탕 위에서 작업할 수 있도록 해 주어야 하기 때문이다.

치료관계와 관련해서, 치료를 재개하게 될 환자와 종결작업을 진행함에 있어서 현실에 주안점을 두는 것은 다음번 치료자의 입장을 곤란하게 할 수 있다. 현실 관계는 상호성을 바탕으로 하기 때문에, 환자들이 자신에 대해 더 많은 것을 배우는 대가로 감수하는 비대칭적인 작업동맹보다 더 만족스럽고 편할 수밖에 없다. 작업동맹과 전이의 보호에 주안점을 두면서 진행된 심리치료의 중기 단계를 지나, 현실 관계와 전이의 해소에 주안점을 두면서 진행하는 종결 단계로 일단 들어서면 다시 비상호적인 관계로 되돌아 오는 것이 어려울 수 있다. 현실적인 환자-치료자 관계를 강조하던 치료의 마지막 단계를 막 끝낸 환자와 심층탐색적인 심리치료를 다시 도입하려는 치료자는 너무 가혹하고 공감이 결여되어 있는 것처럼 보이고, 치료 종결 시에 따뜻하고 적극적이며 직접적으로 개입했던 사람으로 기억되고 있는 이전의 치료자와 비해 좋지 않은 사람으로 비교될 가능성이 높다.

이러한 이유로 인해, 곧 다시 치료를 재개하게 될 환자와 종결 작업을 진행하고 있는 치료자는 후임 치료자에게 감당할 수 없는 도전이 되지 않도록 그 환자에게 지나치게 현실적인 대상이 되지 않도록 해야 한다. 동시에 치료자는 자신을 향한 환자의 당면한 전이 태도를 최대한 해소하여, 이러한 태도가 후속 치료과정으로 전달되어 초기에 저항을 만들어 내거나 그 저항의 원천이 되지 않도록 해야 한다. 그렇다면, 심리치료를 종결해야 하지만 다른 치료자와 곧 다시 치료를 시작하게 될 환자는 이상적으로는 그 치료자와 주로 현실대상으로 상호작용하지 않으면서 동시에 첫 번째 치료자에 대한 전이 반응을 해소해야 한다. 첫 번째 치료관계의 마지막 단계가 이 두 가지 목표를 모두 충분하게 만족시킬수록 그 환자는 이어지는 두 번째 치료자와의 치료에서 효율적으로 참여하게 될 가능성이 높아진다.

치료자에 의해 강제된 종결

개인 진료소나 상담센터에서는 어쩔 수 없이 심리치료를 종결해야 하는 경우가 주로 환자에 의해서 촉발되곤 하지만, 치료자에 의해서 종결될 수밖에 없는 진료환경도 많다. 이러한 경우 중 가장 대표적인 것은 임상수련기관이다. 그곳에서는 스태프의 감독하에 다양한 정신건강 전공과정에 있는 수련생들에 의해 심리치료가 제공되고 있으며, 이들은 수련계약기간이 끝나면 그 기관을 떠나게 된다(Zuckerman & Mitchell, 2004 참조). 진료를 수행하는 임상가, 특히 교육기관에서 임명되거나 기관의 직위를 가진 사람들 중에는 치료자에 의해 강제된 종결을 자주 하게 되는 충분한 이동 가능성이 존재한다.

불가피한 상황에서 종결을 진행해야 하는 임상가는 환자들이 미완결된 사항들을 완료하고, 전이 문제를 해결하여 향후에 대해 계획하도록 도와주어야 한다(Barnett, MacGlashan, & Clark, 2000 참조). 이 세 가지 과업 중 전이를 해소하는 것은 가장 문제를 일으킬 만한 것인데, 치료자에 의해 강제된 종결은 불가피하게 환자의 부정적인 반응을 조성하기 때문이다. 치료자로서는 치료계약을 취소하는 것이 거부행위로 지각되지 않도록 할 수 있는 방법이 없다. 표면적으로는 치료자의 행위가 아무리 합리적이거나 이해할 만한 것이라 할지라도, 결국 관계를 종결하기로 한 치료자의 결정이라는 점에는 변함이 없다. 치료를 종결해야 한다는 것에 대한 치료자의 이성적 판단을 환자들이 지적으로는 아무리 잘 이해할 수 있다고 하더라도, 감정적으로는 "당신이 정말 나를 걱정했다면, 당신은 떠나려고 하지 않았을 것이다."라고 마음속으로 생각할 것이다.[7]

....

7 치료자에 의해 강제된 종결을 둘러싼 쟁점과 관련하여 추가 논의와 치료자에 대한 환자의 부정

물론 환자가 이러한 식으로 느끼는 데에는 나름의 현실적 근거가 있다. 환자와 계속 작업하기 위해 충분히 신경 썼던 치료자라면 새로운 직업을 얻을 기회를 거부하거나, 다른 서비스로 교대되는 것을 거부하거나, 치료를 계속하기 위해 필요한 계획의 다른 부분들을 변경했을 것이다. 하지만 치료관계를 종결하지 않기 위해 치료자가 자신의 개인적이거나 직업적인 삶의 방향을 바꾸는 것은 비현실적일 뿐 아니라 치료계약의 의무 범위도 넘어서게 된다. 치료자는 죄책감이나 긍정적인 전이가 자신의 삶을 심각하게 방해하면서까지 심리치료를 연장하도록 유도하는 것을 허용하지 않으면서, 자신이 떠나면서 나타날 수 있는 불가피한 부정적인 반응들을 세 가지 방식으로 생각해 볼 필요가 있다.

첫째, 자신이 떠나는 것에 대한 환자의 반응이 가능한 한 충분히 배출되고 논의되었는지를 확인해 보아야 한다(Roe et al., 2006 참조). 만일 치료자가 자신을 버렸다고 생각하여 표현되지 않은 분노를 환자가 남겨둔다면, 종결 이전에 전이를 해소하려 했던 다른 노력이 허사가 될 것이다. 종종 환자들은 다른 전이 행동에서와 마찬가지로 치료자가 즉각적으로 알아차리고 처리할 수 있을 만큼 충분히 직접적인 방식으로 분노를 나타낸다. 치료자가 떠나는 것에 대해 환자들이 어떠한 감정적 반응으로도 암시를 주지 않는다면 다음과 같이 질문해야 한다. "몇 주 후에 제가 떠나는 것에 대해 어떤 감정이신지 궁금합니다." 만일 이렇게 말을 먼저 꺼냈는데도 명확한 감정 표현을 이끌어 내지 못한다면, 치료자는 한 걸음 더 나아가야 한다. "제가 떠나는 것에 대해서 당신은 어떤 감정을 느꼈을 것 같고, 그것에 대해 이야기해 본다면 도움이 될 것 같습니다." 이와 같이 직접적으로 접근하는 것은 치료자가 종결을 강제하는 것에 대해 환자들이 불가피하게 어떤 감정을 느낄 수밖에 없다는

....

적 반응을 보여 주는 사례는 Barnett 등(2000), Dewald(1965), Glick(1987), Martinez(1989), Penn(1990)이 제시하였다.

사실에 의해, 그리고 그러한 감정 표현이 지닌 중요성을 감안할 때 정당화된다. 일단 그러한 감정이 배출되면, 환자들은 자신의 전이 요소를 인식하고, 임박한 분리상황에서 느낄 수 있는 현실적인 실망감의 수준으로까지 그 전이 감정의 강도를 낮출 수 있게 된다. 이러한 감정들이 배출되지 못한다면, 계속 맺혀 있게 될 그 감정들이 치료에서 얻은 이득을 유지하고 구축하는 것과 다른 치료자와 효율적으로 치료를 재개하는 것을 방해할 수 있다.

둘째, 치료자는 자신이 치료를 종결하게 될 것에 관하여 가급적 사전에 많이 알려 주어 환자들이 자신의 반응에 대해 훈습할 수 있는 충분한 시간을 가질 수 있도록 해야 한다. 때때로 치료자는 특정한 환자를 치료할 수 있는 시간이 제한되어 있음을 처음부터 알고 있는데, 그 경우에는 시간이 제한되어 있다는 사실을 치료계약의 한 부분으로 논의해야 한다. 예를 들어, 특정 클리닉에서 일 년 동안만 근무할 예정인 치료자는 심리치료를 진행할 것으로 고려 중인 각각의 환자에게 현 상황에서 치료 가능한 시간이 얼마나 남았는지를 정확하게 말해 주어야 하며, 그 정도의 시간이 환자의 필요를 충족시키기에 적당한지 판단해야 한다. 한쪽 혹은 양측이 가용한 시간 내에 치료작업을 완수할 수 없을 것으로 예상하는 경우에는 사용 가능한 시간 제한을 덜 받고 있는 치료자에게 의뢰해야 한다.

또 다른 경우에는 치료자가 치료를 그만두게 되는 상황이 치료 중에 예기치 않게 발생하기도 하며, 이때에는 치료자가 이러한 계획이 확정되는 즉시 환자와 그 계획을 공유해야 한다. 치료자가 떠나기 전에 치료가 자연스럽게 어떤 결론에 도달할 것이 확실해 보이는 경우에만 예외로 용인될 수 있다. 예를 들어, 8개월 이내에 환자와 치료를 종결지어야 한다는 것을 알게 된 치료자는 종결 날짜를 겨우 1개월 남겨두고서 최종 치료단계를 진행 중인 환자에게 이 시간 제한을 언급하지 않기로 결정할 수 있다. 이와 비슷하게, 어떤 클리닉에서 1년간의 계약을 시작한 치료자는 단기 지지적 심리치료만이 필요해 보이는 환자와 그해 일찍 치료를 시작한 경우 이러한 시간 제한을 언급하지 않을 수 있다.

셋째, 한 인간으로서 환자를 존중하고 현실 관계를 보호하기 위해, 치료자는 자신이 왜 치료를 종결해야 하는지에 대한 합리적 이유를 솔직하게 말할 필요가 있다. 이러한 맥락에서의 솔직함은 치료자가 다른 직업을 잡았거나 새로운 계약을 한 것에 포함된 모든 사항들을 상세하게 공유하는 것이 아니라, 무슨 일이 벌어질 것인지에 대한 정확한 설명을 제시하는 것을 의미한다.

> 제 인생에서 생긴 어떤 변화가 우리가 함께하는 작업에 영향을 줄 것 같아 당신에게 이야기할 필요가 있겠습니다. 제가 다음 달 7월 1일부터 [도시 이름]에서 한 직책을 맡기로 수락했는데, 이로 인해 제가 여기서는 6월까지만 환자들을 보게 되었습니다. 따라서 당신과의 치료는 향후 6개월가량만 더 지속될 것이고, 그 이후에는 중단해야 합니다.

이 소식에 대한 환자들의 첫 반응은 다양할 수 있지만, 조만간 그들의 반응은 치료적 관계가 담고 있는 세 가지 요소(전이, 현실 관계, 작업동맹) 모두를 건드리게 될 것이다. 전이에 기반하여, 환자는 치료자가 떠나게 될 것이라는 말을 듣자마자 화가 나거나 버림받았다고 느끼기 시작할 수 있다. 직접적 혹은 간접적으로, 치료자가 다른 곳에서 더 푸른 초원을 찾기 위해 무정하게 자신을 버리는 교활한 위선자라고 생각하거나, 자신은 누구의 관심도 유지할 수 없고 개인적 인간관계에서 실망밖에 할 수 없는 불쌍하고 아무것도 아닌 사람이라는 과잉 반응적인 믿음을 전달할 가능성이 있다. 치료자로서 여기에 대응하는 과업은 치료자가 떠나는 것이 의미하는 바에 대해 모든 왜곡된 지각을 바로잡아 주고, 이를 통해 종결에 대한 환자의 전이 반응을 약화시키는 일이 될 것이다.

현실 관계의 수준에서, 환자들은 치료자의 계획에 대해 궁금해 하고 새로운 직업이 무엇인지, 치료자가 어디로 가려는지, 떠나려는 결정이 어떻게 내려진 것인지, 치료자가 보게 될 환자들은 어떤 사람들인지 등 특정한 세부 사항들에 대해 물을 것이다. 치료자가 그러한 질문 중 어떤 것에 답변 해야 하고, 얼마나 상세하게 전달할 것인지는 전이와 현실 관계가 최적의 균형을 이루는 지점이 어디까지인지에 따라 판단해야 한다. 치료가 종결에 더 가까워지고 현실 관계가 부각되는 것을 조성하는 데 더 강하게 초점을 맞출수록, 치료자는 자신의 향후 계획에 관한 질문에 대하여 더 직접적으로 충분하게 대답해야 한다. 상대적으로 조심스러운 작업을 요하는 특정 환자의 경우에도, 치료자는 치료를 종결해야 하는 이유와 그 이유의 원천이 환자의 행동이 아니라 치료자 자신의 인생 속에서 일어난 일임을 확실하게 알려야 한다.

작업동맹의 측면에서, 치료를 종결해야만 한다는 치료자의 말은 대개 환자로 하여금 자신의 향후 치료 과정에 관하여 치료를 끝내기까지 충분한 시간이 남아 있는지, 남아 있는 시간을 어떻게 하면 최대한 유용하게 사용할 수 있을지, 도움이 더 필요하면 어떻게 해야 하는지 등 많은 질문을 떠올리게 한다. 이러한 종류의 질문에 대해서는 이 장의 초반에 논의했던 종결을 위한 일반적인 지침에 따라 응답할 수 있다. 하지만, 치료자가 종결해야 하는 시점을 넘어서까지 환자가 더 치료받기를 원한다면, 환자가 추가 치료를 위한 계획을 세우는 데 도움이 되도록 특별히 주의를 기울여야 할 수 있다.

특별히 이러한 측면에서, 치료자는 치료를 계속하길 원하는 환자에게 추천할 만한 치료자의 명단을 제시해 주어야 한다. 일반적으로 이 명단에는 두 번째 치료자가 첫 번째 치료자의 지정 상속인이 되는 부담을 덜어 주기 위해 두 명 이상이 포함되어야 한다. 만일 두 번째 치료자가 직접 뽑은 후임자라면, 환자들은 새로운 치료자가 자신을 위해 선택된 것에 대해 내재된 분노를 안고 그를 찾아갈 수 있다. 두 번째 치료자는 전체 전문가 집단에서 치료를 지속하기 위해 뽑힌 한 사람이었기 때문에, 이 치료자가 놀랄 만한 일을 할 수 있을 것이라는 과장된 기대를 품고 그를 찾아올 수 있을 것이다. 그리고 어떤 이유로 그들이 이 치료자와 적절하게 협의할 수 없거나, 이 치료자가 관계를 맺기 어렵다고 느낄 때, 그들은 접촉할 만한 다른 누구도 없이 방치될 것이다.

이러한 이유들 때문에, 종결을 진행 중인 환자에게는 치료를 계속할 수 있는 적어도 두세 명의 다른 치료자 명단을 제공해야 한다. 환자-치료자 간의 부적절한 조합이 이루어질 가능성을 최소화하기 위해, 추천할 치료자의 성격유형과 주된 고객이 누구인지에 대해서도 생각해 봐야 한다. 또한, 종결을 진행하는 치료자는 추천하려는 치료자가 새로운 환자를 맡을 만한 시간이 있는지도 확인해 보아야 한다. 이렇게 하면 환자는 자신과 유사한 문제를 지닌 사람들과 작업하는 데 익숙하고, 환자에게 할애할 시간이 있는 최소한 몇 명의 치료자 명단을 갖게 되며, 그중에서 먼저 연락해 볼 치료자를 선택할 수 있을 것이다.[8]

심리치료가 주로 지지적인 방식이었다면, 관계를 종결해야만 하는 치료자는 후임자를 배치하는 데 있어 적극적으로 참여하는 것이 좋다. 환자가 새로운 치료자를 정할 만큼 충분한 성격적 자원을 갖추고 있지 못한 경우라면, 현재의 치료자가 자신의 후임자를 특별히 정해 주고 심지어 첫 약속과 일정을 잡아 줄 수도 있다. 수련 중인 직원이 교대 근무하는 클리닉과 병원 장면에서는 종종 떠나는 치료자가 지정된 후임자를 마지막 치료 회기 중 한 날에 초대하여 환자에게 소개할 수 있도록 해 주는 것이 심각한 혼란을 겪고 있거나 가까스로 적응해 나가는 환자와 지지적인 치료작업을 수행하는 데 도움이 된다.[9]

....

8 추천 치료자 명단을 제공받은 환자들은 현재의 치료자에게 누구를 가장 추천하고 싶은지 물을 것이며, 이때 치료자는 자신이 추천한 모두가 유능하고 가용할 수 있다는 점을 강조해야 한다. 그러면 환자들은 그들이 선호하는 방식으로 그들 중 한 명을 자유롭게 택할 수 있다. 이러한 식으로 환자들은 자신을 위해 만들어진 것을 갖는 것이 아니라 스스로 선택하게 되며, 그 명단에서 선택한 첫 번째 치료자와 연락할 수 없을 만한 어떤 사정이 있을 경우 대안을 가지고 있는 것처럼 느끼게 된다.

9 심리치료 수련기관에서 환자를 인계하는 문제와 기법은 Bostick, Shadid, 그리고 Blotcky(1996), Sederer(1975), Zuckerman과 Mitchell(2004)에 의해 더 논의되었다.

이밖에 언급할 사항은 이전에 치료하던 환자가 치료자와 편지나 전화, 이메일을 통해 접촉을 시도해야 하는 상황에 관한 것이다. 치료자와 관계를 계속 유지해야 하는 노력이 어떤 형태의 종결 이후에도 발생할 수 있지만, 이러한 경우는 환자가 종결할 준비가 되기 전에 치료자에 의해 종결이 강제된 상황에서 가장 흔히 발생한다. 이전 환자로부터 편지, 전화 또는 이메일을 받은 치료자는 회기를 함께 종결할 때와 동일한 수준에서 현실 관계를 유지하도록 주의해야 한다. 그들은 환자가 후임 치료자와 함께하는 치료작업을 방해하거나 환자가 문제를 해결하는 데 도움을 줄 수 없는 입장에서 문제를 개봉하지 않도록 현재 진행 중인 문제를 탐색하는 데 자신이 개입되지 않도록 해야 한다. 동시에, 이전에는 막아 왔던 실제 감정을 치료자가 지금 보여 주고 있는 것처럼 환자와 사적인 방식으로 관계할 수 없다. 이는 환자로 하여금 그들의 이전 관계가 지닌 진정한 본질에 관해 다시 생각하지 않도록 해 주어야 하기 때문이다. 대신, 치료를 끝낼 때 했던 동일한 태도를 유지하면서, 남아 있는 역전이 감정을 반영할 수도 있을 어떠한 사적인 개입을 피하고 두 사람이 어렵게 달성한 치료적 이득을 훼손하지 않으면서 환자의 삶에서 전이 대상이 아니라 실제 대상으로 존재하도록 집중해야 한다.

A씨와의 심리치료

사례 I에서 묘사된 A씨에 대한 평가 및 판정은 주 2회의 통찰 지향적 심리치료 개시 권고를 받아들임으로써 마무리되었다. 합의된 치료의 목표는 크게 네 가지로, ① 한 인간으로서의 그녀 자신에 대한 자각과 이해의 범위 확대, ② 그녀의 부모와의 아동기 관계가 성인으로서 그녀의 행동에 미치는 영향에 대해 어느 정도의 인식을 얻는 것, ③ 남편 및 의붓딸과의 갈등을 어느 정도 해소하기, ④ 우울을 극복하고 능동적이고 보람을 느끼는 삶을 회복하기이다. 사례 I에서 나타난 바와 같이 A씨의 심리치료 과정은 2년 반에 걸쳐 251회기로 진행되었고, 상호 동의한 종결에 의해 막을 내렸다.

A씨에 대한 치료는 이 책의 7장에서 12장에 상술된 원리에 따라서 수행되었고, 네 단계로 전개되었다.

단계 1. 초기의 성찰 및 증상 완화

치료작업의 초기 단계 동안 A씨의 우울은 경감되었고, 식당 종업원으로 일을 시작했으며, 남편과 계부에 대해 지니고 있던 문제들에 대해 성찰하였고, 특별히 만족스러운 것은 아닐지라도 안정적인 삶의 패턴으로 정착하였다.

단계 2. 탐색과 삶의 변화

치료의 두 번째 단계는 A씨가 그녀의 어머니와의 관계에 대해 심층적으로 탐색하면서 시작되었다. 그녀는 특히 어머니에 대해 지니고 있던 양가적인 감정과 그녀에게 상당한 의존성을 조성했던 그 관계의 여러 측면에 초점을 맞추었다. 이 두 번째 단계 동안 A씨는 어머니의 집에서 나와 자기 소유의 아파트에 입주하였고, 사무기술 재교육과정을 밟아 비서로서 직업을 얻은 후 남편과 이혼을 확정한 뒤에 재혼을 생각하면서 교제를 시작했다.

단계 3. 재작업 및 통합

치료의 세 번째 단계에서 A씨의 관심은 아버지에 대한 태도로 옮겨졌다. 이 단계에서 A씨는 그녀의 아버지와 관련된 많은 아동기 경험들을 회상하고 재작업하기 시작했으며, 그러한 과정에서 그녀는 아버지에 대한 진정한 감정과 어머니에 의해 주입된 감정을 구분하기 시작했다. 이 단계가 끝날 때쯤, 그녀는 아버지에 대해 지니고 있던 복잡한 감정을 효율적으로 해소해 나갔고, 그녀의 전이 반응을 활용하여 아버지와의 초기 관계가 이후의 삶에서 일어난 일들에 어떤 영향을 미쳤는지 더 잘 이해할 수 있게 되었다.

단계 4. 앞으로 나아가기와 훈습

치료의 이 마지막 단계 동안, A씨는 남자들과 자기 자신에 대해 느끼는 감정을 살펴보기 시작했다. 치료가 종결로 향하게 되면서, 그녀는 획득한 통찰에 대해 숙고하고 몇 가지 의미 있는 인생의 변화(이 사례 제시의 결말에서 기술된다)를 생각하기 시작했는데, 그것은 그녀 자신과 그녀를 둘러싼 사람들에 대해 향상된 이해와 일치하며, 그 이해로 인해 파생된 것이었다.

아래의 단락들은 221회기의 축어록으로, 치료의 세 번째 단계의 막바지에 있었던 것이다. 이 기록은 환자가 상대적으로 저항에서 자유로운 방식으로 회상된 것을 언급하고 감정을 표현했다. 치료자의 개입은 이 과정을 격려하려는 의도 속에 이루어진 간략한 관찰들로 주로 구성되어 있고, 그러한 과정으로부터 배운 것을 부각시키는 통찰지향적 심리치료의 한 회기 예를 꽤 잘 예시하고 있다.

221회기의 축어록

A씨-1: 오늘 운전하는 동안에 생각해야 할 것에 대해 아무런 생각도 할 수 없었어요. 심지어 내 마음이 어디에 있었는지도 몰랐고, 거의 다 올 때까지 내가 여기 온다는 것조차 모른 채였던 것 같아요. 그때, 불현듯 뭔가 떠올랐는데, 지난번에 우리가 이야기했던 일, 그때 이후로 생각했던 것, 그리고 그 외는 아무것도 (10초간 침묵) 제 말은, 지난번에 이야기했던 것이 무엇이었는

지 알고 있지만, 제 생각에는 그건 제게 어느 정도는 관심이 없는 것이었어요. 오늘 문득 그것에 대해 생각하기 시작했을 때, 뭔가에 대해 생각했던 것이 기억났거나 아니면 별로 크게 생각하거나 느낀 것 아닌데, 제 마음을 스치고 지나가게 내버려 뒀죠. 어차피 기억하지도 못한다는 태도로요. 왜 그런지는 확실히 모르지만, 아니면 저희가 이야기했던 것과 어떤 연관이 있다면, 하지만… 음, 지난번에 제가 여기를 막 나선 이후였을 거예요. 저는… 저는 그때를 생각했어요. 음… 아마, 부모님이 이혼하고 아버지가 재혼하기까지 그 간에 대해 뭔가를 기억하려고 했던 것 같은데, 그리고 그걸 어떻게 생각하게 된 것인지 그것에 대한 유일한 이유는, 음… 아마도 그 시기 동안에 제가 아버지에 대해서 따뜻한 애정과 사랑을 느끼고 있었거나 아니면 제가 관심을 받고 있었기 때문일 것 같아요. 그러한 후, 아마도 아버지가 재혼해서 새로 그의 아이가 생겼을 때, 그건 마치 내가 거기서 쫓겨나 방치된 것 같은 거였죠. 전에는, 저는 마치 그 시기를 기억할 수 없거나 아무것도 그 시기에 대해 생각할 게 없었던 것 같아요. 뭔가를 기억하기에는 너무 어리다고 생각했던 것 같은데, 하지만 저는 어떤 기억이 있다는 것은 알고 있었던 것 같아요. 왜냐하면 저는 그의 새 부인의 집에 한 번 있었던 것이 기억나거든요. 그건 그들이 결혼하기 전이었는데, 그 기억 속에서 제가 그녀의 침실에 있던 것 같은 느낌은 있는데, 하지만 거기서 우리가 뭘 했는지는 기억나지 않아요. 아마 그녀는 머리를 빗고 있었거나 아니면 그와 비슷한 어떤 것을 하고 있었던 것 같아요. 그리고 어디엔가, 비록 이건 아주 뚜렷하지는 않지만, 나는 그녀의 화장대에 무엇이 있었는지 살펴보고 있었고, 내가 거기 있던 오르골에 끌렸다는 생각이 듭니다. 이게 내가 기억할 수 있는 전부이지만, 아마도 내가 그 나이였을 때부터의 일들을 정말 기억할 수 있다는 것은 인정해야겠어요. 저는 항상 제가 너무 어렸다는 느낌이 있었고, 그 때문에 제가 아무것도 기억할 수 없다고 믿었죠. 하지만 문득 그에 대해 생각하고 보니, 그러한 느낌이었던 것 같고, 궁금한 것은 그러면 내 태도가 달라진 것인지, 아니면 아버지에 대한 생각이나 느낌이 달라진 것인지 싶네요. (A씨가 꺼내기 시작한 이야기에는 적어도 네 가지 흥미로운 측면들이 있다. 첫째, 그녀가

한 이야기들은 치료에 적극적으로 참여하고 있는 환자가 감정적으로 몰입하고 있다는 것을 보여 주며, 그녀는 치료 회기 중에 말했던 내용에 대해 생각하고 있다는 것을 보여 준다. 둘째, 이전 회기에 나누었던 이야기의 주제나 치료자가 개입한 내용이 그녀의 마음의 어떤 잠재적으로 중요한 부분을 건드렸고 그것에 반응하게 만들었다는 것을 특히 잘 보여 준다. 셋째, 그녀의 치료에서 특징적이지만 점차 느슨해져 가는 방어 양식과 관련된 반복되는 주제, 즉 과거의 경험에 대한 기억을 제한시키고 자신의 기억력이 나쁜 것으로 생각하게 만드는 억압 방어기제에 의존하고 있다는 점을 보여 준다. 이제, 스스로도 놀라고 있듯이, 그녀는 그녀가 생각했던 것보다 더 많은 것을 기억할 수 있다는 것을 알게 되었다. 넷째, 그녀가 언급한 회상 내용 중 아버지의 재혼 약혼녀의 침실에서 있었던 것, 그리고 아버지에 대한 그녀의 감정이 불확실하다는 것은 좀 더 추적이 필요해 보이는 중요한 사항이다.)

Weiner-1: 그 침실에 있었을 때 기억나는 다른 것이 있을까요?

A씨-2: 음, 제가 그 얘길 하면서, 화장대 위에 오르골이 있었다는 생각이 나고, 그리고 다른 두 가지가 더 있었다는 생각이 나는데… 아니, 세 가지였어요, 맞아요. 당신이 뭔가를 떠올려 보라고 할 때 일어나는 일들이 놀라워요. 음, 그 오르골에 관해서는, 조지(남자친구: 이름은 가명)가 주었던 오르골이 기억나는데 그때는 고등학교 때였지요. 얼마나 그것이 갖고 싶었던지! 저는 그에게 물어보기까지 했었죠. 그는 언젠가 저에게 제가 뭘 원하는지 물었었고, 저는 그에게 오르골을 원한다고 말했고, 그 오르골이 바로 그가 사준 것이었어요. 그 밖에 기억나는 것은, 음… 오르골 외에는, 제가 가지고 있었던 저금통이에요. 나무 기둥처럼 생긴 것이었지요. 목재를 둥글게 조각해서 가운데 작은 구멍을 뚫어서, 딱딱한 나무에 작은 구멍이 가운데 새겨져 있었죠. 제 기억으로는, 50센트짜리 동전이 들어갈 정도의 크기는 아니었고, 25센트짜리 동전 크기 정도. 저는 그 저금통을 우리가 그 도시에 살던 몇 년 동안 제 화장대 위에 두었었죠. 추측하기로는 우리가 호수 근처로 이사 간 이후 그것을 버렸거나 어딘가에 놔둔 것 같아요. 그리고 제가 기억할 수 있는 다른 일은 제가 존(남편: 이름은 가명)과 같이 살고 있을 때의 일인데, 그의 막내딸이, 그때 4살이나 5살이었을 것 같은데, 어쨌든 제가 말했던 거기 살고

있었던 그때의 나이가 그 정도였는데, 제가 화장대 앞에 서서 머리를 빗고 있었고, 그 딸도 거기 서서 화장대 위에 있는 물건들을 살펴보고 있었죠. 한번은 그 딸이 립스틱 윗부분을 떼어 내서 화장대 위를 덮고 있던 천에 문질렀던, 저 자신이나 화장대나 그녀에 관해서는 그러한 소소한 것들이 기억나요.

Weiner-2: 그 두 침실이 당신의 생각 속에서 어떻게 연결되어 있는 것인지 궁금하군요.

A씨-3: (15초간의 침묵) 그 질문에 대해서는 제가 어떠한 의미 있는 답변이나 느낌을 찾기 어렵네요. 바로 떠오르는 생각은, 음… 음… 나는 이 남자의 딸인데, 그는 내 엄마가 아닌 누군가와 결혼을 하고 있다는 것이고, 지금 이 경우는, 존의 작은 여자애가 그의 딸이고 그는 그 애의 엄마가 아닌 누군가와 결혼하고 있는 것과 같은 것이네요. (35초 침묵) 진짜 궁금한 건 제가 그를 방문하러 가곤 했을 때, 저에 대한 그들의 태도가 정말 무엇이었는가 하는 것이죠. 제가 말하고 싶은 건, 전에도 말했지만, 이것에 대해 제가 아무런 느낌도 가지고 있지 않았다는 것이예요, 그저 전체가 다 싫은 기억일 뿐이지요. 이게 제가 그것에 관해 생각할 때 기억하는 방식이고, 제가 여기서 떠나며 차를 운전하는 동안이었죠, 어떤 이유에선가, 우리가 이야기하고 있던 것이 무엇이었던 간에, 아버지를 다시 거기에 끌어들였고 당신과 관련해서 여기서 그에 관해 생각했었죠. 차를 몰고 떠나면서, 이것에 관해서 이전에는 생각하지 못했다는 게, 그게 매우, 매우 이상해 보였어요. 다시 말해, 제가 여기 오기 위해 먼 거리를 운전하고, 그리고 제가 여기 왔을 때, 저는 마치, 여기 들어올 때 기분이 좋을 수도 있지만, 가끔은 들어와서 앉아서 마치 어린 소녀처럼 느껴져요, 어떻게도 설명할 수 없는 어떤 이유도 찾을 수 없지만요. 항상 제가 생각하고 있는 모든 생각이 그러한 것 같아요. 음, 제가 아버지를 만나러 갔을 때, 우리는 도시의 북쪽 지역에 살고 있었어요. 그는 서쪽 지역에 살고 있었고요. 아마 실제로는 남서쪽이었을 거에요. 다시 말하지만 도시를 가로지르는 긴 여행이었죠. 그리고 전에는 그것에 대해 한번도 그러한 식으로 생각해 본 적이 없다는 게 이상한 것 같아요. 갑자기, 그러한 쪽으로 생각해 보면, 모든 게 아마도 어딘가에 어떤 연결고리가 있는 것 같았어

요. 그리고 거기에서 저는 그전에는 어떤 일이 일어났는지 기억할 수 없다는 사실에 대해 생각하기 시작했어요. 저는 그 때 그 기간을 기억할 수 있어요, 물론 제가 여전히 그를 만나러 갔을 때이거나, 아니면 그를 만날 수 있었던 때가 아마도 제가 11살이나 그 정도였기 때문이에요. 그는 자기 아내와 그의 아이들과 함께 항상 거기 똑같은 집에서 살고 있었죠.

Weiner-3: 아무것도 기억나지 않을까요? (A씨가 치료자의 치료실에서 어린 소녀처럼 느꼈던 것, 그리고 그녀가 어린 시절에 아버지를 만나러 갔을 때와 같이, 거기 오기까지의 먼 거리를 운전했던 것과 관련해서는 분명한 전이 요소가 있다. 하지만, 그러한 아버지 전이가 나타나는 것은 이전에 논의해 왔던 것이고 이 회기에서 새로운 것은 아니었다. 새로운 것은 A씨가 그 이전에는 아무런 기억이 나지 않는다고 주장했었던 것에 관해 그녀의 인생의 어떤 시기에 있었던 사건에 관해 기억해내기 시작했다는 점이다. 이 지점까지의 치료 회기는 오랫동안 그녀가 인격적 방어로 사용해 왔던 이전에 언급한 억압이 해제되고 있다는 것을 나타내는 신호처럼 보인다.)

A씨-4: 음, 좋아요, 제가 방금 당신에 관해 말한 것은. (15초 침묵) 언젠가 그가 저를 나이아가라 폭포에 데려간 적이 있었다는 것은 알겠는데, 그 일과 관련된 사진이 있지만 그게 언제였는지는 기억나지 않아요. 그때가 틀림없이, 학교 다니던 나이 이전이었다는 희미한 느낌은 있고, 그렇기 때문에 그가 결혼하기 전이었겠네요. 제 생각에 그 사진 속의 저는 그 정도의 어린 나이였어요. 하지만 그 일과 관련된 것은, 사진 외에는, 아무것도 기억나지 않아요. 언젠가는 제가 말 위에 있었던 기억도 나네요. 그 말은 틀림없이 그의 친구나 친척의 것이었을 거에요. 그 말은 엄청나게 큰 말이었고, 제가 그 말 때문에 엄청 무서웠던 기억이 나요. 전에도 이 이야기를 했던 적이 있었다고 생각해요.

Weiner-4: 그 말을 무서워했다고요?

A씨-5: 어, 무엇 때문에 무서워했는지는 모르겠어요. 그 말에 올라타지 않으려 했던 것 같은 희미한 인상만 남아 있고, 그는 나를 태우려고 있고, 아마 저는 탔던 것 같지만 거기 타고 싶지 않았던 것 같아요. 너무 크고 높았거든요.

Weiner-5: 아버지가 당신을 그 위에 올려 주었나요?

A씨-6: 그랬던 것 같아요. 다시 말하지만, 이 기억은 희미해요, 매우 어렴풋하고,

단지 기억나는 건 제가… 진입로 안에 있었던, 그러한 느낌이에요, 아니면 잔디밭… 그리고 그쪽 방향에 옛날식 농부의 집이 있었던 것 같은데, 마치 길에서 그쪽을 바라보고 있었던 것 같기도 하고, 하여튼 이러한 것들이 떠오르는데, 대충 그러한 것 같아요.

Weiner-6: 그렇다면, 여기 오는 것도 비슷한 것이고, 그것이 당신이 아버지를 만나러 갔던 일을 떠올리게 하고, 어린 여자아이가 되는 것처럼 느껴지는군요. 어린 여자아이처럼 된다는 것이 무엇일까요? (예전 기억이 더 이상 이어지지 않을 것 같은 상황에서, 이 개입은 전이 요소로 돌아가 이를 통해 그러한 기억으로부터 무엇을 배울 수 있는지 보려는 것이다.)

A씨-7: (15초 침묵) 그건 일종의… (부드럽게) 슬픈 기억이 틀림없어요, 눈가가 젖어드는 느낌이에요. 약간의 작은 슬픔이랄까. 음, 확실치는 않아요. 그거 참, 온갖 나쁜 일들, 확실치 않지만, 허전한, 또는 버려진… 그러한 종류의 것이죠. 참 웃긴 것이지만, 샐리(가명), 제가 함께 일하는 여자아이인데, 임신을 했어요. 저는 그녀를 위해 제 임부복을 찾아냈는데, 그 옷은 모두 여름용이었고, 그녀는 주로 동절기 동안 임신 기간을 보낼 것이었기 때문에 어떤 것도 사지 않으려 했기 때문이에요. 그 옷을 꺼내 들고 제가 한 일은, 길이가 어느 정도인지 몇 벌 입어 봤는데, 저보다 어깨가 넓어서 괜찮은 것 같긴 하지만 스타일이 더 길어서 이제는 그녀에게 맞을 것 같았고, 충분히 클 것 같아서, 그 옷들을 포장해서 그녀에게 주었어요. 음, 그녀는 그 옷들 중 몇 벌을 이번 주에 입고 있었고, 오늘 처음으로 그 일에 관해 생각했어요. 내가 그 옷을 입을 때면 항상 마치 어린애 같은 옷을 입은 것처럼 느꼈는데, 그녀는 그러한 느낌이 나는 옷을 입었어요. 저는 그 드레스를 너무 좋아했었고, 그건 제가 제일 좋아하는 옷이었어요, 그녀가 오늘 그것을 입었을 때, 마치 꼭 그녀가 직접 나가서 골라 사온 것처럼 잘 어울려 보였는데, 그녀가 그 옷을 좋아할 거란 생각은 못했었죠. 그녀가 들어오면서 그 옷을 입은 것을 처음 봤을 때 저는 꽤 놀랐었어요. 그 드레스를 제가 입었을 때마다 느꼈던 그 느낌을 기억해요. 어린 소녀와 같은 느낌이지요. 그리고 저는 그게 얼마나 웃긴 일인지, 여기에 저는 결혼한 여자로, 임신한 상태로, 임산부 옷처럼 만들

어진 드레스를 입은 채로, 마치 그 옷을 입고 아직도 어린 여자아이처럼 느끼고 있고, 이러한 것들이 저에게는 납득이 안 되는 일이지요. 가끔 이러한 식으로 제가 느낄 때, 단지 거울을 보고 옷 때문에 그러한 느낌이 든다고 생각하면… 글쎄, 그건 사실이 아니라, 그렇게 느끼게 만드는 것은 나 때문이라는 것을 증명해 주는 것이겠지요. 예전에는 한번도 그것에 대해 그러한 식으로 생각해 본 적이 없었어요. 하지만 제가 누군가 다른 사람이 어린아이 같다는 생각이 들 때, 저는 그 사람이 실제 그러한 것이 아니고, 단지 제가 그렇기 때문이라는 것을 깨닫게 되었어요.

Weiner-7: 제가 어린 여자아이처럼 느끼는 것에 대해 말했을 때, 당신의 눈에는 눈물이 고였어요.

A씨-8: 슬펐어요. (한숨) 기분 나쁜 식으로 슬펐어요. 마치 그 느낌에 대해 설명하기 위해 말하려 했던 그 모든 것들이 기분 나쁘게 슬픈 것으로 느껴졌어요. 가끔 제가 어릴 적 저를 떠올리면서 갑자기 저 자신을 불쌍히 여기는 기분이 드는 것 같은, 그러한 종류의 느낌이예요. 이러한 느낌은… 슬픔, 안쓰러움, 기분 나쁨이죠. (45초 침묵) 이상한 일이죠. 지금 제가 불현듯 떠올리고 기억하려고 애쓰는 것들이, 이전에는 있었다고 생각조차 해 본 적이 없었던 것처럼 느껴져요. 그러한데 지금은 분명히 있었을 거라고 확신해요. 그러한 것들이 없었다고 생각하는 건 상상도 할 수 없어요. 그건 마치 그 전체가 완전히 빈칸이었던 것 같아요. 이 말을 하고 나니 제게 든 생각은 음, 저는 아버지와의 사이에서 있었던 어떤 애정표현을 생각하려고 했었던 것 같아요. 마치 그가 겨울에 저를 버스 정류장까지 태워다 주고, 앉아서 버스를 기다릴 때처럼 말이죠. 우리는 그렇게 앉아서 버스를 기다리곤 했었죠. 가끔 저는 정말 지루할 때도 있었고, 어떤 때는 이야기를 나누곤 했어요. 그때 제가 몇 살이었는지에 따라 달랐겠지만, 그에게 작별의 키스를 했어야 했을 거에요. 그 모퉁이에서 버스를 기다렸던 모든 일을 기억할지라도, 그래도 제가 그에게 작별키스를 했는지 기억할 수 없어요. 제가 그렇게 했을 거라고 생각하는 것이 매우 합당하고, 분명히 했을 거라고 생각하지만… 아무것도 떠오르지 않아요.

Weiner-8: 그러한 기억이 없나요? 지금까지 한번도?

A씨-9: (20초 침묵) 기억해 보려고 노력하고 있어요. (20초 침묵) 없어요, 저는 그와 함께 있던 그 장소가 어떤 곳이었는지 기억하려고 애쓰고 있지만, 그러한 일에 대해서는 어떤 것도 기억할 수가 없어요. (10초 침묵) 왜 저는, 왜 그곳이 어떻게 생겼는지 기억하면서도, 그 장소에서 있었던 일들은 기억나지 않는 걸까요?

Weiner-9: 일어났던 일 중에 당신의 기억에 남아 있지 않은 것은 사람과 관련된 일이군요. 이 경우엔 아버지에 관한 것이고요. 그러면, 그에게 작별 키스해 본 기억은 전혀 없는 건가요?

A씨-10: 근데요, 왜 주변의 모든 것은 기억이 날까요? 그 장소가 어찌 생겼는지 말이죠. 제 말은, 그게, 선생님도 어떤 장소가 있고 어떤 일들이 어떤 장소에서 일어났는지 모두 기억하시는지, 그리고 어떤 장소가 어떻게 생겼는지는 알지만, 거기서 무슨 일들이 있었는지 모두 기억하실 수는 없지 않나요?

Weiner-10: 그러한 것들은 당신의 느낌과는 별로 관련이 없는 것들입니다. 당신이 기억하지 못하는 것들은 느낌과 관련된 부분인 것이지요.

A씨-11: (25초 침묵) 엄마에게 키스했던 것은 기억할 수 있어요. 항상 만남과 작별의 키스를 했었어요. 선생님도 아시다시피, 제가 그러한 습관을 그만두기 시작했을 때, 제가 대학에 갈 때 즈음해서 그렇게 하기로 했기 때문인데, 그것에 대해 저는 엄청난 죄책감을 느꼈어요. 마치 그녀에게 더 이상 키스하길 원치 않는 것 같았고, 그걸 하지 않고 있다는 걸 자각하고 있었고, 저는 기분이 이상야릇했어요. (70초 침묵) (한숨) 제가 같은 걸 계속해서 다시 생각해 본다면, 언젠가 다른 것들이 생각나기 시작할 거에요. 아버지의 아내에 관해서조차, 제가 기억할 수 있는 유일한 것은 정확히 전에 말한 것인데, 그것 외에는 더 이상 기억나는게 없어요. (35초 침묵) (한숨) 지금 당장 그렇게 해 보자면… 제 마음 속에서는 아주 흐릿한 것인데, 얼마나 중요한 것인지는 모르겠어요. 하지만 틀림없이, 그분들이 저에게 선물을 주었을 때… 음, 그들은 저에게 장난감이나 게임을 주곤 했는데, 분명히 내가 방문하러 갔을 때 가지고 나가서 놀려고 거기에 그것을 두었을 거에요. 모노폴리 게

임, 그리고 다이아몬드 게임, 그리고 선물로 받았던 기억이 나는 것들, 그리고 거기서 가지고 놀던 것들이 있었어요. 하지만 어떻게 해서 제가 거기에 가는 것을 그만 두게 되었는지는 기억나지 않아요. 그만둔 거가 기억나지 않아요. 뭣 때문에 그랬는지, 거기에 무슨 대화들이 있었는지, 또는… 그러한데 제가 거기 가는 걸 그만 두고 난 이후에, 제가 그 게임에 관해 생각하곤 했다는 것은 기억해요, 그리고 저는 그걸 갖고 싶어했던 것 같고, 공정하지 않아요, 그것들은 제 것이에요. 제가 선물로 받은 것들이고, 제가 떠날 때 그걸 가지고 오지 않았고, 제가 그것들을 가지고 갈 수 없었기 때문에, 그분들이 그것을 가지고 있다는 것은 맞지 않다고 느꼈어요. (20초 침묵) 제가 정말 그곳에 가고 싶지 않고, 내가 쉽게 할 수 있었던 것처럼 그 모든 것을 잊고 싶었다면, 그러한 생각은 하지 않았을 거에요. 저는 제가 갖고 싶은 게 아무것도 없다고는 생각하지 않을 거에요. 왜냐하면 그렇게 되면 제가 더 이상 원하지 않는 것이 될 것이기 때문이에요. (25초 침묵). 비논리적인 것처럼 보이네요.

Weiner-11: 어떤 식으로 비논리적인 것처럼 보이는 것일까요?

A씨-12: 음, (35초 침묵) 제가 그를 보러 가길 원치 않은 거라면, 그렇다면 저는 왜 그가 제게 줬던 것을 갖고 싶어 했을까요? 제가 항상 저 자신에게 말해온 만큼 그를 미워했던 것이라면, 저는 왜 그가 제게 줬던 것들에 대해 관심을 가졌던 것일까요?

Weiner-12: 많은 것들이 당신이 그를 미워해 왔다는 생각을 유지해야만 한다는 욕구를 가리키고 있습니다. 이러한 생각을 갖지만, 또한 그가 당신에게 준 것들을 간직하지 못한 사실을 아쉬워했던 걸 떠올릴 수 있어요. 그리고, 여러 다른 상황에서 그와 함께 있었던 일들은 기억할 수 있지만, 틀림없이 있었을 것이라 느끼는 애정표현에 대해서는 전혀 기억하지 못하고 있습니다.

A씨-13: 첫 번째 드는 생각은, 만일 제가 이러한 감정을 계속 느끼려는 욕구가 있는 거라면, 제가 그를 정말 좋아하지 않았다는 생각을 무슨 이유로 포기하고 싶어 하지 않았던 걸까요? 이미 아셨겠지만, 저는 이제는 더 이상 예전만큼 그것에 대해 감정을 쏟고 있지는 않아요. 저는 제가 그를 미워하는 걸

알았기에 그를 미워한다고 당신에게 말하곤 했었는데, 이제는 더 이상 그렇게는 생각하지 않아요. 심지어, 말하기가 굉장히 어렵네요. 지금 저는 확신할 수 없어요, 제가 어린 여자아이일 때 그를 좋아하지 않은 것인지 그것에 대해서 말이에요. 하지만 그러한 식이건 다른 식이건 뭐가 달라지는 것일까요? 저는 왜, 그 생각을 포기하길 원치 않는 것일까요? (10초 침묵) 막 한 가지 생각이 났어요. 만약 제가 항상 그를 미워한다고 느끼고 이러한 생각들을 제 마음속에 항상 품어 왔다면, 다른 어떤 것에 대하여 생각하느라, 다른 뭔가에 의해 괴로워지거나, 내 자신이 어떤 다른 감정을 느껴야 해서 신경쓸 일은 결코 없었을 것이겠지요. 그 하나가 마치 다른 모든 것을 덮어버릴 만큼 강한 것인거죠. 그에 반해 제가 정말 그를 사랑했고 그에 대한 그리고 사랑과 돌봄의 애정에 대한 큰 욕구를 가지고 있었다면, 그건 저에게 어찌 보면 쫓겨났고, 사랑받지 못하고, 원해지지 않고, 밀려난 감정을 느껴야만 하는 다른 사실들의 부분을 활짝 열어 줬겠지요. 우린 벌써 이러한 것들을 다뤄 봤죠. (웃음) 이 시점에서, 이러한 모든 것을 말하고 났으니, 뭔가를 느껴야 할 것 같잖아요. 하지만 그렇지 않네요. 저는 아주 이성적이라고 느끼고 있는데, 모든 것을 아주 잘 논리적으로 정리하고 있는 것처럼 생각하고 있거든요. 그리고 제가 무언가를 느끼려는 노력조차 하지 않고 있어요. 심지어 제가 무언가를 느끼게 할 것 같은 말을 하고 있음에도 불구하고, 아무런 감정도 들지 않아요.

Weiner-13: 그러니까 분명 뭔가가 거기에 더 있는 것이겠지요. 당신이 알아차리지 못하고 있는, 어떤 기저의 감정 말입니다. 당신이 갖고 싶지 않았던 또한 그에 대한 강한 애정에 대한 회상과 관련되어 있는 무엇이겠죠. 마음에 떠오르는 다른 무언가가 있을까요?

A씨-14: 제가 느끼고 있는 것이 그거예요. 선생님이 그걸 말씀하셨을 때, "내가 왜 그를 사랑해야 해? 그는 나를 사랑하지 않았는데, 왜 내가 그를 사랑해야 해?"라는 생각이 들었어요. 그리고 제가 그 생각을 해 보았을 때, 그건 아주 쓰라렸는데, 말로 하자면 "그가 나를 사랑하지 않았다!"예요. 그게 다였어요… 지금은 다 지난 일이죠.

Weiner-14: 하지만 우리는 그가 정말 당신을 사랑했다는 것을 보여 주는 많은 것들에 대해 이야기해 왔어요.

A씨-15: 지금 당장은, 저는 그가 그렇지 않았다고 말할 수 있어요. 지금 당장은 "그는 날 사랑하지 않았어"라는 느낌이에요. 제가 지난 회기 아니면 그전에 했던 말인 것 같은데, 아니, 이것에 대해 두 회기 동안 이야기했던 것 같은데, 이전 시간과 그 이전 시간… 제가 그를 정말 사랑했다고 생각했던 때가 있었고, 그가 정말 저를 사랑했음에 틀림없다고 생각했던 때도 있었죠. 그리고 저는 여전히 그러한 일이 있었다고 저 자신에게 계속 말해 왔지만, 우리가 뭐에 대해 이야기했었는지 또는 제가 그러한 결론에 어떻게 도달했는지 기억나지 않아요. 저는 선생님과 이야기할 때 제가 잠시 동안 그렇게 느꼈다고 생각한다는 이야기를 계속 해 왔죠. 뚜렷하게 기억할 수 없지만 말이에요.

Weiner-15: 당신의 마음이 이러한 식으로 바뀔 때, 그것은 마치 당신이 그가 떠난 것에 관해 정말 분명히 알지 못하는 것처럼 보이는데요, 그가 당신의 어머니를 떠난 것인가요 아니면 당신을 떠난 것인가요? (부드럽게 전달하긴 했지만, 그녀가 만성적으로 낮은 자존감을 지니고 있고 남자들과 교제에 있어서 적응의 어려움을 보이고 있는 핵심 영역으로 직접 들어가는 그러한 해석으로써 A씨의 구멍 뚫린 기억과 양가적 감정을 해부해 보는 것이 적절해 보이는 시점이 이번 회기에서 도래하였다.)

A씨-16: (조용히, 눈물을 흘리며) 아, 그건 저를 너무 슬프게 하네요. (15초 침묵) 전에는 한번도 어머니가 그러한 상황에 처했다고 상상해 본 적이 없었던 것 같아요. 그것에 대해 생각을 해 본 적이 없어요, 사실에 관한 것으로서 그리고 그녀가 그것을 논의하던 방식을 제외하면 말이죠. 그랬던 적이, 정말 없었어요. 그것에 대해 생각해 본 적은 있지만, 정말로 아무것도 이해할 수 있었던 적이 없어요… 사실, 저는 단지 아주 최근에야 이것에 대해 생각하고 있었죠. 지난주쯤 되었을 거예요. 어떻게 두 사람이, 이건 제 마음 속에 있는 큰 의문이에요, 어떻게 두 사람이 그렇게 사랑하고 있고 서로 너무 함께 하고 싶어서 한동안의 결혼생활을 하고, 그리고 나서는 갑자기 서로의 모습을

보는 것을 견딜 수가 없었는지. 그들은 화내고 말다툼하고 헤어지고, 그리고 서로 떨어져 있는 것이 조금도 불행하지 않게 되었죠. 저는 이러한 일이 일어날 수 있으리라고 상상할 수가 없어요. 제가 이러한 말을 하는 게 이상하게 들릴 수도 있지만, "글쎄요, 저는 조금 달랐어요"라고 생각해요, 제가 결혼할 때 존을 정말 사랑하지 않았다는 점에서요. 그래서 저는 두 사람 사이에 일어났던 헤어짐을 이해할 수 없어요. 그건 제게 중요해 보이지 않았어요. 저는 안전감을 잃었기 때문에 외로웠어요. 하지만 그것은 정도에 관한 것이었어요. 제가 사랑을 잃었기 때문이 아니에요, 그것과 함께 할 필요가 없는 사랑, 나 자신의 사랑 말이에요. 아마 그게 다일 거예요. 아마도 그게 그녀였다는 것, 그녀가 바로 그가 사랑하지 않았던 사람이라는 생각이 들었던 적은 한번도 없었던 것 같아요. 저는 상상할 수가 없어요, 사람들이 이러한 감정을 느낄 수 있다는 게 상상이 안 돼요. 그러한 일이 일어났다는 것은 알아요, 하지만 그들이 어떻게 그러한 감정을 느낄 수밖에 없었는지 제 마음에 그려볼 수가 없어요. (10초 침묵) (매우 조용히) 단지, 그가 떠난 사람이 저라는 생각만 드네요. 그건 괜찮은 생각이겠지요! (비아냥거리는 투로)

Weiner-16: 지금 당신이 그것을 이해하기 어렵다면, 당신이 어릴 때는 더 그랬겠지요.

A씨-17: (30초 침묵) 이상해요. 제가 여기서 갑자기 너무 긴장해서 앉아 있으면서, 제 마음은 사실 아무것도 생각하고 있지 않았네요. 어떤 이유에서인지 잠깐 폴(그녀의 아들)에 대해서 생각했어요. 그 아이가 자기 아버지를 이따금씩 볼 수 있도록 해 주는 게 좋은 것인지에 대해 제가 항상 염려하고 있었다는 사실에 대해서 말이에요. 마치 저 역시도 폴과 똑같은 걸 해 왔던 것처럼 말이죠. 제 생각에는, 폴이 저와 똑같은 생각과 감정을 가질 거라고 생각하면서, 어쩌면 제가 그러한 감정을 가지고 있었다는 사실조차도 모른 채, 이러한 것들을 폴에게 전가시키고 있는 것 같아요. 예전에 폴이 그 여성 베이비시터와 남자가 접이식 대형소파에 있는 것을 봤을 때 내가 그랬듯이, 이후 제가 너무 겁을 먹었죠. 저 자신의 경험 탓에, 폴이 머릿속에서 온갖 끔찍한 생각을 하게 될까 봐요. 그러니까 제 생각을 폴이 생각할 거라고 전가

했던 것이죠. (50초 침묵) 지금은 정말 아무런 생각도 하지 않고 있어요. 그저 슬픔 같은 것만을 느끼는 것 같습니다. 아마도. (이것은 8장에서 언급했듯이, 깨어있게 만드는 해석 뒤에 흔히 따라오는, 환희가 아닌 우울감의 좋은 예이다). 선생님은 제가 뭘 하고 있는지 아시겠어요? 제가 생각하고 있는 것은 이러한 겁니다. "좋아, 네가 그 생각을 계속 기억할 수 있고 계속 간직할 수도 있겠지만, 지금 당장은 아니야, 지금 당장은 그것에 대해 생각하지 마!" 이건 마치 제가 무슨 말을 소리내어 말하기 전에 저 자신을 향해 먼저 그것에 대해 생각해야만 한다는 것과 같아요. 제가 보기엔, 이것은 제자신을 표현하고 싶지 않다는 예일뿐 아니라 무엇이든 말하기 전에 스스로 모든 걸 생각해야 하다는 것이죠. 감정적인 것을 느끼지 않으면서 제가 말하거나 생각하는 것을 여전히 통제하려는 거죠.

Weiner-17: 그래서 당신은 그것을 다시 살펴볼 기회를 가질 때까지 살피지 않고 묻어 두었던 것이네요. (이 시점에서 몇 가지 고통스러운 기억에 뒤이어 A씨가 뚜렷하게 내용에 대하여 저항하는 것이 관찰되었는데[9장 참조], 마치 그녀는 현재대로면 충분한 것처럼 말하고 있다. 이러한 양상은 다음번 응답에서 확인된다.)

A씨-18: 아… 네. 그리고 저는 "나는 여기서 이미 충분히 오랫동안 앉아 있었어."라고 계속 생각하고 있는 것 같습니다. 정말 이성적인 생각이죠. 저는 여기서 충분히 오랫동안 앉아 있었고, 이제는 가야만 할 때가 틀림없고요. 그 문제에 대해서는 생각하지 않겠습니다. 기다릴 수 있습니다.

Weiner-18: 그리고, 이러한 일은 보통 당신이 가졌던 생각과 관련해서 묘사되지만 정말로 조금도 느끼지는 못하는 몇몇 회상에 의해 이어지곤 하지요. 느낌이 이미 지나간 후에 당신에게 일어난 일을 언급하는 것은 차갑고도 동떨어진 것이 됩니다. (이것은 A씨의 다중적인 방어양식과 관련하여 치료 회기 중에 자주 관찰된 것 중 하나로, 그녀는 어떤 경우에는 불쾌한 생각이나 감정이 자각되지 못하도록 억압 방어를 사용하고 또 어떤 경우에는 경험과 회상으로부터 정동적 요소를 벗겨 버리는 고립 방어를 사용하고 있다.)

A씨-19: 이상하네요. 거의 그걸 이야기하길 끝낸 후처럼, 저는 멈춰 서 있는 것처럼 느껴요. 그리고 제가 지금까지 말을 하고 있었음을 깨달았고, 갑자기

말이 멈추고 내 목소리를 듣고 깨달은 것처럼 약간의 당혹감과 자의식을 느꼈어요. 저는 정말로 이러한 게 이상하게 느껴져요.

Weiner-19: 무엇처럼요?

A씨-20: 오늘 하루 종일 여기서 느꼈던 것들이요. 그 어린 소녀 느낌. 민망해요, 제가 그러한 말을 해 왔다는 걸 생각하면 말이에요. 왠지 모르겠어요. (30초 침묵) 이상해요. 오늘 여기 올 생각은 전혀 없었어요. 저는 그럴 생각조차 못 했어요. 전 그것에 대해 조금도 염려하지 않았지요. 그러한데도 저는 지금 여기서 빨리 나가고만 싶어요. 일단 제가 저 문을 나가면, "휴! 끝났다!" 하고 크게 안도의 숨을 쉬게 될 것 같아요. 마치 여기 앉아 있는 동안 내내 긴장하고 꽉 조여 있는 것처럼요.

Weiner-20: 당신은 그 모든 게 무엇에 관한 것인지 분명하지 않은 것 같군요.

A씨-21: 알고 싶어요. 정말 알게 된다면, 정말 그렇고 싶어요. 그게 무엇인지 말할 수 있으면 좋겠다고 말하려고 했어요. 제 말은 그게 뭔지 말하고 싶다는 것이지만, 알고 있다는 느낌이 들지 않아요. 전혀 모르겠어요.

Weiner-21: 하지만 당신은 왜 그러한 감정이 드는지 알 수 있기를 바라는군요.

A씨-22: 글쎄, 제가 왜 여기서 나가고 싶다고 느끼는지 저로서는 수수께끼예요.

Weiner-22: 그것이 우리가 풀어야 하는 것이겠지만, 오늘은 여기서 끝내야겠군요.

결론

A씨와의 치료는 251회기 후에 종결되었다. 이는 그녀가 치료를 시작한 지 약 2년 반이 지난 후이며, 위에 제시한 면담 이후 30회기가 지난 시점이다. 치료의 마지막 30회기 부분에서, A씨는 남자들과 그녀 자신에 대해 느끼는 감정에 대해 탐색하고 훈습해 나가는 작업이 얼마간 지속되었다. 그렇게 하는 동안, 그녀는 오래된 감정이 그녀의 현재 행동에 영향을 미치고 있을 때 이를 인지하는 자신의 능력에 만족감을 나타내었고, 종종 이러한 종류의 자기자각을 스스로 성취할 수 있다는 것에 대해 점점 더 자신감을 갖게 되었다고 말하였다. 그녀는 자신이 이미 충분히 생각하고 적절하게 다루었던 쟁점과 사건들을 검토하기 위해 대부분의 치료 회기를 사용했다고 여러 차례 보고했다. A씨의 치료 회기의 내

용, 치료 회기 중 보인 태도, 그녀의 삶에서 발생한 사건들의 과정 등이 그녀가 표현한 자기만족감 및 자신감과 일치하는 것처럼 보이는 시점이 다가왔다. 치료의 목표는 대체로 실현된 것처럼 보였으며, 이제 그녀는 치료에서 얻은 진전을 유지할 수 있는 훌륭한 역량을 갖추어 안정되고, 자기통찰적이며, 증상에서 벗어난 여성이라고 볼만한 충분한 이유가 있었다. A씨가 이룬 진전과 현재의 심리적 상태에 대한 검토 후, 그에 따라 종결에 대한 주제를 꺼내게 되었다. 그 후 마지막 몇 주 동안 그녀는 치료와 치료자를 포기한다는 생각을 하면서 약간의 감정적 기복을 경험했고, 꽤 분명한 분리(이별)의 꿈을 보고하였다. 그러나, 이 시기 동안 그녀는 자신에 관해 좋은 느낌을 지속할 수 있었고, 새롭게 발견한 자기확신감을 유지하였으며, 일상생활에서 효율적으로 기능할 수 있었다.

치료의 마지막 단계 동안에 어떤 흥미로운 진전이 일어났다. A씨는 전남편과 재결합 가능성을 고려하기 시작했다. 그는 다른 도시에 살고 있었는데, 그곳에서 그 역시 치료를 받고 있었고, 그들은 서로 연락을 주고받기 시작했다. 그의 편지에서 그녀는 그의 태도와 외모에서 어떤 인상적인 변화를 알아차렸는데, 이것이 그녀로 하여금 처음 결혼했을 때보다 더 현실적인 관점에서 그와의 결혼을 생각할 수 있다고 느끼게 하였다. 치료를 종결할 때, A씨는 우선 그에 대한 자신의 감정과 앞으로의 목표를 살펴보기 위해 남편을 방문할 계획을 말했다.

찾아보기

ㄴ

ㄷ

ㅁ

ㅂ

ㅅ

ㅇ

ㅈ

ㅊ

ㅌ

ㅍ

ㅎ

참고문헌

Abend, S. M. (1989). Countertransference and psychoanalytic technique. *Psychoanalytic Quarterly, 58*, 374-395.

Abend, S. M. (1993). An inquiry into the fate of the transference in psychoanalysis. *Journal of the American Psychoanalytic Association, 41*, 621-651.

Abt, L. E., & Weissman, S. L. (Eds.). (1965). *Acting out: Theoretical and clinical aspects*. New York: Grune and Stratton.

Ackerman, S. J., Hilsenroth, M. J., Baity, M. R., & Blagys, M. D. (2000). Interaction of therapeutic process and alliance during psychological assessment. *Journal of Personality Assessment, 75*, 82-109.

Ackerman, S., & Hilsenroth, M. (2001). A review of therapist characteristics and techniques negatively impacting the therapeutic alliance. *Psychotherapy, 38*, 171-185.

Ackerman, S., & Hilsenroth, M. (2003). A review of therapist characteristics and techniques positively impacting the therapeutic alliance. *Clinical Psychology Review, 23*, 1-33.

Akhtar, S. (2007). Diversity without fanfare: Some reflections on contemporary psychoanalytic technique. *Psychoanalytic Inquiry, 27*, 690-704.

Alexander, F., & French, T. M. (1946). *Psychoanalytic therapy*. New York: Ronald Press.

Allphin, C. (2005). An ethical attitude in the analytic relationship. *Journal of Analytical Psychology, 50*, 451-468.

Allport, G. W. (1937). The functional autonomy of motives. *American Journal of Psychology, 50*, 141-156.

American Psychiatric Association. (2000). *Diagnostic and statistical manual of mental disorders* (4th ed., text rev.). Washington, DC: Author.

American Psychological Association. (2002). *Ethical principles of psychologists and code of conduct*. Washington, DC: Author.

Andersen, S. M., & Saribay, S. A. (2005). Relational self and transference: Evoking motives, self-regulation, and emotions through activation of mental representations of significant others. In M. W. Baldwin (Ed.), *Interpersonal cognition* (pp. 1-32). New York: Guilford Press.

Andersen, S. M., Chen, S., & Miranda, R. (2002). Significant others and the self. *Self and Identity, 1*, 159-168.

Anderson, E. M., & Lambert, M. J. (1995). Short-term dynamically oriented psychotherapy: A review and meta-analysis. *Clinical Psychology Review, 15*, 503-514.

Andrusyna, T. P., Luborsky, L., Pham, T., & Tang, T. Z. (2006). The mechanisms of sudden gains in supportive-expressive psychotherapy for depression. *Psychotherapy Research, 16*, 526-535.

APA Presidential Task Force on Evidence-Based Practice. (2006). *American Psychologist, 61*, 271-285.

Aponte, J. F., & Wohl, J. (2000). *Psychological intervention and cultural diversity* (2nd ed.).

Boston, MA: Allyn & Bacon.

Arkowitz, H. (2002). Toward an integrative perspective on resistance to change. *Journal of Clinical Psychology, 58*, 219-227.

Arkowitz, H., & Engle, D. (2007). Understanding and working with resistant ambivalence in psychotherapy: An integrative approach. In J. Weinberger & S. G. Hofmann (Eds.), *The art and science of psychotherapy* (pp. 171-188). New York: Routledge/Taylor & Francis.

Arnkoff, D. B., Victor, B. J., & Glass, C. R. (1993). Empirical research on factors in psychotherapeutic change. In G. Stricker & J. R. Gold (Eds.), *Comprehensive handbook of psychotherapy integration* (pp. 27-42). NY: Plenum Press.

Arnow, B. A., Blasey, C., Manber, R., Constantino, M. J., Markowitz, J. C., Klein, D. N., Thase, M. E., Kocsis, J. H., & Rush, A. J. (2007). Dropouts versus completers among chronically depressed outpatients. *Journal of Affective Disorders, 97*, 197-202.

Baldwin, S. A., Wampold, B. E., & Imel, Z. E. (2007). Untangling the alliance-outcome correlation: Exploring the relative importance of therapist and patient variability in the alliance. *Journal of Consulting and Clinical Psychology, 75*, 842-852.

Barber, J. P. (2007). Issues and findings in investigating predictors of psychotherapy outcome. *Psychotherapy Research, 17*, 131-136.

Barber, J. P., Crits-Christoph, P., & Luborsky, L. (1996). Effects of therapist adherence and competence on patient outcome in brief dynamic therapy. *Journal of Consulting and Clinical Psychology, 64*, 619-622.

Bargh, J. A. (2007). *Social psychology and the unconscious: The automaticity of higher mental processes*. New York: Psychology Press.

Barglow, P. (2005). Self-disclosure in psychotherapy. *American Journal of Psychotherapy, 59*, 83-99.

Barnett, J. E., MacGlashan, S. G., & Clarke, A. J. (2000). Risk management and ethical issues regarding termination and abandonment. In T. L. Jackson & L. VandeCreek (Eds.), *Innovations in clinical practice* (Vol. 18, pp. 231-245). Sarasota, FL: Professional Resources Press.

Barron, J. W., Eagle, M. N., & Wolitzky, D. L. (Eds.). (1992). *Interface of psychoanalysis and psychology*. Washington, DC: American Psychological Association.

Bass, A. (2007). The as-if patient and the as-if analyst. *Psychoanalytic Quarterly, 76*, 365-386.

Bateman, A. W., & Fonagy, P. (2003). The development of an attachment-based treatment program for borderline personality disorder. *Bulletin of the Menninger Clinic, 67*, 187-211.

Bauer, G. P. (1989). Use of transference in the here and now: Patient and therapist resistance. *Psychotherapy, 26*, 112-119.

Bauer, G. P., & Mills, J. A. (1987). *Brief therapy: Short-term psychodynamic intervention*. Northvale, NJ: Aronson.

Beckham, E. E. (1992). Predicting patient dropout in psychotherapy. *Psychotherapy, 29*, 177-182.

Bedi, R. P. (2001). Prescriptive psychotherapy: Alternatives to diagnosis. *Journal of Psychotherapy in Independent Practice, 2*, 39-60.

Bedics, J. D., Henry, W. P., & Atkins, D. C. (2005). The therapeutic process as a predictor of change in patients' important relationships during time-limited dynamic psychotherapy.

Psychotherapy: Theory, Research, Practice, Training, 42, 279-284.

Beitman, B. D. (1992). Integration through fundamental similarities and some useful differences among the schools. In J. C. Norcross & M. R. Goldfried (Eds.), *Handbook of psychotherapy integration* (pp. 202-230). New York: Basic Books.

Beitman, B. D., & Soth, A. M. (2006). Activation of self-observation: A core process among the psychotherapies. *Journal of Psychotherapy Integration, 16*, 383-397.

Beitman, B. D., Soth, A. M., & Bumby, N. A. (2005). The future as an integrating force through the schools of psychotherapy. In J. C. Norcross & M. R. Goldfried (Eds.), *Handbook of psychotherapy integration* (2nd ed., pp. 65-89). New York: Oxford University Press.

Benjamin, L. S., & Karpiak, C. P. (2002). Personality disorders. In J. C. Norcross (Ed.), *Psychotherapy relationships that work: Therapist contributions and responsiveness to patients* (pp. 423-438). New York: Oxford University Press.

Bennett-Levy, J. (2006). Therapist skills: A cognitive model of their acquisition and refinement. *Behavioural and Cognitive Psychotherapy, 34*, 57-78.

Beretta, V., Despland, J. N., Drapeau, M., Luc, M., Kramer, U., Stigler, M., & de Roten, Y. (2007). Are relationship patterns with significant others re-enacted with the therapist? A study of early transference reactions. *Journal of Nervous and Mental Disease, 195*, 443-450.

Beutler, L. E. (1997). The psychotherapist as a neglected variable in psychotherapy: An illustration by reference to the role of therapist experience and training. *Clinical Psychology, 4*, 44-52.

Beutler, L. E., & Clarkin, J. F. (1990). *Systematic treatment selection*. New York: Brunner/Mazel.

Beutler, L. E., Malik, M., Alimohamed, S., Harwood, T. M., Talebi, H., Noble, S., & Wong, E. (2004). Therapist variables. In M. J. Lambert (Ed.), *Bergin and Garfield's handbook of psychotherapy and behavior change* (5th ed., pp. 227-306). Hoboken, NJ: John Wiley & Sons.

Beutler, L. E., Moleiro, C., & Talebi, H. (2002a). Resistance. In J. C. Norcross (Ed.), *Psychotherapy relationships that work: Therapist contributions and responsiveness to patients* (pp. 129-143). New York: Oxford University Press.

Beutler, L. E., Moleiro, C., & Talebi, H. (2002b). Resistance in psychotherapy: What conclusions are supported by research? *Journal of Clinical Psychology, 58*, 207-217.

Bhat, C. S., & Davis, T. E. (2007). Counseling supervisors' assessment of race, racial identity, and working alliance in supervisory dyads. *Journal of Multicultural Counseling and Development, 35*, 80-91.

Bibring, E. (1954). Psychoanalysis and the dynamic psychotherapies. *Journal of the American Psychoanalytic Association, 2*, 745-770.

Binder, J. L. (2004). *Key competencies in brief dynamic psychotherapy*. New York: Guilford Press.

Binder, J. L., & Strupp, H. H. (1997). "Negative process": A recurrently discovered and underestimated facet of psychotherapeutic process and outcome in the individual psychotherapy of adults. *Clinical Psychology, 4*, 121-139.

Bischoff, M. M., & Tracey, T. J. (1995). Client resistance as predicted by therapist behavior: A study of sequential dependence. *Journal of Counseling Psychology, 42*, 487-495.

Blagys, M. D., & Hilsenroth, M. J. (2000). Distinctive features of short-term psychodynamic-interpersonal psychotherapy: A review of the comparative psychotherapy process literature. *Clinical Psychology: Science and Practice, 7*, 167-188.

Blanck, G., & Blanck, R. (1994). *Ego psychology: Theory and practice* (2nd ed.). New York: Columbia University Press.

Blanton, S. (1971). *Diary of my analysis with Sigmund Freud*. New York: Hawthorne Books.

Blatt, S. J., & Ford, R. Q. (1994). *Therapeutic change: An object relations perspective*. New York: Plenum Press.

Blatt, S. J., & Zuroff, D. C. (2005). Empirical evaluation of the assumptions underlying evidence-based treatments in mental health. *Clinical Psychology Review, 25*, 459-486.

Bleyen, K., Vertommen, H., Vander Steene, G., & Van Audenhove, C. (2001). Psychometric properties of the Psychotherapy Expectancy Inventory-Revised (PEI-R). *Psychotherapy Research, 11*, 69-83.

Bloch, S. (2006). Supportive psychotherapy. In S. Bloch (Ed.), *An introduction to the psychotherapies* (pp. 215-235). New York: Oxford University Press.

Bloom, B. L. (1997). *Planned short-term psychotherapy* (2nd ed.). Boston: Allyn & Bacon.

Bloom, C. (2002). Cultural countertransference. *Psychoanalysis and Psychotherapy, 19*, 41-57.

Blum, H. P. (1989). The concept of termination and the evolution of psychoanalytic thought. *Journal of the American Psychoanalytic Association, 37*, 275-295.

Blum, H. P. (1991). Sadomasochism in the psychoanalytic process, within and beyond the pleasure principle. *Journal of the American Psychoanalytic Association, 39*, 431-450.

Blum, H. P., & Goodman, W. H. (1995). Countertransference. In B. E. Moore & B. D. Fine (Eds.), *Psychoanalysis: The major concepts* (pp. 121-129). New Haven, CT: Yale University Press.

Boesky, D. (1982). Acting out. *International Journal of Psycho-Analysis, 63*, 39-55.

Boesky, D. (1990). The psychoanalytic process and its components. *Psychoanalytic Quarterly, 59*, 550-584.

Boesky, D. (2008). *Psychoanalytic disagreements in context*. Lanham, MD: Aronson.

Bohart, A. C. (2007). An alternative view of concrete operating procedures from the perspective of the client as active self-healer. *Journal of Psychotherapy Integration, 17*, 125-137.

Bohart, A. C., Elliott, R., Greenberg, L. S., & Watson, J. C. (2002). Empathy. In J. C. Norcross (Ed.), *Psychotherapy relationships that work: Therapist contributions and responsiveness to patients* (pp. 89-108). New York: Oxford University Press.

Bolter, K., Levenson, H., & Alvarez, W. (1990). Differences in values between short-term and long-term therapists. *Professional Psychology, 21*, 285-290.

Borckardt, J. J., Nash, M. R., Murphy, M. D., Moore, M., Shaw, D., & O'Neil, P. (2008). Clinical practice as natural laboratory for psychotherapy research: A guide to case-based time series analysis. *American Psychologist, 63*, 77-95.

Bordin, E. S. (1979). The generalizability of the psychoanalytic concept of the working alliance. *Psychotherapy, 16*, 252-260.

Bordin, E. S. (1994). Theory and research on the therapeutic working alliance: New directions. In A. O. Horvath & L. S. Greenberg (Eds.), *The working alliance* (pp. 13-37). New York: John Wiley & Sons.

Bornstein, R. F. (1993). Implicit perception, implicit memory, and the recovery of unconscious material in psychotherapy. *Journal of Nervous and Mental Disease, 181*, 337-344.

Bornstein, R. F. (1999). Source amnesia, misattribution, and the power of unconscious perceptions and memories. *Psychoanalytic Psychology, 16*, 1-24.

Bornstein, R. F. (2003). Psychodynamic models of personality. In I. B. Weiner (Editor-in-Chief), T. Millon, & M. J. Lerner (Vol. Eds.), *Handbook of psychology: Vol. 5. Personality and social psychology* (pp. 117-134). Hoboken, NJ: John Wiley & Sons.

Bornstein, R. F. (2004). Subliminality, consciousness, and temporal shifts in awareness: Implications within and beyond the laboratory. *Consciousness and Cognition, 13*, 613-618.

Bornstein, R. F. (2005). Reconnecting psychoanalysis to mainstream psychology: Challenges and opportunities. *Psychoanalytic Psychology, 22*, 323-340.

Bornstein, R. F. (2006). A Freudian construct lost and reclaimed: The psychodynamics of personality pathology. *Psychoanalytic Psychology, 23*, 339-353.

Bornstein, R. F. (2007). Dependent personality disorder: Effective time-limited therapy. *Current Psychiatry, 6*, 37-45.

Bornstein, R. F., & Masling, J. M. (Eds.). (1998a). *Empirical perspectives on the psychoanalytic unconscious*. Washington, DC: American Psychological Association.

Bornstein, R. F., & Masling, J. M. (Eds.). (1998b). *Empirical studies of the therapeutic hour*. Washington, DC: American Psychological Association.

Borys, D. S., & Pope, K. S. (1989). Dual relationships between therapist and client: A national study of psychologists, psychiatrists, and social workers. *Professional Psychology, 20*, 283-293.

Bostic, J. Q., Shadid, L. G., & Blotcky, M. J. (1996). Our time is up: Forced terminations during psychotherapy training. *American Journal of Psychotherapy, 50*, 347-359.

Bowman, D., Scogin, F., Floyd, M., & McKendree-Smith, N. (2001). Psychotherapy length of stay and outcome: A meta-analysis of the effect of therapist sex. *Psychotherapy: Theory, Research, Practice, Training, 38*, 142-148.

Brems, C. (2004). *A comprehensive guide to child psychotherapy*. New York: Waveland Press.

Brenner, C. (1959). The masochistic character. *Journal of the American Psychoanalytic Association, 7*, 197-226.

Brenner, C. (1987). Working through: 1914-1984. *Psychoanalytic Quarterly, 56*, 88-108.

Breuer, J., & Freud, S. (1955). *Studies on hysteria. Standard Edition* (Vol. 2, pp. 1-319). London: Hogarth Press. (Original work published 1893-1895)

Brinol, P., Gallardo, R. E., Petty, R. M., & DeMarree, K. G. (2007). The effect of self-affirmation in nonthreatening persuasion domains: Timing affects the process. *Personality and Social Psychology Bulletin, 33*, 1533-1546.

Brody, E. M., & Farber, B. A. (1996). The effects of therapist experience and patient diagnosis on countertransference. *Psychotherapy, 33*, 372-380.

Brumbaugh, C. C., & Fraley, R. C. (2006). Transference and attachment: How do attachment patterns get carried forward from one relationship to the next? *Personality and Social Psychology Bulletin, 32*, 552-560.

Brumbaugh, C. C., & Fraley, R. C. (2007). Transference of attachment patterns: How important relationships influence feelings toward novel people. *Personal Relationships, 14*, 513-530.

Buckley, P., Karasu, T. B., & Charles, E. (1979). Common mistakes in psychotherapy. *American Journal of Psychiatry, 136*, 1578-1580.

Budman, S. H., & Gurman, A. S. (1983). *The practice of brief therapy. Professional Psychology, 14*, 277-292.

Bulkeley, K. (Ed.). (2001). *Dreams: A reader on religious, cultural, and psychological dimensions of dreaming*. New York: Palgrave Macmillan.

Busch, F. (1995). *The ego at the center of clinical technique*. Northvale, NJ: Aronson.

Busch, F. (1996). The ego and its significance in analytic interventions. *Journal of the American Psychoanalytic Association, 44*, 1073-1099.

Busch, F. (2000). What is a deep interpretation? *Journal of the American Psychoanalytic Association, 48*, 237-254.

Butcher, J. N. (Ed.). (2006). *MMPI-2: A practitioner's guide*. Washington, DC: American Psychological Association.

Caligor, E., Kernberg, O. F., & Clarkin, J. F. (2007). *Handbook of dynamic psychotherapy for higher-level personality pathology*. Washington, DC: American Psychiatric Publishing.

Callahan, P. E. (2000). Indexing resistance in short-term dynamic psychotherapy: Change in breaks in eye contact during anxiety. *Psychotherapy Research, 10*, 87-99.

Carey, K. B., Leontieva, L., Dimmock, J., Maisto, S. A., & Batki, S. L. (2007). Adapting motivational interventions for comorbid schizophrenia and alcohol use disorders. *Clinical Psychology: Science and Practice, 14*, 39-57.

Castelnuovo-Tedesco, P. (1989). The fear of change and its consequences in analysis and psychotherapy. *Psychoanalytic Inquiry, 9*, 101-118.

Castonguay, L. G. (2000). A common factors approach to psychotherapy training. *Journal of Psychotherapy Integration, 10*, 263-282.

Castonguay, L. G., & Beutler, L. E. (2006). Principles of therapeutic change: A task force on participants, relationships, and techniques factors. *Journal of Clinical Psychology, 62*, 631-638.

Castonguay, L. G., & Hill, C. (Eds.). (2007). *Insight in psychotherapy*. Washington, DC: American Psychological Association.

Castonguay, L. G., Reid, J. J., Jr., Halperin, G. S., & Goldfried, M. R. (2003). Psychotherapy integration. In G. Stricker & T. A. Widiger (Eds.), *Clinical psychology (pp. 327-346). Vol. 8 in I. B. Weiner (Editor-in-Chief), Handbook of psychology*. Hoboken, NJ: John Wiley & Sons.

Charman, D. P. (Ed.). (2004). *Core processes in brief psychodynamic psychotherapy: Advancing effective practice*. Mahwah, NJ: Erlbaum.

Chatziandreou, M., Tsani, H., Lamnidis, N., Synodinou, C., & Vaslamatzis, G. (2005). Psychoanalytic psychotherapy for severely disturbed borderline patients. *American Journal of Psychoanalysis, 65*, 135-147.

Chessick, R. D. (1994). What brings about change in psychoanalytic treatment? *Psychoanalytic Review, 81*, 279-300.

Chisholm, S. M., Crowther, J. H., & Ben-Porath, Y. (1997). Selected MMPI-2 scales' ability to predict premature termination and outcome from psychotherapy. *Journal of Personality Assessment, 69*, 127-144.

Cho, S. H., & Lee, C. H. (1997). The relationship between client resistance and client psychological reactance, characteristics of counselor intervention, and working alliance. *Korean Journal of Counseling and Psychotherapy, 9*, 101-127.

Christensen, A., & Jacobson, N. S. (1994). Who (or what) can do psychotherapy? The status and challenge of nonprofessional therapies. *Psychological Science, 5*, 8-14.

Clarkin, J. F., & Levy, K. N. (2004). Research on client variables in psychotherapy. In M. J. Lambert (Ed.), *Bergin and Garfield's handbook of psychotherapy and behavior change* (5th ed., pp. 194-226). Hoboken, NJ: John Wiley & Sons.

Clarkson, P. (2000). *Ethics: Working with ethical and moral dilemmas in psychotherapy*. Philadelphia, PA: Whurr Publishers.

Clemens, N. A. (2002). Treatment consent form. *Journal of Psychiatric Practice, 8*, 311-314.

Colson, D. B., Eyman, J. R., & Coyne, L. (1994). Rorschach correlates of treatment difficulty and of the therapeutic alliance in psychotherapy with female psychiatric hospital patients. *Bulletin of the Menninger Clinic, 58*, 393-398.

Comas-Díaz, L., & Greene, B. (1994). *Women of color: Integrating ethnic and gender identities in psychotherapy*. New York: Guilford Press.

Comas-Díaz, L., & Jacobsen, F. M. (1991). Ethnocultural transference and countertransference in the therapeutic dyad. *American Journal of Orthopsychiatry, 61*, 392-402.

Conigliaro, V. (1997). *Dreams as a tool in psychodynamic psychotherapy*. New York: International Universities Press.

Connor, T. A. (1996). Ethical and clinical issues in involuntary psychotherapy. *Psychotherapy, 33*, 587-592.

Connors, M. E. (2006). *Symptom-focused dynamic psychotherapy*. Mahwah, NJ: Analytic Press.

Cooper, A. M. (1987a). Changes in psychoanalytic ideas: Transference interpretation. *Journal of the American Psychoanalytic Association, 35*, 77-98.

Cooper, A. M. (1987b). The transference neurosis: A concept ready for retirement. *Psychoanalytic Inquiry, 7*, 569-585.

Cooper, A. M. (Ed.). (2006). *Contemporary psychoanalysis in America: Leading analysts present their work*. Washington, DC: American Psychiatric Publishing.

Corning, A. F., & Malofeeva, E. V. (2004). The application of survival analysis to the study of psychotherapy termination. *Journal of Counseling Psychology, 51*, 354-367.

Corning, A. F., Malofeeva, E. V., & Bucchianeri, M. M. (2007). Predicting termination type from client-therapist agreement on the severity of the presenting problem. *Psychotherapy: Theory, Research, Practice, Training, 44*, 193-204.

Corradi, R. B. (2006). Conceptual model of transference and its psychotherapeutic application. *Journal of the American Academy of Psychoanalysis and Dynamic Psychiatry, 34*, 415-439.

Coster, J. S., & Schwebel, M. (1997). Well-functioning in professional psychologists. *Professional Psychology, 28*, 5-13.

Counselman, E. F. (2008). Why study group therapy? *International Journal of Group Psychotherapy, 58*, 265-272.

Coursey, R. D., Keller, A. B., & Farrell, E. W. (1995). Individual psychotherapy and persons with serious mental illness: The client's perspective. *Schizophrenia Bulletin, 21*, 283-301.

Craig, R. J. (2003). Assessing personality and psychopathology with interviews. In I. B. Weiner (Editor-in-Chief), J. R. Graham & J. A. Naglieri (Vol. Eds.), *Handbook of Psychology: Vol. 1. Assessment psychology* (pp. 487-508). Hoboken, NJ: John Wiley & Sons.

Craighead, W. E., Sheets, E. S., Bjornsson, A. S., & Arnarson, E. O. (2005). Specificity and non-specificity in psychotherapy. *Clinical Psychology: Science and Practice, 12*, 189-193.

Cramer, P. (2000). Defense mechanisms in psychology today: Further processes for adaptation. *American Psychologist, 55*, 637-646.

Cramer, P. (2006). *Protecting the self: Defense mechanisms in action*. New York: Guilford Press.

Crits-Christoph, P. (1992). The efficacy of brief dynamic psychotherapy: A meta-analysis. *American Journal of Psychiatry, 149*, 151-158.

Crits-Christoph, P., & Barber, J. P. (Eds.). (1991). *Handbook of short-term dynamic psychotherapy*. New York: Basic Books.

Crits-Christoph, P., & Connolly, M. B. (2002). Relational interpretations. In J. C. Norcross (Ed.), *Psychotherapy relationships that work: Therapist contributions and responsiveness to patients* (pp. 285-300). New York: Oxford University Press.

Crits-Christoph, P., Barber, J. P., & Kurcias, J. S. (1993). The accuracy of therapists' interpretations and the development of the therapeutic alliance. *Psychotherapy Research, 3*, 25-35.

Crits-Christoph, P., Connolly, M. B., & Hearon, B. (2006). Does the alliance cause good outcome? Recommendations for future research on the alliance. *Psychotherapy: Theory, Research, Practice, Training, 43*, 280-285.

Crits-Christoph, P., Cooper, A., & Luborsky, L. (1988). The accuracy of therapists' interpretations and the outcome of dynamic psychotherapy. *Journal of Consulting and Clinical Psychology, 56*, 490-495.

Crits-Christoph, P., Gibbons, M. B., & Crits-Christoph, K. (2004). Supportive-expressive psychodynamic therapy. In R. G. Heimberg, C. L. Turk, & D. S. Mennin (Eds.), *Generalized anxiety disorder: Advances in research and practice* (pp. 293-319). New York: Guilford Press.

Crown, N. J. (2008). Slips of the tongue, sleights of the hand: Observations on psychotherapy in sign language. *Psychoanalytic Psychology, 25*, 356-362.

Cummings, N. A. (2001). Interruption, not termination: The model from focused, intermittent psychotherapy throughout the life cycle. *Journal of Psychotherapy in Independent Practice, 2*, 3-18.

Curtis, J. T., Silberschatz, G., Sampson, H., Weiss, J., & Rosenberg, S. E. (1988). Developing reliable psychodynamic case formulations: An illustration of the plan diagnosis method. *Psychotherapy, 25*, 256-265.

Curtis, R., Field, C., Knaan Kostman, I., & Mannix, K. (2004). What 75 psychoanalysts found helpful and hurtful in their own analyses. *Psychoanalytic Psychology, 21*, 183-202.

Dalenberg, C. J. (2004). Maintaining the safe and effective therapeutic relationship in the context of distrust and anger: Countertransference and complex trauma. *Psychotherapy: Theory, Research, Practice, Training, 41*, 438-447.

Davanloo, H. (1980). *Short-term dynamic psychotherapy*. New York: Aronson.

Davis, T. (2007). The relevance of the Freudian concept of "transference" for existential psychotherapy. *Existential Analysis, 18*, 348-357.

Dearing, R. L., Maddux, J. E., & Tangney, J. P. (2005). Predictors of psychological help seeking in clinical and counseling psychology graduate students. *Professional Psychology: Research and Practice, 36*, 323-329.

Della Silva, P. C. (1996). *Intensive short-term dynamic psychotherapy*. New York: John Wiley & Sons.

Dewald, P. A. (1965). Reactions to the forced termination of therapy. *Psychiatric Quarterly, 39*, 102-126.

Dewald, P. A. (1967). Therapeutic evaluation and potential: The dynamic point of view. *Comprehensive Psychiatry, 8*, 284-298.

Dewald, P. A. (1971). *Psychotherapy: A dynamic approach* (2nd ed.). New York: Basic Books.

Dewald, P. A. (1980). The handling of resistances in adult psychoanalysis. *International Journal of Psychoanalysis, 61*, 61-69.

Dewald, P. A. (1982). Psychoanalytic perspectives on resistance. In P. Wachtel (Ed.), *Resistance: Psychodynamic and behavioral approaches* (pp. 45-68). New York: Plenum Press.

Dewald, P. A. (1996). The psychoanalytic therapies. In E. Nessarian & R. G. Kopff (Eds.), *Textbook of psychoanalysis* (pp. 455-483). Washington, DC: American Psychiatric Press.

Dewald, P. A., & Clark, R. W. (Eds.). (2001). *Ethics case book of the American Psychoanalytic Association*. New York: American Psychoanalytic Association.

Dewan, M. J., Steenbarger, B. N., & Greenberg, R. P. (Eds.). (2004). *The art and science of brief psychotherapies: A practitioner's guide*. Washington, DC: American Psychiatric Publishing.

Diener, M. J., Hilsenroth, M. J., & Weinberger, J. (2007). Therapist affect focus and patient outcomes in psychodynamic psychotherapy: A meta-analysis. *American Journal of Psychiatry, 164*, 936-941.

Dinger, U., Strack, M., Leichsenring, F., Wilmers, F., & Schauenburg, H. (2008). Therapist effects on outcome and alliance in inpatient psychotherapy. *Journal of Clinical Psychology, 46*, 344-354.

Doctor, R. (Ed.). (2003). *Dangerous patients: A psychodynamic approach to risk assessment and management*. London, UK: Karnac Books.

Draguns, J. (2007). Psychotherapeutic and related interventions for a global psychology. In M. J. Stevens (Ed.), *Toward a global psychology: Theory, research, intervention, and pedagogy* (pp. 233-266). Mahwah, NJ: Erlbaum.

Duffy, M. (1999). *Handbook of psychotherapy with older adults*. NY: Wiley.

Eckert, P. A. (1993). Acceleration of change: Catalysts in brief therapy. *Clinical Psychology Review, 13*, 241-253.

Ecklund, K., & Johnson, W. B. (2007). Toward cultural competence in child intake assessments. *Professional Psychology: Research and Practice, 38*, 356-362.

Eels, T. D. (Ed.). (1997). *Handbook of psychotherapy case formulation*. New York: Guilford Press.

Eels, T. D., & Lombart, K. G. (2003). Case formulation and treatment concepts among novice, experienced, and expert cognitive-behavioral and psychodynamic therapists. *Psychotherapy Research, 13*, 187-204.

Elkin, I. (1999). A major dilemma in psychotherapy outcome research: Disentangling therapists from therapies. *Clinical Psychology: Science and Practice, 6*, 10-32.

Elliott, R., Watson, J. C., Goldman, R. N., & Greenberg, L. S. (Eds.). (2004). *Learning emotion-focused therapy: The process-experiential approach to change*. Washington, DC: American Psychological Association.

Ellman, S. J. (1991). *Freud's technique papers*. Northvale, NJ: Aronson.

Engle, D., & Arkowitz, H. (2006). *Ambivalence in psychotherapy: Facilitating readiness to change*. New York: Guilford Press.

Erdelyi, M. H. (2006). The unified theory of repression. *Behavioral and Brain Sciences, 29*, 499-511.

Eudell-Simmons, E. M., & Hilsenroth, M. J. (2007). The use of dreams in psychotherapy. *Journal of Psychotherapy Integration, 17*, 330-356.

Eudell-Simmons, E. M., & Hilsenroth, M. J. (2007). The use of dreams in psychotherapy. *Journal of Psychotherapy Integration, 17*, 330-356.

Fairbairn, W. R. D. (1954). *An object relations theory of the personality*. New York: Basic Books.

Fairbairn, W. R. D. (1954). *An object relations theory of the personality*. New York: Basic Books.

Falkenstrom, F., Grant, J., Broberg, J., & Sandell, R. (2007). Self-analysis and posttermination improvement after psychoanalysis and long-term psychotherapy. *Journal of the American Psychoanalytic Association, 55*, 629-674.

Falkenstrom, F., Grant, J., Broberg, J., & Sandell, R. (2007). Self-analysis and posttermination improvement after psychoanalysis and long-term psychotherapy. *Journal of the American Psychoanalytic Association, 55*, 629-674.

Farber, B. A. (2006). *Self-disclosure in psychotherapy*. New York: Guilford Press.

Farber, B. A. (2006). *Self-disclosure in psychotherapy*. New York: Guilford Press.

Faulkner, K. K., & Faulkner, T. A. (1997). Managing multiple relationships in rural communities: Neutrality and boundary violations. *Clinical Psychology, 4*, 225-234.

Faulkner, K. K., & Faulkner, T. A. (1997). Managing multiple relationships in rural communities: Neutrality and boundary violations. *Clinical Psychology, 4*, 225-234.

Fauth, J. (2006). Toward more (and better) countertransference research. *Psychotherapy: Theory, Research, Practice, Training, 43*, 16-31.

Fauth, J. (2006). Toward more (and better) countertransference research. *Psychotherapy: Theory, Research, Practice, Training, 43*, 16-31.

Fenichel, O. (1941). *Problems of psychoanalytic technique*. New York: Psychoanalytic Quarterly.

Fenichel, O. (1941). *Problems of psychoanalytic technique*. New York: Psychoanalytic Quarterly.

Fenichel, O. (1945a). *The psychoanalytic theory of neurosis*. New York: Norton.

Fenichel, O. (1945a). *The psychoanalytic theory of neurosis*. New York: Norton.

Fenichel, O. (1945b). Neurotic acting out. *Psychoanalytic Review, 32*, 197-206.

Fenichel, O. (1945b). Neurotic acting out. *Psychoanalytic Review, 32*, 197-206.

Fialkow, N. J., & Muslin, H. L. (1987). Working through: A cornerstone of psychotherapy. *American Journal of Psychotherapy, 41*, 443-452.

Fialkow, N. J., & Muslin, H. L. (1987). Working through: A cornerstone of psychotherapy.

American Journal of Psychotherapy, 41, 443-452.

Fink, K. (2007). Supervision, transference, and countertransference. *International Journal of Psychoanalysis, 88*, 1263-1273.

Fink, K. (2007). Supervision, transference, and countertransference. *International Journal of Psychoanalysis, 88*, 1263-1273.

Finn, S. E. (1996). Assessment feedback integrating MMPI-2 and Rorschach findings. *Journal of Personality Assessment, 67*, 543-557.

Finn, S. E. (1996). Assessment feedback integrating MMPI-2 and Rorschach findings. *Journal of Personality Assessment, 67*, 543-557.

Finn, S. E. (2005). How psychological assessment taught me compassion and firmness. *Journal of Personality Assessment, 84*, 29-32.

Finn, S. E. (2005). How psychological assessment taught me compassion and firmness. *Journal of Personality Assessment, 84*, 29-32.

Finn, S. E., & Kamphuis, J. H. (2006). Therapeutic assessment with the MMPI-2. In J. N. Butcher (Ed.), *MMPI-2: A practitioner's guide* (pp. 165-191). Washington, DC: American Psychological Association.

Finn, S. E., & Kamphuis, J. H. (2006). Therapeutic assessment with the MMPI-2. In J. N. Butcher (Ed.), *MMPI-2: A practitioner's guide* (pp. 165-191). Washington, DC: American Psychological Association.

Fonagy, P. (2006). Evidence-based psychodynamic psychotherapies. In PDM Task Force (Eds.), *Psychodynamic diagnostic manual* (pp. 765-818). Silver Spring, MD: Alliance of Psychoanalytic Organizations.

Fonagy, P. (2006). Evidence-based psychodynamic psychotherapies. In PDM Task Force (Eds.), *Psychodynamic diagnostic manual* (pp. 765-818). Silver Spring, MD: Alliance of Psychoanalytic Organizations.

Frank, J. D., & Frank, J. B. (1991). *Persuasion and healing: A comparative study of psychotherapy* (3rd ed.). Baltimore: Johns Hopkins University Press.

Frank, J. D., & Frank, J. B. (1991). *Persuasion and healing: A comparative study of psychotherapy* (3rd ed.). Baltimore: Johns Hopkins University Press.

Fraser, J. S., & Solovey, A. D. (2007). *Second-order change in psychotherapy*. Washington, DC: American Psychological Association.

Fraser, J. S., & Solovey, A. D. (2007). *Second-order change in psychotherapy*. Washington, DC: American Psychological Association.

Freedheim, D. S. (Ed.). (1992). *History of psychotherapy: A century of change*. Washington, DC: American Psychological Association.

Freedheim, D. S. (Ed.). (1992). *History of psychotherapy: A century of change*. Washington, DC: American Psychological Association.

Freud, A. (1946). *The ego and the mechanisms of defense*. New York: International Universities Press. (Original work published 1936.)

Freud, A. (1946). *The ego and the mechanisms of defense*. New York: International Universities Press. (Original work published 1936.)

Freud, S. (1953a). Fragment of an analysis of a case of hysteria. *Standard Edition* (Vol. 7, pp. 7-122). London: Hogarth Press. (Original work published 1905.)

Freud, S. (1953a). Fragment of an analysis of a case of hysteria. *Standard Edition* (Vol. 7, pp. 7-122). London: Hogarth Press. (Original work published 1905.)

Freud, S. (1953b). Freud's psycho-analytic procedure. *Standard Edition* (Vol. 7, pp. 249-254). London: Hogarth Press. (Original work published 1904b.)
Freud, S. (1953b). Freud's psycho-analytic procedure. *Standard Edition* (Vol. 7, pp. 249-254). London: Hogarth Press. (Original work published 1904b.)
Freud, S. (1953c). *The interpretation of dreams. Standard Edition* (Vols. 4-5). London: Hogarth Press. (Original work published 1900.)
Freud, S. (1953c). *The interpretation of dreams. Standard Edition* (Vols. 4-5). London: Hogarth Press. (Original work published 1900.)
Freud, S. (1953d). *Three essays on the theory of sexuality. Standard Edition* (Vol. 7, pp. 135-243). London: Hogarth Press. (Original work published 1905.)
Freud, S. (1953d). *Three essays on the theory of sexuality. Standard Edition* (Vol. 7, pp. 135-243). London: Hogarth Press. (Original work published 1905.)
Freud, S. (1953e). On psychotherapy. *Standard Edition* (Vol. 7, pp. 257-268). London: Hogarth Press. (Original work published 1904a.)
Freud, S. (1953e). On psychotherapy. *Standard Edition* (Vol. 7, pp. 257-268). London: Hogarth Press. (Original work published 1904a.)
Freud, S. (1956). Remembering, repeating, and working through. *Standard Edition* (Vol. 12, pp. 209-241). London: Hogarth. (Original work published 1914.)
Freud, S. (1956). Remembering, repeating, and working through. *Standard Edition* (Vol. 12, pp. 209-241). London: Hogarth. (Original work published 1914.)
Gabbard, G. O., & Wilkinson, S. M. (1994). *Management of countertransference with borderline patients*. Washington, DC: American Psychiatric Press.

Gabbard, G. O., Horwitz, L., Allen, J. G., Frieswyk, S., Newsom, G., Colson, D. B., & Coyne, L. (1994). Transference interpretation in the psychotherapy of borderline patients: A high-risk, high gain phenomenon. *Harvard Review of Psychiatry, 2*, 59-69.

Gale, J., & Sanchez, B. (2005). The meaning and function of silence in psychotherapy with particular reference to a therapeutic community treatment programme. *Psychoanalytic Psychotherapy, 19*, 205-220.

Gans, J. S., & Counselman, E. F. (1996). The missed session: A neglected aspect of psychodynamic psychotherapy. *Psychotherapy, 33*, 43-50.

Garb, H. N. (1997). Race bias, social class bias, and gender bias in clinical judgment. *Clinical Psychology, 4*, 99-120.

García, J. G., & Zea, M. C. (Eds.). (1997). *Psychological interventions and research with Latino populations*. Boston: Allyn & Bacon.

Garfield, S. L. (1995). *Psychotherapy: An eclectic approach* (2nd ed.). NY: Wiley.

Gay, P. (1988). *Freud: A life for our time*. New York: Norton.

Gediman, H. K. (2002). Contrasting aims in transference interpretation. *International Journal of Psychoanalysis, 83*, 478-482.

Geistwhite, R. (2000). Inadequacy and indebtedness: No-fee psychotherapy in county training programs. *Journal of Psychotherapy Practice and Research, 9*, 142-148.

Geller, J. D., Norcross, J. C., & Orlinsky, D. E. (Eds.). (2005). *The therapist's own psychothera-*

py: Patient and clinician perspectives. New York: Oxford University Press.

Gellner, P. (2006). The concept of objective countertransference and its role in a two-person psychology. *American Journal of Psychoanalysis, 66*, 25-42.

Gelso, C. J., Kivlighan, D. M., Wine, B., & Jones, A. (1997). Transference, insight, and the course of time-limited therapy. *Journal of Counseling Psychology, 44*, 209-217.

Gelso, C. J., Latts, M. G., Gomez, M. J., & Fassinger, R. E. (2002). Countertransference management and therapy outcome: An initial evaluation. *Journal of Clinical Psychology, 58*, 861-867.

Gill, M. M. (1982). *Analysis of transference: Vol. 1. Theory and technique*. New York: International Universities Press.

Giovacchini, P. L. (1989). *Countertransference triumphs and catastrophes*. Northvale, NJ: Aronson.

Glenn, J. (1992). Empathy, countertransference, and other emotional reactions of the therapist. In M. J. Aronson & M. A. Scharfman (Eds.), *Psychotherapy: The analytic approach* (pp. 73-83). Northvale, NJ: Aronson.

Glenn, J., & Bernstein, I. (1995). Sadomasochism. In B. E. Moore & B. D. Fine (Eds.), *Psychoanalysis: The major concepts* (pp. 252-265). New Haven, CT: Yale University Press.

Glick, R. A. (1987). Forced termination. *Journal of the American Academy of Psychoanalysis, 15*, 449-463.

Glouberman, S. (2005). Building on Bion: Roots, origins, and context of Bion's contributions to theory and practice. *Canadian Journal of Psychoanalysis, 13*, 131-134.

Glover, E. (1955). *The technique of psycho-analysis*. New York: International Universities Press.

Gody, D. S. (1996). Chance encounters: Unintentional therapist disclosure. *Psychoanalytic Psychology, 13*, 495-511.

Gold, J., & Stricker, G. (2006). *A casebook of psychotherapy integration*. Washington, DC: American Psychological Association.

Goldenberg, I., Matheson, K., & Mantler, J. (2006). The assessment of emotional intelligence: A comparison of performance-based and self-report measures. *Journal of Personality Assessment, 86*, 33-45.

Goldenberg, V. (2002). Ranking the correlates of psychotherapy duration. *Administration and Policy in Mental Health, 29*, 201-214.

Goldfried, M. R. (2004). Integrating integratively oriented brief psychotherapy. *Journal of Psychotherapy Integration, 14*, 93-105.

Goldfried, M. R. (Ed.). (2000). *How therapists change: Personal and professional reflections*. Washington, DC: American Psychological Association.

Goldstein, W. (1996). *Dynamic psychotherapy with the borderline patient*. Northvale, NJ: Aronson.

Goldstein, W. (2001). *A primer for beginning psychotherapy* (2nd ed.). New York: Brunner-Routledge.

Goldstein, W., & Goldberg, S. T. (2004). *Using the transference in psychotherapy*. Northvale, NJ: Aronson.

Gomes-Schwartz, B., & Schwartz, J. M. (1978). Psychotherapy process variables distinguishing the "inherently helpful" person from the professional psychotherapist. *Journal of Consulting and Clinical Psychology, 46*, 196-197.

Goodheart, C. D., Kazdin, A. E., & Sternberg, R. J. (Eds.). (2006). *Evidence-based psychotherapy*. Washington, DC: American Psychological Association.

Goodyear, R. K., & Shumate, J. L. (1996). Perceived effects of therapist self-disclosure of attraction to clients. *Professional Psychology, 27*, 613-616.

Gorkin, M. (1987). *The uses of countertransference*. Northvale, NJ: Aronson.

Gottdiener, W. H. (2006). Individual psychodynamic psychotherapy of schizophrenia: Empirical evidence for the practicing clinician. *Psychoanalytic Psychology, 23*, 583-589.

Gray, P. (1994). *The ego and the analysis of defense*. Northvale, NJ: Aronson.

Greencavage, L. M., & Norcross, J. C. (1990). What are the commonalities among the therapeutic factors. *Professional Psychology, 21*, 372-378.

Greene, R. L., & Clopton, J. R. (2004). Minnesota Multiphasic Personality Inventory-2 (MMPI-2). In M. E. Maruish (Ed.), *The use of psychological testing for treatment planning and outcomes assessment* (3rd ed., pp. 449-478). Mahwah, NJ: Erlbaum.

Greenson, R. R. (1965a). The problem of working through. In M. Schur (Ed.), *Drives, affects, behavior* (pp. 227-314). New York: International Universities Press.

Greenson, R. R. (1965b). The working alliance and the transference neurosis. *Psychoanalytic Quarterly, 34*, 155-181.

Greenson, R. R. (1967). *The technique and practice of psychoanalysis*. New York: International Universities Press.

Greenson, R. R., & Wexler, M. (1969). The nontransference relationship in the psychoanalytic situation. *International Journal of Psycho-Analysis, 50*, 27-39.

Greenwald, A. G., & Banaji, M. R. (1995). Implicit social cognition. *Psychological Review, 102*, 4-27.

Gregory, R. J., & Remen, A. L. (2008). A manual-based psychodynamic therapy for treatment-resistant borderline personality disorder. *Psychotherapy: Theory, Research, Practice, Training, 45*, 15-27.

Gregory, R. J., Chlebowski, S., Kang, D., Remen, A. L., Soderberg, M. G., Stepkovitch, J., & Virk, S. (2008). A controlled trial of psychodynamic psychotherapy for co-occurring borderline personality disorder and alcohol use disorder. *Psychotherapy: Theory, Research, Practice, Training, 45*, 28-41.

Grenyer, B. F. S., & Luborsky, L. (1996). Dynamic change in psychotherapy: Mastery of interpersonal conflicts. *Journal of Consulting and Clinical Psychology, 64*, 411-416.

Grinstein, A. (1983). *Freud's rules of dream interpretation*. New York: International Universities Press.

Groth-Marnat, G. (2003). *Handbook of psychological assessment* (4th ed.). Hoboken, NJ: John Wiley & Sons.

Groves, J. E. (Ed.). (1996). *Essential papers on short-term dynamic therapy*. New York: New York University Press.

Grunebaum, H. (1986). Harmful therapy experience. *American Journal of Psychotherapy, 40*, 165-176.

Gurman, A. S., & Messer, S. B. (Eds.). (2003). *Essential psychotherapies: Theory and practice*

(2nd ed.). New York: Guilford Press.
Gushue, G. V., & Constantine, M. G. (2007). Color-blind racial attitudes and white racial identity attitudes in psychology trainees. *Professional Psychology: Research and Practice, 38*, 321-328.
Hammond, R. T., & Nichols, M. P. (2008). How collaborative is structural family therapy? *Family Journal, 16*, 118-124.
Handler, L., & Clemence, A. J. (2005). The Rorschach Prognostic Rating Scale. In R. F. Bornstein & J. M. Masling (Eds.), *Scoring the Rorschach: Seven validated systems* (pp. 25-54). Mahwah, NJ: Erlbaum.
Hartmann, H. (1958). *Ego psychology and the problem of adaptation*. New York: International Universities Press. (Original work published 1939.)
Hartmann, H., Kris, E., & Loewenstein, R. M. (1946). Comments on the formation of psychic structure. *Psychoanalytic Study of the Child, 2*, 11-38.
Hartston, H. (2008). The state of psychotherapy in the United States. *Journal of Psychotherapy Integration, 18*, 87-102.
Hassin, R. R., Uleman, J. S., & Bargh, J. A. (Eds.). (2005). *The new unconscious*. New York: Oxford University Press.
Hatcher, S. L., Favorite, T. K., Hardy, E. A., Goode, R. L., DeShetler, L. A., & Thomas, R. M. (2005). An analog study of therapist empathic process: Working with difference. *Psychotherapy: Theory, Research, Practice, Training, 42*, 198-210.
Hayes, J. A., & Gelso, C. J. (2001). Clinical implications of research on countertransference: Science informing practice. *Journal of Clinical Psychology, 57*, 1041-1051.
Hayes, J. A., Yeh, Y. J., & Eisenberg, A. (2007). Good grief and not-so-good grief: Countertransference in bereavement therapy. *Journal of Clinical Psychology, 63*, 345-355.
Henry, W. P., & Strupp, H. H. (1991). Vanderbilt University: The Vanderbilt Center for Psychotherapy Research. In L. E. Beutler & M. Crago (Eds.), *Psychotherapy research: An international review of programmatic studies* (pp. 166-174). Washington, DC: American Psychological Association.
Hersch, E. L. (2006). Philosophically informed psychotherapy and the concept of transference. *Journal of Theoretical and Philosophical Psychology, 26*, 221-234.
Hersen, M., & Rosqvist, J. (Eds.). (2008). *Handbook of psychological assessment, case conceptualization, and treatment, Volume 1: Adult*. Hoboken, NJ: John Wiley & Sons.
Hersen, M., & Turner, S. M. (Eds.). (2003). *Diagnostic interviewing* (3rd ed.). New York: Kluwer Academic/Plenum.
Hersoug, A. G., Bogwald, K. P., & Hoglend, P. (2003). Are patient and therapist characteristics associated with the use of defence interpretation in brief psychodynamic psychotherapy? *Clinical Psychology and Psychotherapy, 10*, 209-219.
Hill, C. E. (1996). *Working with dreams in psychotherapy*. New York: Guilford Press.
Hill, C. E., & Castonguay, L. G. (Eds.). (2007). *Insight in psychotherapy*. Washington, DC: American Psychological Association.
Hill, C. E., Thompson, B. J., & Mahalik, J. R. (1989). Therapist interpretation. In C. E. Hill (Ed.), *Therapist techniques and client outcomes* (pp. 284-319). Newbury Park, CA: Sage.
Hillman, J., & Stricker, G. (2001). The management of sexualized transference and counter-

transference with older adult patients: Implications for practice. *Professional Psychology: Research and Practice, 32*, 272-277.

Hilsenroth, M. J. (2007). A programmatic study of short-term psychodynamic psychotherapy: Assessment, process, outcome, and training. *Psychotherapy Research, 17*, 31-45.

Hilsenroth, M. J., & Cromer, T. D. (2007). Clinician interventions related to alliance during the initial interview and psychological assessment. *Psychotherapy: Theory, Research, Practice, Training, 44*, 205-218.

Hilsenroth, M. J., Handler, L., Toman, K. M., & Padawer, J. R. (1995). Rorschach and MMPI-2 indices of early psychotherapy termination. *Journal of Consulting and Clinical Psychology, 63*, 956-965.

Hintikka, U., Laukkanen, E., Marttunen, M., & Lehtonen, J. (2006). Good working alliance and psychotherapy are associated with positive changes in cognitive performance among adolescent psychiatric inpatients. *Bulletin of the Menninger Clinic, 70*, 316-335.

Hoens, D., & Pluth, E. (2004). Working through as a truth procedure. *Communication and Cognition, 37*, 378-380.

Hoffer, A. (2006). What does the analyst want? Free association in relation to the analyst's activity, ambition, and technical innovation. *American Journal of Psychoanalysis, 66*, 1-23.

Hofmann, S. G., & Weinberger, J. (Eds.). (2007). *The art and science of psychotherapy*. New York: Taylor & Francis.

Hoglend, P. (1993). Personality disorders and long-term outcome after brief dynamic psychotherapy. *Journal of Personality Disorders, 7*, 168-181.

Hoglend, P. (2004). Analysis of transference in psychodynamic psychotherapy: A review of empirical research. *Canadian Journal of Psychoanalysis, 12*, 279-300.

Hoglend, P., Amlo, S., Marble, A., Bogwald, K. P., Sorbye, O., Sjaastad, M. C., & Heyerdahl, O. (2006). Analysis of the patient-therapist relationship in dynamic psychotherapy: An experimental study of transference interpretations. *American Journal of Psychiatry, 163*, 1739-1746.

Holloway, E. L., & Neufeldt, S. A. (1995). Supervision: Its contribution to treatment efficacy. *Journal of Consulting and Clinical Psychology, 63*, 207-213.

Holmes, D. E. (2006a). Success neurosis: What race and social class have to do with it. In S. Palmer & R. Moodley (Eds.), *Race, culture, and psychotherapy: Critical perspectives in multicultural practice* (pp. 189-199). New York: Routledge/Taylor & Francis.

Holmes, D. E. (2006b). The wrecking effects of race and social class on self and success. *Psychoanalytic Quarterly, 75*, 215-235.

Holmes, J., & Bateman, E. (Eds.). (2002). *Integration in psychotherapy: Models and methods*. New York: Oxford University Press.

Holt, R. R., & Luborsky, L. (1958). *Personality patterns of psychiatrists*. New York: Basic Books.

Holzman, L. A., Searight, H. R., & Hughes, H. M. (1996). Clinical psychology graduate students and personal psychotherapy: Results of an exploratory survey. *Professional Psychology, 27*, 98-101.

Horner, A. J. (2005). *Dealing with resistance in psychotherapy*. Lantham, MD: Aronson.

Horowitz, M. J. (Ed.). (1991). *Hysterical personality style and the histrionic personality disorder*. Northvale, NJ: Aronson.

Horowitz, M. J., Marmar, C., Krupnick, J., Wilner, N., Kaltreider, N., & Wallerstein, R. (1984). *Personality styles and brief psychotherapy*. New York: Basic Books.

Horowitz, M. J., Milbrath, C., & Stinson, C. H. (1995). Signs of defensive control locate conflicted topics in discourse. *Archives of General Psychiatry, 52*, 1040-1047.

Horowitz, O. F., Kernberg, O. F., & Weinshel, E. M. (Eds.). (1993). *Psychic structure and psychic change* (pp. 135-158). Madison, CT: International Universities Press.

Horvath, A. O., & Bedi, R. P. (2002). The alliance. In J. C. Norcross (Ed.), *Psychotherapy relationships that work: Therapist contributions and responsiveness to patients* (pp. 37-69). New York: Oxford University Press.

Horvath, A. O., & Greenberg, L. S. (Eds.). (1994). *The working alliance*. New York: John Wiley & Sons.

Huber, D., Henrich, G., & Brandl, T. (2005). Working relationship in a therapeutic consultation. *Psychotherapy Research, 15*, 129-139.

Huprich, S. K., Zimmerman, M. A., & Chelminsky, I. (2006). Should self-defeating personality disorder be revisited in the DSM? *Journal of Personality Disorders, 20*, 388-400.

Hynan, D. J. (1990). Client reasons and experiences in treatment that influence termination of psychotherapy. *Journal of Clinical Psychology, 46*, 891-895.

Iacoviello, B. M., McCarthy, K. S., Barrett, M. S., Rynn, M., Gallop, R., & Barber, J. P. (2007). Treatment preferences affect the therapeutic alliance: Implications for randomized controlled trials. *Journal of Consulting and Clinical Psychology, 75*, 194-198.

Ingram, R. E. (Ed.). (2000). *Handbook of psychological change: Psychotherapy processes and practices for the 21st century*. Hoboken, NJ: John Wiley & Sons.

Jaffe, A. M. (1981). The negative therapeutic reaction. *Psychotherapy, 18*, 313-319.

Javier, R. A., & Herron, W. G. (2002). Psychoanalysis and the disenfranchised: Countertransference issues. *Psychoanalytic Psychology, 19*, 149-166.

Johnson, S. M. (1994). *Character styles*. New York: Norton.

Jones, A. S., & Gelso, C. J. (1988). Differential effects of style of interpretation: Another look. *Journal of Counseling Psychology, 35*, 363-369.

Jones, E. E., Hall, S. A., & Parke, L. A. (1991). The process of change: The Berkeley psychotherapy research group. In L. E. Beutler & M. Crago (Eds.), *Psychotherapy research: An international review of programmatic studies* (pp. 98-106). Washington, DC: American Psychological Association.

Jourard, S. M. (1964). *The transparent self: Self-disclosure and well-being*. Princeton, NJ: Van Nostrand-Reinhold.

Joyce, A. S., & McCallum, M. (2004). Assessing patient capacities for therapy: Psychological mindedness and quality of object relations. In D. P. Charman (Ed.), *Core processes in brief psychodynamic psychotherapy: Advancing effective practice* (pp. 69-100). Mahwah, NJ: Erlbaum.

Joyce, A. S., & Piper, W. E. (1993). The immediate impact of transference interpretation in short-term individual psychotherapy. *American Journal of Psychotherapy, 47*, 508-526.

Joyce, A. S., Piper, W. E., Ogrodniczuk, J. S., & Klein, R. H. (2007). *Termination in psychotherapy: A psychodynamic model of processes and outcomes*. Washington, DC: American Psychological Association.

Karlsson, R. (2005). Ethnic matching between therapist and patient in psychotherapy: An overview of findings, together with methodological and conceptual issues. *Cultural Diversity and Ethnic Minority Psychology, 11*, 113-129.

Kelly, T. A., & Strupp, H. A. (1992). Patient and therapist values in psychotherapy: Perceived changes, assimilation, similarity, and outcome. *Journal of Consulting and Clinical Psychology, 60*, 34-40.

Kemp, N. T., & Mallinckrodt, B. (1996). Impact of professional training on case conceptualization of clients with a disability. *Professional Psychology: Research and Practice, 27*, 378-385.

Kent, A. J., & Hersen, M. (Eds.). (2000). *A psychologist's proactive guide to mental health care*. Mahwah, NJ: Lawrence Erlbaum Associates.

Kernberg, O. F. (1967). Borderline personality organization. *Journal of the American Psychoanalytic Association, 15*, 641-685.

Kernberg, O. F. (1976). *Object relations theory and clinical psychoanalysis*. New York: Aronson.

Kernberg, O. F. (1993). Convergences and divergences in contemporary psychoanalytic technique. *International Journal of Psycho-Analysis, 74*, 659-673.

Kernberg, O. F. (2006). Change in attachment patterns and reflective function in a randomized control trial of transference-focused therapy for borderline personality disorder. *Journal of Consulting and Clinical Psychology, 74*, 1027-1040.

Kernberg, O. F., Selzer, M. A., Koenigsberg, H. W., Carr, A. C., & Appelbaum, A. H. (1989). *Psychodynamic psychotherapy of borderline patients*. NY: Basic Books.

Kessler, R. C., Demier, O., Frank, R. G., Olfson, M., Pincus, H. A., Walters, E. E., Wang, P., Wells, K. B., & Zaslavsky, A. M. (2005). Prevalence and treatment of mental disorders, 1990 to 2003. *New England Journal of Medicine, 352*, 2515-2523.

Kirschenbaum, H., & Jourdan, A. (2005). The current status of Carl Rogers and the person-centered approach. *Psychotherapy: Theory, Research, Practice, Training, 42*, 37-51.

Kirsh, B., & Tate, E. (2006). Developing a comprehensive understanding of the working alliance in community mental health. *Qualitative Health Research, 16*, 1054-1074.

Kleinmuntz, B. (1990). Why we still use our heads instead of formulas: Toward an integrative approach. *Psychological Bulletin, 107*, 296-310.

Knapp, S., & VandeCreek, L. (2006). *Practical ethics for psychologists: A positive approach*. Washington, DC: American Psychological Association.

Knapp, S., Gottlieb, M., Berman, J., & Handelsman, M. M. (2007). When laws and ethics collide: What should psychologists do? *Professional Psychology: Research and Practice, 38*, 54-59.

Kohut, H. (1971). *The analysis of the self*. New York: International Universities Press.

Kohut, H. (1977). *The restoration of the self*. New York: International Universities Press.

Kominsky, G. F., Andersen, R. M., & Rice, T. H. (Eds.). (2007). *Changing the US healthcare system: Key issues in health services policy and management*. San Francisco: Jossey-Bass.

Koocher, G. P. (1995). Ethics in psychotherapy. In B. Bongar & L. E. Beutler (Eds.), *Comprehensive textbook of psychotherapy* (pp. 456-573). New York: Oxford University Press.

Kopta, S. M., Howard, K. I., Lowry, J. L., & Beutler, L. E. (1994). Patterns of symptomatic recovery in psychotherapy. *Journal of Consulting and Clinical Psychology, 62*, 1009-1016.

Koss, M. P., & Shiang, J. (1994). Research on brief psychotherapy. In A. E. Bergin & S. L. Garfield (Eds.), *Handbook of psychotherapy and behavior change* (4th ed., pp. 644-700). New York: John Wiley & Sons.

Kramer, S. A. (1990). *Positive endings in psychotherapy*. San Francisco: Jossey-Bass.

Kremer, T. G., & Gesten, E. L. (2003). Managed mental health care: The client's perspective. *Professional Psychology: Research and Practice, 34*, 187-196.

Kris, A. O. (1982). *Free association: Method and process*. New Haven, CT: Yale University Press.

Kris, A. O. (1985). Resistance in convergent and in divergent conflicts. *Psychoanalytic Quarterly, 54*, 537-568.

Kris, A. O. (1992). Interpretation and the method of free associations. *Psychoanalytic Inquiry, 12*, 208-224.

Kris, E. (1954). Defense mechanisms and psychoanalytic technique. *Journal of the American Psychoanalytic Association, 2*, 318-326.

Kubie, L. S. (1973). The process of evaluation on psychiatry. *Archives of General Psychiatry, 28*, 880-884.

Kupers, T. A. (1988). *Ending therapy: The meaning of termination*. New York: New York University Press.

Kushner, M. G., & Sher, K. J. (1991). The relation of treatment fearfulness and psychological service utilization: An overview. *Professional Psychology, 22*, 196-203.

Lakey, B., Cohen, J. L., & Neely, L. C. (2008). Perceived support and relational effects in psychotherapy process constructs. *Journal of Counseling Psychology, 55*, 209-220.

Lambert, M. J. (1989). The individual therapist's contribution to psychotherapy process and outcome. *Clinical Psychology Review, 9*, 469-485.

Lambert, M. J. (1991). Introduction to psychotherapy research. In L. E. Beutler & M. Crago (Eds.), *Psychotherapy research: An international review of programmatic studies* (pp. 1-12). Washington, DC: American Psychological Association.

Lambert, M. J. (2007). What we have learned from a decade of research aimed at improving psychotherapy outcome in routine care. *Psychotherapy Research, 17*, 1-14.

Lambert, M. J. (Ed.). (2004). *Bergin and Garfield's handbook of psychotherapy and behavior change* (5th ed.). Hoboken, NJ: John Wiley & Sons.

Lambert, M. J., & Bergin, A. E. (1992). Achievements and limitations of psychotherapy research. In D. K. Freedheim (Ed.), *History of psychotherapy: A century of change* (pp. 360-390). Washington, DC: American Psychological Association.

Lambert, M. J., & Ogles, B. M. (2004). The efficacy and effectiveness of psychotherapy. In M. J. Lambert (Ed.), *Bergin and Garfield's handbook of psychotherapy and behavior change* (5th ed., pp. 139-193). Hoboken, NJ: John Wiley & Sons.

Lambert, M. J., Hunt, R. D., & Vermeersch, D. A. (2004). Optimizing outcome through prediction and measurement of psychological functioning. In D. P. Charman (Ed.), *Core processes in brief dynamic psychotherapy: Advancing effective practice* (pp. 23-45). Mahwah, NJ: Lawrence Erlbaum Associates.

Lampropoulos, G. K. (2000). Definitional and research issues in the common factors approach to psychotherapy integration: Misconceptions, clarifications, and proposals. *Journal of Psychotherapy Integration, 10*, 415-438.

Lane, R. C., & Hull, J. W. (1990). Self-disclosure and classical psychoanalysis. In G. Stricker & M. Fisher (Eds.), *Self-disclosure in the therapeutic relationship* (pp. 31-46). New York: Plenum Press.

Langdridge, D. (2006). Imaginative variations on selfhood: Elaborating an existential-phenomenological approach to dream analysis. *Existential Analysis, 17*, 67-76.

Langs, R. J., Bucci, W., Udoff, A. L., Cramer, G., & Thomson, L. (1993). Two methods of assessing unconscious communication in psychotherapy. *Psychoanalytic Psychology, 10*, 1-16.

Lenzenweger, M. F., & Clarkin, J. F. (Eds.). (2005). *Major theories of personality disorder* (2nd ed.). New York: Guilford Press.

Lerner, P. M. (2005). Defense and its assessment: The Lerner Defense Scale. In R. F. Bornstein & J. M. Masling (Eds.), *Scoring the Rorschach: Seven validated systems* (pp. 237-269). Mahwah, NJ: Erlbaum.

Levenson, H., Speed, J., & Budman, S. H. (1995). Therapist's experience, training, and skill in brief therapy: A bicoastal survey. *American Journal of Psychotherapy, 49*, 95-117.

Levenson, L. N. (2004). Inhibition of self-observing activity in psychoanalytic treatment. *Psychoanalytic Study of the Child, 59*, 167-187.

Levy, K. N., Clarkin, J. F., Yeomans, F. E., Scott, L. N., Wasserman, R. H., & Kernberg, O. F. (2006). The mechanisms of change in the treatment of borderline personality disorder with transference-focused psychotherapy. *Journal of Clinical Psychology, 62*, 481-501.

Levy, K. N., Meehan, K. B., Kelly, K. M., Reynoso, J. S., Weber, M., Clarkin, J. F., Kent, A. J., & Hersen, M. (Eds.). (2000). *A psychologist's proactive guide to managed mental health care*. Mahwah, NJ: Erlbaum.

Levy, S. T. (1990). *Principles of interpretation*. Northvale, NJ: Aronson.

Ligiero, D. P., & Gelso, C. J. (2002). Countertransference, attachment, and the working alliance: The therapist's contribution. *Psychotherapy: Theory, Research, Practice, Training, 39*, 3-11.

Lilienfeld, S. O. (2007). Psychological treatments that cause harm. *Perspectives on Psychological Science, 2*, 53-70.

Lipsey, M., & Wilson, D. (1993). The efficacy of psychological, educational, and behavioral treatment. *American Psychologist, 48*, 1181-1209.

Lipton, S. D. (1977). The advantage of Freud's technique as shown in his analysis of the rat man. *International Journal of Psycho-Analysis, 58*, 255-273.

Little, M. I. (1981). *Transference neurosis and transference psychosis*. New York: Aronson.

Livesley, W. J. (2005). Principles and strategies for treating personality disorder. *Canadian Journal of Psychiatry, 50*, 442-450.

Loewald, H. W. (1986). Transference-countertransference. *Journal of the American Psychoanalytic Association, 34*, 275-287.

Loewenstein, R. M. (1954). Some remarks on defenses, autonomous ego and psychoanalytic technique. *International Journal of Psycho-Analysis, 35*, 188-198.

Loewenthal, D. (2004). Psychotherapy, ethics, and citizenship. *Psychodynamic Practice: Individuals, Groups, and Organisations, 10*, 121-125.

Loneck, B., Banks, S., Way, B., & Bonaparte, E. (2002). An empirical model of therapeutic process for psychiatric emergency room clients with dual disorders. *Social Work Research, 26*, 132-144.

Lorand, S. (1972/1973). Historical aspects and trends in psychoanalytic therapy. *Psychoanalytic Review, 59*, 497-525.

Lothane, Z. (2006). Reciprocal free association: Listening with the third ear as an instrument in psychoanalysis. *Psychoanalytic Psychology, 23*, 711-727.

Lott, B. (2002). Cognitive and behavioral distancing from the poor. *American Psychologist, 57*, 100-110.

Lowe, J., Pomerantz, A. M., & Pettibone, J. C. (2007). The influence of payment method on psychologists' diagnostic decisions: Expanding the range of presenting problems. *Ethics and Behavior, 17*, 83-93.

Luborsky, L. (1996). Theories of cure in psychoanalytic psychotherapies and the evidence for them. *Psychoanalytic Inquiry, 16*, 257-264.

Luborsky, L., & Barrett, M. S. (2006). The history and empirical status of key psychoanalytic concepts. *Annual Review of Clinical Psychology, 2*, 1-19.

Luborsky, L., & Crits-Christoph, P. (1991). *Understanding transference: The core conflictual relationship*. New York: Basic Books.

Luborsky, L., & Luborsky, E. (2006). *Research and psychotherapy: The vital link*. Lantham, MD: Aronson.

Luborsky, L., Barber, J. P., & Crits-Christoph, P. (1990). Theory-based research for understanding the process of dynamic psychotherapy. *Journal of Consulting and Clinical Psychology, 58*, 281-287.

Luborsky, L., Crits-Christoph, P., & Barber, J. (1991). University of Pennsylvania: The Penn psychotherapy research projects. In L. E. Beutler & M. Crago (Eds.), *Psychotherapy research: An international review of programmatic studies* (pp. 133-141). Washington, DC: American Psychological Association.

Luborsky, L., Crits-Christoph, P., McLellan, A. T., Woody, G., Piper, W., Liberman, B., Imber, S., & Pilkonis, P. (1986). Do therapists vary much in their success? *American Journal of Orthopsychiatry, 56*, 501-512.

Luborsky, L., Digeur, L., Seligman, D. A., Rosenthal, R., Krause, E. D., Johnson, S., Halperin, G., Bishop, M., Berman, J. S., & Schweizer, E. (1999). The researcher's own psychotherapy allegiances: A "wild card" in comparisons of treatment efficacy. *Clinical Psychology: Science and Practice, 6*, 95-106.

Luborsky, L., McLellan, A. T., Diguer, L., Woody, G., & Seligman, D. A. (1997). The psychotherapist matters: Comparison of outcomes across twenty-two therapists and seven patient samples. *Clinical Psychology, 4*, 53-65.

Macalpine, I. (1950). The development of the transference. *Psychoanalytic Quarterly, 19*, 501-539.

Mahoney, M. J. (Ed.). (1995). *Cognitive and constructive psychotherapies*. New York: Springer.

Malan, O. H. (1976). *The frontier of brief psychotherapy*. New York: Plenum Press.

Mallinckrodt, B., & Nelson, M. L. (1991). Counselor training level and the formation of the psychotherapeutic working alliance. *Journal of Counseling Psychology, 38*, 133-138.

Mallinckrodt, B., Porter, M. J., & Kivlighan, D. M. (2005). Client attachment to therapist, depth of in-session exploration, and object relations in brief psychotherapy. *Psychotherapy: Theory, Research, Practice, Training, 42*, 85-100.

Mann, J. (1973). *Time-limited psychotherapy*. Cambridge, MA: Harvard University Press.

Marci, C. D., Ham, J., Moran, E., & Orr, S. P. (2007). Physiologic correlates of perceived therapist empathy and social-emotional process during psychotherapy. *Journal of Nervous and Mental Disease, 195*, 103-111.

Marcus, D. K., Buffington, V., & Jacqueline, K. (2005). Countertransference: A social relations perspective. *Journal of Psychotherapy Integration, 15*, 254-283.

Markowitz, J. C., Spielman, L. A., Sullivan, M., & Fishman, B. (2000). An exploratory study of ethnicity and psychotherapy outcome among HIV-positive patients with depressive symptoms. *Journal of Psychotherapy Practice and Research, 9*, 226-231.

Marmor, J. (1990). A broad-based definition of psychotherapy. In J. K. Zeig & W. Munion (Eds.), *What is psychotherapy?* (pp. 20-23). San Francisco: Jossey-Bass.

Martin, D. G. (2002). *Clinical practice with adolescents*. Belmont, CA: Wadsworth.

Martin, J. R. (2002). A symposium on therapeutic termination: Principles and obstacles. *Journal of Psychotherapy Integration, 12*, 347-349.

Martinez, D. (1989). Pains and gains: A study of forced termination. *Journal of the American Psychoanalytic Association, 37*, 89-115.

Maruish, M. E. (Ed.). (2004). *The use of psychological testing for treatment planning and outcomes assessment* (3rd ed.). Mahwah, NJ: Erlbaum.

Mash, E. J., & Hunsley, J. (1993). Assessment considerations in the identification of failing psychotherapy: Bringing the negatives out of the darkroom. *Psychological Assessment, 5*, 292-301.

Masterson, J. F. (1983). *Countertransference and psychotherapeutic technique: Teaching seminars on psychotherapy of the borderline adult*. New York: Brunner/Mazel.

Mays, V. M., & Albee, G. W. (1992). Psychotherapy and ethnic minorities. In D. K. Freedheim (Ed.), *History of psychotherapy* (pp. 552-570). Washington, DC: American Psychological Association.

McCallum, M., & Piper, W. E. (1997). *Psychological mindedness*. Mahwah, NJ: Erlbaum.

McCarthy, J. B. (2004). Primitive anxiety and countertransference engagement. *Psychoanalytic Psychology, 21*, 618-621.

McClure, B. A., & Hodge, R. W. (1987). Measuring countertransference and attitude in therapeutic relationships. *Psychotherapy, 24*, 325-335.

McCullough, L., & Winston, A. (1991). The Beth Israel psychotherapy research program. In L. E. Beutler & M. Crago (Eds.), *Psychotherapy research: An international review of programmatic studies* (pp. 15-23). Washington, DC: American Psychological Association.

McLaughlin, J. T. (1995). Resistance. In B. E. Moore & B. D. Fine (Eds.), *Psychoanalysis: The major concepts* (pp. 95-109). New Haven, CT: Yale University Press.

McWilliams, N. (1994). *Psychoanalytic diagnosis*. New York: Guilford Press.

McWilliams, N. (2004). *Psychoanalytic psychotherapy: A practitioner's guide*. New York: Guilford Press.

McWilliams, N. (2005). Depressive and masochistic personality organization. *Issues in Psycho-*

analytic Psychology, 27, 95-117.
Meehl, P. E. (1957). When shall we use our heads instead of the formula. *Journal of Counseling Psychology, 4*, 268-273.
Meissner, W. W. (1991). *What is effective in psychoanalytic therapy?* Northvale, NJ: Aronson.
Meissner, W. W. (1996). Empathy in the therapeutic alliance. *Psychoanalytic Inquiry, 16*, 39-53.
Meissner, W. W. (2000). On analytic listening. *Psychoanalytic Quarterly, 69*, 317-367.
Meissner, W. W. (2005). The dynamic unconscious: Psychic determinism, intrapsychic conflict, unconscious fantasy, dreams, and symptom formation. In E. S. Person, A. M. Cooper, & G. O. Gabbard (Eds.), *Textbook of psychoanalysis* (pp. 21-38). Washington, DC: American Psychiatric Press.
Meissner, W. W. (2006). Time on my hands: The dilemma of the chronically late patient. *Psychoanalytic Psychology, 23*, 619-643.
Meissner, W. W. (2007). Therapeutic alliance. *Psychoanalytic Psychology, 24*, 231-254.
Mendelsohn, R. M. (1990). *The manifest dream and its use in therapy.* Northvale, NJ: Aronson.
Menninger, K. A., & Holzman, P. S. (1973). *Theory of psychoanalytic technique* (2nd ed.). New York: Basic Books.
Mercer, J. (2003). Violent therapies: The rationale behind a potentially harmful child psychotherapy. *Scientific Review of Mental Health Practice, 2*, 27-37.
Messer, S. B. (1989). Must we be action oriented? *Journal of Integrative and Eclectic Psychotherapy, 8*, 246-250.
Messer, S. B. (1992). A critical examination of belief structures in integrative and eclectic psychotherapy. In J. C. Norcross & M. R. Goldfried (Eds.), *Handbook of psychotherapy integration* (pp. 130-165). New York: Basic Books.
Messer, S. B. (2002). A psychodynamic perspective on resistance in psychotherapy: Vive la resistance. *Journal of Clinical Psychology, 58*, 157-163.
Messer, S. B., & Warren, C. S. (1995). *Models of brief psychodynamic therapy.* New York: Guilford Press.
Meyer, G. J., & Handler, L. (1997). The ability of the Rorschach to predict subsequent outcome: Meta-analysis of the Rorschach Prognostic Rating Scale. *Journal of Personality Assessment, 69*, 1-38.
Meyer, G. J., Finn, S. E., Eyde, L. D., Kay, G. G., Moreland, K. L., Dies, R. R., et al. (2001). Psychological testing and psychological assessment: A review of evidence and issues. *American Psychologist, 56*, 128-165.
Meyers, D., & Hayes, J. A. (2006). Effects of therapist general self-disclosure and countertransference disclosure on ratings of the therapist and session. *Psychotherapy: Theory, Research, Practice, Training, 43*, 173-185.
Michal, M., Kaufhold, J., Overbeck, G., & Grabhorn, R. (2006). Narcissistic regulation of the self and interpersonal problems in depersonalized patients. *Psychopathology, 39*, 192-198.
Miller, I. J. (1996b). Some "short-term therapy values" are a formula for invisible rationing. *Professional Psychology, 27*, 577-582.
Miller, S. D., Duncan, B. L., & Hubble, M. A. (1997). *Escape from Babel: Toward a unifying*

language for psychotherapy practice. New York: W. W. Norton.
Millon, T. (1996). *Disorders of personality* (2nd ed.). New York: John Wiley & Sons.
Millon, T. (1999). *Personality-guided therapy*. New York: John Wiley & Sons.
Millon, T., & Grossman, S. (2007). *Overcoming resistant personality disorders: A personalized psychotherapy approach*. Hoboken, NJ: John Wiley & Sons.
Milman, D. S., & Goldman, G. D. (Eds.). (1973). *Acting out*. Springfield, IL: Thomas.
Milman, D. S., & Goldman, G. D. (Eds.). (1987). *Techniques of working with resistance*. Northvale, NJ: Aronson.
Miranda, R., & Andersen, S. M. (2007). The therapeutic relationship: Implications from social cognition and transference. In R. L. Leahy & P. Gilbert (Eds.), *The therapeutic relationship in the cognitive behavioural psychotherapies* (pp. 63-89). New York: Routledge/Taylor & Francis.
Mohl, P. C., Martinez, D., Ticknor, C., & Huang, M. (1991). Early dropouts from psychotherapy. *Journal of Nervous and Mental Disease, 179*, 478-481.
Moore, B. E., & Fine, B. D. (Eds.). (1990). *Psychoanalytic terms and concepts*. New Haven, CT: Yale University Press.
Moyers, T. B., Miller, W. R., & Hendrickson, S. M. (2005). How does motivational interviewing work? Therapist interpersonal skill predicts client involvement within motivational interviewing sessions. *Journal of Consulting and Clinical Psychology, 73*, 590-598.
Mueller, M., & Pekarik, G. (2000). Treatment duration prediction: Client accuracy and its relationship to dropout, outcome, and satisfaction. *Psychotherapy: Theory, Research, Practice, Training, 37*, 117-123.
Mueller, W. J., & Aniskiewicz, A. S. (1986). *Psychotherapeutic intervention in hysterical disorders*. Northvale, NJ: Aronson.
Murphy, R. A., & Halgin, R. P. (1995). Influences on the career choices of psychotherapists. *Professional Psychology, 26*, 422-426.
Mystkowski, J. L., Craske, M. G., Echiverri, A. M., & Labus, J. S. (2006). Mental reinstatement of context and return of fear in spider-phobic participants. *Behavior Therapy, 37*, 49-60.
Nnamdi, P., & Jones, E. E. (1998). The talking cure revisited: Content analysis of a two-year psychodynamic psychotherapy. *Psychotherapy Research, 8*, 171-189.
Norcross, J. C. (2005). The psychotherapist's own psychotherapy: Educating and developing psychologists. *American Psychologist, 60*, 840-850.
Norcross, J. C. (Ed.). (2002). *Psychotherapy relationships that work: Therapist contributions and responsiveness to patients*. New York: Oxford University Press.
Norcross, J. C., & Farber, B. A. (2005). Choosing psychotherapy as a career: Beyond "I want to help people." *Journal of Clinical Psychology, 61*, 939-944.
Norcross, J. C., & Goldfried, M. R. (Eds.). (2005). *Handbook of psychotherapy integration* (2nd ed.). New York: Oxford University Press.
Norcross, J. C., Beutler, L. E., & Levant, R. F. (Eds.). (2006). *Evidence-based practices in mental health: Debate and dialogue on the fundamental questions*. Washington, DC: American Psychological Association.
O'Leary, E., & Murphy, M. (Eds.). (2006). *New approaches to integration in psychotherapy*. New York: Routledge/Taylor & Francis.

Ogden, T. H. (2002). New reading of the origins of object relations theory. *International Journal of Psychoanalysis, 83*, 767-782.

Olfson, M., Marcus, S. C., Druss, B., & Pincus, H. A. (2002). National trends in the use of outpatient psychotherapy. *American Journal of Psychiatry, 159*, 1914-1920.

Orchowski, L. M., Spickard, B. A., & McNamara, J. R. (2006). Cinema and the valuing of psychotherapy: Implications for clinical practice. *Professional Psychology: Research and Practice, 37*, 506-514.

Oremland, J. D. (1972). Transference cure and flight into health. *International Journal of Psychoanalytic Psychotherapy, 1*, 61-75.

Oremland, J. D. (1991). *Interpretation and interaction*. Hillsdale, NJ: Analytic Press.

Orlinsky, D. E. (2005). Becoming and being a psychotherapist: A psychodynamic memoir and mediation. *Journal of Clinical Psychology, 61*, 999-1008.

Orlinsky, D. E., Ronnestad, M. H., & Willutzki, U. (2004). Process and outcome in psychotherapy. In M. J. Lambert (Ed.), *Bergin and Garfield's handbook of psychotherapy and behavior change* (5th ed., pp. 307-389). Hoboken, NJ: John Wiley & Sons.

Otto, M. W., Reilly-Harrington, M. A., Kogan, J. N., & Winett, C. A. (2003). Treatment contracting in cognitive behavior therapy. *Cognitive and Behavioral Practice, 10*, 199-203.

Overholser, J. C. (1993). Elements of the Socratic method, I: Systematic questioning. *Psychotherapy, 30*, 67-74.

Overholser, J. C. (1997). Treatment of excessive interpersonal dependence: A cognitive-behavioral model. *Journal of Contemporary Psychotherapy, 27*, 283-301.

Panken, S. (1996). The psychoanalytic relationship: Past and present. *Psychoanalytic Review, 83*, 157-179.

Paris, J. (1998). Psychotherapy for personality disorders: Working with traits. *Bulletin of the Menninger Clinic, 62*, 287-297.

Parsons, M. (2007). Raiding the inarticulate: The internal analytic setting and listening beyond countertransference. *International Journal of Psychoanalysis, 88*, 1441-1456.

PDM Task Force. (2006). *Psychodynamic diagnostic manual*. Silver Spring, MD: Alliance of Psychoanalytic Organizations.

Peebles-Kleiger, M. J. (2002). *Beginnings: The art and science of planning psychotherapy*. Hillsdale, NJ: Analytic Press.

Peebles-Kleiger, M. J., Horwitz, L., Kleiger, J. H., & Waugaman, R. M. (2006). Psychological testing and analyzability: Breathing new life into an old issue. *Psychoanalytic Psychology, 23*, 504-526.

Penn, L. S. (1990). When the therapist must leave: Forced termination of psychodynamic therapy. *Professional Psychology, 21*, 379-384.

Perez Foster, R. M., Moskowitz, M., & Javier, R. A. (Eds.). (1996). *Reaching across boundaries of culture and class: Widening the scope of psychotherapy*. Northvale, NJ: Aronson.

Perry, J. C. (2001). A pilot study of defenses in adults with personality disorders entering psychotherapy. *Journal of Nervous and Mental Disease, 189*, 651-660.

Perry, J. C., & Hoglend, P. (1998). Convergent and discriminant validity of overall defensive functioning. *Journal of Nervous and Mental Disease, 186*, 529-535.

Perry, J. N., Miller, K. B., & Klump, K. (2006). Treatment planning with the MMPI-2. In J. N.

Butcher (Ed.), *MMPI-2: A practitioner's guide* (pp. 143-164). Washington, DC: American Psychological Association.

Pincus, D., Freeman, W., & Modell, A. (2007). Neurobiological model of perception: Considerations for transference. *Psychoanalytic Psychology, 24*, 623-640.

Pine, F. (1990). *Drive, ego, object, and self: A synthesis for clinical work.* New York: Basic Books.

Piper, W. E., Joyce, A. S., McCallum, M., & Azim, H. F. A. (1993). Concentration and correspondence of transference interpretations in short-term psychotherapy. *Journal of Consulting and Clinical Psychology, 61*, 586-595.

Piper, W. E., Joyce, A. S., McCallum, M., Azim, H. F. A., & Ogrodniczuk, J. S. (2002). *Interpretive and supportive psychotherapies: Matching therapy and patient personality.* Washington, DC: American Psychological Association.

Piper, W. E., McCallum, M., Azim, H. F. A., & Joyce, A. S. (1993). Understanding the relationship between transference interpretation and outcome in the context of other variables. *American Journal of Psychotherapy, 47*, 479-493.

Pope, K. S., & Vasquez, M. J. T. (2007). *Ethics in psychotherapy and counseling: A practical guide* (3rd ed.). San Francisco: Jossey-Bass.

Porcerelli, J. H., Dauphin, V. B., Ablon, J. S., Leitman, S., & Bambery, M. (2007). Psychoanalysis with avoidant personality disorder: A systematic case study. *Psychotherapy: Theory, Research, Practice, Training, 44*, 1-13.

Powell, D. H. (1995). Lessons learned from therapeutic failure. *Journal of Psychotherapy Integration, 5*, 175-181.

Power, A. (2006). Supervision and the analytic attitude. *British Journal of Psychotherapy, 22*, 516-519.

Qualls, S. H., & Knight, B. G. (Eds.). (2006). *Psychotherapy for depression in older adults.* Hoboken, NJ: John Wiley & Sons.

Quintar, B. (2001). Termination phase. *Journal of Psychotherapy in Independent Practice, 2*, 43-60.

Rabin, H. M. (2003). Love in the countertransference: Controversies and questions. *Psychoanalytic Psychology, 20*, 677-690.

Rabinowitz, F., & Cochran, S. (2001). *Deepening psychotherapy with men.* Washington, DC: American Psychological Association.

Racker, H. (1968). *Transference and countertransference.* New York: International Universities Press.

Rangell, L. (1983). Defense and resistance in psychoanalysis and life. *Journal of the American Psychoanalytic Association, 31*, 147-174.

Rank, O. (1945). *Will therapy and reality.* New York: Knopf.

Raush, H. L., & Bordin, E. S. (1957). Warmth in personality development and in psychotherapy. *Psychiatry, 20*, 351-363.

Rawlings, M. E. (2005). Premature termination: A social construct affects psychotherapy's outcome. *Annals of the American Psychotherapy Association, 8*, 9-17.

Reed, G. S. (1994). *Transference neurosis and psychoanalytic experience: Perspectives on contemporary clinical practice.* New Haven, CT: Yale University Press.

Reich, A. (1951). On counter-transference. *International Journal of Psycho-Analysis, 32*, 25-31.

Reich, A. (1960). Further remarks on countertransference. *International Journal of Psycho-Analysis, 41*, 389-395.

Reich, W. (1949). *Character analysis* (3rd ed.). New York: Orgone Institute Press. (Original work published 1933.)

Reik, T. (1941). *Masochism in modern man*. New York: Grove Press.

Reik, T. (1948). *Listening with the third ear*. New York: Grove Press.

Reisman, J. M. (1971). *Toward the integration of psychotherapy*. New York: John Wiley & Sons.

Reisman, J. M. (1986). Psychotherapy as a professional relationship. *Professional Psychology, 17*, 565-569.

Reitzel, L. R., Burns, A. B., Repper, K. K., Wingate, L. R., & Joiner, T. E. (2004). The effect of therapist availability on the frequency of patient-initiated between-session contact. *Professional Psychology: Research and Practice, 35*, 291-296.

Renik, O. (2007). Countertransference enactment and the psychoanalytic process. In M. J. Reznik, I., & Andersen, S. M., Agitation and despair in relation to parents: Activating emotional suffering in transference. *European Journal of Personality, 21*, 281-301.

Reynolds, S., Stiles, W. B., Barkham, M., Shapiro, D. A., Hardy, G. E., & Rees, A. (1996). Acceleration of changes in session impact during time-limited therapies. *Journal of Consulting and Clinical Psychology, 64*, 577-586.

Reznik, I., & Andersen, S. M. (2007). Agitation and despair in relation to parents: Activating emotional suffering in transference. *European Journal of Personality, 21*, 281-301.

Riba, M. B., & Balon, R. (2005). *Competency in combining pharmacotherapy and psychotherapy: Integrated and split treatment*. Washington, DC: American Psychiatric Publishing.

Robbins, S. B., & Jolkovski, M. P. (1987). Managing countertransference feelings: An interactional model using awareness of feeling and theoretical framework. *Journal of Counseling Psychology, 34*, 276-282.

Robertson, M. H. (1988). Assessing and intervening in client motivation for psychotherapy. *Journal of Integrative and Eclectic Psychotherapy, 7*, 319-329.

Rockland, L. H. (1992). *Supportive therapy for borderline patients*. New York: Guilford Press.

Roe, D. (2007). The timing of psychodynamically oriented psychotherapy termination and its relation to reasons for termination, feelings about termination, and satisfaction with therapy. *Journal of the American Academy of Psychoanalysis and Dynamic Psychiatry, 35*, 443-453.

Roe, D., Dekel, R., Harel, G., Fennig, S., & Fennig, S. (2006). Clients' feelings during termination of psychodynamically oriented psychotherapy. *Bulletin of the Menninger Clinic, 70*, 68-81.

Rogers, C. R. (1951). *Client-centered therapy*. Boston: Houghton Mifflin.

Rogers, C. R. (1957). The necessary and sufficient conditions of therapeutic personality change. *Journal of Consulting Psychology, 21*, 95-103.

Rogers, C. R. (1974). In retrospect: Forty-six years. *American Psychologist, 29*, 115-123.

Rogers, R. (2001). *Handbook of diagnostic and structured interviewing*. New York: Guilford Press.

Rosegrant, J. (2005). The therapeutic effects of free-associative state of consciousness. *Psychoanalytic Quarterly, 74*, 737-766.

Roth, A., & Fonagy, P. (Eds.). (2004). *What works for whom? A critical review of psychotherapy research* (2nd ed.). New York: Guilford Press.

Roth, S. (1987). *Psychotherapy: The art of wooing nature*. Northvale, NJ: Aronson.

Roughton, R. E. (1995). Action and acting out. In B. E. Moore & B. D. Fine (Eds.), *Psychoanalysis: The major concepts* (pp. 130-145). New Haven, CT: Yale University Press.

Ruderman, E. G. (1999). The patient, the analyst, the termination phase: Transference and countertransference considerations. In E. Rose & J. Edward (Eds.), *The social work psychoanalyst's casebook* (pp. 185-202). Mahwah, NJ: Analytic Press.

Rydell, R. J., McConnell, A. R., Mackie, D. M., & Strain, L. M. (2006). Of two minds: Forming and changing valence-inconsistent implicit and explicit attitudes. *Psychological Science, 17*, 954-958.

Ryle, A. (2001). Constructivism and cognitive-analytic therapy. *Constructivism in the Human Sciences, 6*, 51-58.

Sachse, R. (1993). The effects of intervention phrasing on therapist-client communication. *Psychotherapy Research, 3*, 260-277.

Safer, M. A., & Keuler, D. J. (2002). Individual differences in misremembering prepsychotherapy distress: Personality and memory distortion. *Emotion, 2*, 162-178.

Safran, J. D., & Muran, J. C. (2000). *Negotiating the therapeutic alliance: A relational treatment guide*. New York: Guilford Press.

Sahler, O. J. Z., & Carr, J. E. (Eds.). (2007). *The behavioral sciences and health care* (2nd rev. ed.). Ashland, OH: Hogrefe & Huber.

Saks, E. R. (1999). *Interpreting interpretation: The limits of hermeneutic psychoanalysis*. New Haven, CT: Yale University Press.

Salsman, N. L., & Linehan, M. M. (2006). Dialectical-behavior therapy for borderline personality disorder. *Primary Psychiatry, 13*, 51-58.

Salzman, L. (1968). *The obsessive personality*. New York: Science House.

Samberg, E., & Marcus, E. R. (2005). Process, resistance, and interpretation. In E. S. Person, A. M. Cooper, & G. O. Gabbard (Eds.), *Textbook of psychoanalysis* (pp. 229-240). Washington, DC: American Psychiatric Press.

Sandler, S. (2007). The reunion process: A new focus in short-term dynamic psychotherapy. *Psychotherapy: Theory, Research, Practice, Training, 44*, 121-136.

Satten, W. (2002). A case illustration of resistance from a psychodynamic perspective. *Journal of Clinical Psychology, 58*, 139-144.

Scaturo, D. J. (2002). Fundamental dilemmas in contemporary psychodynamic and insight-oriented psychotherapy. *Journal of Contemporary Psychotherapy, 32*, 145-165.

Scaturo, D. J. (2005). *Clinical dilemmas in psychotherapy: A transtheoretical approach to psychotherapy integration*. Washington, DC: American Psychological Association.

Schaeffer, J. A. (2007). *Transference and countertransference in non-analytic therapy: Double-edged swords*. Lanham, MD: University Press of America.

Schafer, R. (1983). *The analytic attitude*. New York: Basic Books.

Schafer, R. (2003). *Insight and interpretation: The essential tools of psychoanalysis*. New York: Other Press.

Schank, J. A., & Skovholt, T. M. (1997). Dual-relationship dilemmas of rural and small-community psychologists. *Professional Psychology, 28*, 44-49.

Schaverian, J. (Ed.). (2006). *Gender, countertransference and the erotic transference: Perspectives from analytical psychology and psychoanalysis*. New York: Routledge/Taylor & Francis.

Schlesinger, H. J. (1969). Diagnosis and prescription for psychotherapy. *Bulletin of the Menninger Clinic, 33*, 269-278.

Schlesinger, H. J. (2003). *The texture of treatment: On the matter of psychoanalytic technique*. Hillsdale, NJ: Analytic Press.

Schlesinger, H. J. (2005). *Endings and beginnings: On the technique of terminating psychotherapy and psychoanalysis*. Hillsdale, NJ: Analytic Press.

Schneider, K. J., Bugental, J. F. T., & Pierson, J. F. (2001). *The handbook of humanistic psychology*. Thousand Oaks, CA: Sage Publications.

Schramski, T. G., Beutler, L. E., Lauver, P. J., & Arizmendi, T. A. (1984). Factors that contribute to posttherapy persistence of therapeutic change. *Journal of Clinical Psychology, 40*, 78-85.

Schwartz, C. (2003). Brief discussion on frequency of sessions and impact upon psychoanalytic treatment. *Psychoanalytic Review, 90*, 179-191.

Scott, J. E., & Dixon, L. B. (1995). Psychological interventions for schizophrenia. *Schizophrenia Bulletin, 21*, 621-630.

Sederer, L. (1975). Psychotherapy patient transfers: Secondhand rose. *American Journal of Psychiatry, 132*, 1057-1061.

Seligman, M. E. P. (1995). The effectiveness of psychotherapy. *American Psychologist, 50*, 965-974.

Seligman, M. E. P. (1996). Science as an ally of practice. *American Psychologist, 51*, 1072-1079.

Sexton, H., Littauer, H., Sexton, A., & Tommeras, E. (2005). Building the alliance: Early therapeutic process and the client-therapist connection. *Psychotherapy Research, 15*, 103-116.

Shahar, G. (2004). Transference-countertransference: Where the (political) action is. *Journal of Psychotherapy Integration, 14*, 371-396.

Shakow, D. (1947). Recommended graduate training program in clinical psychology. *American Psychologist, 2*, 539-558.

Shapiro, D. (1965). *Neurotic styles*. New York: Basic Books.

Shapiro, D. (1989). *Psychotherapy of neurotic character*. New York: Basic Books.

Shapiro, D. A., & Shapiro, D. (1982). Meta-analysis of comparative therapy outcome studies. *Psychological Bulletin, 92*, 581-604.

Shay, J. J. (1996). "Okay, I'm here, but I'm not talking!" Psychotherapy with the reluctant male. *Psychotherapy, 33*, 503-513.

Sherby, L. B. (2004). Forced termination: When pain is shared. *Contemporary Psychoanalysis, 40*, 69-90.

Shubs, C. H. (2008). Transference issues concerning victims of violent crime and other traumatic incidents of adulthood. *Psychoanalytic Psychology, 25*, 122-141.

Sifneos, P. E. (1987). *Short-term dynamic psychotherapy* (2nd ed.). New York: Plenum Press.

Silberschatz, G. (Ed.). (2005). *The Control-Mastery Theory: An integrated cognitive-psychodynamic relational theory*. New York: Routledge.

Silberschatz, G., & Curtis, J. T. (1993). Measuring the therapist's impact on the patient's therapeutic progress. *Journal of Consulting and Clinical Psychology, 61*, 403-411.

Silberschatz, G., Curtis, J. T., Sampson, H., & Weiss, J. (1991). Mount Zion Hospital and Medical Center: Research on the process of change in psychotherapy. In L. E. Beutler & M. Crago (Eds.), *Psychotherapy research: An international review of programmatic studies* (pp. 56-64). Washington, DC: American Psychological Association.

Silberschatz, G., Fretter, P. B., & Curtis, J. T. (1986). How do interpretations influence the process of psychotherapy? *Journal of Consulting and Clinical Psychology, 54*, 646-652.

Sills, C. (Ed.). (2006). *Contracts in counseling and psychotherapy* (2nd ed.). Thousand Oaks, CA: Sage.

Silverstein, M. L. (2007). *Disorders of the self: A personality-guided approach*. Washington, DC: American Psychological Association.

Singer, E. (1965). *Key concepts in psychotherapy*. NY: Random House.

Slagle, D. M., & Gray, M. J. (2007). The utility of motivational interviewing as an adjunct to exposure therapy in the treatment of anxiety disorders. *Professional Psychology: Research and Practice, 38*, 329-337.

Sloan, D. M. (2006). The importance of emotion in psychotherapy approaches. *Journal of Contemporary Psychotherapy, 36*, 59-60.

Smith, L. (2005). Psychotherapy, classism, and the poor: Conspicuous by their absence. *American Psychologist, 60*, 687-696.

Smith, M. L., Glass, G. V., & Miller, T. I. (1980). *The benefits of psychotherapy*. Baltimore, MD: Johns Hopkins University Press.

Snyder, C. R., & Ingram, R. E. (Eds.). (2000). *Handbook of psychological change: Psychotherapy processes and practices for the 21st century*. Hoboken, NJ: John Wiley & Sons.

Sollars, F. R. (2004). Mourning, trauma, and working through. *Psychoanalytic Review, 91*, 201-219.

Spence, D. P. (1982). *Narrative truth and historical truth: Meaning and interpretation in psychoanalysis*. New York: Norton.

Spence, D. P. (1995). When do interpretations make a difference? A partial answer to Fliess's Achensee question. *Journal of the American Psychoanalytic Association, 43*, 689-712.

Spinelli, E. (2002). The therapeutic relationship as viewed by existential psychotherapy: Re-embracing the world. *Journal of Contemporary Psychotherapy, 32*, 111-118.

Spruill, J., Rozensky, R. H., Stigall, T. T., & Vasquez, M. (2004). Becoming a competent clinician: Basic competencies in intervention. *Journal of Clinical Psychology, 60*, 741-754.

Steenbarger, B. N. (1994). Duration and outcome in psychotherapy: An integrative review. *Professional Psychology, 25*, 111-119.

Stein, D. M., & Lambert, M. J. (1995). Graduate training in psychotherapy: Are therapy outcomes enhanced? *Journal of Consulting and Clinical Psychology, 63*, 182-196.

Sterba, R. F. (1934). The fate of the ego in analytic therapy. *International Journal of Psycho-Analysis, 5*, 117-126.

Sterba, R. F. (1953). Clinical and therapeutic aspects of character resistance. *Psychoanalytic Quarterly, 22*, 1-20.

Stewart, R. E., & Chambless, D. L. (2007). Does psychotherapy research inform treatment de-

cisions in private practice? *Journal of Clinical Psychology, 63*, 267-281.
Stewart, R. E., & Chambless, D. L. (2008). Psychotherapy research. In J. E. Maddux & B. A. Winstead (Eds.), *Psychopathology: Foundations for a contemporary understanding* (2nd ed., pp. 125-138). New York: Taylor & Francis.
Stone, L. S. (1995). Transference. In B. E. Moore & B. D. Fine (Eds.), *Psychoanalysis: The major concepts* (pp. 110-129). New Haven, CT: Yale University Press.
Stone, M. H. (1993). *Abnormalities of personality*. New York: Norton.
Strachey, J. (1934). The nature of the therapeutic action of psychoanalysis. *International Journal of Psycho-Analysis, 15*, 127-159.
Strean, H. S. (1985). *Resolving resistances in psychotherapy*. New York: John Wiley & Sons.
Stricker, G. (1995a). Failures in psychotherapy. *Journal of Psychotherapy Integration, 5*, 91-94.
Stricker, G. (1995b). The lessons of failure. *Journal of Psychotherapy Integration, 5*, 183-188.
Stricker, G., & Widiger, T. A. (Eds.). (2003). *Clinical psychology. Vol. 8 in I. B. Weiner (Editor-in-Chief), Handbook of psychology*. Hoboken, NJ: John Wiley & Sons.
Strupp, H. H. (1989). Psychotherapy: Can the practitioner learn from the researcher? *American Psychologist, 44*, 717-724.
Strupp, H. H. (1995). The psychotherapist's skills revisited. *Clinical Psychology, 2*, 70-74.
Strupp, H. H. (1996a). Some salient lessons from research and practice. *Psychotherapy. 33*, 135-138.
Strupp, H. H. (1996b). The tripartite model and the Consumer Reports study. *American Psychologist, 51*, 1017-1024.
Strupp, H. H., & Binder, J. L. (1984). *Psychotherapy in a new key: A guide to time-limited dynamic psychotherapy*. New York: Basic Books.
Strupp, H. H., & Butler, S. F. (1990). Psychotherapy. In A. S. Bellack & M. Hersen (Eds.), *Handbook of comparative treatments for adult disorders* (pp. 3-16). New York: John Wiley & Sons.
Strupp, H. H., Hadley, S. W., & Gomes-Schwartz, B. (1977). *Psychotherapy for better or worse: The problem of negative effects*. New York: Aronson.
Stuart, S., & Noyes, R. (2006). Interpersonal psychotherapy for somatizing patients. *Psychotherapy and Psychosomatics, 75*, 209-219.
Stuart, S., & Robertson, M. (2003). *Interpersonal psychotherapy: A clinician's guide*. London, UK: Edward Arnold.
Sue, D. W., Capodilupo, C. M., Torino, G. C., Bucceri, J. M., Holder, A. M. B., Nadal, K. L., & Esquilin, M. (2007). Racial microaggressions in everyday life: Implications for clinical practice. *American Psychologist, 62*, 271-286.
Sullivan, H. S. (1953). *The interpersonal theory of psychiatry*. New York: Norton.
Sullivan, H. S. (1954). *The psychiatric interview*. New York: Norton.
Sweezy, M. (2005). Not confidential: Therapist considerations in self-disclosure. *Smith College Studies in Social Work, 75*, 81-91.
Taft, C. T., & Murphy, C. M. (2007). Working alliance in intervention for partner violence perpetrators: Recent research and theory. *Journal of Family Violence, 22*, 11-18.
Tansey, M. J., & Burke, W. F. (1989). *Understanding transference*. Hillsdale, NJ: Analytic Press.
Tarachow, S. (1963). *An introduction to psychotherapy*. New York: International Universities

Press.

Target, M., & Leuzinger-Bohleber, M. (Eds.). (2002). *Outcomes of psychoanalytic treatment: Perspectives for therapists and researchers*. Philadelphia, PA: Whurr Publishers.

Tarrier, N. (2006). An introduction to case formulation and its challenges. In N. Tarrier (Ed.), *Case formulation in cognitive behavior therapy: The treatment of challenging and complex cases* (pp. 1-11). New York: Taylor & Francis.

Teri, L., & Logsdon, R. G. (1992). The future of psychotherapy with older adults. *Psychotherapy, 29*, 81-87.

Todd, D. M., Deane, F. P., & Bragdon, R. A. (2003). Client and therapist reasons for termination: A conceptualization and preliminary validation. *Journal of Clinical Psychology, 59*, 133-147.

Train, G. F. (1953). "Flight into health." *American Journal of Psychotherapy, 7*, 464-483.

Trimboli, F., & Farr, K. L. (2000). A psychodynamic guide for essential treatment planning. *Psychoanalytic Psychology, 17*, 336-359.

Trull, T. J. (2007). Expanding the aperture of psychological assessment. *Psychological Assessment, 19*, 1-3.

Tryon, G. S. (2003). A therapist's use of verbal response categories in engagement and nonengagement interviews. *Counselling Psychology Quarterly, 16*, 29-36.

Tryon, G. S., & Kane, A. S. (1993). Relationship of working alliance to mutual and unilateral termination. *Journal of Counseling Psychology, 40*, 33-36.

Tryon, G. S., & Winograd, G. (2002). Goal consensus and collaboration. In J. C. Norcross (Ed.), *Psychotherapy relationships that work: Therapist contributions and responsiveness to patients* (pp. 109-125). New York: Oxford University Press.

Tseng, W. S. (2003). *Clinician's guide to cultural psychiatry*. San Diego, CA: Academic Press.

Turchik, J. A., Karpenko, V., Hammers, D., & McNamara, J. R. (2007). Ethical assessment issues in rural, impoverished, and managed care settings. *Professional Psychology: Research and Practice, 38*, 158-168.

Tyson, P. (1996). Termination of psychoanalysis and psychotherapy. In E. Nessarian & R. G. Kopff (Eds.), *Textbook of psychoanalysis* (pp. 501-524). Washington, DC: American Psychiatric Press.

Tyson, R. L. (1986). Countertransference evolution in theory and practice. *Journal of the American Psychoanalytic Association, 34*, 251-274.

Valbak, K. (2004). Suitability for psychoanalytic psychotherapy: A review. *Acta Psychiatrica Scandinavica, 109*, 164-178.

Van Egmond, J. J. (2005). Beyond secondary gain. *American Journal of Psychoanalysis, 65*, 167-177.

Van Egmond, J. J., Kummeling, I., & Balkom, B. T. (2005). Secondary gain as hidden motive for getting psychiatric treatment. *European Psychiatry, 20*, 416-421.

VandeCreek, L., & Knapp, S. (2001). *Tarasoff and beyond: Legal and clinical considerations in the treatment of life-endangering patients*. Sarasota, FL: Professional Resources Press.

Weiner, I. B. (2004a). Rorschach Inkblot Method. In M. E. Maruish (Ed.), *The use of psychological testing for treatment planning and outcomes assessment* (3rd ed., pp. 553-588). Mahwah, NJ: Erlbaum.

Weiner, I. B. (2004b). Monitoring psychotherapy with performance-based measures of personality functioning. *Journal of Personality Assessment, 83*, 322-330.

Weiner, I. B., & Bordin, E. S. (1983). Individual psychotherapy. In I. B. Weiner (Ed.), *Clinical methods in psychology* (2nd ed., pp. 333-388). New York: John Wiley & Sons.

Weiner, I. B., & Exner, J. E., Jr. (1991). Rorschach changes in long-term and short-term psychotherapy. *Journal of Personality Assessment, 56*, 453-465.

Weiner, I. B., & Greene, R. L. (2008). *Handbook of personality assessment.* Hoboken, NJ: John Wiley & Sons.

Weiner, M. F. (1978). *Therapist disclosure: The use of self in psychotherapy.* Boston: Butterworth.

Weinshel, E. M. (1984). Some observations on the psychoanalytic process. *Psychoanalytic Quarterly, 53*, 63-92.

Weinshel, E. M. (1990). Some further observations on the psychoanalytic process. *Psychoanalytic Quarterly, 59*, 629-649.

Weisman, A. (1991). Confrontation, countertransference, and context. In G. Adler & P. G. Myerson (Eds.), *Confrontation in psychotherapy* (pp. 97-122). Northvale, NJ: Aronson.

Weiss, L. (1986). *Dream analysis in psychotherapy.* New York: Pergamon Press.

Weisz, J. R., & Hawley, K. M. (1998). Finding, evaluating, refining, and applying empirically supported treatments for children and adolescents. *Journal of Clinical Child Psychology, 27*, 206-216.

Wells, R. A., & Gianetti, V. J. (1990). *Handbook of brief psychotherapies.* New York: Plenum Press.

Westen, D., & Gabbard, G. O. (1999). Psychoanalytic approaches to personality. In L. A. Pervin & O. P. John (Eds.), *Handbook of personality: Theory and Research* (2nd ed., pp. 57-101). New York: Guilford Press.

Westerman, M. A., & Foote, J. P. (1995). Patient coordination: Contrasts with other conceptualizations of patients' contribution to the alliance and validity in insight-oriented therapy. *Psychotherapy: Theory, Research, Practice, Training*, 32, 222-232.

Wheelis, A. B. (1949). Flight from insight. *American Journal of Psychiatry*, 105, 915-919.

Whiston, S. C., & Sexton, T. L. (1993). An overview of psychotherapy outcome research: Implications for practice. *Professional Psychology*, 24, 43-51.

White, T. M., Gibbons, M. B., & Schamberger, M. (2006). Cultural sensitivity and supportive-expressive psychotherapy: An integrative approach to treatment. *American Journal of Psychotherapy*, 60, 299-316.

Wiger, D. E., & Huntley, D. K. (2002). *Essentials of interviewing.* Hoboken, NJ: John Wiley & Sons.

Wishnie, H. A. (2004). *Working in the countertransference: Necessary entanglements.* New York: Aronson.

Wortis, J. (1954). *Fragments of an analysis with Freud.* New York: Simon & Schuster.

Wygant, D. B., & Fleming, K. P. (2008). Utility of MMPI-2 restructured clinical scales in therapeutic assessment: A case study. *Journal of Personality Assessment*, 90, 110-118.

Yeomans, F. E., Clarkin, J. F., & Kernberg, O. F. (2002). *A primer of transference-focused psychotherapy for the borderline patient.* Northvale, NJ: Aronson.

Yon, A., & Scogin, F. (2007). Procedures for identifying evidence-based psychological treatments for older adults. *Psychology and Aging*, 22, 4-7.

Yutrzenka, B. A. (1995). Making a case for training in ethnic and cultural diversity in increasing treatment efficacy. *Journal of Consulting and Clinical Psychology*, 63, 197-206.

Zajonc, R. B. (2001). Mere exposure: A gateway to the subliminal. *Current Directions in Psychological Science*, 10, 224-228.

Zarit, S. H., & Knight, B. G. (1996). *A guide to psychotherapy and aging*. Washington, DC: American Psychological Association.

Zayas, L. H., Torres, L. R., Malcolm, J., & DesRosiers, F. S. (1996). Clinician's definitions of ethnically sensitive therapy. *Professional Psychology*, 27, 78-82.

Zeidner, M., & Endler, N. S. (Eds.). (1996). *Handbook of coping*. New York: John Wiley & Sons.

Zeig, J. K., & Munion, W. M. (Eds.). (1990). *What is psychotherapy?* San Francisco: Jossey-Bass.

Zetzel, E. R. (1956). Current concepts of transference. *International Journal of Psycho-Analysis*, 37, 369-375.

Zhang, Z., Gerstein, D. R., & Friedmann, P. D. (2008). Patient satisfaction and sustained outcomes of drug abuse treatment. *Journal of Health Psychology*, 13, 388-400.

Zuckerman, A., & Mitchell, G. L. (2004). Psychology interns' perspectives on the forced termination of psychotherapy. *Clinical Supervisor*, 23, 55-70.

저자 소개

Irving B. Weiner, Ph.D., ABPP (1933~2024)

미국 플로리다 탬파에 있는 사우스플로리다대학교 정신의학 및 행동의학 임상교수로, 임상심리학과 법정심리학 분야에서 활동했다. 미시간대학교에서 임상심리학으로 박사학위를 취득했으며, 미국전문심리학위원회(ABPP) 정회원, 미국심리학회 12분과 임상심리학회의 회장 및 성격평가학회 회장을 역임했다. 성격평가 분야의 공헌으로 1983년 부르노 클로퍼 상을 수상했으며, 2003년부터 2012년까지 Wiley & Sons 출판사가 시리즈로 출판하고 있는 『심리학 핸드북』의 책임 편집자로 활약하였다. 2023년까지도 『양극성 스펙트럼 장애의 심리평가』의 저자로 참여하였으며, 한국에도 그의 저서 『로르샤하 해석의 원리』가 번역·소개되었고 수많은 책과 논문의 저자로 널리 알려져 있다.

Robert F. Bornstein, Ph.D. (1959~)

미국 아델피대학교 심리학과 교수이며, 뉴욕주립대에서 1985년 임상심리학으로 박사학위를 취득했다. 뉴욕 시러큐스에 있는 업스테이트의료원에서 인턴을 수료했고, 성격역동과 진단, 치료 분야와 관련하여 150여 편의 책과 논문을 집필하였다. 미국국립보건원 및 미국국립과학재단에서 연구비를 지원받았으며, 2005년에는 성격연구의 업적을 인정받아 미국심리학회로부터 시어도어 밀런 상을 수상하였다. 2022년에는 DSM-5-TR 성격장애에 관한 자문위원회의 일원으로 참여하였다.

역자 소개

박중규 | 대구대학교 재활심리학과 교수, 대구대학교정신건강상담센터 센터장

연세대학교 심리학과 학사, 석사, 박사(임상심리학 전공)

서울대병원 신경정신과 임상심리연수원 과정 수료

임상심리전문가(한국심리학회)

정신건강임상심리사 1급(보건복지부)

인지행동치료전문가(한국인지행동치료학회)

전) 연세대학교 의과대학 세브란스병원 정신과 강사

전) 인제대학교 의과대학 일산백병원 신경정신과 전임강사, 조교수

양재원 | 가톨릭대학교 심리학과 교수

연세대학교 심리학과 학사, 석사, 박사(임상심리학 전공)

성균관의대 삼성서울병원 정신과 임상심리레지던트 과정 수료

임상심리전문가(한국심리학회)

정신건강임상심리사 1급(보건복지부)

전) 연세대학교 학부대학 조교수

전) 경일대학교 심리치료학과 전임강사

정승아 | 조선대학교 상담심리학과 교수

연세대학교 심리학과 학사, 석사, 박사(임상심리학 전공)

한양대학병원 신경정신과 임상심리전문가 과정 수료

임상심리전문가(한국심리학회)

정신건강임상심리사 1급(보건복지부)

전) 한양대학병원 신경정신과 연구교수 겸 수련감독자

심리치료의 원리 근거-기반 정신역동적 접근

2025년 8월 27일 초판 1쇄 찍음
2025년 9월 5일 초판 1쇄 펴냄

지은이 Irving B. Weiner · Robert F. Bornstein
옮긴이 박중규 · 양재원 · 정승아

책임편집 박훈
편집 김천희 · 엄귀영 · 김찬호 · 정지현
디자인 김진운
마케팅 유명원

펴낸이 윤철호
펴낸곳 ㈜사회평론아카데미
등록번호 2013-000247(2013년 8월 23일)
전화 02-326-1545
팩스 02-326-1626
주소 03993 서울특별시 마포구 월드컵북로6길 56
이메일 academy@sapyoung.com
홈페이지 www.sapyoung.com

ISBN 979-11-6707-192-7 93180